일본군의 한반도 침략과 일본의 제국 운영

일제침탈사연구총서
정치
07

일본군의 한반도 침략과 일본의 제국 운영

동북아역사재단 일제침탈사 편찬위원회 기획
신주백 지음

동북아역사재단
NORTHEAST ASIAN HISTORY FOUNDATION

| 발간사 |

    일본이 한국을 침탈한 지 100년이 지나고 한국이 일본의 지배로부터 벗어난 지 70년이 넘었건만, 식민 지배에 대한 청산은 이루어지지 못하고 있다. 일본의 독도영유권 주장은 도를 넘어섰다. 일본은 일본군'위안부', 강제동원 등 인적 수탈의 강제성도 인정하지 않고 있다. 일본군'위안부'와 강제동원의 피해를 해결하는 방안을 놓고 한·일 간의 갈등은 최고조에 이르고 있다. 역사문제를 벗어나 무역분쟁, 안보위기 등 현실문제가 위기국면을 맞고 있다.
    한·일 간의 갈등은 식민 지배의 역사를 어떻게 볼 것인가 하는 역사인식에서 기인한다. 역사는 현재와 과거의 대화이며 이를 기반으로 미래로 나아갈 수 있다. 과거 침략의 역사를 미화하면서 평화로운 미래를 말하는 것은 불가능하다. 식민 지배와 전쟁발발의 책임을 인정하지 않고 반성하지 않으면 다시 군국주의가 부활할 수 있고 전쟁이 일어날 위험성도 배제할 수 없다. 미래지향적 한일관계를 형성하고 나아가 동아시아의 평화와 번영의 기틀을 조성하기 위해 일본은 식민 지배의 책임을 인정하고 그 청산을 위해 노력해야 할 것이다.
    식민 지배의 역사를 청산하기 위해서는 식민 지배는 어떻게 이루어졌는지 그 실상을 명확하게 규명하는 일이 긴요하다. 그동안 일본제국주의에 맞서 조국의 독립을 위해 헌신한 독립운동가들의 활동을 찾아내고 역사적으로 평가하는 일에는 상당한 성과를 거두었다. 반면 일제 식민침탈의 구체적인 실상을 규명하는 일에는 충분한 노력을 기울이지 못했다. 제국주의가 식민지를 침탈했다는 것은 너무나 당연한 사실로 여겨졌기 때문에, 굳이 식민 지배에서 비롯된 수탈과 억압, 인권유린을 낱낱이 확인할 필요가 없었는지도 모른다. 그러는 사이 일본은 식민 지배가 오히려 한국에 은혜를 베푼 것이라고 미화하고, 참혹한 인권유린을 부인하는 역사부정의 인식을 보이는 데까지 이르고 있다. 일제의 통치와 침탈, 그리고 그 피해를 종합적으로 조사하고 편찬할 필요성이 여기에 있다.

일제침탈사를 체계적으로 정리하는 일은 개인이 감당하기 어렵다. 이에 우리 재단은 한국학계의 힘을 모아 일제침탈사 편찬위원회를 꾸렸다. 편찬위원회가 중심이 되어 일제의 식민지 침탈사를 정치·경제·사회·문화 모든 방면에 걸쳐 체계적으로 집대성하기로 했다. 일제 식민침탈의 실체를 파악하기 위해 2020년부터 세 가지 방면으로 사업을 추진하고 있다. 하나는 일제침탈의 실상을 구체적이고 생생한 자료를 통해서 제공하는 일로서 〈일제침탈사 자료총서〉로 편찬한다. 다른 하나는 이들 자료들을 바탕으로 연구한 결과물을 〈일제침탈사 연구총서〉로 간행한다. 그리고 연구의 결과를 대중들이 이해하기 쉽게 〈일제침탈사 교양총서〉를 바로알기 시리즈로 간행한다. 자료총서 100권, 연구총서 50권,

교양총서 70권을 기본 목표로 삼아 진행하고 있다.

〈일제침탈사 연구총서〉는 일제침탈의 실태를 정치·경제·사회·문화 분야로 대별한 뒤 50여 개 세부 주제로 구성했다. 국내외 학계 전문가들이 현재까지 축적된 연구 성과를 반영하면서 풍부한 자료를 활용하여 집필했다. 연구자뿐만 아니라 교육 현장에서도 활용되고 일반 독자들도 이해할 수 있도록 집필하기 위해 노력했다. 연구총서 시리즈가 일제침탈의 역사적 실상을 규명하고 은폐된 역사적 사실을 기억하고 왜곡된 과거사에 대한 인식을 바로 잡음으로써 역사인식의 차이로 인한 논란과 갈등을 극복하는데 기여하는 디딤돌이 되기를 바란다.

2021년
동북아역사재단 이사장

| 편찬사 |

    1945년 한국이 일제 지배로부터 해방된 지 76년의 세월이 지났다. 그럼에도 불구하고 일본 사회 일각에서는 여전히 일제의 한국 지배를 합리화하고 미화하는 주장이 나오고 있으며, 최근에는 한국 사회 일각에서도 일제 지배를 왜곡하고 옹호하는 주장이 나오고 있다. 이는 한국과 일본 사회, 한일 관계와 동아시아 국제관계의 미래를 위해서도 결코 바람직하지 않은 일이다.
    이에 동북아역사재단은 일제의 한국 침략과 식민 지배에 대한 학계의 연구 성과를 총정리한 〈일제침탈사 연구총서〉를 발간하기로 하였다. 이에 따라 2019년 9월 학계의 전문가를 중심으로 편찬위원회를 구성하였으며, 편찬위원회는 학계의 연구 성과를 토대로 정치·경제·사회·문화 부문에서 일제의 침탈이 어떻게 이루어졌는지 정리하여 연구총서 50권을 발간하기로 하였다.
    주지하듯이 1905년 일제는 러일전쟁에서 승리한 뒤, 한국에 군대를 주둔시키면서 한국의 외교권을 빼앗고 통감부를 두어 내정에 간섭하였다. 1910년 일제는 군사력으로 한국 정부를 강압하여 마침내 한국을 강제 병합하였다. 이후 35년간 한국은 일제의 식민 통치를 받았다.
    일제는 한국의 영토와 주권을 침탈하였을 뿐만 아니라, 군사력과 경찰력으로 한국을 지배하면서, 정치·경제·사회·문화의 모든 부문에서 한국인의 권리와 자유, 기회와 이익을 박탈하거나 제한하였다. 정치적으로는 군사력과 경찰력, 각종 악법을 동원하여 독립운동을 탄압하고, 한국인의 정치활동을 억압하고 참정권을 박탈하였으며, 집회와 결사의 자유를 억압하였다. 경제적으로는 일본자본이 경제의 주도권을 장악하고, 일본인 위주의 경제정책을 수행했으며, 식량과 공업원료, 지하자원 등을 헐값으로 빼앗아 갔고, 농민과 노동자 등 대다수 한국인의 경제생활을 어렵게 하였다. 사회적으로는 한국인들을 차별적으로 대우하고, 한국인의 교육의 기회를 제한하고, 한국인으로서의 정체성을 박탈하여 결국은 일본의 2등 국민으로 만들고자 하였다. 문화적으로는 표현과 창작의 자유, 종교와 사상의 자유를 억압하고, 한글 대신 일본어를 주로 가르치고, 언론과 대중문화를 통제하였다. 중일전쟁, 아시아태평양전쟁을 도발한 뒤에는 인적·물적 자원을 전쟁에 강제동원하고, 많은 이들을 전장에 징집하여 생명까지 희생시켰다.

〈일제침탈사 연구총서〉는 침탈, 억압, 차별, 동화, 수탈, 통제, 동원 등의 단어로 요약되는 일제의 침략과 식민 지배의 실상과 그 기제를 명확히 밝히고자 하였다. 이를 통해 일제의 강제 병합을 정당화하거나 식민 지배를 미화하는 논리들을 비판 극복하고, 더 나아가 일제 식민 지배의 특성이 무엇이었는지, 식민 통치의 부정적 유산이 해방 이후에 어떤 영향을 미쳤는지를 밝히고자 하였다.

편찬위원회는 연구총서와 함께 침탈사와 관련된 중요한 주제들에 관하여 각종 법령과 신문·잡지 기사 등 자료들을 정리하여 〈일제침탈사 자료총서〉도 발간하기로 하였다. 아울러 일반인과 학생들이 보다 쉽게 읽을 수 있는 〈일제침탈사 교양총서〉를 바로알기 시리즈로 발간하기로 하였다.

일제의 한국 침략과 식민 지배의 역사는 광복 후 서둘러 정리해냈어야 했지만, 학계의 연구가 미흡하여 엄두를 내기 어려웠다. 이제 학계의 연구가 어느 정도 축적되어 광복 80주년을 맞기 전에 이와 같은 작업을 할 수 있게 된 것을 다행으로 생각한다. 한일 양국 국민이 과거사에 대한 올바른 역사인식을 갖고 성찰을 통해 미래를 향해 함께 나아갈 수 있기를 기대하면서 삼가 이 책들을 펴낸다.

2021년
동북아역사재단 일제침탈사 편찬위원회

차례

발간사 4

편찬사 7

머리말 한반도에서 일본군, 침략의 선봉 / 지배의 버팀목   15

제1부 침략과 지배의 터를 닦은 주차군

제1장 침략의 문열기(1882~1903)
1. 공사관수비대, 임진왜란 이후 첫 일본군 부대   28
2. 동학농민전쟁 세력의 개혁을 저지한 일본군   33
3. 한국주차대사령부, 한반도의 첫 통합·상설 지휘부   48

제2장 한국주차군, 침략의 선봉대(1904~1910)
1. 한국주차군사령부의 성립과 변화   54
2. 일본의 대한제국 침략과 한국주차군   73
3. 군과 헌병의 한국병합 대비   117

제3장 조선주차군, 식민지 지배의 터 닦기(1910~1918)
1. 조선주차군사령부와 헌병경찰제   126
2. 완력으로 식민지 운영을 뒷받침   143

제2부 조선군, 상주하는 주둔군

제1장 주차군에서 주둔군으로
1. 사단 창설의 정치와 조선군사령부 창립　　170
2. 제2차 병영 확장 공사　　187

제2장 3·1운동 탄압과 제국 운영
1. 독립만세시위에 대한 탄압 과정　　194
2. 3·1운동 대응 과정에서 보여 준 제국 운영　　209
3. 3·1운동 이후 군과 헌병의 변화　　215

제3장 재만조선인 대책과 국경경비
1. 독립군의 독립전쟁과 조선군의 치안대책　　220
2. 간도침략과 경신참변(1920.8~1921.5)　　231
3. 국경경비 강화　　240

제3부 15년전쟁에 나선 조선군

제1장 　조선군, 일상적 전시동원체제의 핵심
1. 조선군, 식민지 조선 통치에 전면 재등판　　272
2. 중일전쟁 및 아시아태평양전쟁과 군수동원　　291

제2장 　병력동원의 제도화와 신체의 군사화
1. 병력동원 제도의 현황과 시행　　328
2. 전력(戰力)으로서 신체관과 국방체육교육의 도입　　343

제3장 　예비군사교육, 징병으로 가는 출입문
1. 예비군사교육의 목적과 연성기관들　　370
2. 일반연성기관의 예비군사교육　　374
3. 일반연성기관인 학교에서의 군사교육　　383
4. 군사훈련만 실시한 특수연성기관　　389

제4부 제17방면군, 마지막 버티기와 패전

제1장 '본토결전'과 조선군의 대규모 개편
1. 본토결전과 조선군사령부의 분화 402
2. 작전과 군정 조직의 분리와 대미작전 임무 추가 407
3. 전력의 급속한 강화 413

제2장 징병제와 인력의 '뿌리뽑기동원'
1. 1945년 병력동원의 특징 434
2. 병사노무동원의 실상과 함의 441

제3장 일본군의 패전과 한반도에서의 전후처리
1. 제17방면군의 항복과 미군의 송환정책 456
2. 국내외에서 귀환하는 일본군 소속 조선인 459
3. 미·소의 전후처리와 일본군의 갈라진 운명 467

맺음말 한반도 침탈사에서 군대의 역할과 식민지 운영 483

참고문헌 504
부록 519
찾아보기 527

머리말
한반도에서 일본군,
침략의 선봉 / 지배의 버팀목

1876년 개항 이후 조선에 주둔한 일본군은 1945년 8월 일본제국주의가 패전할 때까지 조선 침략과 지배의 선봉이자 최후의 보루였다. 일본의 국력이 대외침략이란 형태로 표출될 때 군대는 언제나 침략의 한가운데 그리고 선봉에 있었다. 일본은 언제나 먼저 군대를 보내 침략하여 상황을 장악하고 이어 침략기관을 설치하는 동시에 이민을 실시하는 방식으로 영토를 차지하였다. 타이완에서도 그랬고, 대한제국을 차지하는 과정에서도 그랬다. 비슷한 양상은 만주국 수립과 지배 과정에서도 반복되었다.

한반도를 장악한 일본군은 식민지 조선에서 치안을 유지하기 위한 버팀목이자 국방군으로서의 역할을 담당하였다. 특히 후자의 역할과 관련해서는 일본이 대륙을 침략할 때마다 한반도에 있던 일본군도 언제나 관여하였다. 이 과정을 들여다보면 일본제국주의가 제국을 어떻게 운영하려 했는가도 알 수 있다. 더구나 1937년 중일전쟁을 일으킨 일본은 조선의 수많은 젊은이를 특별지원병, 학병, 징병이란 이름으로 전장에 동원하였다. 패전 직전까지도 일본 본토에서 미군과의 전쟁에 대비한다며 한반도를 전쟁터로 만들려는 여러 강제 조치를 취하였다. 그 중 일부로 일본군이 만든 군사 시설(지)의 흔적은 지금도 제주도에서 서울까지 곳곳에 남아 있을 정도다.

따라서 조선에 주둔했던 일본군의 움직임을 정확히 정리하는 일은 일본의 침략사를 해명하여 조선 통치의 실상을 파악하고, 일본의 제국주의적 특징을 이해하는 데 유용한 접근이다. 시야를 더 넓혀 보면, 일본군과 연관된 체험에 관한 관심은 그때를 살았던 사람들이 1945년 8월 이후에도 한반도에서 살아갔으니 그들을 이해함으로써 한국현대사를 이해하는 폭과 깊이를 심화하는 데도 기초를 제공한다.

그럼에도 일본 근대사 영역에서 조선에 주둔했던 일본군에 관한 연구는 해외의 다른 일본군에 비해 거의 진행되지 않았다. 일본 근대사에서 상당한 비중을 차지하는 주제가 대외침략사고, 그 침략의 핵심에 일본군이 있었는데도 조선에 주둔한 일본군에 관한 연구가 매우 부진했던 이유는 무엇일까.

일본 근대사 전체에서 볼 때 대외침략의 핵심이 관동군(關東軍), 지나파견(주둔)군[支那派遣(駐屯)軍], 또는 태평양의 여러 곳에 주둔했던 침략부대였는 데 비해 조선에 주둔한 일본군은 그 비중이 낮았다. 더구나 1980년대까지도 일본의 근대사 연구에서 경제사 분야를 제외하고 식민지를 크게 고려하는 경우는 거의 없었다. 심하게 말하면 일본 근대사 영역에서 식민지가 빠져 있었다고 해도 지나치지 않았으며, 그것은 '전후책임' 내지는 '식민지 지배책임'을 자각하고 청산하려는 노력이 부족한 일본(인)의 움직임과도 깊은 연관이 있다. 그래서 조선 주둔 일본군에 관한 일본에서 연구는 주로 '조선사'의 한 영역으로 다른 연구와 곁들여 조금 진행되었다.

연구가 지지부진하기는 한국에서도 마찬가지였다. 일본의 조선 침략과 지배에서 군대와 경찰이 핵심 물리력이었으므로 침략사 연구의 중심 주제도 이와 연관된 분야일 수밖에 없다. 그런데도 남북한 역사학계에서 한반도를 침략하고 주둔한 일본군에 관한 박사학위논문은 겨우 두 편 정도에 불과하다.[1] 1990년대까지 산발적으로라도 발표된 몇 편의 개별

1　김윤미, 2015, 「일제시기 일본군의 대륙침략 전쟁과 부산의 군사기지화」, 부경대학교 박사학위논문; 조건, 2015, 「전시 총동원체제기 조선 주둔 일본군의 조선인 통제와 동원」, 동국대학교 박사학위논문. 식민지기 경찰과 관련한 박사학위논문도 한국에는 아직 없다.

논문을 제외하면,² 개인의 저서로는 임종국의 책이 유일하다고 말해도 지나치지 않다.³ 그러다 보니 그때까지도 한국의 학계는 한반도를 침략하고 지배한 일본군의 전체적인 모습을 윤곽이라도 파악하고 있지 못하였다. 한반도에 주둔한 일본군에 관한 연구가 지지부진해 왔던 현상은, 침략과 저항의 구도로 한국 근대사를 설명해 왔던 한국 역사학계의 접근방식을 고려한다면 불가사의한 일이라고도 말할 수 있다.

1997년부터 일본군 연구를 하겠다고 덤벼든 필자의 개인적인 경험에 따르면, 1990년대까지도 국회도서관을 포함해 한국의 주요 도서관에 일본군의 편제와 현황 등 기본적인 사실을 알 수 있는 군사사전류의 책조차 제대로 갖춰져 있지 않았다. 열악한 연구 인프라였으니 지지부진한 연구를 자극하고 견인할 여지가 크지 않았던 것이다.

한국에서 일본군에 관한 연구를 하기 어려웠던 결정적인 이유는 1차 자료가 매우 부족했다는 데 있다. 주지하듯이 일본군에 관한 1차 자료는 거의 대부분 일본 방위성 방위연구소 자료열람실에 있다. 한때 공개한 자료도 적었고, 복사비는 한국의 젊은 연구자들이 지금도 부담을 느낄

---

2   윤병석, 1966, 「舊韓末駐韓日本軍에 대하여」, 『향토서울』 27; 박경식, 1986, 『일본국주의의 조선지배』, 청아출판; 유한철, 1992, 「日帝 '駐韓日本軍'의 韓國 侵略過程과 組織」, 『한국독립운동사연구』 6; 채영국, 1992, 「3·1운동 전후 日帝'朝鮮軍'(駐韓日本軍)의 動向」, 『한국독립운동사연구』 6.

3   林鍾國, 1988·1989, 『日本軍의 朝鮮侵略史』 I·II, 일월서각. 정보의 제공이란 측면에서도 많이 부족하지만, 그나마 방위성 방위연구소의 자료열람실 등에 소장된 1차 자료를 활용하여 1904년 러일전쟁 시기부터 1945년 10월경까지 한반도에 주둔한 일본군의 동향을 통사적으로 정리한 필자의 논문이 있을 뿐이다. 신주백, 2012, 「한반도에서의 일본군 역사(1904~1945)」, 송연옥·김영 편저, 박해순 옮김, 『군대와 성폭력-한반도의 20세기』, 선인. 이 글은 「朝鮮軍開史」라는 제목으로 宋連玉·金榮, 2010, 『軍隊と性暴力-朝鮮半島の20世紀』, 현대사료출판에 먼저 실렸다.

정도다. 그래도 지지부진하던 한반도 주둔 일본군에 관한 연구는 2000년대 들어 사료열람실의 1차 자료를 이용하는 사람들이 늘어나면서 본격화하였다. 이제는 1년에 겨우 한 편의 논문이 발표되기도 쉽지 않았던 이전과 비교할 수 없을 만큼 많은 연구성과가 나오고 있다. 국사편찬위원회를 비롯한 기관에서도 관심을 갖고 자료를 수집하기 시작하였다. 일본 방위성 방위연구소의 자료열람실에 기초 자료가 망라되어 있다는 사실이 한국에 알려졌기 때문이다. 더구나 일본정부가 나서서 아시아역사자료센터를 설립하고 이곳을 통해 방위연구소 자료뿐만 아니라 외교사료관, 동경공문서관 등에 있는 자료를 인터넷으로 공개하기 시작하면서 1차 자료에 대한 접근성이 몰라보게 수월해졌다. 이번 책도 필자가 1998년 외국인연구자로 동경대학에 체류하면서 직접 수집한 자료 이외에 아시아역사자료센터의 공개 자료를 많이 참조할 수 있어 가능하였다.

  1차 자료를 활용한 연구는 식민지 조선에 있었던 일본군의 부대사와 침략사를 중심으로 구체적으로 진행되어 왔다.[4] 한반도 주둔 일본군의 전체적인 역사를 연결하기 위해 기본적인 흐름을 파악하는 데 치중한 연구

---

[4] 신주백, 2000, 「1910年代 日帝의 朝鮮統治와 朝鮮에 駐屯한 日本軍」, 『韓國史硏究』 109; 서민교, 2002, 「만주사변기 조선주둔 일본군의 역할과 활동」, 『한국민족운동사연구』 32; 신주백, 2003, 「1945년 한반도에서 일본군의 '본토결전' 준비-편제와 병사노무동원을 중심으로」, 『역사와 현실』 49; 신주백, 2003, 「湖南義兵에 對한 日本軍·憲兵·警察의 彈壓作戰」, 『歷史敎育』 87; 신주백, 2004, 「朝鮮軍과 在滿朝鮮人의 治安問題(1919~1931)-帝國의 運營方式 및 滿洲事變의 內在的 背景과 關聯하여」, 『한국민족운동사연구』 40; 신주백, 2005, 「일제 말기 조선인 군사교육 1942.12~1945」, 『韓日民族問題硏究』 9; 신주백, 2006, 「정미의병 당시 일본군의 원주의병에 대한 탄압작전」, 『毅庵學硏究』 3; 신주백, 2007, 「용산과 일본군 용산기지의 변화(1884~1945)」, 『서울학연구』 29.

경향이었다. 2010년대 들어 신진 연구자들이 늘어나며 부대사, 탄압사를 해명하는데 머무르지 않고, 지역사회와의 관계, 강제동원사와 연계하여 분석을 시도하는 등 주제가 매우 다양해지고 있다.[5] 이 과정에서 한반도 주둔 일본군에 관한 연구의 무게중심이 일본에서 한국학계로 옮겨졌다.[6]

그런데 한반도에 있던 일본군에 관한 연구와 밀접히 연관되어 있으면서도 조금 다른 측면이 있는 분야가 있다. 식민지 조선에만 있던 제도

---

5 김윤미, 2012, 「일제시기 일본군의 방어체계와 부산의 요새」, 『군사』 85; 김윤미, 2016, 「일본군의 군사수송과 한반도 해안요새」, 『역사와실학』 59; 김윤미, 2018, 「'조선군 임시병참사령부'의 부산 숙영 시행과 지역 변화」, 『역사와 경계』 109; 김윤미, 2019, 「1930년대 나진 개항과 항만도시 건설의 군사적 전개」, 『인문사회과학연구』 20-4; 김윤미, 2019, 「일본의 한반도 군용 해저통신망 구축과 '제국' 네트워크」, 『숭실사학』 43; 김윤미, 2021, 「1945년 해방공간에서 교차하는 미군과 일본군의 이동」, 『지역과 역사』 48; 김윤미, 2021, 「해방 직후 일본군의 귀환 수송과 부산항」, 『역사와실학』 74; 김윤미, 2021, 「제국 일본의 교통망과 부산항의 군사적 역할」, 『항도부산』 42; 조건, 2011, 「전시체제기 조선 주둔 일본군의 防空 조직과 활동」, 『숭실사학』 27; 조건, 2011, 「第2次 世界大戰 末期 日本의 朝鮮人 捕虜監視員 强制動員」, 『한일민족문제연구』 21; 조건, 2013, 「일제강점 말기 조선 주둔 일본군의 조선인 포로감시원 동원과 연합군 포로수용소 운영」, 『한국근현대사연구』 67; 조건, 2015, 「일제강점 말기 '조선 주둔 일본군' 상주사단의 韓人 병력동원 양상과 특징」, 『한국독립운동사연구』 51; 조건, 2016, 「일제 말기 한인 학병들의 중국지역 일본군 부대 탈출과 항일 투쟁」, 『한국독립운동사연구』 56; 조건, 2016, 「일제 말기 조선 주둔 일본군의 '전쟁미담' 생산과 조선인 군인 동원」, 『한일민족문제연구』 31; 조건, 2017, 「러일전쟁 이후 일본군 經理部의 한반도 내 활동과 그 의미」, 『서울과 역사』 97; 조건, 2017, 「해방 직후 일본군의 한반도 점령 실태와 귀환」, 『한국학논총』 47; 조건, 2019, 「일제 말기 조선 주둔 일본군의 大田 주둔과 군사령부 이전 계획」, 『역사와 담론』 92; 김상규, 2013, 「전시체제기(1937~1945) 조선 주둔 일본군의 陸軍兵事部 설치와 역할」, 『한국근현대사연구』 67; 이양희, 2013, 「일본군의 3·1운동 탄압과 조선 통치방안」, 『한국근현대사연구』 65; 이민성, 2017, 「1910년대 중반 조선 주둔 일본군 군영 배치계획과 군영 유치운동의 양상」, 『한국근현대사연구』 83.

6 앞의 각주 4, 5에서 언급하지 않은 논문은 각 시기 일본군의 움직임을 언급할 때 소개하겠다.

인 '헌병경찰'이 여기에 해당된다. '보통경찰'로서의 역할도 주목할 필요가 있기 때문이다. 이에 관해 매우 주목할 만한 연구는 일본에서 진행되었다.[7] 세 사람의 연구는 침략을 폭로하는 데만 치중하지 않았으며 제도의 소개에 그치지도 않았다. 이들은 일본의 침략과정에서 헌병이 한 역할을 정밀하게 추적하며 헌병경찰제도의 식민지 안착과 연관지어 다양한 접근을 시도하였다. 지배집단 내부에서의 의견 차이를 드러내며 (헌병)경찰제도로 수렴되고 변모해 가는 과정을 다채롭게 분석하기도 하고, 조선인 민중과 헌병경찰의 관계에 특별히 주목하거나, 침략의 선봉대로서 헌병이 수행한 역할을 추적하기도 하였다. 특히 마쓰다 도시히코는 식민지 전시기의 경찰을 대상으로 삼아 시기에 따라 특정 주제를 집중 분석하여 식민지기 경찰사 연구의 초석을 놓았다.[8]

필자는 이 글에서 선행 연구들의 성과를 씨줄과 날줄로 삼아 1880년경부터 1945년까지 한반도에 주둔했던 일본군의 전체적인 움직임을 군사사의 측면에서 정리하는 데 큰 비중을 두겠다. 비록 초보적인 수준의 군사사이자 침략사 연구겠지만, 이를 통해 한반도에 있었던 일본군의 조직과 인력, 운영, 역할을 시간 순서를 따라 전반적으로 해명해 보겠다. 필자는 일본군의 한반도 침략 및 지배와 관련한 전체적인 현황을 쉽게 파악할 수 있는 전문서적 하나 없는 한국과 일본 학계의 현실을 고려할 때 나름 의미 있는 작업이라고 본다.

---

7   신창우 지음, 김현수 옮김, 2019, 『근대와 전통을 둘러싼 정치문화 식민지 조선의 경찰과 민중세계 1894-1919』, 선인(東京; 有志舍, 2008); 李升熙, 2008, 『韓國併合と日本軍憲兵隊: 韓國植民地化過程における役割』, 新泉社; 마쓰다 도시히코 지음, 이종민 옮김, 2020, 『일본의 조선 식민지 지배와 경찰』, 경인문화사(東京; 校倉書房, 2009).

8   세 사람의 다른 연구는 본문을 서술하면서 필요에 따라 참조하고 인용하겠다.

그렇다고 여기에 그치지 않겠다. 군사사적인 접근에만 한정하지 않고 한반도의 일본군을 통해 일본이 식민지 조선을 어떻게 통치하려 했는지 지배정책이란 측면에서 시기마다 주목할 만한 군사적 움직임을 들어 분석하겠다. 이때 필자의 시야를 한반도에 가두지 않고 일본군의 전반적인 움직임이나 동아시아 국제정세를 적극 고려하여 분석에 반영하겠다. 이렇게 접근하면 조선을 침략하고 지배하는 과정이 일본이란 제국주의 국가의 대외팽창과 어떤 연관이 있었는지를 파악하는 데도 유익하다. 한반도 주둔 '일본군의 측면에서 본 일본제국주의의 국가 운영, 곧 제국 운영의 특징'을 해명하는 데도 큰 도움이 될 수 있다. 더구나 침략사 연구에서 흔히 빠지기 쉬운 당위적 연구, 폭로성 연구에서 벗어나는 데도 유리할 것이다.

필자는 연구목적을 달성하기 위해 첫째, 조선 주둔 일본군의 역사를 1882년 임오군란 이후부터 1945년 10월경까지를 크게 네 시기로 나누고 각각 '부'를 설치하였다. '제1부'는 1882년 임오군란 후 공사관수비대(公使館守備隊) 설치부터 1903년 12월 한국주차대사령부(韓國駐箚隊司令部), 1904년 2월 한국주차군사령부, 1910년 9월 조선주차군사령부가 편성되어 1918년 상주사단의 지휘부인 조선군사령부(朝鮮軍司令部)를 창설하기 이전까지를 다루었다. 한마디로 주차군 시기라고 말할 수 있겠다. '제2, 3부'는 조선군이라는 이름의 상설 주둔군 시기인 1918년부터 1945년 1월경까지를 다루었다. 다만, 다루어야 할 시기가 비교적 긴 데다 만주침략을 전후로 조선군의 대내외 활동에 큰 차이가 있어 1931년을 경계로 제2, 3부를 나누어 서술하였다. '제4부'는 1945년 2월 일본이 본토에서 미군과 싸워야 하는 상황에 대응하는 '본토결전(本土決戰)' 계획을 수립한 때부터 1945년 10월경을 끝으로 38도선 이남에 있던 일본군 대다수가 일본으로 돌아간 때까지다.

둘째, 네 시기마다 일본군의 특정한 군사행동이 한국 및 동아시아 근대사에 큰 영향을 끼친 경우가 많았다. 그래서 각 '부'의 제2장부터는 그와 관련한 내용을 집중적으로 분석하였다. 이때 육군이 부대를 어떻게 운영하고 배치했는지를 살펴볼 수 있어, 일본제국주의가 제국을 경영하는 특징적인 모습을 이해하는 데 도움이 될 것이다.

셋째, 분석의 시야를 한반도에 가두지 않겠다. 가령 동학농민군에 대한 탄압과 러일전쟁 때 일본군의 움직임은 러시아의 동아시아 정책과 연관지어 볼 수도 있다. 또한 1920년의 간도참변, 1928년의 제2차 제남침략(濟南侵略) 그리고 1931년의 만주침략은 한반도에 주둔한 일본군의 움직임을 통해 일본정부의 중국에 대한 정책을 조금이라도 새롭게 이해할 수 있을 것이다. 더구나 1937년 중일전쟁, 1941년 아시아·태평양 지역에서의 제2차 세계대전, 곧 아시아태평양전쟁은 전쟁사이면서 동아시아 지역사이기도 하므로 우리의 시야를 한반도에 가둘 수 없게 한다.

넷째, 이처럼 특정 시기의 특정한 군사행동에 주목하고 넓은 시야를 확보해야 할 때, 제국 내의 다양하고 중층적인 관계, 곧 일본 본국과 식민지 조선 그리고 조선과 다른 식민지 사이의 규정과 역규정의 관계, 비교와 연관의 접근법도 놓치지 않고 고려하겠다. 일본군의 군사전략, 더 확장하면 식민지 정책은 본국의 의도가 일방적으로 관철되지 않고 식민지의 요구와 조건이 본국의 정책 방향을 바꾸는 경우도 있었고, 식민지 상호간의 갈등과 조정이 본국의 정책을 규정한 경우도 있었다. 가령 1945년 2월부터 조선 주둔 일본군의 임무가 대러작전(對露作戰)·대소작전(對蘇作戰)에서 대미작전(對美作戰)을 주로 하고 대소작전을 지원하는 활동으로 급격히 변경되었다. 이때 한반도의 일본군에 대한 관할권을 놓고 대본영-제17방면군사령부·조선군관구사령부-관동군사령부 사이에 의견 차이가 있었다. 이를 조정하는 논의 과정을 보면 일본제국주의가 제국을 어떻게 운영하려 했는지, 전쟁 지도부 내부의 의견 차이가 거기에 어떤 영향을 끼쳤는지를 함께 볼 수 있을 것이다.

다섯째, 한반도의 일본군은 70여 년이란 긴 시간 동안 있었던 군대인 데다, 한반도를 넘어 일본제국주의의 권역에서 활동한 부대였다. 필자는 한반도에 주둔한 일본군의 역사를 통사적으로 정리할 때, 공간축의 동시대성, 즉 횡적인 측면의 비교와 연관성을 고려하겠다. 또 시간축에서 본 변화, 즉 종적인 측면의 연속과 변용도 고려하겠다. 가령 전자의 측면이라고 하면, 의병전쟁에 대한 일본군의 탄압은 1896년부터 타이완에서 저항하는 민중을 진압하며 점령하는 과정과 비교해 보아야 한다. 후자의 측면이라고 하면 동학농민군과 호남의병에 대한 일본군의 탄압은 작전상 비슷한 점도 있었으며, 이러한 움직임을 1920년 경신년대학살작전과의 연속성이란 측면에서도 볼 필요가 있다. 더 나아가 본질의 연속성이란 측면에서 이해할 때 일본군의 학살행위는 군사작전의 일환이거나 저항세력에 대한 보복의 수준을 넘어서는 대규모 학살행위를 반복했을 뿐 아니라, 놀이의 대상 다루듯이 그것을 즐기면서 사람을 '청소'하는데 거리낌이 없었으므로 제노사이드라는 관점에서 볼 여지가 있다. 이러한 시야를 갖고 바라보면 일본군의 인명경시 풍조가 만주침략, 중일전쟁, 아시아태평양전쟁으로 이어지는 15년전쟁 때도 우연히 일어난 일회성이 아니라 본질적 특징이었다는 기본적인 사실을 새삼 확인할 수 있을 것이다.

제1부
침략과 지배의 터를 닦은 주차군

제1장
침략의 문열기(1882~1903)

1. 공사관수비대, 임진왜란 이후 첫 일본군 부대

1880년 일본은 한성 서대문 밖에 일본국공사관을 개설하였다. 그때 무관도 공사관 직원으로 근무하였다. 비록 일본군 부대가 주둔하지는 않았지만, 임진왜란 이후 처음으로 일본 군인이 조선에 발을 들여놓은 것이다.[1]

1882년 7월 임오군란이 일어났다. 일본공사 하나부사 요시타다(花房義質)를 비롯한 직원들은 성난 군중의 살기등등한 기세를 피해 간신히 인천을 거쳐 일본으로 귀국하였다. 그로부터 3주일가량이 지난 8월 16일 하나부사 공사를 비롯한 일행은 보병 1개 대대, 군함 4척, 운송선 3척의 호위를 받으며 인천을 거쳐 다시 한성으로 돌아왔다. 보병대대를 이끈 사람은 데라우치 마사타케(寺內正毅) 소좌였다. 그는 훗날 제3대 조선통감이자 제1대 조선총독으로 식민지 조선에서 악명 높은 헌병경찰제를 실시하여 조선인사회에서 '조선왕'으로 불렸던 사람이다.

하나부사 일행이 인천을 거쳐 한성에 상경할 즈음 딩루창(丁汝昌)이 이끄는 4천여 명의 청군도 우창칭(吳長慶), 마젠중(馬建忠), 위안스카이(袁世凱) 등과 함께 인천에 도착하였다. 그중 마젠중이 이끄는 청군은 오늘날 서울의 동대문역사문화공원과 용산의 남단 인근에 주둔하였다. 청과 일본이란 외국의 군대가 조선의 수도에 주둔하기 시작한 것이다.

청은 임오군란을 마무리하는 방법의 하나로 흥선대원군을 납치하여

---

1 金正明 編, 1967, 『日韓外交資料集成 別冊-朝鮮駐箚軍歷史』, 巖南堂書店, 6~7쪽(이하 『朝鮮駐箚軍歷史』로 줄임).

8월 26일 톈진으로 압송하였다. 대원군 납치를 주도한 마젠중이 쓴 『동행삼록(東行三綠)』(1897)에 따르면, 음력 7월 13일 정오 무렵 마젠중, 우창칭은 100여 명의 군대를 거느리고 대원군이 거처하고 있는 운현궁을 방문하였다. 대원군은 이에 대한 답방으로 오후 4시경 수십 명의 기병을 거느리고 용산의 남단 인근에 있던 청군 주둔지를 방문하였다. 대원군을 '유인'하는 데 성공한 마젠중은 대원군과 24장의 종이에 필담을 나누었다. 청군은 이때 계획한 대로 대원군을 따라온 모든 사람을 대원군도 모르게 붙잡아 두었다. 시중드는 조선인이 한 명도 없음을 파악한 마젠중은 필담에 집중하느라 상황을 파악하지 못하고 있던 대원군에게 다음과 같은 글을 빠르게 써 내려갔다.

"그대는 조선의 국왕이 황제의 책봉을 받았음을 아는가"라고 하니, "안다"고 하였다. 그래서 이렇게 말하였다. "왕이 황제의 책봉을 받았으면, 일체의 정책과 법령이 응당 왕에게서 나와야 하는데, 그대는 6월 9일의 변란에서 제멋대로 대권을 훔쳐, 자기와 생각이 다른 사람은 주살하고 자기와 사사로운 관계에 있는 사람은 끌어다 썼으며, 황제의 책봉을 받은 왕은 물러나 왕부(王府)를 지키게 하였다. 왕을 무시한 것은 실로 황제를 경시한 것이니, 그 죄가 용서받을 수 없는 것이다. 다만 왕에게는 부자(父子)의 친밀함이 있어 잠시 너그럽게 용서하니, 신속히 가마에 올라 마산(馬山)나루로 가서 군함을 타고 톈진(天津)에 가서 조정의 처치를 받도록 청한다." 하응은 두려워하며 사방을 돌아보았다. 우 군문과 딩 군문은 모두 일어나 장막 밖으로 나가고, 나도 하응을 부축해서 나가 가마에 오르게 하였다. 그때 군사들이 두 줄로 늘어서고 칼과 창이 삼엄하게 벌여 있었다.[2]

딩루창과 마젠중은 용산의 남단 일대에 주둔한 청군 숙영지에서 대원군을 청으로 납치할 때 함께 떠났다.

임오군란과 관련한 또 다른 후속 조치가 1882년 8월 30일 청과 일본이 체결한 제물포조약이다. 조약의 내용 가운데는 20일 이내에 흉도 괴수 및 그 일당을 체포하여 엄중히 심문하고 중죄에 처할 것(제1조), 흉도의 폭거로 일본국이 받은 피해와 출병 준비 등에 들어간 50만 원을 매년 10만 원씩 5년에 걸쳐 완납할 것(제4조), 일본공사관에 병사 '약간 명'을 두어 경비하게 하며, 병영의 설치와 수선은 조선국이 책임을 지고, 만약 조선국의 병사와 백성이 법률을 지킨 지 1년 후에 일본공사가 경비를 세울 필요가 없다고 인정할 때 철병해도 무방하다(제5조)는 조항이 있었다. 결국 조선정부는 막대한 배상금을 지불한 데다, 일본공사관을 보호하기 위해 군대를 주둔해야겠다는 일본 측의 명분에 밀렸던 것이다. 더구나 조선정부는 「조일수호조규 속약」까지 체결하여 부산, 원산, 인천의 개항장에서 조선 내륙으로 일본인이 들어갈 수 있는 거리를 10리에서 100리까지로 확대해 주었다. 일본인이 조선의 정황을 더 자세히 정탐하고 이전보다 넓은 공간에서 경제활동을 할 수 있도록 확장시켜 준 것이다.

일본정부가 기대한 이상으로 성과를 거둔 하나부사는 수신사 박영효가 이끄는 임오군란 사죄사절단과 함께 귀국하여, 일본정부로부터 훈2등에 연금 500원의 포상금을 받았다. 이후 그는 조선에서 쫓겨 탈출했던 한때의 치욕과 달리 러시아 주재 일본공사로 영전하였다.[3] 또한 일본

---

2   이극돈 외 지음, 은몽하·우호 엮음, 김한규 옮김, 2012, 『使朝鮮錄 譯註 5-淸使의 朝鮮 使行錄』, 소명출판, 478쪽.
3   한철호, 2001, 「임진왜란 이후 284년 만의 일본군 재등장」, 이재범 외 지음, 『한반도의 외국군 주둔사』, 중심, 215쪽.

정부는 공사관을 지킨다는 명목으로 나고야에 주둔한 제3사단 소속 1개 대대를 공사관수비대(公使館守備隊)로 조선에 보냈다. 이로써 주권국가의 수도, 그것도 4대문 안에 외국의 부대가 주둔하기 시작하였다.

이후 일본은 임오군란으로 촉발된 불안감이 어느 정도 해소되자 1883년 8월 1개 중대 규모의 주차 보병 병력을 남기고 나머지 군대를 모두 철수시켰다. 한성에 남은 일본군은 왜성대, 즉 오늘날 중구 예장동 일대의 민가에 흩어져 머물렀다.[4] 일본군이 남산의 북쪽 기슭을 거점으로 그 일대를 점유함에 따라 일본인도 주변에 모여들었고, 특히 오늘날 명동 일대에 많이 거주하게 되었다.

당시 한성에는 일본군 이외에 임오군란 직후부터 청군도 주둔하고 있었다. 그런데 베트남에서 벌어지고 있던 청불전쟁에서 청군이 프랑스군에 밀리는 상황이 전개되고 있었다. 이에 청정부는 1884년 8월 조선에 주둔한 병력의 절반인 1,500여 명을 조선 주둔군 책임자인 우창칭의 지휘 아래 베트남에 파견하였다. 이후 조선 주둔 청군은 총리친경등영영무처회판조선방무(總理親慶等營營務處會辦朝鮮防務)라는 긴 이름의 관직을 맡고 있던 26세의 위안스카이가 지휘하였다.[5]

김옥균과 박영효 등의 개화파는 이 틈을 놓치지 않았다. 일본도 이들의 움직임을 자극하였다. 하나부사의 후임 다케조에 신이치로(竹添進一郎) 공사가 창덕궁을 책임지고 방어하여 개화파를 지키겠다고 호언장담했기 때문이다. 하지만 청불전쟁이 프랑스의 승리로 매우 빨리 끝남에

---

4 이상은 金正明 編, 『朝鮮駐箚軍歷史』, 8~9쪽.
5 구선희, 2001, 「민씨 척족의 사리사욕이 불러들인 12년 재앙」, 이재범 외 지음, 『한반도의 외국군 주둔사』, 중심, 191쪽.

따라, 일본정부는 조선에서 청군에 비해 수적 열세인 일본군의 처지 등을 고려해 갑신정변에 관여하지 말도록 주한공사관에 지시하였다. 이에 따라 다케조에 공사는 개화파와의 약속을 지키지 않았다. 군사력도 열세였던 개화파는 제대로 저항도 하지 못하고 무너졌다. 다케조에 공사도 성난 조선인 민심과 한성에 거주하는 일본인사회의 여론이 두려워 공사관에 불을 지르고 인천을 거쳐 일본으로 황급히 돌아갔다.

사태 수습은 일본정부가 직접 나설 수밖에 없었다. 이노우에 가오루(井上馨) 외무경은 스스로 특파대사의 직임을 맡고 1885년 1월 육군 2개 대대와 여러 척의 군함을 거느리고 인천에 도착하였다. 그중 1개 대대의 호위병력을 대동하고 한성에 도착한 이노우에는 조선정부에 한성조약을 체결하도록 강요하였다. 5개 조항으로 된 조약의 내용에 따라 조선정부에서 주한일본공사관 건축비용으로 2만 원을 제공하고, 일본군 1개 대대가 공사관 경비를 맡는다는 명분으로 증파되었다. 이노우에 특파대사가 3일 한성에 도착해 9일 조약을 체결하였으니, 일본으로서는 매우 속전속결로 문제를 해결함으로써 사태를 빨리 진정시키려 했다고 볼 수 있겠다.

일본정부는 갑신정변 당시 한성에 주둔하고 있던 청군을 의식해야 했으므로 청과의 타협도 중요시하여 1885년 4월 이토 히로부미(伊藤博文)를 전권대사로 청에 파견하였다. 그는 리훙장(李鴻章)과 만나 천진조약을 체결하고 4개월 이내에 두 나라 군대를 조선에서 철수하기로 합의하였다. 특히 두 사람은 조선에 중대한 변란이나 사건이 일어나 군대를 출동하는 일이 발생하면 미리 상대국에 통보해야 하고, 그것이 진정되면 즉각 철수하기로 합의하였다. 이로써 일본은 조선에 주둔한 청군과 일본군을 동시에 철수시켜 조선에 대한 청의 영향력을 약화시키는 한편, 조선에 대해 청과 동등한 권리를 행사할 수 있는 외교성과까지 거두었다.[6] 일본군은 천진조약에 따라 1885년 6월 철수하였다. 10월에는 청에 구금되어 있던 흥선대원군이 3년여 만에 귀국하였다. 같은 시기 주차조선총리교섭통상사의(駐箚朝鮮總理交涉通商事宜)에 부임한 위안스카이는, 이후 10여 년간 조선 내정에 간섭하다 일본의 경복궁기습점령사건과 청일전쟁이 일어나기 직전인 1894년 7월 19일 인천을 거쳐 청으로 돌아갔다.

2. 동학농민전쟁 세력의 개혁을 저지한 일본군

1894년 2월 전라도 고부에서 군민이 봉기하며 동학농민군이 일어났다. 그들의 기세는 점차 많은 사람을 결집하며 5월 31일 전주성을 점령함으로써 중앙정부를 위협할 정도였다. 이에 조선정부는 청에 파병을 요청하였다. 청정부는 조선에 출병하기로 결정하고, 천진조약 제5조에 따라 조선에 군사를 파병한다고 일본 측에 통보하였다.

일본정부는 청정부의 파병 요청이 오기 이전인 6월 3일자 내각회의에서 조선의 내부 갈등에 개입하기로 결정하였다. 일본정부는 6월 5일 참모본부에 대본영을 설치하고 제5사단에 동원령을 내려 보병 제11연대, 제21연대를 중심으로 오시마 요시마사(大島義昌) 소장이 지휘하는 8,000여 명의 혼성여단을 편성하였다. 혼성여단의 선발대가 인천에 도

---

6 한철호, 2001, 「임진왜란 이후 284년 만의 일본군 재등장」, 이재범 외 지음, 『한반도의 외국군 주둔사』, 중심, 221~222쪽.

착한 날은 9일이었다. 청군 역시 일본군보다 하루 앞선 8일에 아산만에 상륙하였다. 이후 양측 군대의 본대가 속속 한반도에 들어왔고, 동학농민군의 주둔지와 근접지인 충남 아산에 주로 주둔했던 청국의 군대와 달리, 일본군은 핵심병력을 주로 인천과 한성에 배치하였다. 일본정부는 영사관과 거류민 보호를 내세웠지만 실제는 조선정부의 일본 반대세력을 제거하고 조선을 지배하며 조선에서 청국보다 우월한 지위를 확보하기 위해서였다.[7] 한성을 중심으로 인천에 주둔한 일본군의 현황을 정리하면 〈표 1-1-1〉과 같다.

양국의 군대가 한반도에 결집하자 동학농민군과 정부군은 6월 11일

〈표 1-1-1〉 청일전쟁 당시 한성과 인천 주둔 일본군 현황

부대	비고	위치
보병 제1연대 제11대대		경성
혼성여단사령부		만리창(7월 7일 초가지붕의 사령부 가건물 세움)
기병 제5대대 제1중대		만리창
보병 제11연대	제1대대 제8중대, 제6중대의 1소대	만리창 일대 고지와 계곡
야전포병 제5연대 제3대대		위와 같음.
공병 제5대대 제1중대	2분대	위와 같음.
보병 제11연대 제8중대		용산 둔지리. 그중 1소대는 서빙고
보병 제21연대	제8중대와 제3대	아현
제1야전병원 위생대		공덕리 서북
보병 제21연대 제3대대	제10중대의 제1소대와 제1분대 제외	인천
제2야전병원		위와 같음.

출처: 서울특별시 시사편찬위원회, 2012, 『국역 경성부사』 1, 576~577쪽.

7 조재곤, 1995, 「청일전쟁에 대한 농민군의 인식과 대응」, 한국역사연구회 지음, 『1894년 농민전쟁연구』 4, 역사비평사, 452쪽.

전주화약을 체결하였다. 철수한 동학농민군은 곳곳에 집강소를 설치하였다. 청정부는 22일 일본에 공동 철병을 제안하였다. 하지만 일본정부가 제안을 거절함에 따라 한반도에서 두 나라 사이에 군사적 긴장이 높아져 갔다.

일본정부는 그런 가운데서도 군사력 강화에만 역량을 집중하지 않았다. 일본정부는 6월 10일 오토리 게이스케(大鳥圭介) 공사와 특전대 400여 명, 대포 4문 등을 앞세우고 한성에 침입하였다. 오토리 게이스케 공사는 고종을 만나 조선의 내정개혁을 요구하였다. 일본군은 7월 10일 부산-한성과 인천-한성 사이의 군용전선 공사도 시작하였다.

일본 대본영은 청군이 계속 늘어나면 스스로 결단하라며 오시마 요시마사 소장에게 7월 19일자로 개전을 허가한 상태였다. 그러면서도 일본정부는 청이 조선의 종주국이므로 전쟁을 한다는 명분을 내세우지 않았다. 이런 논리는 서구 열강의 동의를 얻기에 적절한 명분이 아니었기 때문이다. 그들은 조선의 종속 문제만을 언급하며 열강으로부터 전쟁의 명분을 인정받고자 하였다. 그래서 일본정부는 20일에 개전의 명분을 확보하고자 조선을 청의 '속국'으로 간주하며 청군의 주둔을 막아달라는 공식문서를 22일까지 자신에게 보내도록 조선정부를 압박하였다.

7월 23일, 고종이 일본정부의 강요를 받아들이지 않았지만, 일본군은 '조선왕궁에 대한 위협적 운동계획'에 따라 경복궁을 점령하였다.[8] 용산에 있던 일본군은 한밤중에 경복궁을 점령하고 대원군을 내세워 내정개혁을 요구하였다. 당시 조선 왕조의 중앙군은 통위영, 장위영, 통제영

---

[8] 이하 경복궁기습점령사건에 관한 내용은 나카츠카 아키라 지음, 박맹수 옮김, 2002, 『1894년, 경복궁을 점령하라』, 푸른역사, 60~88쪽 참조.

으로 편성되어 궁궐의 경비를 맡고 있었다. 그러나 대부분의 중앙군은 한성의 외곽을 경비하거나 북한산성에 배치되어 있어 왕궁을 경비하는 병력이 생각보다 많지 않았다. 더구나 동학농민군의 움직임에 대응하고자 병력을 남쪽으로 이미 파견한 상태였으니, 용산 일대에 주둔하고 있던 일본군 6,000여 명과 대비할 때 병력수 자체도 크게 위력적이지 못한 실정이었다. 때문에 왕궁의 경비 병력은 가와카미 소로쿠 일본군 참모차장을 비롯한 육군성 엘리트 집단이 사전에 주도면밀하게 기획한 경복궁 기습점령작전에 대응하여 모두 다섯 차례 총격전을 전개했지만 왕궁을 방위하지 못하였다. 생존한 수비병력은 일본군이 날조한 국왕의 '전교'를 그대로 믿고 명령에 따라 대오를 해산하였다.[9] 일본군은 왕궁을 점령한 후에도 반격을 염려하여 신식 모젤총 1,000여 정을 비롯해 왕궁을 호위하는 군대가 소유한 무기를 모두 압수하였다.

　왕궁을 점령한 일본군은 즉각 '국왕폐하를 경호'하고 '조선정부를 호위'한다며 왕궁을 자신들이 경비하겠다고 나섰다. 사실상 국왕을 포로로 잡아둔 것이다. 점령 다음 날인 7월 24일에 대원군을 중심으로 새로운 내각을 결성하였다. 일본정부는 내정개혁이란 명분을 내세우며 영의정 김홍집(金弘集)을 중심으로 군국기무처를 설치하게 하였다. 청과의 전쟁에 앞서 친일정부를 수립한 것이다.

　일본정부는 왕궁 점령에 성공하자 국제여론을 자기편으로 만들기 위해 노력하였다. 일본군의 평화적 활동에 반대하는 조선 수비대가 먼저 발포함에 따라 불가피하게 경복궁을 점령했다는 왜곡된 진실을 국제사

9　경복궁기습점령사건에 대한 상세한 재검토는 조재곤, 2016, 「1894년 일본군의 조선왕궁(경복궁) 점령에 대한 재검토」, 한국역사연구회 지음, 『역사와 현실』 94 참조.

회에 알렸다.[10] 외교적 조치와 함께 군사적 움직임도 신속하였다. 왕궁 점령 다음 날인 7월 24일 일본 해군 연합함대가 군산에 도착하여 전투태세에 들어갔으며, 대본영은 규슈에 있던 제6사단을 동원하여 중국 텐진을 공격할 준비를 시작하였다. 또한 같은 날 오시마 요시마사 여단장은 아산에 있는 청군과의 전투를 위해 25일 즉각 남하하도록 한성의 일본군에게 지시하였다. 일본군은 한반도에서 청군과의 교전을 준비한 것이다. 이처럼 경복궁기습점령사건과 한반도 및 중국에서의 청일전쟁을 하나의 연결고리로 파악해야만 1894년 시점에 일본의 침략적인 모습을 제대로 이해할 수 있다.

7월 25일, 일본군은 아산 근처의 풍도(豊島)에서 청의 해군과 전투를 벌였다. 풍도해전이라 불리는 전투를 시작으로 한반도에서 헤게모니를 장악하려는 두 나라의 전쟁이 시작된 것이다. 육상에서는 7월 28일, 29일 충청남도 성환과 아산에서 청군과 일본군 사이에 전투가 있었다. 전투는 오전 3시 30분경에 시작해 7시 40분경 종료되었으니 어찌 보면 싱겁게 끝났다. 패배한 청군은 사망한 500여 명의 동료를 놓아둔 채 충청남도 홍성군 홍주와 강원도를 거쳐 8월 24일경 평양에 도착하였다.[11] 청일전쟁의 중대 고비였던 평양전투의 본격적인 서막은 이즈음부터였다고 말할 수 있다.

8월 1일, 일본 천황은 다음과 같은 내용을 발표하여 청에 전쟁을 선포하였다.

10　김경록, 1995, 「청일전쟁 초기 조일맹약의 강제 체결과 일본군의 군사침략」, 『한일관계사연구』 51, 304쪽.

11　김경록, 1995, 위의 책, 307쪽.

짐은 청국에 대해 전쟁을 선포하노라. … 청국의 계략은 분명히 조선국 치안을 책임지고자 하는 일본제국의 존재를 부정하고 우리가 솔선하여 조선을 독립국 지위에 올려놓은 조약과 함께 이것을 몽회(蒙晦)함으로써 일본제국의 권리와 이익을 손상시키고자 하는 것이다. 그렇다면 여지없이 동양평화는 영원히 담보할 수 없다. 열렬히 청국이 행동하는 바를 지켜보면 사실 처음부터 동양평화를 희생함으로써 자국의 야망을 달성하고자 하였다고 말하지 않을 수 없다.[12]

일본은 조선을 청의 '종속'에서 벗어나 독립국으로 만드는 길이 '동양평화를 영원히 담보'하는 조치라고 억지를 부렸다. 조선의 영토 점령에 대한 야심을 숨긴 채 열강의 동조 또는 묵인을 얻기 위한 명분이 조선독립과 동양평화였던 것이다. 자신의 침략행위가 '동양평화'를 위한 선택이라는 일본식 논리는 이즈음부터 노골화되었다고 할 수도 있다. 동양평화를 내세운 일본의 주장은 그로부터 16년이 지난 1910년 한국병합 때 조선을 자신의 영토로 만들어야 동양평화를 지킬 수 있다는 억지에서도 확인된다. 마찬가지 논리는 1937년 중국을 침략할 때 그리고 1941년 아시아태평양전쟁 때의 대동아공영권론에서도 확인할 수 있다.

성환전투에서 승리한 일본군은 7월 30일경부터 8월 5일 사이에 한성으로 복귀하였다. 5일에는 동원된 조선인 인부가 운반하는 전투 노획물을 선두로 성대한 개선식을 용산 만리창(오늘날 만리동 인근)에서 개최하였다(〈그림 1-2-1〉 참조). 남의 나라 땅에서 승전의 기쁨을 누리며 조선인에게 위력을 과시하기 위한 정치 이벤트를 연 것이다.

---

[12] 서울특별시 시사편찬위원회, 2012, 『국역 경성부사』 1, 595~597쪽.

<그림 1-1-1> 만리창에서 승전을 기념한 일본군의 개선식

청과의 전쟁이 본격화하자 일본군으로서는 조선정부의 협조를 확실히 해둘 필요가 있었다. 일본정부는 한성-부산과 한성-인천 사이의 철도 건설에 관한 이권을 빼앗았다. 또 청군과 일본군이 평양에 집결하고 있던 8월 26일에도 "동양평화를 위해 두 나라가 동맹하여 청국 병사를 국외로 몰아낸다"는 명분을 내세우며 조선정부를 압박하여 「대조선·대일본 양국 맹약」을 체결하였다. 그 조항은 다음과 같다.

1. 이 맹약은 청병을 조선국 국경 밖으로 철퇴시켜 조선국의 독립과 자주를 견고히 하고, 일한 양국의 이익을 증진하는 것을 목적으로 한다.
2. 일본국은 청국에 대해 전쟁에 임하고, 조선국은 일본 병사의 진퇴와 그에 따른 식량준비에 이르기까지 편의를 제공한다.
3. 이 조약은 청국과 평화조약이 체결된 후에 파기한다.[13]

이처럼 맹약은 조선독립과 동양평화를 명분으로 조선에서 인력과 물자의 동원을 합법적으로 확보하려는 일본의 의도를 보여 준다.

9월 15일, 일본은 청일전쟁을 지휘할 대본영을 도쿄에서 히로시마로 옮겼다. 그날 일본군과 청군은 평양에서 크게 충돌하였다. 그런데 하루 만에 청군이 평양에서 철수함에 따라 전투는 일본군의 승리로 끝났다. 일본군은 전선을 더 북쪽으로 확대하며 9월 25일 제2군을 편성하였고, 청군을 계속 밀어붙여 10월 23일 압록강을 건너 만주를 침략하였다. 이때부터 만주는 청일전쟁의 주전장이 되었다. 청일전쟁은 11월 27일 일본군이 타이완을 점령하기 위한 전투에서 승리함으로써 끝났다. 전쟁에는 일본군 군부(軍夫)까지를 포함해 병력이 대략 70만 명 동원되었다.

승리한 일본은 조선과 타이완을 발판으로 대륙과 남방으로 진출할 수 있는 교두보를 마련하는 듯했다. 타이완에 대만총독부를 설치하고 이후 50년 동안 통치하였다. 하지만 조선에서의 상황은 이후의 역사가 말해 주듯이 일본이 꿈꾸는 대로 흘러가지 않았다. 또한 대국 청을 이긴 일본인의 국민감정은 중국인을 무시하는 말과 행동으로도 나타났다. 지나(支那)라는 말은 이즈음부터 중국(인)을 무시하는 차별어로 일본사회에서 널리 퍼졌다. 이후 일본의 침략사가 말해 주듯이, 침략전쟁에 대한 반성이 없는 차별적인 말과 행동은 상대방의 고통에도 눈을 감게 한다.

한편, 전선이 북쪽으로 확장되고 중국 쪽에서 크고 작은 전투가 이어졌다고 해서 조선에 평화가 찾아온 것은 아니었다. 일본군의 입장에서 조선은 안정된 후방으로 최전선에 물자를 보내고, 멀리 떨어진 본토와 연결하는 중간 지점이었다. 이를 가로막는 결정적인 장애물은 조선의 정

13　서울특별시 시사편찬위원회, 『국역 경성부사』 1, 597~598쪽.

〈표 1-1-2〉 청일전쟁기(1894~1895) 일본군 수비대 현황

부산수비대	1894년 6월부터 보병 제21연대 제8중대가 담당. 뒤에 낙동전선경비대(洛東電線警備隊)로 불림. 같은 해 10월 6일 후비(後備)보병 제10연대 제4중대로 교대. 1896년 2월까지 존속.
인천병참수비대	같은 해 6월부터 보병 제21연대 제11중대, 기병 7기(騎)가 담당. 8월 중순에 보병 제22연대 제5중대와 교대. 같은 해 10월 6일, 후비보병 제6연대 제6중대와 교대함. 청일전쟁 후 해체.
용산병참수비대	같은 해 6월부터 보병 제11연대 제3중대 기병 5기가 담당. 8월 중순에 보병 제12연대 제12중대와 교대. 10월 4일부터 인천을 포함해 후비보병 제6연대 제6중대가 담당. 청일전쟁 후 해체.
경성수비대	같은 해 6월부터 보병 제11연대 제1중대[제3중대 결(缺)] 및 기병 5기가 배치. 같은 해 8월부터 보병 제22연대 제2대대(제5중대 결)와 교대. 같은 해 10월 6일부터 보병 제22연대 제7중대만 남겨 두었고, 11월 초순에 후비보병 제19대대로 교대.
임진진(臨津鎭)독립지대	보병 소좌 야마구치 케이조(山口圭藏)가 지휘하는 보병 제21연대 제2대대(제7, 8중대 결) 및 제2중대, 기병 1소대, 포병 제5중대(1소대 결), 공병 1소대 배치.
원산수비대	1894년 9월 25일부터 새로이 후비보병 제6연대 제2중대 배치.

출처: 金正明 編, 1967, 『日韓外交資料集成 別冊 朝鮮駐箚軍歷史』, 巖南堂書店, 12~20쪽.

부군이 아니라 동학농민군이었다. 그래서 요소요소에 '수비대'라는 이름의 부대들을 〈표 1-1-2〉와 같이 배치하였다.

〈표 1-1-2〉는 일본과 직접 연결하기가 가장 유리한 부산, 도성인 한성과 인접한 곳이어서 병참 보급에 유리한 인천 그리고 한성 인근에 대규모 부대를 배치하고 남대문에 접근하기 매우 유리한 지형조건이 있는 용산에 각각 수비대를 설치했음을 알려 준다. 또 일본군이 북쪽으로 이동하고 안정된 보급로를 확보하는 데 장애물과도 같은 임진강 유역에도 병력을 배치했음을 알 수 있다. 더구나 부산, 경성, 인천, 용산에 수비대를 설치한 시기가 경복궁기습점령사건, 풍도해전, 성환전투가 벌어지기 이전인 6월이라는 점에도 주목해야 한다. 일본이 청일전쟁에서 군대의 병참선과 연락망의 안전성을 우선 확보하려는 의도가 얼마나 강렬했는

지를 말해 주기 때문이다. 일본군은 전쟁의 승패에 큰 영향을 주는 문제가 발생하지 않도록 미리미리 예방하는 조치를 취한 것이다.

그런데 일본군의 입장에서 이들 수비대의 설치에 가장 큰 장애물은 동학농민군이었다. 일본은 오시마 요시마사 소장이 이끄는 혼성여단을 파견할 때 군악대와 같은 특수임무를 수행하는 부대 이외에도 제2전선 가설대원 345명도 함께 파견하였다. 가설대의 기본 임무는 부산에서 서울까지 일본군만의 군용전선을 설치하는 일이었다. 조선인 땅 주인의 입장에서 보면 아무런 보상도 사전 양해도 없이 자신의 땅에 군용전선을 설치하는 일본군의 행위는 재산권을 침해하는 나쁜 행동이었다. 민중의 반감은 자연발생적이면서도 개인적인 차원의 저항으로 이어졌다.

8월 말경부터 민중의 저항은 조직적이고 규모 있게 나타나기 시작하였다. 오늘날 경상북도 상주시 동쪽에 위치한 함창 지역의 동학농민군이 전선을 파괴하는 조직적인 저항을 일으키자 일본군은 28일에 군대를 출동시켜 이들을 탄압하였다. 30일에는 오늘날 경상남도 진주시 인근의 하담에 있던 일본군 병참을 동학농민군이 습격한 일이 있었다. 이에 부산의 일본군 병참감은 조선인이 전선을 절단하면 그 조선인을 체포하여 무기 등으로 즉각 쳐서 죽이고 관련된 마을을 불태우라고 지시하였다.[14] 일본군이 이처럼 잔인하게 나서는 이유 중 하나는 히로시마의 대본영에서 청일전쟁의 최전선까지 연락망과 병참선이 바다를 건너야 하는 데다 매우 길어 게릴라전에 취약할 수밖에 없는 약점을 막아보려는 속셈에 있었다.

---

14   군용전선과 관련한 내용은 강효숙, 2014, 「동학농민전쟁과 일본군」, 『역사학연구』 27, 122쪽.

전봉준이 이끄는 남접의 동학농민군이 10월 12일 기포하고, 4일 뒤인 16일에 최시형이 이끄는 북접의 농민군이 기포하였다. 일본정부는 조선정부에 압력을 가해 동학농민군에 대한 탄압을 일본 측에 요청하도록 하였다. 10월 18일, 조선정부는 동학농민군에 대한 탄압을 일본군에게 요청하였다. 친일 조선정부가 '민'을 보호하는 임무를 포기했을 뿐 아니라 '적'으로 간주하고 있음을 노골적으로 드러낸 것이다.

일본정부는 여기에 그치지 않았다. 동학농민군의 기포를 일본군 후방의 안전을 해치는 이적행위로 간주하였다. 그래서 조선정부의 '요청' 형식을 빌린 지 10일 만인 28일에 '동학당 토벌대'라 불린 독립 후비보병 제19대대를 조선에 파견하였다. 제19대대는 명치정부에 반기를 든 무사계급을 탄압하여 일어난 1877년의 서남전쟁(西南戰爭) 등에 참가한 부대였다. 미나미 고지로(南小次郎) 대대장 역시 무사계급을 탄압한 경험이 있는 지휘자였다. 제19대대는 민중 탄압의 전문성을 갖춘 부대였다.

〈그림 1-1-2〉에서처럼 후비보병 제19대대는 한성을 기준으로 세 갈래 길, 즉 서로=공주가로, 중로=청주가로, 동로=대구가로 나누어 남하하며 동학농민군을 섬멸하고 학살하였다.[15]

〈그림 1-1-2〉를 통해 알 수 있듯이, 대본영은 북동쪽으로 동학농민군이 퍼져 나가는 움직임을 막고, 장흥 등지의 전라남도 남서해안 쪽으로 동학농민군을 몰아가면서 포위 섬멸하는 작전을 짰다. 제19대대가 작전 계획에서 북동쪽 경계에 신경을 쓴 이유는 농민군 생존자들이 러시아와의 접경지대로 이동하여 러시아군에 합류하지 못하도록 함으로

---

15 나카츠카 아키라, 이노우에 가쓰오, 박맹수 지음, 한혜인 옮김, 2014, 『또 하나의 청일전쟁: 동학농민전쟁과 일본』, 모시는사람들, 90~92쪽.

〈그림 1-1-2〉 일본군 후비대의 동학농민군 탄압 경로

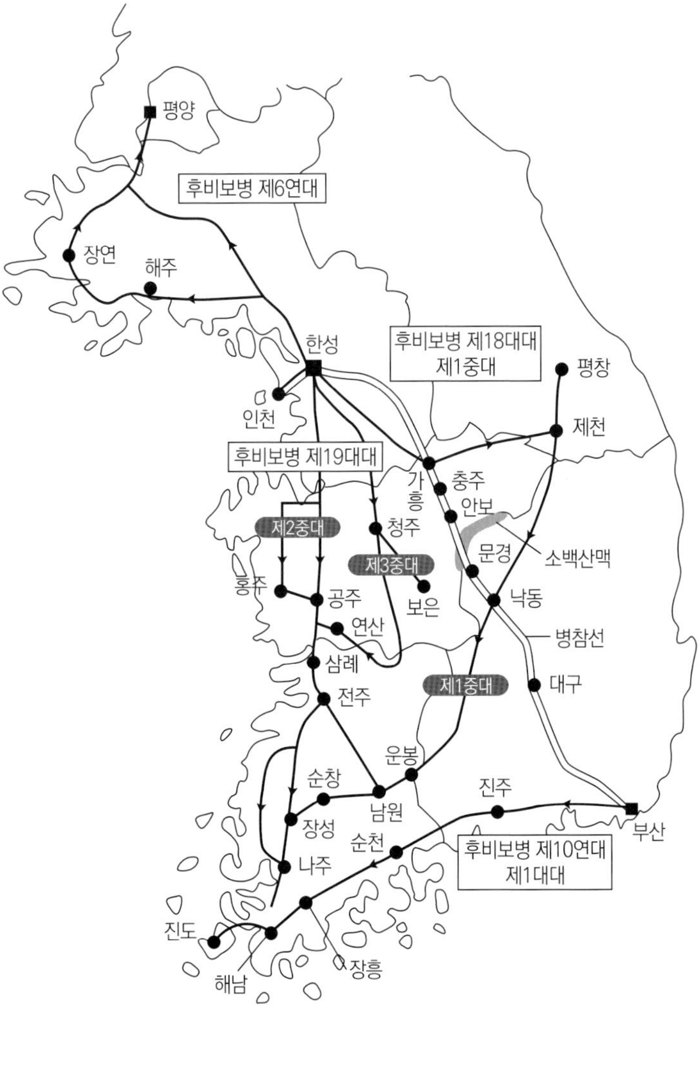

써 러시아군이 청일전쟁에 개입할 명분을 차단하기 위해서였다. 러시아와 조선인 사이의 연계를 차단하려는 일본군의 이러한 대응전략은 다음 '제2부 제2장'에서 다룰 1919년 3·1운동 때도 확인할 수 있다.

대본영은 제19대대가 남하하는 과정에서 잔류한 동학농민군 등에게 배후를 공격당하지 않도록 인천과 한성의 수비대를 후발대로 남하시키며 동학농민군을 다시 탄압하였다. 또한 부산수비대 소속 일본군은 남해안 일대의 여러 섬에 농민군이 피신해 숨지 못하도록 탄압하였다. 이처럼 동학농민군에 대한 포위망을 좁혀가며 몰아가는 한편, 그들이 해안의 섬들로 숨지 못하도록 함으로써 육상과 해상에서 동시에 작전을 펼치는 포위섬멸작전은 1909년 9월과 10월에 호남의병을 탄압한 '남한대토벌작전(南韓大討伐作戰)' 때도 비슷하게 확인할 수 있다. 관련한 내용은 다음 '제2장 제2절 3)항'에서 알 수 있을 것이다.

대본영은 10월 26일 동학농민군의 봉기를 알았다. 그래서 인천병참감에게 남부병참감부를 설치하고 후방의 병참 문제를 안정적이고 체계적으로 확보하라고 지시하였다. 『남부병참감부진중일지』에 나오는 10월 27일자 지시에서 이를 확인할 수 있다. 대본영은 인천병참감에게 다음과 같이 지시하였다.

> 부산 이마바시(今橋) 소좌로부터 다음과 같은 전보가 왔다. 가와카미 병참총감에게 전보가 왔는데, "동학당에 대한 처지는 엄렬함을 요한다. 향후 모조리 살육할 것."[16]

---

16   나카츠카 아키라, 이노우에 가쓰오, 박맹수 지음, 한혜인 옮김, 2014, 위의 책, 77쪽 재인용.

봉기한 동학농민군은 11월 충청남도 우금치전투에서 일본군에 패배하며 남쪽으로 밀려갔다. 12월 동학농민군은 일본군의 살육전에 맞서며 전라남도 영암, 강진, 장흥, 보성, 능주 일대로 퇴각하였다. 그중 가장 큰 싸움이 장흥전투다. 전투에서 3만 명의 동학농민군과 일본군 사이에 싸움이 벌어졌다. 후비보병 제19대대의 대대장 미나미 고지로는 〈동학당정토약기(東學黨征討略記)〉라는 자필 기록에서 "장흥, 강진 부근의 전투 이후 많이 죽이는 방침으로 한다. … 동학당은 잡는 즉시 죽일 것"이라 썼다.[17] 여기에서 작전의 목적이 전투에서 승리하는 데 머무르지 않고 무조건 학살하는 데 있었음을 알 수 있다. 결국 전투 현장에 동학농민군의 시체가 산더미처럼 쌓였다. 조선의 정부군도 살아남아 피신한 동학농민군을 잡아죽이기 위해 집집마다 수색하였다. 그런 와중에도 생존자의 일부는 섬으로 탈출하였다. 동학농민군이 훗날이라도 재기할 수 없게 하려는 학살작전이란 '살벌한 방책'은 미나미 대대장 개인의 일탈에 그치지 않고 이노우에 가오루 특임공사의 생각이기도 하였다.[18]

제노사이드 와중에 '유쾌함'을 느낀 일본군 병사도 있었다. 10월 28일과 29일에 있었던 충청남도 홍주전투에서 동학농민군을 학살한 일본군 병사는 400미터 거리에 있는 동학농민군을 백발백중 저격하여 "정말로 유쾌함을 느꼈다"고 자신의 형에게 보낸 편지에서 밝히기도 하였다.[19]

---

17 나카츠카 아키라, 이노우에 가쓰오, 박맹수 지음, 한혜인 옮김, 2014, 위의 책, 110~111쪽.

18 후비보병 제19대대를 비롯해 일본군의 동학농민군에 대한 전반적인 제노사이드작전과 참상은 박찬승, 2004, 「동학농민전쟁 일본군·조선군의 동학도(東學徒) 학살」, 『역사와현실』 54; 강효숙, 2007, 「제2차 동학농민전쟁 시기 일본군의 농민군 진압」, 『한국민족운동사연구』 52 참조.

19 나카츠카 아키라, 이노우에 가쓰오, 박맹수 지음, 한혜인 옮김, 2014, 앞의 책, 120~

그것은 일개 병사의 전쟁인식이 아니었다. 청일전쟁에 직접 참여하지 않은 일본인도 전쟁을 '축제'의 하나로 간주했고 사망하거나 부상당한 일본군 병사를 애도하고 슬퍼했을 뿐이다. 그런 이들에게서 전쟁에 대한 분노와 사망당한 조선인과 중국인에 대한 동정 그리고 인간의 생명에 대한 진지한 성찰의 시선은 없었다.[20]

잔인한 학살을 이처럼 즐거운 행위로 인식하고 축하하는 일본인의 인식은 군인과 관료를 불문하였다. 그들에게 동학농민군은 인간이 아니라 살인놀이의 상대, 제노사이드의 대상일 뿐이었다. 일본군의 제노사이드는 민족을 구별하지 않았다. 동학농민군을 학살한 이듬해인 1896년 타이완 서남부에 위치한 유린현(雲林縣)에서 일본군이 최소 6,000여 명의 민간인을 살해한 '유린대학살'이 그 본보기다.[21] 일본군은 600여 명의 항일무장대가 기습하여 사망자가 발생하자 이에 대한 보복으로 대학살을 저질렀다. 일본군의 인간관은 1945년 패전할 때까지 바뀌지 않았다. 일본군이 침략한 모든 곳에서 일으킨 제노사이드는 우연히 일어난 일회성이 아니었다. 1937년 중일전쟁 때 일본군이 저지른 행위인 모조리 죽이고 태우고 빼앗는다는 의미의 '삼광(三光)작전'이란 용어는 그 시기만의 작전명이지만, 그 용어가 담고 있는 행위를 근대 일본군의 일반적인 특징이자 본질로 아주 적절하게 압축하여 표현한 말이었다. 동학농민군에 대한 미나미 고지로와 같은 접근은 일본인 개개인의 일탈 또는 인성의 문제로 좁혀 볼 수 없는 이유도 여기에 있다.

121쪽.

20 윤소영, 2016, 「청일전쟁기 일본인의 戰爭觀과 조선인식-라프카디오 헌의 에세이와 대중매체를 통하여」, 『日本思想』 31 참조.

21 黃秀政, 張勝彦, 吳文星, 2006, 『臺灣史』, 五南, 172쪽.

3. 한국주차대사령부, 한반도의 첫 통합·상설 지휘부

청일전쟁에서 승리한 일본은 조선에서 청국을 완전히 배제하고 조선 정부를 지배하였다. 하지만 명성황후 등의 저항은 여전히 걸림돌이었다. 1895년 10월 일본은 명성황후를 살해하고 단발령을 실시하였다. 일본군은 이에 반발하는 을미의병에 대해 2개 대대를 동원하여 진압하였다.

조선이 일본 손아귀에 들어왔다고 판단하고 있을 때인 1896년 2월 고종은 러시아공사관으로 갔다. 일본정부는 확보한 기득권을 고종의 아관파천으로 한순간에 날려 버릴 위기에 직면하였다. 조선에 주둔한 일본군의 운명은 같은 해 5월 러시아와 일본 사이에 체결된 '베베르-고무라 각서'에 의해 결정되었다.[22] 일본은 러시아와 같은 인원의 군인을 한반도에 배치하기로 합의하고 1,100명까지 배치할 수 있게 되었다. 이에 따라 일본은 한성에서 부산 사이의 전신선을 보호하기 위해 대구 50명, 가흥 50명, 한성~부산 사이의 10개소에 10명씩 200명 이내의 헌병을 배치하고, 한성 및 개항장에 거류하는 일본인을 보호한다는 명분으로 200명이 넘지 않는 중대를 한성에 2개, 부산과 원산에 1개씩 배치하기로 러시아와 합의하였다.

일본정부는 이들 부대를 통합적으로 지휘할 지휘부를 조선에 두지 않았다. 헌병대와 3개 수비대의 대장이 각자 육군대신에게 직접 보고하

22　日本外務省 編, 1965, 「朝鮮問題に關する日露兩代表者間覺書」, 『日本外交年表竝主要文書: 1840~1945』上, 原書房, 174~175쪽. 이 각서의 러시아 측 입장은 벨라 보리소브나 박 지음, 최덕규·김종헌 옮김, 2020, 『러시아 외교관 베베르와 조선』, 동북아역사재단, 302~315쪽 참조.

는 지휘체계였다.[23] 이들 부대는 1년씩 교대하는 방식으로 운영되었다. 특히 한성에 주차한 일본군은 오늘날 세종문화회관 자리에 있던 한성전보총국 인근에 주둔함으로써 도성 한복판에 있다는 존재 자체만으로도 대한제국에 위협적일 수밖에 없었다.[24] 도성 안에, 그것도 황궁 앞에 외국군대가 주둔하는 현실 자체가 주권침해고 주권행위를 제약하는 침략행위였다. 청일전쟁이 끝나고도 호전적인 일본군의 위압적인 태도는 바뀌지 않았던 것이다.

1898년 4월 러시아와 일본은 '로젠-니시협정'을 체결하였다. 두 나라는 협정을 통해 대한제국이 일본의 세력권에 있음을 러시아가 인정하고, 반면에 만주가 러시아의 세력권임을 일본이 인정하기로 합의하였다. 러시아정부는 로젠-니시협정에 따라 5월에 마지막 남은 100명의 병력을 대한제국에서 철수하였다.

로젠-니시협정 이후인 9월에 일본정부는 대한제국정부와 경부철도 부설권에 관한 계약을 체결하였다. 한성-부산, 한성-목포, 한성-제물포, 한성-원산 등지에 전신선을 부설하여 연결망을 더욱 촘촘하게 만들었다. 일본정부는 여기에 그치지 않고 1903년 한성-부산 간 전신선에서 남부 조선의 여러 항구와 연결하는 전신망을 설치할 수 있게 되면서 더욱더 촘촘하게 조선사회의 움직임에 대응할 수 있도록 하였다.

일본정부는 조선에 주차한 부대를 좀 더 체계적으로 운영하고자 지

---

[23] 이 시기 주한 일본군의 동향은 『日淸講和後韓國駐屯帝國軍隊關係雜件』[請求番號 5-1-4-0-8(所藏館: 外務省外交史料館)] 참조.

[24] 황선익, 2020, 「일본군의 한성 점령과 군대해산」, 『서울과 역사』 104, 181~182쪽. 일본은 상주하지 않고 이처럼 일정 기간이 지나면 본국의 부대 주둔지로 돌아가는 운영방식을 駐箚라 불렀다.

휘편제를 새롭게 재편하였다.[25] 1899년 3월 각각의 지휘체계를 갖고 있던 3개의 수비대에 4개 중대를 한국주차대(韓國駐箚隊)라는 이름으로 통일하였다.[26] 한국주차대는 한성에 대대본부와 2개 중대의 수비대를 두고, 원산과 부산에 1개 중대씩의 수비대를 배치하였다. 임시편제표에 따르면, 한국주차대 병력은 모두 559명으로 평상시에도 총을 휴대하고 다닐 수 있었다. 주차대 승마는 3필이었다. 근무를 마친 부대는 매년 5월 본토의 부대와 교대하는 방식이었다.

제7대 주한일본공사(1897~1899)를 지냈고 1902년부터 1907년 사이 대한제국정부의 고문으로 활동한 가토 마스오(加藤增雄)는 한반도 주둔 일본군의 활약에 대해 외무성에 다음과 같이 보고하였다.

일본 수비대는 밖으로는 위신을 보유하고, 안으로는 안녕을 유지하여 그 책임을 다했다. 수비대는 군기가 엄정하여 외국인과 한국인으로부터 존경을 받는 등 일본 군대의 명예를 높였다. 200여 명의 군인을 일률로 단속하여 하나의 실책이 없이 중책을 다함은 쉽지 않은 일이다. 그런데도 현 수비대가 부산, 원산에 주둔한 1년간 장졸의 품행

---

25 이하 한국주차대에 관해서는 「韓國駐箚隊司令部ヲ京城ニ設置ノ件」, 『日淸講和後韓國駐屯帝國軍隊關係雜件』[請求番號 5-1-4-0-8(所藏館: 外務省外交史料館)]을 참조하였다. 한국주차대 편성요령에 관한 자료는 조건 편역, 2020, 『한반도주둔일본군 사료총서 ①-일본의 군사적 침략과 한국주차군』, 역사공간, 26~28쪽에도 수록되어 있다.

26 다만, 한국주차대 소속이더라도 경성수비대, 원산수비대, 부산수비대의 대장은 각각 육군대신에 예속하였다. 헌병대 역시 한국주차대와 별도의 보고체계를 아직 유지하고 있었다. 한반도의 일본 육군 전체를 지휘하는 '사령부'라는 조직체계를 일본정부가 아직 도입하지 않은 결과다. 이는 세 지역의 긴급 상황에 직접 대처할 경우 경성의 일본공사나 주차대장보다 육군대신의 지휘를 우선하려는 운영방식이다.

이 방정했다. 그 결과 외국인과 한국인은 물론 일본 거류민에 대하여 한 차례도 교섭을 하는 일이 발생하지 않았다. 내외국인이 경의를 표하고 있다. 상전 대대장의 통솔력에 기인한 바가 크다. 그는 한국, 기타 외국의 무관에 대한 은근한 교제로 호감을 샀다. 현수비대의 과거 1개년 성적은 매우 양호하며 일본 군대의 명예를 제고시켰다.[27]

가토 마스오의 발언은 그만큼 일본군이 대한제국에서 조심스럽게 처신했다는 의미일 것이다.

일본정부는 러시아와의 전쟁 위기가 높아지자 1903년 12월 일본군 헌병대까지를 포함하는 한국주차대사령부(韓國駐箚隊司令部)를 한성에 설치하고 사가와 고사쿠(佐川耕作) 공병대좌를 사령관에 임명하였다. 이듬해 1월 사령부와 주차보병대대 본부 등이 왜성대에 신축한 건물로 입주하였다.[28] 한국주차대사령부 예하에는 경성주차대, 부산주차대, 원산주차대, 한국주차전신대, 한국주차헌병대, 한국주차대병원이 있었다.[29] 이들 부대를 통합하여 지휘하는 사령관을 두어 명령체계를 일원화하고, 일치된 지휘명령을 신속하게 도모하고자 사령부를 설치한 것이다. 편제표에 따르면, 모두 716명에 55필의 말이 있었다.

일본군은 한국주차대 때처럼 매년 5월 약 1개년을 기한으로 교대하

---

27 현광호, 2014, 「대한제국기 주한 일본군의 활동」, 『인문학연구』 48, 233쪽 재인용.
28 金正明 編, 『朝鮮駐箚軍歷史』, 21쪽.
29 이하 한국주차대사령부에 관한 내용은 「韓國駐箚隊司令部ヲ京城ニ設置ノ件」, 『日淸講和後韓國駐屯帝國軍隊關係雜件』[請求番號 5-1-4-0-8(所藏: 外務省外交史料館)]을 참조하였다. 사령부에 관한 자료는 조건 편역, 『한반도주둔일본군 사료총서 ①-일본의 군사적 침략과 한국주차군』, 29~43쪽에도 수록되어 있다.

였다. 경성, 부산, 원산의 주차대는 육군대신이 지정하는 연대 소속의 대대를 중심으로 편성되었다. 세 지역의 주차대에 대한 지휘권은 육군대신에게 있었던 한국주차대 시기와 달리 한국주차대 사령관이 갖고 있었다.

한국주차대사령부로 지휘 계통을 일원화하는 과정에서 한국주차헌병대의 임무에도 변화가 있었다. 원래 한반도에 있던 일본군 헌병대는 군용 전신선을 관리하는 일이 주된 임무였다. 그래서 임시파견대의 성격을 갖는 부대였다. 하지만 한국주차대사령부의 예하로 편입되면서 '임시' 헌병대로서의 성격을 탈피하였다. 그러면서 대한제국의 수도 한성에 주둔하는 헌병대는 주로 군사경찰의 임무, 즉 문관 경찰의 영역인 치안경찰의 임무까지 맡았다.[30]

일본정부는 한반도에 주둔한 육군 부대를 통일하는 지휘체계를 수립하자 군대와 외교의 관계를 명확히 할 필요가 생겼다. 그래서 대한제국에서 일어나는 외교 문제 등 "국제상의 관계에서 지급을 요할 때는" 한국주차대도 한성에 있는 일본 외교 책임자의 처분을 따르도록 교통정리하였다. 일본정부는 공사관을 비롯해 조선에 있는 일본의 각 기관 사이에 역할 분담을 명확히 하면서도 외교를 군대의 위력보다 우위에 둔 것이다. 외교기관과 주차군의 관계는 다음 '제2장 제1절 3)항'에서 자세히 확인되겠지만, 러일전쟁의 와중에도 이들 사이의 교통정리가 정착하지 못한 가운데 갈등이 있었다. 그리고 다음 '제4부 제1장 3절'에서 살펴보겠지만 1945년 일본이 패전할 때까지도 한반도에 주둔한 일본군과 본국 또는 다른 지배영토에 있는 군대와의 사이에 관계 설정을 둘러싼 설왕설래가 계속 이어졌다.

---

30 金正明 編, 『朝鮮駐箚軍歷史』, 49쪽.

제2장
한국주차군, 침략의 선봉대(1904~1910)

1. 한국주차군사령부의 성립과 변화

1) 한국주차군사령부, 한반도 침략과 지배의 최전방 지휘부

1904년 2월 8일 밤, 일본 해군은 뤼순항에 정박 중인 러시아 함정을 기습 공격하여 러일전쟁을 일으켰다. 일본군은 9일에도 인천 앞바다에 정박 중인 러시아 군함 두 척을 격파하고, 한국임시파견대를 인천에 상륙시켜 한성을 신속하게 점령함으로써 러시아군보다 한반도에서 전쟁을 지원받을 수 있는 유리한 지위를 먼저 차지하였다. 러시아가 여기에 대응하여 9일에 선전을 포고하자 10일에서야 러시아 측에 공식적으로 전쟁을 선포하였다.[1] 1894년 청일전쟁에서 승리한 일본이 중국 대륙의 국가를 중심으로 오랜 기간 작동해 왔던 동아시아의 전통적 국제질서를 변경하고자 전쟁을 일으킨 이래 요동치고 있던 이 지역의 국제관계를 또다시 전쟁이란 방식으로 새롭게 재편하려고 시도한 것이다.

러일전쟁과 한국주차군에 대해 설명하기에 앞서 전쟁 직전의 러일관계에 대해 조금만 더 설명해 보자. 전쟁 목적을 알아야 한반도와 만주라는 공간에서 두 나라가 왜 싸웠는지, 서구 열강의 대리전쟁이었다는 전쟁의 특징도 더 깊고 넓게 이해할 수 있기 때문이다.

러일전쟁은 청일전쟁 당시와 조금 달랐다. 청일전쟁은 기본적으로 한반도를 둘러싼 이해관계에서 출발한 전쟁이었다. 일본으로서는 타이완, 뤼순과 다롄 일대를 획득한 성과는 2차적인 성과였다. 이에 비해 러

---

[1] 일본정부는 일본 국민에게 11일에야 전쟁을 알렸다.

일전쟁은 일본과 러시아가 대한제국의 한반도와 청의 만주를 하나의 세트로 간주하고 그곳에서의 경제적 이익만이 아니라 정치·군사적 목적까지 달성하고 싶어했다. 이 점이 두 곳을 바라보는 서구 열강의 시선과 달랐다. 그래서 서구 열강은 각각 러시아와 일본의 편에 서서 자신의 이익을 지키고 확장하려 하였다. 러일전쟁을 열강의 대리전쟁이었다고까지 말하는 이유도 여기에 있다.

러시아와 일본은 열강을 상대로 외교전을 벌이는 한편, 한반도와 만주를 둘러싼 이해관계를 두 나라 사이에 조정해 보려는 외교협상을 진행하였다. 조선과 만주를 차지하거나 영향력에서 우위에 서려는 러일관계의 분수령은 1902년 1월의 제1차 영일동맹 체결과 그해 5월 러시아의 동아시아 '신정책'의 수립과 관계가 깊었다. 그 이전까지 두 나라 내부에서는 상대방과의 관계를 어떻게 풀어가며 자신만의 목적을 달성해야 하는가를 놓고 갈등이 있었다.

러시아의 경우, 재정이 어려운 이유도 있어 만주이권을 확보하기 위해 청, 영국 등 다른 나라와 되도록 대립하거나 갈등하지 말자는 견해가 있었다. 반면에 만주를 서둘러 점령하여 지배기구를 세우고 거기에 투입한 군대를 유럽 서부 국경으로 이동해야 한다는 의견이 있었다. 전자의 입장을 대표하는 사람이 세르게이 비테 재무상과 람즈도르프 외무상이었다면, 후자를 내세운 사람은 루코파킨 육군대신이었다.

일본의 경우, 일본 스스로 만주를 지배할 수 있는 역량이 되지 않은 현실에서 조선 지배를 러시아로부터 인정받는 러일협약이 현실적인 방안이라고 주장하는 사람들이 있었다. 반면에 이렇게 해도 러시아의 남하정책을 일본 스스로 막을 수 없으며 영국 등의 도움을 받아 군사력으로 대항할 수밖에 없다는 주장이 있었다. 러일협력을 바탕으로 만주와 대한

제국을 교환하자는 만한교환론을 내세운 대표적인 사람이 이후 통감부 초대 통감을 지낸 이토 히로부미와 한국병합 당시 일본 총리인 이노우에 가오루 등이었다. 이에 비해 영일동맹을 추진하며 군사적 해결책을 모색한 사람은 일본의 최대 정치집단인 조슈파벌(長州藩)의 지도자 야마가타 아리토모와 1901년부터 1906년까지 총리를 지낸 가쓰라 다로 등이었다.

그런데 두 나라 정부 내에서의 견해 차이는 각각 후자의 입장을 내세운 사람들, 즉 궁극적으로 군사적 해법을 추구하는 사람들이 우위에 서는 방향으로 조정되어 갔다. 일본사회는 이노우에 가오루 총리와 고무라 주타로 외상 등의 주도로 러시아와 전쟁을 하는 쪽으로 기울어져 갔고, 러시아는 만주에 대한 독점적 지배를 확립해 가는 동시에 대한제국과의 국경지대에 군사시설을 설치한다는 새로운 정책을 추진하였다. 1903년 4월에 일어난 용암포사건은 이 연장선상에서 보아야 한다.

일본정부는 용암포사건을 계기로 어떠한 사정이 있어도 대한제국의 일부조차 러시아에 양보하지 않겠다고 더욱 확고한 입장을 견지하였다. 때문에 이후에도 러시아가 만주를 포기하도록 일본정부에게 요구했지만, 오히려 일본정부는 러시아가 대한제국의 한반도를 포기하도록 요구하였다. 두 나라는 상대국이 만주와 한반도를 권익범위 바깥에 있는 존재로 간주하도록 요구하는 외교 교섭, 즉 상대방의 양보만을 요구하는 방향에서 외교 협상을 밀어붙인 것이다. 또한 러시아는 일본이 대한제국에서 경제적 이권을 추구하는 움직임을 인정했지만 대한제국의 영토를 일본군이 군사적으로 사용하는 권리를 부인하였다.

러일 간의 협의가 서로의 입장만을 확고하게 확인하고 있던 시간인 1903년 12월, 일본정부는 러시아와의 전쟁 준비에 착수하였다. 일본정부는 군사력과 경제력에서 러시아와의 전쟁을 감당하기 쉽지 않다고 보고, 기습으로 러시아군을 공격하고 미국과 영국 등에 채권을 팔아 전쟁비용을 충당하며 유리한 전쟁 상황을 조성하고, 승기를 잡아 나가면서 열강의 중재로 조기에 전쟁을 끝낸다는 전략이었다.[2] 앞서 언급한 1904년 2월 8, 9일에 있었던 일본군의 기습적이고 선제적인 움직임은 이러한 전쟁전략을 반영한 결과였다.

일본정부는 3월 10일에 한국주차군사령부와 예하 부대를 편성하도록 명령하였다. 육군은 3월 20일 도쿄에서 한국주차군사령부를 편성하였다. 3월 9일자로 한국주차군 사령관이 받은 훈령에 따르면, 한국주차군은 "제국공사관, 영사관 및 거류민을 보호하고, 또한 경성(한성-인용자)의 치안을 유지하며 우리 작전군의 배후에서 제 설비를 온전하게 하고 그 활동을 용이하게" 하는데 주차군의 주둔 목적이 있었다.[3]

일본은 사령부 편성 후 10일 이내에 한성으로 옮긴다는 방침에 따라 4월 3일 한성의 대관정(大觀亭)으로 사령부를 옮겼다.[4]

한반도에서의 군 지휘체계를 완성한 일본정부는 3월 23일 대한제국과 「한일의정서」를 체결하여 일본군의 대규모 주둔을 합법화하였다. 특히 「한일의정서」 제4조의 쓰임새는 여기에 그치지 않았다. 일본은 한반도 구석구석을 제집 드나들 듯이 마음껏 활보할 수 있게 보장받았고, 사

---

[2] 당시 일본정부는 1년 예산이 2억 3,000만 엔 정도였는데, 전쟁 비용으로 15억 엔을 책정하였다. 그 가운데 7억 엔을 미국과 영국 정부에 채권을 팔아 전쟁비용을 충당하였다.

[3] 조건 편역, 「한국주차군사령관에 대한 훈령(1904.3)」, 『한반도주둔일본군 사료총서 ①-일본의 군사적 침략과 한국주차군』, 182쪽.

[4] 대관정은 오늘날 서울시청광장 근처 소공로에 위치한 곳으로 대한제국 선포 이후인 1898년부터 황실의 영빈관으로 사용되었다.

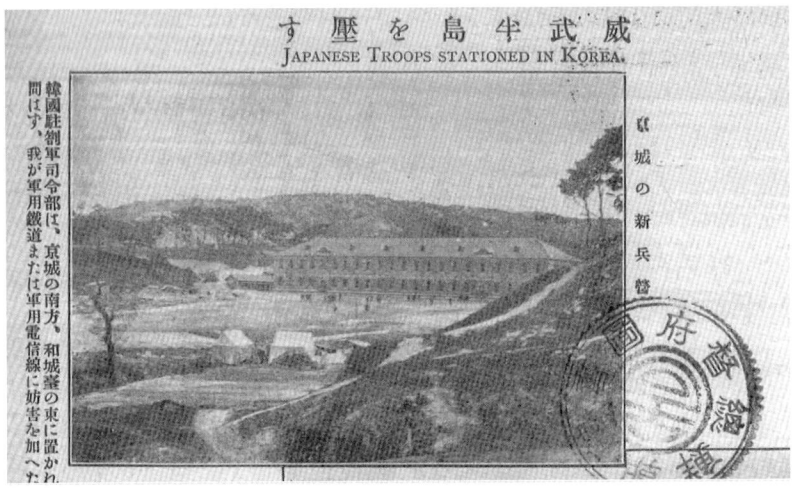

〈그림 1-2-1〉 남산 밑에 있는 한국주차군사령부

'위세와 무력(威武)으로 반도를 제압하다'라는 문장이 있다. 화성대(또는 왜성대, 왜장터) 동쪽에 있었다고 한다. 사진에 '조선총독부 도서관'이란 도장이 찍혀 있다.

출처: 신주백·김천수 편, 2019, 『사진과 지도, 도면으로 본 용산기지의 역사 1(1906~1945)』, 선인, 24쪽 (제공자: 시간여행 김영준).

람까지 전쟁에 동원할 수 있었다.

1904년 3월에 제정된 한국주차군사령부 편성 요령에 따르면, 편성 당시 한국주차군사령부의 사령관은 별 하나인 하라구치 겐사이(原口兼濟) 소장이었다. 참모장은 오늘날 한국군의 중령과 비슷한 중좌에 불과하였다. 사령관의 막료로 참모부와 부관부를 두고, 참모부 산하에 경리부, 군의부를 두었다. 예하에 보병 6개 대대 반(半)에 해당하는 병력과, 한국주차병참감부, 임시군용철도감부, 한국주차헌병대, 한국주차전신대, 한국주차병원 등이 있었다(〈부표 1〉 참조).

보병 6개 대대 가운데 2개 대대는 한성에 주둔하였고, 나머지 부대 배치는 정황에 따라 지역에 분산배치하였다. 이들 부대가 책임지고 관리하는 관구(管區)는 러일전쟁의 상황에 따라 평양에서 함경남도 덕원 사이의 이남 지역이었다. 이때부터 한국에 있던 일본군은 일본의 공사관을 수비하고 전신을 보호하는 수준의 부대가 아니라 국제전을 치르는 전투부대, 한반도를 점령하고 관리할 침략부대였다. 한국주차대사령부와 결정적으로 다른 점이다.

한국주차군은 만주의 전황이 유리하게 바뀌어 가자 1904년 5월경에 이르러 압록강변까지 책임 구역을 확대하였다. 1905년 1월에는 한국주차군 예하에 압록강군을 편성하고 서북지방과 압록강 일대에 주둔시켰다. 그러다 4월에 압록강군의 지휘권을 만주군총사령부로 넘겼다. 일본군은 군인들의 급양을 "가능한 한 지방물자"로 해결하려고 했으므로 물자와 인력, 소와 말의 징발 및 수송 등으로 조선인에게 많은 부담을 주었다.[5]

육상을 통한 전쟁지원과 더불어 일본군이 특별히 신경을 쓴 지원활동이 대본영과 최전선 사이의 통신망을 안정적으로 구축하기 위한 작업이었다. 일본군은 전쟁기간 동안 한반도의 동해와 서해에 필요한 해저전선을 부설하였다. 앞서 청일전쟁 부분에서 언급했듯이, 일본군은 청일전쟁을 전후한 시기에 이미 국내의 주요 지점을 통신선으로 연결하고 헌병대를 동원하여 그것을 안전하게 관리할 감시망을 운영하고 있었다. 그리고 나가사키 등지에서 세계와 연결하고 있던 통신망에 이것을 연결하였다. 여기에 러일전쟁이란 전황에 맞게 통신선을 더욱 확장적으로 운영하고자 해저 전선을 추가로 부설한 것이다(〈그림 1-2-2〉). 결국 〈그림 1-2-2〉는 1901년 일본정부가 대한제국의 육상과 해상에서의 통신주권

---

5 「韓國駐箚軍陣中紀要」(防衛廳防衛研究所 所藏資料).

<그림 1-2-2> 러일전쟁기 일본군 통신선(1905.1 일본 해군 작성)

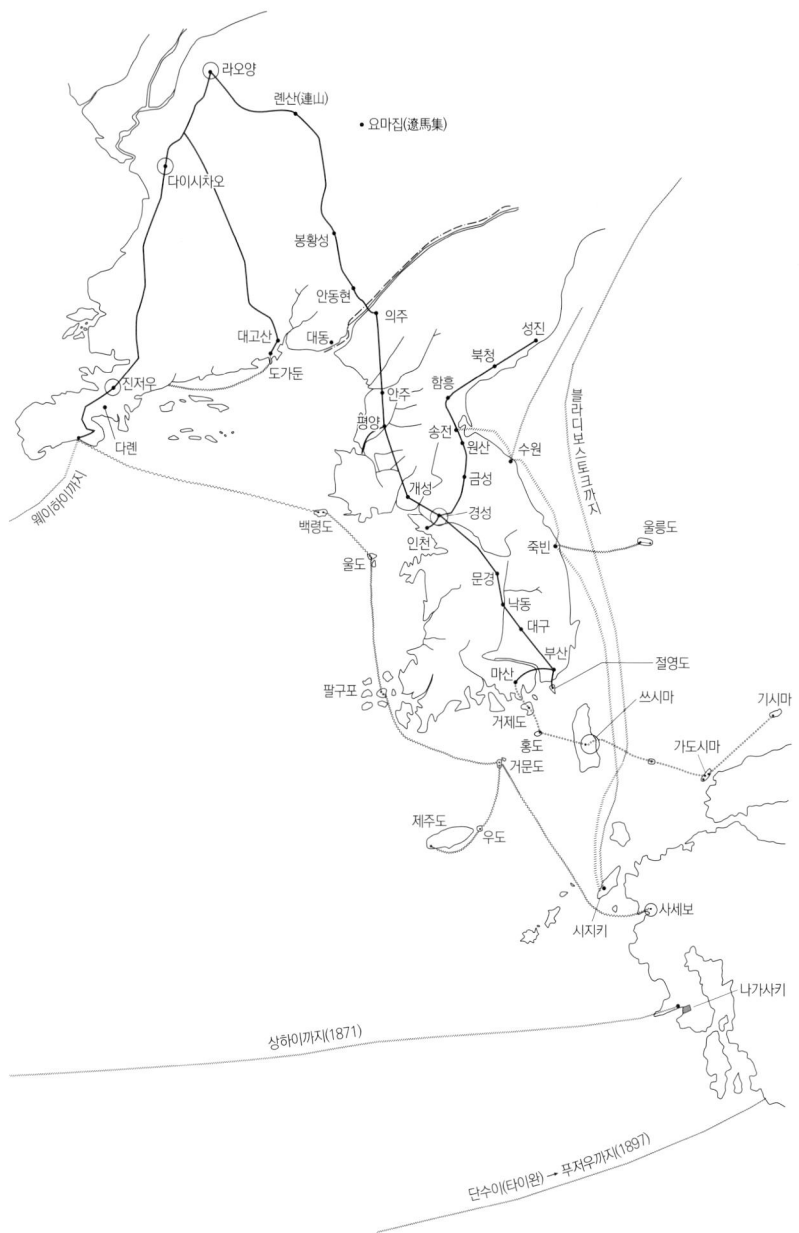

비고: 김윤미, 2019, 「일본의 한반도 군용 해저통신망 구축과 '제국' 네트워크」, 『숭실사학』 43, 211~271쪽;
윤상길, 2019, 『19세기 동아시아 통신 네트워크와 국제 정치』, 동북아역사재단, 196쪽 참조.
출처: 海軍軍令部, 『極秘 明治37,8年海戰史 第4部 防備及ひ運輸通信 卷4』, 104쪽.

을 적극 장악해 나가기 시작한 이래 러일전쟁 시기에 이르러 그것을 강력하게 완성했음을 보여 준다. 대한제국이 세상과 간접적으로 만나는 길목을 일본이 더욱 확고하게 장악한 것이다.

러일전쟁이 끝난 후, 일본정부는 한국주차군의 지휘체계를 확립한 데 이어 대한제국을 안정적으로 통제하는 데 필요한 조치의 하나로 한국주차군에 세 가지 중대한 변화를 시도하였다. 여기에서는 군사적 조치와 관련한 내용만을 정리하고, 다음 '제2)항'에서 '일본의 제국 운영에서 한국주차군의 위상과 정치'를 언급할 때 외교정책 및 정치와 관련된 한국주차군의 변화를 살펴보겠다.

우선, 일본 육군은 한반도에 배치된 일본군의 대규모 교체를 안정적으로 확보하고자 '주차(駐箚)' 관련 규정을 제정하고 이를 실행하였다. 한반도에 주둔한 일본군은 본토에 주둔지가 있고 책임 수비관구가 있는 상태에서 파견된 부대였지 상주부대가 아니었다. 그래서 일정 기간이 지나면 파견부대는 본국의 주둔지로 귀대할 수밖에 없었다. 일본정부는 이러한 부대를 '주차군'이라 부르고, 특정 지역에 계속 주둔하며 작전 임무를 수행하는 상주부대를 '주둔군'이라 불렀다. 한반도에 주둔한 일본군을 한국'주차군'이라 부른 근거가 여기에 있다.

그런데 한국에 파견된 부대인 한국주차군은 1906년 시점에 일본의 침략에 저항하는 세력들을 탄압하면서 러시아의 보복전까지 대비하는 방향에서 병력을 배치하였다. 한반도에서의 치안확보와 대러작전 준비라는 임무를 감당해야 하는 한국주차군의 교대는 사단 규모일 수밖에 없었다. 대규모 병력이 본국과 한반도를 오고 가는 교체는 매우 큰 이동이었으므로 교대 과정에서 자칫 잘못하면 작전 임무에 차질을 빚을 수도 있었다.

관리에 신경이 쓰일 수밖에 없어 일본정부가 취한 조치 가운데 하나가 「만한주차부대파견요령(滿韓駐箚部隊派遣要領)」을 1907년 2월에 만들어 안정되게 병력을 편성하고 부대를 운영하는 방침의 수립이었다. 때마침 일본은 한반도뿐만 아니라 러일전쟁에서 승리한 전리품의 하나로 중국의 뤼순과 다롄을 조차하고 있었는데, 그곳을 지배하는 기관으로 관동도독부를 설치하고 군대를 주둔시키고 있었다. 이 방침은 만주와 한반도에 부대를 파견하는 데 따른 부대 교대에 관한 규정인 것이다. 「만한주차부대파견요령」 제4항에 따르면 두 곳의 군대는 약 2년에 한 차례씩 교대하였다.[6] 1909년 7월에 확인되는 이 파견요령의 제2항에 따르면 부대 간 교대하는 시기도 '대략 9월'이었다.[7] 실제 1907년 2월 한반도에는 제13사단만 남고 제15사단은 본국으로 돌아갔다. 제13사단은 한반도에서 주차군 시대의 본격화를 알린 첫 전략단위 부대였다.

일본 육군은 사단사령부와 1개 연대를 제외하고 제13사단 전 병력을 한성 이북에 배치하였다. 헌병대도 1907년 6월 현재 284명의 헌병 가운데 전주와 부산의 분대(分隊) 그리고 청주와 인천의 분견소(分遣所)를 합친 59명을 제외한 모든 병력을 한성과 그 이북에 배치하였다. 한국주차군은 병력을 축소했음에도, 여전히 한성과 그 북쪽에 병력을 중점배치하였다. 왜냐하면 일본군은 제1 가상적국으로 러시아를 상정하고, 장차 그들을 상대로 만주와 우스리스크 방면에서 작전할 계획이었기 때문이다.[8] 북부 조선을 중심으로 주둔했던 일본군의 배치방침은 1945년 1월까지

---

6 「軍務局 滿韓駐箚部隊派遣要領制定の件(1907.2.5)」.
7 「軍務局 滿韓駐箚部隊派遣要領同細則制定の件(1909.7.24)」.
8 防衛廳防衛研究所戰史室, 1967, 『大本營陸軍部〈1〉』, 朝雲新聞社, 158~162쪽.

바뀌지 않았다.⁹ 「만한주차부대파견요령」에 따라 2년가량 주둔한 제13사단은 1908년 10월 제6사단으로, 이어 제6사단은 1910년 5월 제2사단으로 교체되었다.

두 번째 중대한 변화는 한반도에 일본군 병영이 전국에 건설되었고, 그 가운데 특히 지휘부가 있는 한성의 용산병영에 1908년 10월 1일자로 사령부가 이전한 사실이다. 다음 '제2절'에서 좀 더 상세하게 살펴보겠지만, 일본정부는 1906년부터 용산, 평양, 의주, 나남, 대구 등지에 일본군이 상주할 주둔지를 조성하는 사업을 본격화하였다. 용산병영 건설 공사도 이때 시작하였다. 대한제국의 수도 한성에 있는 기지였으니, 일본은 다양한 구성의 부대와 함께 한반도 침략의 지휘부인 한국주차군사령부를 두었다. 거대한 규모의 기지를 건설하는 정치적 목적은 한반도 침략과 통치의 최고 지도부를 한곳에 모아 보호하고, 대규모 군사기지를 만들어 제국의 위용을 과시함으로써 한국인을 사회심리적으로도 제압하려는 데 있었다.

세 번째 중대한 변화는 대한제국을 하루라도 빨리 장악하려는 일본정부의 계산에 따라 의병전쟁의 확대에 적극 대응하였다. 그래서 일본정부는 한성과 그 이북 지역에 병력이 집중됨으로써 상대적으로 느슨했던 남부지방에서의 치안 불안에 대응하고자 1909년 5월 2개 연대 2,000여 명을 근간으로 '임시한국파견대사령부(臨時韓國派遣隊司令部)'를 설치하기로 결정하였다.¹⁰ 새로운 파견부대의 지휘부를 별도로 설치한 일본의

---

9   이 시점의 한반도 주둔 일본군에 대해서는 '제4부 제1장'에서 자세히 분석하겠다.

10 「第14號 軍事課 臨時韓國派遣隊編成及派遣要領制定の件(1909.5.17)」; 「第15號 軍事課 臨時韓國派遣隊編成及派遣要領細則竝に步兵第12旅團司令部其の他歸還に關する規定の件(1909.5.21)」.

대응은, 고양되어 가고 있던 의병전쟁 세력을 1개 사단만으로 제압하고 대한제국의 치안을 확보할 수 없는 현실을 인정하였음을 의미한다. 달리 말하면, 일본정부는 제13사단만으로 의병전쟁 세력을 제압하기 어렵다 판단하고, 1908년 기병대와 제12여단을 한반도에 파견하였다. 1909년 들어서도 호남을 중심으로 삼남지방에서 여전히 의병전쟁이 활발하게 전개되자 이들 파견부대를 대신해 임시한국파견대사령부라는 별도의 지휘부를 편성하고 병력을 교체하였다. 파견부대는 특정 부대가 한꺼번에 이동하지 않고 6개 사단에서 1개 대대씩 선발하여 6개 대대를 구성하고 사령부의 지휘를 받도록 편성되었다. 각 대대는 1910년 5월부터 연차별로 1/2씩 교대하는 방식으로 운영되었다. 임시한국파견대사령부는 뒤의 '제2절'에서 다시 살펴보겠지만, 1909년 9월과 10월에 호남의병을 대상으로 하는 남한대토벌작전을 담당하였다.

한국주차군사령부는 사실상 마지막 무력 저항세력이었던 호남의병을 진압한 이후에도 한반도 남부지방의 치안을 전담할 조직으로 임시한국파견대사령부를 유지하였다. 이즈음부터 1918년경까지 한반도의 일본군은 1.5개 사단 정도의 병력을 유지하는 규모였다. 1910년 8월 한국병합 직전 한국주차군의 현황을 정리하면, 제2사단으로 구성된 한국주차군사령부 이외에 야전병기창(1906년 성립), 군용목재창(1904년 성립), 제1, 2한국주차병원(1905년 성립), 진해만요새사령부(1905년 성립),[11] 영흥

---

11 진해만은 러일전쟁 도중 일본군 연합함대가 근거지로 사용하고 있었다. 해군은 이를 요새화하기 위해 1905년 8월부터 요새 구축 사업을 시작하였다. 진해만요새는 일본 해군 연합함대의 진해만 근거지를 엄호하기 위해 외양포, 저도에 2개의 포대를 설치하는 등 5개월 만에 건설된 기지다. 진해만요새사령부는 1907년 2월 상설부대가 되었고, 10월부터 한국주차군 사령관의 지휘를 받았다. 사령부는 1913년 마산에서 진해만으로 이전되었다. 요새를 지키는 포병부대는 진해만요새포병대대(1907), 진해

만요새사령부(1905년 성립),[12] 한국주차헌병대사령부 그리고 임시한국파견대사령부가 있었다(〈부표 1〉 참조).[13]

만중포병대대(1907~1920), 마산중포병대대(1920~1936), 마산중포병연대(1936~1941)로 바뀌었다. 한편, 일본 육군은 1919년 절영도, 장자등, 장승포에 포대를 신설하여 부산항 방향으로 요새를 확장함으로써 쓰시마요새와 함께 대한해협요새 계열의 방어력을 강화하였다. 1935년에도 장자등을 중심으로 지심도, 절영도에 포를 새로 배치하며 요새를 강화하였다. 아시아태평양전쟁 기간 본토와 대륙을 연결하는 전략이 더욱 중요해짐에 따라 1942년 7월 부산요새로 이름을 바꾸고 兵備를 보강하였다. 砲兵沿革史刊行會 編著, 1974, 『砲兵沿革史』 1, 偕行社, 224~225쪽; 朝鮮所在重砲兵聯隊史編纂委員會, 1998, 『馬山 永興灣 羅津 麗水 重砲兵聯隊史』, セイコー産業株式會社, 67~104쪽.

관련하여 덧붙이자면, 진해만에 있던 일본 해군은 1904년 1월 거제도에 설치된 방비대가 시작이었다. 이후 진해방비대로 이름을 바꾸었다가, 1916년 4월 방비대를 진해요항부로 승격시켰다. 진해요항부는 1941년 11월 20일 對美作戰을 위해 해군 전체 조직을 재편할 때 경비부로 승격된 네 곳[오오미나토(大湊), 뤼순, 타이완의 마공(馬公)] 가운데 한 곳이었다. 경비부는 독자 전력으로 해병단을 두고 있었으며, 함정 정비조직으로 공작부를 두었다.

12 영흥만요새는 만주로 진격하는 일본군의 배후를 보호하기 위해 1905년 2월부터 공사를 시작하여 6개월 이내에 건설된 임시 요새였다. 1905년 4월에 영흥만요새사령부가 편성된 이래 영흥만요새포병대대(1905), 영흥만요새포병대(1905~1907)가 요새를 지켰다. 하지만 이후 포병대는 폐지되고 1941년까지 요새사령부만 존재하였다. 그럼에도 진해만요새의 兵備와 비교해도 손색이 없을 정도여서 일본이 아시아태평양전쟁을 일으킬 때까지 그대로였다. 전쟁 동안 요새의 중포병연대는 이동이 편한 화포로 장비를 갖추고 영흥만요새포병대로 개편된 후 야전부대와 함께 활동하였다. 砲兵沿革史刊行會 編著, 『砲兵沿革史』 1, 225쪽; 朝鮮所在重砲兵聯隊史編纂委員會, 『馬山 永興灣 羅津 麗水 重砲兵聯隊史』, 145~187쪽.
참고로 덧붙이자면, 해군은 이곳을 중시하여 1911년부터 1923년까지 요항부를 설치했다가, 1922년 워싱턴회의 때 합의한 군비축소에 따라 4월에 폐지하였다.

13 森松俊夫 外山操, 1993, 『帝國陸軍編制總覽』 1, 芙蓉書房, 239~240쪽.

2) 일본의 제국 운영에서 한국주차군의 위상과 정치

이렇듯 일본정부가 대한제국을 안정적으로 관리하기 위한 조치의 하나로 한국주차군의 군사적 변화를 꾸준히 추진했지만, 한반도를 신속하게 장악하고 자기들 뜻대로 관리하기 위해서는 군사적 조치만으로 충분할 수 없었다. 특히 러일전쟁을 치르기 위해 편성된 한국주차군사령부와 전쟁이 끝난 후 전리품처럼 설치한 통감부라는 존재는 차원이 다른 조직이었다. 전시와 승전 후의 상황의 차이도 매우 크게 고려해야 하였다. 일본정부로서는 편차가 큰 정치 상황과 조직격차를 고려하며 군사적 조치 이상의 뭔가를 정책과 제도의 측면에서 마련하여 그들만의 운영 규정을 명확히 할 필요가 있었다.

그 첫 번째 조치는 1904년 9월 7일 한국주차군사령부의 편제를 바꿀 때 반영되었다. 일본은 한국주차군사령부의 사령관을 소장에서 대장으로, 참모장을 중좌에서 소장으로 계급을 크게 높임으로써 한국주차군의 위상을 강화하였다.[14] 새로운 제도 개편에 따라 처음 취임한 사령관은 하세가와 요시미치(長谷川好道)(10.13 한성 도착)였다. 이후 그는 3·1운동을 탄압한 제2대 조선총독(1916.10~1919.3)까지 엮임하였다. 사령부 역시 정원이 35명에서 109명으로 대폭 확대되었다. 사령부에는 이전처럼 부관부와 참모부가 있었는데, 참모부 소속으로 경리부[금궤부(金櫃部) 양동부(糧餉部) 예속], 군의부, 수의부(獸醫部), 우편부를 두었다. 특히 경리부의 설치는 군대가 영구 주둔하는 데 필요한 시설물을 건설하고 그에 따

---

14 이토 히로부미 통감이 도쿄에 머무는 동안 한국주차군 사령관이 그를 대리할 때도 있었다.

른 비용을 관리하는 특별한 목적이 있었다. 일본정부는 사령부 편제를 개정할 즈음인 8월 29일 사령부를 대관정에서 한국주차대사령부가 있었던 대화정(大和町, 서울시 중구 필동 부근), 즉 오늘날 남산의 한옥마을이 있는 곳으로 옮겼다. 그리고 다시 1908년 10월 완성된 용산병영으로 옮겼다.

일본정부는 한국주차군을 처음 편성할 때인 3월과 달리 군대의 주둔 목적을 바꾸었다. 9월 20일자 참모총장의 훈령(참훈 제1301-1호)의 제1항은 한국의 "영토를 방위하고 그 역내에서 질서 안녕을 유지하고 제국공사관 및 거류민을 보호하는 데" 한국주차군의 주둔 목적이 있음을 명시하였다.[15] 한반도 정세의 안정적인 관리가 최우선이라는 것이다. 이에 따라 육군은 예하 부대 가운데 한국주차병참감부를 한국주차군 소속으로 재편하였고,[16] 임시군용철도감부를 병참총감의 지휘체계로 이관하였다. 이는 5월 들어 일본군이 압록강을 건너 만주를 침략함에 따라 러일전쟁의 전선이 이동한 전쟁 상황, 달리 말하면 전선이 한반도에서 멀어짐에 따라 후방전선의 성격이 강해진 한반도에서의 치안을 안정되게 관리하고 전쟁과 직접 연관된 업무보다는 대한제국의 지배와 관련한 업무의 비중이 늘어나는 경향에 대응한 조치라고 볼 수 있을 것이다. 또한 조선을 연결지점으로 하여 주전장인 만주와 본국을 원활하게 연결하기 위해 통일된 지휘체계를 갖추고자 했다고 볼 수 있겠다. 이밖에 육군은 11월 들어 한국주차군의 수비관구도 압록강 건너까지로 확장하였다.

---

15 「韓國駐箚軍司令官へ訓令の件(1904.9)」.

16 한국주차군사령부는 1904년 3월 9일자로 사령관에게 하달한 훈령 제4항에 따라 병참총감의 별도 지휘를 받던 병참 업무와 전신 업무 등의 지휘 계통을 더욱 일원화하였다.

12월에는 단둥에서 펑톈까지의 철도 수비도 관동도독의 관할로 넘겼다.

그런데 9월에 있었던 사령부 개편에 대해 조금 더 깊이 있게 살펴봐야 할 조치가 있다. 사령관의 자격을 소장에서 대장으로 격상한 데 따른 후속 조치를 더 주의해서 볼 필요가 있다. 가령 하세가와 사령관은 당시 일본 육군을 장악하고 있던 조슈파벌 출신으로 1904년 6월 대장으로 승진한 사람이다. 또 1895년 천황에게서 남작이란 작위를 받아 화족(華族) 대열에 합류한 데 그치지 않고, 1906년 9월 자작으로 올라간 사람이었다. 웬만한 주한일본공사가 오더라도 그의 위상에 눌릴 수밖에 없는 지위의 소지자였다.

공사와 사령관 사이의 관계는 하세가와가 사령관으로 임명되기 이전에도 위계적으로 정립되어 있지 않았던 것 같다.[17] 당시 대한제국정부에 대한 일본 측의 의사결정은 주한일본공사 하야시 겐조(林權助), 한국주차군 사령관 하라구치 소장이 좌우하였다. 그런데 사령관이 받은 3월 9일 자 훈령의 제4항에는 "귀관의 임무를 수행하기 위해 국교상에 관계가 있는 행동은 미리 경성에 있는 우리 전권공사와 협의하고, 병참 및 전신 업무 및 군용철도의 부설에 관해서는 병참총감의 구처(區處)를 받아야 한다"고 나와 있다.[18] 외교 업무는 공사에게, 전쟁지원 업무는 본국의 병참총감에게 각각 지휘를 받으라는 내용이다. 사실상 공사가 대한제국에서 일본 측 최고 결정권자였던 것이다.

---

17 이 주제는 일본의 대한제국 침략이 운영전략이란 측면에서 어떻게 구체화하였고, 본국과 식민지의 관계라는 측면에서 구체적인 침략과정을 살펴볼 수 있게 한다. 침탈사 연구가 당위적 주장에 머무르지 않고 구체적 관계 속에서 본질적 접근으로 이어질 수 있는 바탕은 이러한 접근방식의 누적과정에서 단단하게 쌓일 수 있다.

18 조건 편역, 「한국주차군사령관에 대한 훈령(1904.3)」, 『한반도주둔일본군 사료총서 ①-일본의 군사적 침략과 한국주차군』, 182쪽.

그런데 이때는 전시였다. 대한제국정부를 조정하여 한반도의 사람과 물자를 러일전쟁에 동원하는 후방 업무가 매우 중요할 때여서 공사관에 파견된 무관의 역할이 클 수밖에 없었다. 군과 외교를 모두 고려하며 대한제국정부를 움직여야 했기 때문이다. 그 과정에서 불협화음이 나왔던 것 같다. 이는 다음과 같은 글에서 시사받을 수 있다.

> 애초 평시에 공사와 공사관부 무관의 관계는 하등 고려할 것이 없었는데, 이제 개전이 되어 한국 궁정 및 각료의 조종은 도저히 언동으로써 정면으로부터 완만한 수단을 가지고 실행할 수 없는 데 이르렀다. 공사관부 무관은 때때로 공사를 초월하는 행동을 하고, 주차군사령관 및 한병(韓兵)을 조종하여 때에 따라 한국 정치에 간섭할 필요가 발생했다. 이에 주차군사령부 편성 후 얼마 지나지 않아 이미 경성에서는 우리 공사, 공사관부 무관 및 군사령관의 3개 분립 형태가 되어 그 통일이 어려운 사정이 생겼다.[19]

공사관에 파견된 무관의 월권행위가 일본 측의 위계질서와 통일적 움직임까지 흔들었다는 것이다. 일본정부는 이에 대응하는 조치로 공사관에 장교를 배치하는 무관제를 폐지하였다.

그럼에도 이 조치는 사령관과 공사 사이의 불협화음을 해소하는 대안이 아니었다. 더구나 하세가와가 사령관으로 부임하면 공사의 영향력이 더 위축될 우려가 있었다. 육군도 이를 우려했던 것일까. 육군참모총

---

19 조건 편역, 「러일전쟁기 대한정책 실행의 경위와 북한군 전진난의 정황(1925)」, 『한반도주둔일본군 사료총서 ①-일본의 군사적 침략과 한국주차군』, 173쪽.

장은 9월 20일자 훈령[(참훈(參訓) 제1301-1호] 제3항을 통해 "한국주차군 사령관은 그 임무를 수행함에 있어 외교 혹은 한국시정에 관한 것은 모두 재경성 제국공사와 협의해야 한다"고 명시하였다.[20] 사령관과 공사의 업무 영역과 관계에 대해 9월 이전까지와 마찬가지 내용을 다시 한번 강조하며 명확히 구분한 것이다.

그런데 1906년 2월 통감부가 설치되고 그 책임자로 이토 히로부미 통감이 부임하면서 통감과 사령관의 관계는 대한제국 운영에 관한 한 상하관계로 명확히 정리되었다.

일본정부는 1905년 12월 24일 '칙령 제267호'로 제정한「통감부 및 이사청관제(理事廳官制)」의 제4조에 "통감은 한국의 안녕질서를 보지(保持)하기 위하여 필요하다고 인(認)할 시(時)는 한국수비군의 사령관에 대하여 병력의 사용을 명"할 수 있다고 명시하였다.[21] 대한제국과 관련한 모든 일에서 한국주차군에게 출동을 명령할 권한을 통감에게 부여한 것이다. 이 조항은 평시편제로 전환한 한국주차군의 통수권을 문관에게 제도적으로 보장한 조치로서 군대를 앞세워 대외침략을 벌였던 일본의 특징을 단적으로 드러낸다. 병력출동을 명령할 수 있는 통감의 권한은 조선총독에게로 이어졌다가, 1919년 3·1운동 이후 민족운동에 대한 대책의 일환으로 관제를 개정할 때 병력출동요청권으로 바뀌면서 한반도의 일본군에 대한 조선총독의 지휘권이 없어졌다.

그런데 문관 신분의 통감과 총독이 군대를 지휘한다는 규정은 천황의 통수권을 제한하는 위헌조항으로 논란을 불러일으킬 내용이었다. 그

---

20 「韓國駐箚軍司令官へ訓令の件(1904.9)」.

21 대한민국국회도서관, 1972,『統監府法令資料集』上, 2쪽.

런데도 큰 논란 없이 1919년까지 이 조항이 유지될 수 있었던 데는 정계, 육군, 관료 집단 내에서 조슈파벌의 영향력과 더불어 제3대 통감이자 제1대 조선총독인 데라우치, 제2대 조선총독인 하세가와가 그 파벌의 적자인데다 육군이었기 때문일 것이다.

    이것이 대내적 이유의 하나였다면, 대한제국과 만주에 대한 일본정부의 정책과 구상이 대외적으로 중요한 이유의 하나였을 것이다. 실제 통감의 병력출동명령권이란 군령권 조항을 관철시킨 사람은 조슈파벌의 리더로 원로회의 참가자인 이토 히로부미였다. 그는 전쟁이 끝난 후 한반도 지배의 통일성을 유지하며 안정성을 확보하는 데 가장 우선을 두는 대한정책을 구상하였다. 그가 보기에 만주까지 경영하겠다는 구상은 미국과 영국이 요구하는 문호개방을 거부하고 중국인의 큰 반발까지 불러일으켜 만주에서의 이권만이 아니라 대한제국에 대한 안정된 영향력까지 위협할 수 있었다. 때문에 이토 히로부미의 대한정책 구상은 러일전쟁 당시 만주를 침략한 일본군 지휘부 그리고 전쟁이 끝난 후 이들 가운데 상당수가 자리 잡은 참모본부의 육군 장교들이 말하는 만주와 대한제국을 공동으로 통치할 수 있는 기관을 구성하자는 주장과 갈등을 유발할 수밖에 없었다.[22] 흔히 이를 만주와 한국을 분리할 수 없다고 하여 만한불가분론(滿韓不可分論)이라고 말한다. 여기에 대칭적인 이토의 주장을 대한우선론(對韓優先論)이라고 말할 수 있다. 이토의 주장에 대해 조슈파벌의 지도자 야마가타조차 러시아의 복수전에 대비할 필요가 있다며 동조하였다.

---

22 이토와 육군 내의 의견 차이에 대해서는 小川原宏幸, 2006, 「日露戰爭期の對韓政策と朝鮮社會-統監の軍隊指揮權問題における文武官の對立を手がかりに」, 『朝鮮史研究會論文集』 44, 45~51쪽 참조.

문관통감론에 따라 한국주차군은 1906년 7월 31일자로 「칙령 제205호 한국주차군사령부조례」를 제정하였다. 가장 핵심적인 특징은 조례 제3조에 통감과 사령관의 관계가 다음과 같은 내용으로 명시되었다는 데 있다.

제3조 군사령관은 한국의 안녕 질서를 유지하기 위해 통감의 명령이 있을 때는 병력을 사용할 수 있다. 다만, 사급(事急)한 경우 이를 처치(處置)한 후 통감에게 보고해야 한다.[23]

공사와 사령관의 관계 때와 달리 통감과 사령관의 관계는 대한제국 통치와 연관된 사항에 한정하여 상하관계였다. 달리 말하면 한국주차군사령부 산하의 부대는 방위와 관련한 문제를 제외한 나머지 사항에 대해서는 전적으로 사령관의 지휘만을 받을 필요가 없게 된 것이다. 군사령관의 입장에서 보면 군대를 통솔하는 데 제한적인 권한만 갖게 됨으로써 불완전한 지휘자였던 것이다.

조례에서 주목해야 할 또 한 가지는, 사령관이 육군 중장이나 대장이어야 한다고 명시한 점이다. 1904년 9월에 취해진 조치의 연속선상에 있는 제도화인데, 한반도에 있는 일본군 최고 사령관의 계급이 육군 중장 또는 대장이어야 한다는 규정은 1945년 8월 일본이 패전할 때까지 바뀌지 않았다. 사령부에는 이전처럼 막료(참모부, 부관부)와 경리부, 군의부, 수의부가 있었는 데 비해, 우편부는 폐지되고 대신에 법관부가 신설

---

23 조건 편역, 「한국주차군사령부 조례(1906.7)」, 『한반도주둔일본군 사료총서 ① 일본의 군사적 침략과 한국주차군』, 194~195쪽.

되었다. 법관부의 신설은 1905년 10월경부터 제13사단(함흥)과 제15사단(평양)이 한반도에 상주하는 현실에서 군대 내에서 일어나는 법률 문제 전반을 처리해야 할 필요 때문일 것이다.

통감부의 설치와 문관통감의 등장은 한국주차군과 통감의 관계만이 아니라 한국주차헌병대에도 큰 영향을 미쳤다. 일본정부가 1906년 2월 8일 '칙령 제18호'로 한국주차헌병대의 헌병에게 군사경찰로서의 임무 이외에 행정경찰과 사법경찰의 업무까지 담당할 수 있게 제도화했기 때문이다. 그러면서 일본정부는 한국주차헌병대의 "행정경찰 및 사법경찰에 대해서는 통감의 지휘를 받는다"고 명시하였다.[24] 이제 한국주차군에 대한 통감의 군령권처럼, 한국주차헌병대가 담당할 일정한 업무에 대해서도 통감이 지휘할 수 있게 되었을 뿐 아니라, 한국주차헌병대원이 민간의 일상생활 영역까지 관여할 수 있게 제도적으로 보장되었다.

2. 일본의 대한제국 침략과 한국주차군

1) 제1차 병영 건설 공사, 지배의 영구화 조치

일본정부는 "한국 보호의 책임"[25]을 말하며 러일전쟁 와중에서부터 한반도 전역에 병영을 건설하고 군대를 영구히 주둔시킬 준비를 시작하

---

24 「勅令 第18號 韓國ニ駐箚スル憲兵行政警察及司法警察ニ關スル件(1906.2.8)」.
25 金正明 編, 『朝鮮駐箚軍歷史』, 251쪽.

였다. 1904년 7월 용산, 평양, 의주 그리고 함경도와 진해만 부근을 일본군이 주둔할 곳으로 지정하였다. 진해만은 부산과 대마도를 잇는 바닷길을 지킨다는 군사적 목적에서 해군기지를 건설하려는 곳이었다. 나머지 지역은 대부분 육군 부대가 주둔할 곳이었다. 일본이 이들 지역을 선정한 데는 그들 나름의 원칙이 있었다. 우선 일본은 한반도의 지형을 다음과 같이 이해하였다.

> 한국의 지형은 척추에 산맥이 종방향으로 휘어져 그 동북부는 대체로 산지인데, 서남부는 평지가 많아 토질이 풍요하고 주민이 군집하여 큰 시부(市府)를 형성하고 교통기관 또한 발달되어 있으므로 무력 배치도 서남부에 두텁게 하고 동북부에 얇게 할 필요가 있다. 이를 위해 경성, 평양, 의주, 진해, 원산 및 함흥 혹은 북청은 긴요한 점령지로 한다.[26]

일본은 이들 기지를 2년 이내에 영구병영으로 건설할 생각이었다. 이에 따라 1904년 8월 1일 육군대신은 군무국 군사과장 등에게 한국에 가서 직접 실사하도록 파견을 명령하며 아래와 같은 '훈령'을 내렸다.

> 한국주차군 병영의 건설은 다음 방침에 기초하여 조사해야 한다.
> 1. 병영 건설지 및 각지의 병력은 별지에 표시한다. 다만, 함경도 및 진해만 부근의 조사는 다른 날로 미루지 말아야 한다.

---

26 조건 편역, 『한반도주둔일본군 사료총서 ①-일본의 군사적 침략과 한국주차군』, 151쪽. 1904년 9월에 작성된 내용이다.

2. 조사상 일반의 요령은 군비 확장 때의 방침, 그중에서도 특히 홋카이도의 병영 및 타이완 영구병영 건축에 관한 방침을 참조해야 한다.
3. 병영 부지는 재래 시가지와 격리하고 또한 군대 생활에 필요한 일본 부락을 구성하기에 충분한 여지(餘地)를 포함하고, 또 철도 부설의 땅에는 가능한 한 정차장에 접근해 있어야 한다.
4. 모든 부지 평수는 내지(內地)의 표준에 의거해야 함에도 불구하고 연병장과 사격장 등의 경우는 모두 넉넉하고 이롭게 수용해야 한다.
5. 병영 부지 및 연병장은 토공 작업을 감소하기 위해 가능하면 현지 지형을 이용하거나 또는 배수 및 후일 수도 부설의 편리 여부를 고려해야 한다.
6. 관아는 가능하면 동일 건물로 하고, 화약고, 탄약고 및 예비 성질을 가진 여러 재료의 창고를 동일 구내에 건설한다. 기타 각 부대에서 함께 사용할 수 있는 건조물은 굳이 각 부대 각개로 건설하는 것을 피하고 같은 장소에 집단으로 축조하도록 설계해야 한다.
7. 토지의 수용상 묘지는 가능한 한 피할 것을 요한다.
8. 수용해야 할 토지는 한국 정부로 하여금 공급하도록 한다. 따라서 되도록 관유와 민유의 구별을 명료하게 해야 한다.[27]

한국주차군사령부는 경리부를 중심으로 1904년 8월 15일 용산에서

---

27 軍務局軍事課, 『明治37, 38年戰役業務詳報』의 '韓國兵營(1904.8.1)'에서 인용하였다.

300만 평, 평양에서 390만 평, 의주에서 282만 평을 군용지로 수용하기로 결정하는 등 모두 975만 평의 토지를 수용하겠다고 대한제국에 통보하였다. 한국주차군사령부는 1905년 2월까지 이들이 지정한 땅에 표식을 설치하고 측량하며 각종 지도를 제작하였으며, 관유지와 민유지를 구별하고 가격을 조사하였다. 한국주차군사령부가 육군성에 보고한 바에 따르면, 토지 가격은 평당 30전에서 50~60전이면 매수할 수 있다고 보았다.[28] 실제 한국주차군사령부는 대한제국의 내부대신 이지용(李址鎔)에게 배상금으로 20만 원을 지불하였다.

약탈적 성격의 토지 수용은 한국인의 반발을 초래하였다. 하지만 일본은 추가 지급을 거부하였다. 대신에 975만 평의 수용지 가운데 육군에서 직접 사용하지 않는 토지를 반환하였다. 그 결과 1907년 2월부터 4월 사이의 조사를 거쳐 379만 평을 제외한 578만 평이 대한제국에 반환되었다.[29] 한국주차군이 사용하는 땅보다 반환된 땅이 1.5배 더 많았던 것이다. 일본군이 얼마나 자의적이고 폭력적으로 토지를 수용했는지 알 수 있는 대목이다.

영구 점거시설을 대규모로 건설하기 위해 수용지를 임의대로 지목한 일제의 모습은 탐욕스런 약탈자 그 자체였다. 미국인 신문기자 F. A. 매켄지의 다음과 같은 묘사는 그 실상을 제대로 알려주고 있다.

일본인들은 가능한 한 한국의 토지를 최대 한도로 얻기 위해 애쓰고 있음이 분명하다. 군 당국에서는 지방의 광대한 요지와 서울 부근의

---

28 金正明 編, 『朝鮮駐箚軍歷史』, 253쪽.
29 金正明 編, 『朝鮮駐箚軍歷史』, 258~259쪽.

강안(江岸) 지대와 평양의 주변 토지와 북으로 향하는 방대한 토지와 철도 연변의 대부분을 차지했다. 이와 같이 하여 일본은 수십만 에이커의 토지를 차지했다. 명목상 한국정부에 상환금이 지불되었지만 그 액수는 실제 가격의 1/20을 초과하지 않았다. 대부분의 경우에는 한 푼도 보상을 받지 못했지만 어떤 사람들은 실제 가격의 1/10 또는 1/20을 받았다. 토지는 명목상 전쟁을 위해 군대가 몰수했다. 몇 개월 안에 그 토지의 대부분은 일본인 건축업자와 상점 주인에게 되팔렸으며, 일본인 거주지의 수는 점차로 증가했다. 이와 같은 토지 수탈은 약소 민족에게 자행할 수 있는 가장 범죄적인 포학(暴虐)이었다. 이로 인해 지난날에는 호강스럽게 살아왔던 많은 사람들이 거지가 되었다.[30]

일본정부는 한국주차군사령부의 경리부에 임시건축과를 설치하고, 1906년 7월 군대가 영구히 주둔할 군사시설을 건설하기 시작하였다.[31] 앞서 보았듯이 이즈음 일본정부는 한반도에서 군대와 외교기관 사이의 질서도 정립하였다. 대한제국의 점령과 통치를 위한 일본의 정치군사적 기반이 이즈음 안정화 단계에 들어섰던 것이다.

한반도 전역에 일본군 군사기지를 두려는 대규모 공사는 1908년 6월 30일 용산병영의 보병연대 건물을 준공한 이래 평양, 마산, 부산, 나남, 청진, 회령에 병영을 짓는 건설사업을 동시 다발적으로 진행한 결과

30　F. A. 매켄지 지음, 신복룡 역주, 1999, 『大韓帝國의 悲劇』, 집문당, 113~114쪽.
31　러일전쟁 후 경리부의 역할에 관해서는 조건, 2017, 「러일전쟁 이후 일본군 '經理部'의 한반도 내 활동과 그 의미」, 『서울과 역사』 97, '제4장' 참조.

1913년 9월에 끝났다. 그런데 일본정부는 애초 구상에 있었던 의주 일대에 병영을 건설하지 않았다. 왜냐하면 러일 양국은 1907년 7월 제1차 러일협약 때 길림성 창춘을 경계로 이권의 권역을 남의 일본과 북의 러시아로 나누고 자기 권역 내에서의 이권행위를 서로 인정하였기 때문이다. 일본군으로서는 일본에 불리하지 않은 만주의 정세, 특히 남만주 지역에서의 안정된 영향력을 확보한 정황을 고려할 때 한성에서 평양을 거쳐 의주를 지나 압록강을 건너는 연결 지점들에 대규모 병영을 건설할 필요가 없어진 것이다. 오히려 일본 육군으로서는 1907년「제국국방방침」에 따라 국방강령을 통해 러시아를 제1의 적으로 간주한 데다, 러일전쟁에서 패배한 데 대한 러시아의 복수전까지를 고려해야 했으므로 두만강을 경계로 국경을 맞대고 있는 함경도 방면에 군사력을 더 집중할 필요가 있었다. 용산과 평양의 기지에 각각 1개 보병연대를 수용할 정도의 병영을 건설한 데 비해, 1909년 10월에 준공한 나남의 기지에는 2개 보병연대가 주둔할 병영을 지었다는 데서도 일본의 대응전략을 읽을 수 있다.

일본군이 건설한 병영 가운데 군사적 가치가 가장 큰 기지는 용산병영이었다. 대한제국의 수도가 있는 곳이기 때문이다. 일본정부는 용산병영을 건설하기 위해 1906년 7월에 용산출장소를 개설하였다. 육군은 애초 사단사령부 1동, 기병·야전포병 중대 각 1동, 병원, 창고, 병기지창, 위수감옥, 군악대 등이 주둔할 기지를 건설할 계획이었다.

한국주차군은 용산병영에 주둔할 주요 부대의 병영시설을 1908년 6월에 완성하였다. 1908년 10월 1일 오늘날 서울특별시 중구 필동(筆洞)에 있던 사령부를 용산병영으로 이전하였다.[32] 한국주차군사령부는

---

32 용산병영의 역사에 대해서는 신주백, 2007,「용산과 일본군 용산기지의 변화(1884~

<그림 1-2-3> 1909년 용산시가전도

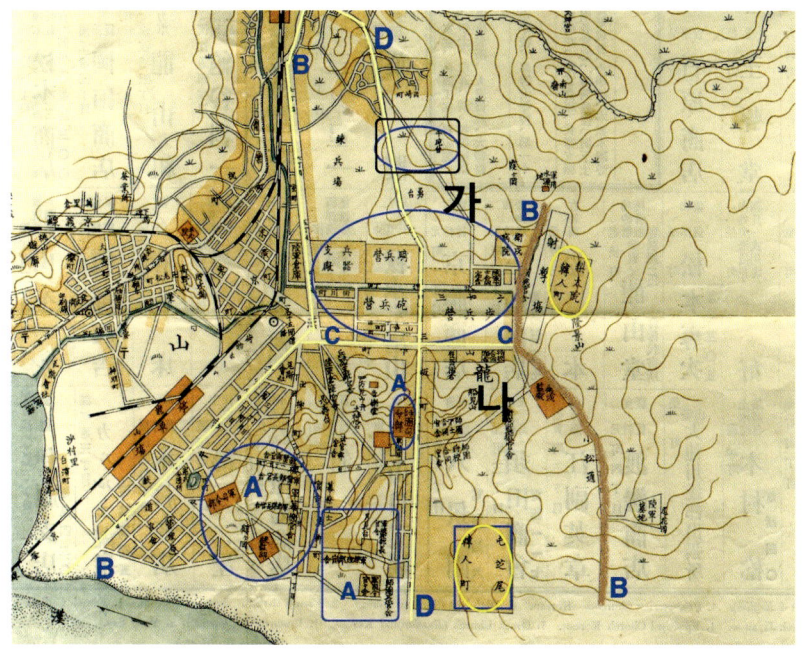

비고: 원래 지도에 필자가 구분하여 표기하였다.
출처: 시간여행 김영준.

12월 19일까지 건설된 각 단위부대의 청사를 한데 묶어 성대한 합동낙성식을 거행하였다.[33] 용산병영의 평면적인 기본 모습은 1909년 작성된 <그림 1-2-3>을 통해 쉽게 이해할 수 있다.

용산병영에 한국주차군의 배치가 완료될 즈음부터 용산 일대는 일본군과 일본인의 거리로 크게 바뀌어 갔으며, 사람들은 이곳을 '조선 내

1945)」,『서울학연구』29 참조.
33   朝鮮駐箚軍經理部 編, 1914,『朝鮮駐箚軍永久兵營官衙及宿舍建築經過槪要』, 91쪽.

일본'이라 불렀다. 앞서 본 1904년 1월의 육군대신 훈령 제3항에 맞게 건설된 것이다.

용산병영은 한국주차군사령부, 주차사단의 사령부 그리고 포병·보병·기병 부대 등이 주둔했을 뿐 아니라 조선총독의 관저가 들어서고 한국주차군 사령관과 사단장 등의 관사가 있었으므로 그곳은 조선 지배의 심장부로 바뀌어 갔다(A 구역). 내부는 C, D 도로를 경계로 크게 4개의 공간으로 구분되고, 가와 나 구역에 주요 부대가 배치되었다. 이때부터 오늘날까지 일본군의 용산병영, 미군의 용산기지가 들어서 있는 이 땅은 '외국'이다. 참고로 언급하자면, 용산기지 내에서 신용카드로 결재하면 정산되는 화폐의 기준이 미국 달러며, 우편물 주소는 미국 50개 주의 하나인 캘리포니아주로 찍힌다. 또한 용산병영의 중간지점을 동서로 관통하는 도로, 곧 C~C는 오늘날 서울지하철 6호선 구간인 삼각지역에서 녹사평역을 잇는 이태원로가 되었다. 한강의 남북을 잇는 한강대교, 동작대교, 반포대교와 거기에 연결된 도로인 한강대로, 서빙고로, 녹사평대로가 있는 데서도 알 수 있듯이, 광대한 병영(기지)의 외곽을 따라 형성된 도로는 오늘날까지도 우리의 일상에 큰 영향을 미치고 있다. 그 원형이 1908년경에 형성되었다(B~B).

이처럼 일본이 많은 돈을 들여 건설한 전국의 병영은 때마침 거세게 일어나고 있던 조선인의 무력저항을 제압할 지휘소이자 거점이었다. 이제 다음 '제2)항'에서 한국주차군이 병영을 거점으로 어떤 탄압작전을 벌였는지 살펴보자.

2) 군대해산 후 의병전쟁의 확대와 일본 군·헌병·경찰의 대응

러일전쟁에서 승기를 잡은 일본정부는 미국과 영국에 채권을 팔아 전쟁비용을 충당했을 만큼 재정 상황이 좋지 않았는데도 전쟁이 끝나자마자 막대한 비용을 들여 한국주차군이 주둔할 병영 건설을 서둘렀다. 러시아의 보복전에도 대비할 필요가 있었다. 한국주차군의 입장에서 치안확보 임무는 가장 시급하고 우선적으로 해결해야 할 과제는 아니었다. 그 과제는 헌병경찰이 담당해도 무방하였다. 한국주차군이 이렇게 접근하는 데는 이토 통감의 의도와도 깊은 연관이 있었다. 그래서 먼저 헌병경찰에 관해 살펴보자.

한국주차헌병대는 비록 한성에 국한되었지만 처음으로 치안유지 임무를 담당한 가운데 러일전쟁 때 군율을 집행하는 역할까지 수행하며 영향력을 확대해 갔다. 전쟁이 끝난 이후에는 헌병대의 핵심 임무였던 전신선의 관리를 1906년 1월 10일 설치된 통감부 통신관리국에 넘겼다. 치안유지 임무도 언론과 집회에 관련한 사항을 통제하는 정도로 축소되었다. 한국주차헌병대의 역할 축소는 군대를 대신하여 경찰력을 확장하고 치안을 유지할 의도인 이토 통감의 방침과 깊은 연관이 있었다.

이토 통감은 고문경찰을 군사상 필요 없는 지점에 배치하고 치안을 유지한다는 방침이었다.[34] 통감부는 이를 위해 대한제국의 내부(內部) 소속인 경무서(도)-경무분서-분파소(分派所)를 연이어 설치하였다. 반면에

34　松井茂, 1936, 「目醒め行く朝鮮民族へ」, 朝鮮新聞社 編, 『朝鮮統治の回顧と批判』, 朝鮮新聞社, 110쪽. 자세한 것은 松田利彦, 1993, 「朝鮮植民地化の過程における警察機構(1904~1910年)」, 『朝鮮史研究會論文集』 31 참조.

일본정부는 1906년 10월 29일 한국주차헌병대를 '제14헌병대'로 바꾸고 규모도 284명으로 축소하였다.

이렇듯 일본정부는 규모를 축소하는 데 그치지 않고 이름까지 본국 헌병대의 호칭 기준을 적용함으로써 '주차' 기능보다는 헌병 본연의 역할인 군사경찰로서의 임무에 충실하겠다는 의도를 명확히 하였다. 물론 헌병대의 기구와 인력을 줄이는 과정은 러일전쟁 당시 최대 100만 명이 넘었던 병력을 30만 명 전후로 군대를 개편하는 움직임과 맞물린 자연스러운 결정이었다. 일본정부는 1937년 중일전쟁을 일으키기 이전까지 이 정도 규모의 병력을 유지하였다. 물론 이는 전쟁채무와 적자예산을 줄여 보려는 일본정부의 군대 개편과도 깊은 연관이 있는 조치였다.

그러나 군사경찰로서의 임무에 치중하려는 움직임은 오래가지 못하였다. 1907년 7월 헤이그특사사건이 터지면서 상황이 급속히 바뀌었기 때문이다. 7월 초 헤이그에서 열린 제2회 만국평화회의에 고종황제의 특사로 파견된 이준(李儁)의 활동과 그의 자결이 국내에 알려졌다.

7월 20일 고종황제가 강제퇴위하는 등 한국의 국내 상황도 매우 빠르게 바뀌어 가기 시작하였다. 일본정부는 7월 24일 일본인 관리의 임명, 법령과 재정 그리고 관리 임면 때 통감부가 승인한다는 조항과 함께, 대한제국의 군대를 해산한다는 내용을 담은 정미7조약, 곧 '한일신협약'을 대한제국에 강요하여 체결하였다. 이에 따라 일본인이 대한제국의 관리가 될 수 있었으므로 고문경찰제도는 폐지되었다.[35] 이어 통감부는

---

35 이후 일본이 대한제국의 경찰을 장악해 가는 제도적인 주요 변화를 보면, 1907년 11월 즈음 1,300명의 일본인 고문들이 모두 대한제국의 관리로 임영되었다. 대한제국의 경찰 업무를 실질적으로 지휘하는 內部의 경무국장에 마쓰이 시게루가 취임하였다. 1908년 1월 내부에서 도관찰사를 거치지 않고 지방경찰을 직접 지휘하는 체

7월 27일에 「신문지법」과 29일에 「보안법」을 각각 공포하여 한국인의 눈을 가리고 입을 막으려 하였다. 8월 1일 대한제국의 군대까지 해산시켰다. 해산당한 군인들은 전국에서 의병을 일으켰다. 정미의병이 일어날 즈음 항일운동 세력은 미국이 영국의 식민지로부터 해방된 과정을 참조하여 자신의 저항행위에 '독립전쟁'이란 이름을 붙였다.[36]

사실 일본정부가 대한제국의 군사력을 무력화시키려는 움직임은 1904년 3월 노즈진무(野津鎭武) 보병 중좌가 군부(軍部) 고문이 되면서부터였다.[37] 즉, 노즈는 1904년 9월 군령기관으로서의 원수부(元帥部)의 기능을 상실시키고 군대의 통일적 지휘와 움직임을 제도적으로 차단하였다. 그는 군사행정기관의 성격이 강한 군부의 역할을 늘리면서 대한제국의 군사권을 자신의 영향력 아래 두었다. 동시에 문란한 재정 문제를 해소한다며 1905년 4월과 1907년 4월에 중앙의 시위대와 지방의 진위대를 축소하는 군사제도를 개편하였다. 그 결과 1908년 군대해산 당시 대한제국의 군인은 편제상 8,700여 명에 불과하였다.[38]

일본정부는 정미7조약을 체결하고 군대를 강제로 해산시키며 예상되는 조선인의 반발을 제압하고자 조약 체결 당일에 보병 제12여단을 조선으로 이동하도록 지시하였다. 제12여단은 주로 부산, 한성, 평양 사

제, 곧 마쓰이 시게루 일본인 경무국장을 중심으로 한 중앙집권적 경찰제도가 실시되었다.

36 장기찬, 「독립전쟁 시작하세」, 『共立新報』, 1907.8.9.
37 「37年 參謀本部 野津中佐韓國應聘願の件」, 『明治34年至同38年 密受書類補遺』. 그런데 노즈의 이름을 읽는 방법이 불명확하다. 그래서 일본에서 발행된 용어사전에서도 그의 성만 읽는 방법을 밝히고 있다(富岳館編輯部 編, 1894, 『征淸壯絶日本軍人義勇傳』, 富岳館, 32쪽).
38 자세한 내용은 서인한, 2000, 『대한제국의 군사제도』, 혜안, '제5장' 참조.

이의 철도 주변에 배치되었지만, 의병투쟁의 급격한 확대를 저지하지 못하였다. 이에 한국주차군 사령관 하세가와 요시미치는 9월 7일자 〈포고〉에서 "금일까지 우리 토벌대(한국주차군-인용자)의 방침이 너무 관대로 흘러 단지 폭도의 집단을 구축하는 데 머무르고 더욱 일보를 나아가 이를 추격 멸진(滅盡)의 수단을 취하지 않은 결과"라고 진단하고, "양민과 폭도를 판별하는 데 곤란"하므로 의병에게 편의를 제공한 부락에게도 죄를 묻겠다고 선언하였다.[39] 민간인과 의병을 구분하지 않고 동일시하며 강력한 탄압작전을 벌이겠다는 의도인 것이다. 실제 "1907년 늦은 여름" 이후 충청도와 강원도 일대에서 벌어진 일본군의 잔인한 탄압작전은 F. A. 매켄지의 종군기에서 생생하게 확인할 수 있으며,[40] 한국주차군조차 '촌읍(村邑)'의 주민을 '주살(誅戮)'하고 모든 부락을 태워 없앴다고 시인하며 충북의 제천을 언급하기도 하였다.[41] 한국주차군의 초토화 전술은 일본군이 이후에도 자주 사용한 가장 기본적인 진압방식이자 '작전'의 하나였다. 다음 '제3)항'에서 언급할 1909년의 호남의병이 작전 대상인 남한대토벌작전은 동학농민군을 전라남도 남서해안 쪽으로 몰며 자행한 학살행위 때처럼 일본군이 호남의병을 남서해안 방향으로 몰아가며 저지른 제노사이드의 전형적인 모습이다.

그런데도 의병투쟁은 중부지방을 중심으로 전국에서 더욱 강력히 전개되었다. 이에 일본은 병력을 추가로 보낸 지 두 달 만인 9월 26일 '임시파견기병대'를 다시 편성하여 주로 한성 이남 지방에 배치하였다. 또

---

39 『福岡日日新聞』, 1907.9.13.
40 F. A. 매켄지 지음, 신복룡 역주, 『大韓帝國의 悲劇』, 133~145쪽; F. A. 매켄지 지음, 신복룡 역주, 1999, 『韓國의 獨立運動』, 집문당, 171~180쪽.
41 金正明 編, 『朝鮮駐箚軍歷史』, 13쪽.

한 12월경에는 북부·중부·서부·남부로 구분한 한국주차군의 관할구역 제도, 곧 수비관구제(守備管區制)를 남부와 북부로 단순화하고, 병력을 대부대 단위로 집중 배치하는 방식을 버리고 분대와 소대 등의 작은 규모로 분산하여 배치하는 방식을 시도하였다.[42] 이는 의병이 출현한 모든 장소에서 군대를 앞세워 구체적인 군사작전을 벌이겠다는 의도였다.

일본정부는 여기에 더하여 1907년 10월 제14헌병대를 다시 한국주차헌병대로 환원하였다. 통감의 지휘를 받는 헌병대는 "주로 치안유지에 관한 경찰"을 담당하도록 하였다.[43] 치안유지에 관한 업무를 한성으로 한정하지 않고 전국으로 확대하면서 주차헌병대의 가장 주된 임무를 군사경찰에서 치안유지로 바꾼 것이다. 한국에 파견된 헌병대로서는 군용전신선 관리라는 임시 임무로부터 완전히 변신하여 헌병대가 상주해야만 하는 명분을 분명히 한 것이다.

새로운 "특별 규정"은 "현하 한국의 상태에서" 헌병대의 "임무에 관해서는 통감의 지휘 아래 두고 주로 한국의 치안유지에 관한 경찰을 담당" 시키기로 통감과 참모총장이 합의한 결과였다.[44] 이토 통감은 의병을 진압하되, 한국주차군이 커짐에 따라 대한제국에서 육군의 영향력이 커지는 결과를 경계하며, 차선책으로 헌병대의 치안유지 업무에 대한 지휘권을 자신이 가진 것이다. 한마디로 이토 통감과 일본 육군 수뇌부(혹은 한

---

42 金正明 編, 『朝鮮駐箚軍歷史』, 106~107쪽. '守備管區'는 '守備區'의 상위 단위다.
43 「勅令 第323號 韓國駐箚憲兵隊に關する件(1907.10.7)」. 칙령이 공포된 날짜는 10월 8일이다. 그러나 필자가 인용한 문서는 총리, 육군대신이 동의한 날짜다. 칙령을 작성한 육군성 주무기구에서 초안을 제출한 날짜는 9월 19일이었다.
44 「勅令 第323號 韓國駐箚憲兵隊に關する件(1907.10.7)」, 『永存書類甲輯第1類 大正5年』에 있는 '制定理由', '統監及參謀總長へ協議按'에서 인용하였다.

국주차군)가 '타협'했다고 말할 수 있다.[45] 이때부터 한반도의 일본 헌병대는 치안 업무를 주도적으로 담당함으로써 육군대신 데라우치 마사타케(寺內正毅)를 비롯한 육군 수뇌부의 꿈인 헌병경찰제로 가는 제도적 길목에 들어섰다. 육군은 이를 충실히 수행할 사람으로 아카시 모토지로(明石元二郎) 소장을 지목하여 헌병대장에 임명하였다. 그의 계급은 도쿄에 있는 일본헌병대사령부의 사령관과 같았다. 그만큼 육군 수뇌부가 한반도에서 치안을 유지하는 임무를 달성하면서 자신들의 영향력을 유지하는 데 신경을 썼다는 방증이기도 하다.

이토 통감은 헌병경찰에 관한 새로운 조치를 구체화하고자 이완용과 「경찰사무(警察事務) 보행(執行)에 관(關)한 취극서(取極書)(11.1)」에 합의하고, 6일에 헌병대의 경찰사무를 대한제국에 '요청'하는 합법적 절차까지 밟았다. 한국주차헌병대는 이에 필요한 병력과 기관을 충당하기 위해 1908년 1월 의병탄압의 전초기지 역할을 수행하는 헌병분견소(憲兵分遣所)를 1906년 3월 34개소에서 460여 개로 급속히 늘려 세밀한 배치를 본격화하였다. 여기에 필요한 인원도 2,074명으로 확충하여 분산배치하였다.[46] 결국 통감부와 한국주차군은 한국주차군 사령관이 말하는 무력만을 내세우는 초토화작전 방침을 유지하면서 군대를 분산배치하고 헌병대를 늘렸다.[47]

그런 가운데 한국주차군이 의병전쟁 세력을 향해 강경하게 진압하는 정책만을 취하지 않으려는 변화가 1907년 겨울 즈음 나타났다. 통감부

45　李升熙, 2008, 『韓國倂合と日本軍憲兵隊』, 新泉社, 91쪽.

46　『朝鮮憲兵隊歷史(1906.10~1908.12)』 2, 168쪽.

47　1907년 9월 통감부와 한국주차군은 「총포 및 화약류 단속법」을 제정하고 총포류만이 아니라 활, 창, 갑옷까지도 압수하여 의병의 무장력에 타격을 주려 하였다.

와 한국주차군은 1907년 11월부터 대한제국 내부의 훈령으로 「자위단 규칙(自衛團規則)」을 제정하고 면 또는 촌 단위로 자위단을 설치하기 시작하였다. 자위단 설치는 1908년 11월 현재 2,164개, 508,585명이 가입했다고 하니, 나름 성공적이라 하였다.[48] 주로 일진회 회원 등이 참가한 자위단은 통감부와 한국주차군의 이이제이(以夷制夷) 전략 가운데 하나였다. 또한 통감부와 한국주차군은 12월부터 귀순정책을 실시하여 1908년 10월까지 9,248명을 귀순시켰다. 헌병대의 통계를 보면 1908년 4월경부터 귀순자가 늘었다.[49] 혹독한 겨울과 일본군의 탄압작전이 식량난과 겹치며 효과를 거두기 시작한 결과였다.

그렇다고 1907년 겨울을 지나 1908년 봄으로 가는 길목에서 일본군의 의병탄압이 성공적이었다고까지는 말하기 어렵다. 〈표 1-2-1〉에서 이를 확인할 수 있다.

〈표 1-2-1〉에 따르면, 1908년 3월 이후 의병과 한국주차군 등의 충돌이 급속히 늘었다. 특히 황해도, 경기도, 강원도, 경상북도와 호남지방에서 양측의 충돌이 잦았다. 이를 그래프로 표시한 〈그림 1-2-4〉에 따르면 'A'에 해당하는 부분이다. 이에 한국주차군은 1907년 본토에서 여단병력과 기병대의 파견을 받은데다 헌병까지 늘린 부대를 재배치하였다. 1908년 2월 현재 배치현황을 정리하면 〈그림 1-2-5〉와 같다.

〈그림 1-2-5〉에 따르면, 한국주차군은 남과 북으로 수비구역을 나누고, 북부 지역의 경우 러시아에 대한 군사작전을 고려하였다. 또한 제12여단을 경북 북부(제14연대)와 대전을 중심으로 한 충남의 서북부(제

---

48 『朝鮮憲兵隊歷史(1906.10~1908.12)』 2, 392~393쪽.
49 『朝鮮憲兵隊歷史(1906.10~1908.12)』 2, 372~373쪽.

<표 1-2-1> 의병과 군·헌병·경찰의 도별(道別) 충돌 횟수(1907.11~1909.11)

	함북	함남	평북	평남	황해	경기	강원	충북	충남	경북	경남	전북	전남	계
1907. 11		3		2	16	9	36	13		9		4		92
12		3			11	16	27	12	8	7	4	13	6	107
계		6		2	27	25	63	25	8	16	4	17	6	199
1908. 1		6	4		28	23	23	6	14	18	2	7	11	137
2		11		2	24	20	20	4	4	21	5	12	13	128
3		7	1	4	30	30	30	7	9	18	6	11	17	158
4	1	10	5	5	40	25	25	12	16	22	12	19	28	228
5		10	5	14	34	28	28	10	12	17	15	21	24	225
6	1	23	7	13	22	31	31	12	12	25	13	11	19	224
7	4	11	4	7	13	9	9	10	10	17	11	22	20	152
8		11	6	11	12	6	6	3	12	7	14	13	19	123
9	3	8	3	9	13	15	15	6	10	12	5	14	13	122
10	3	11	1	20	19	12	12	3	9	4	6	10	19	129
11		15	5	9	7	16	16	3	8	9		3	12	96
12	1	8		1	18	16	16	2	2	3	4	5	21	95
계	13	125	41	95	260	231	220	78	118	173	93	148	216	1,817
1909. 1	1	4		6	13	12	12	2	5		1	9	16	73
2		1		1	8	11	11	1	5	3	1	4	25	68
3		2		2	7	23	23	3	1	8	3	12	37	112
4				3	5	17	17	4	5	13	4	14	27	103
5		4		1	6	5	5	2	6	9		20	26	90
6					1	9	9	2	1	13	1	17	35	86
7				1	3	3	3	6		14	2	7	35	78
8					4	4	4	1		6	3	6	16	48
9		3	1		6	7	7	1	1	12	1	9	15	66
10		3			6	2	2	2	1	2		1	7	25
11		1				10	10			8	1	2	5	30
12														
계	1	19	1	14	59	103	84	24	25	88	16	101	244	779
합계	14	156	42	111	346	359	367	127	151	277	113	266	466	2,795

비고: - 이 통계는 헌병대에서 집계한 것이므로 한국주차군과 경찰에서 집계한 내용과 다를 수 있다.
  - 이 통계가 의병투쟁의 현황을 정확히 반영한 것은 아니지만 그 경향은 볼 수 있다.

출처: 韓國駐箚憲兵隊, 「賊徒ノ近況」, 韓國駐箚軍司令部 編, 『明治40~43年 暴徒討伐槪況』, 千代田史料 623.

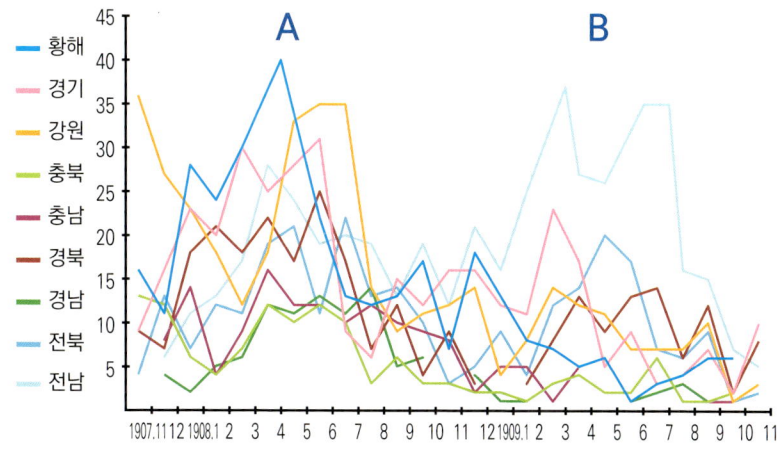

〈그림 1-2-4〉 의병과 군·헌병·경찰의 도별(道別) 충돌 추이

47연대)에 집중배치하였다. 중부 지역인 강원도과 충청북도, 경기도, 황해도 지역에 제13사단 병력을 동원하여 남부 지역보다 더 촘촘하게 세분하여 집중 분산배치하였다. 대한제국의 군대가 해산당한 이후, 의병운동이 이들 지역을 중심으로 전개되었기 때문이다.

그런데도 진압에 성공적이었다고 평가하기는 어려웠다. 〈표 1-2-1〉과 〈그림 1-2-4〉의 A에서 확인할 수 있듯이, 봄철에 의병이 활동을 더욱 활성화해 갔기 때문이다. 그 이유 가운데 하나는 무력진압을 전면에 내세우는 작전으로 의병과 민간인을 구별하지 않고 잔인하게 진압하는 초토화작전에 있었다. 한국주차군의 군사작전은 조선인의 민족감정을 자극하거나, 의병과 직접 관계없던 사람까지 의병투쟁에 가담하게 만들었다.[50]

---

50 F. A. 매켄지 지음, 신복룡 역주, 『韓國의 獨立運動』, 174쪽; 金正明 編, 『朝鮮駐箚軍歷史』, 13~14쪽.

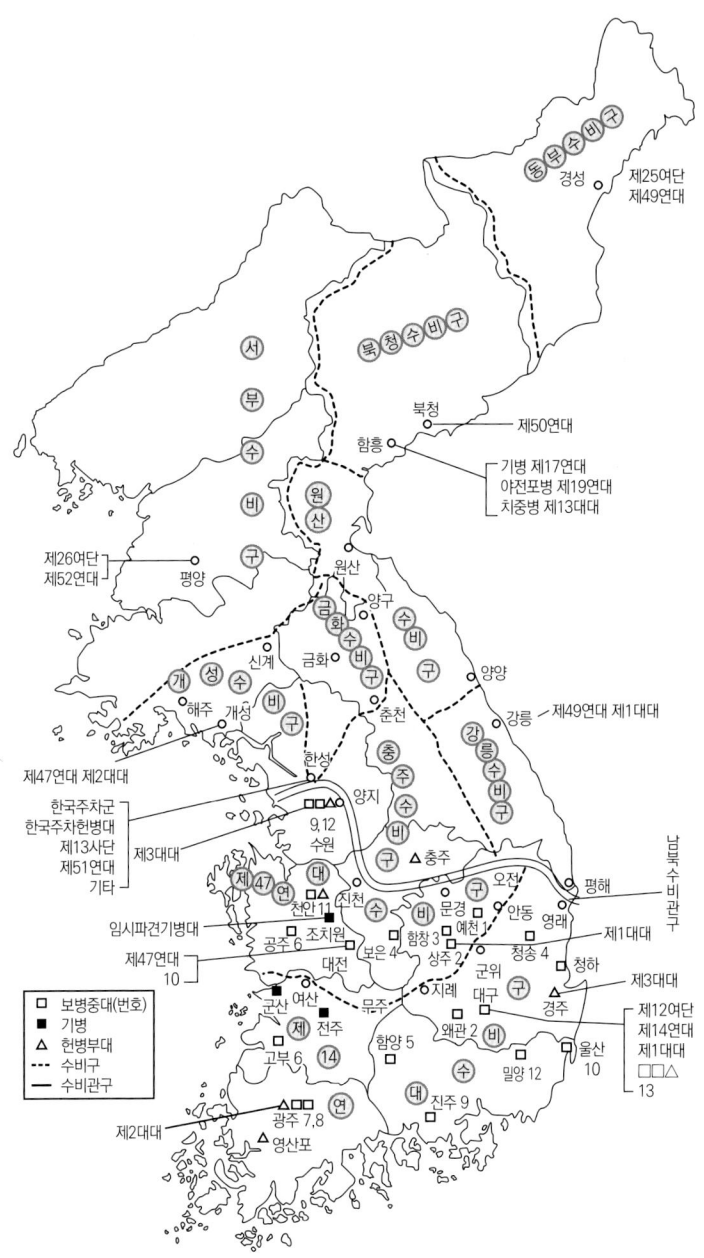

〈그림 1-2-5〉 한국주차군과 헌병대의 배치도(1908.2)

비고: 여기에서 'M'은 '明治'의 영문 이니셜로, 일본 방위성 방위연구소에서 사용하는 분류기호의 하나다.

출처:「韓駐甲 第209號(1908.3.2) 韓國駐箚軍隷屬部隊配置府韓國駐箚憲兵隊配置圖(1908.2.29 調)」,『陸軍省密大日記』M41-2-5.

통감부와 한국주차군 관계자들은 고민에 빠지지 않을 수 없었다. 이를 타개하기 위해 열린 회의가 1908년 5월 2일의 통감부회의였다. 회의는 통감, 한국주차군 사령관, 한국주차헌병대 사령관, 경시총감, 경무국장, 감사부장, 총무장관 등이 참가하여 방침을 수립하려는 침략자들의 종합 대책회의였다.

회의 직후 나온 첫 번째 새로운 대책이 우선 병력을 또다시 늘리는 조치였다. 애초 이토 통감은 헌병 2,000여 명, 통감부 순사 1,700여 명, 조선인 순사 3,000여 명으로 의병투쟁을 진압할 계산이었다.[51] 그러나 의병투쟁이 계속 격화되자 방침을 바꾸어 5월 4일자로 일본 내각과 육군성에 군대를 더 파견해 주도록 다시 요청하였다. 일본 육군은 1908년 5월 말까지 제23연대를 충청도, 경기도와 강원도의 일부, 제27연대를 황해도와 평안도에 신속히 보내 의병탄압에 나섰다(〈그림 1-2-6〉). 한국주차군은 의병투쟁의 상승기류를 주도하고 있던 중부 지역의 의병을 진압하기 위해 새로 파견된 부대를 집중배치한 것이다. 대한제국 탁지부에서도 12,000원의 예비비를 지출하여 탄압작전 경비로 충당하였다.[52]

통감부와 한국주차군의 두 번째 새로운 대책은 이이제이 전략이기도 한 헌병보조원제도의 실시였다. 한국주차군은 의병전쟁 세력을 진압할 때 헌병대원이 보통경찰관보다 능률적임을 확인한 상태였다. 더구나 파견부대가 언젠가는 본토로 돌아가야 하는 현실에도 대비해야 했다. 이에 따라 한국주차군은 1908년 5월 헌병을 다시 늘리기로 결정하였다.[53] 아

---

51 『皇城新聞』, 1908.5.19.
52 『皇城新聞』, 1908.5.13.
53 『福岡日日新聞』, 1908.5.17.

카시 한국주차헌병대 사령관이 제안한 헌병보조원제도 역시 5월의 통감부회의 때 4,000명 정도를 모집하기로 정식 결정되었다.[54] 통감부와 한국주차군은 6월부터 조선인 헌병보조원을 모집하였다.[55] 이 제도는 러일전쟁과 군비확장으로 재정압박을 받는 일본정부의 상황을 고려할 때 유지비도 적게 드는 장점이 있었다. 또 일상에서 일본인 군인과 헌병, 경찰을 직접 대면함에 따라 일어나는 조선인 대중의 감정적인 반발심을 줄이는 효과도 낼 수 있었다.

헌병보조원은 1908년 9월 23일까지 4,009명이 채용되었다.[56] 보조원 가운데 해산 군인 출신이 21%가량 되었고, 귀순자가 37명 정도였다.[57] 그래서 일본정부는 보조원제도에 "사회정책적 의미가 가미"되어 있다고 자랑하였다.[58] 한국주차헌병대는 헌병경찰의 분견소가 있는 지방의 조선인 거주자를 채용함으로써 헌병대의 지도·감시가 쉬울 뿐만 아니라 "지방의 정황에 정통"하여 활용가치를 극대화할 수 있었다.[59] 한

---

54 愼蒼宇, 2001, 「憲兵補助員制度の治安維持政策的意味とその實態-1908~1910年を中心に」, 『朝鮮史硏究會論文集』 39, 170쪽. 헌병보조원제도의 실시와 운영에 관해서는 신창우 저, 김현수·양인실·조기은 역, 2019, 『식민지 조선의 경찰과 민중세계 1894~1919』, 선인, 356~463쪽에 상세히 나와 있다.

55 小森德治, 1928, 『明石元二郎』, 421쪽(原書房, 1968 腹脚).
法令: 「勅令 제31호 憲兵補助員募集에 關한 件(1908.6.11)」, 「軍部令 제3호 憲兵補助員採用에 關한 件(1908.6.16)」, 『舊韓國官報 1908年(上)』, 606쪽, 627~628쪽.

56 『皇城新聞』, 1908.9.29. 당시 순사의 월급이 20圓이고, 근위대 병사 월급이 12원일 때, 보조원은 연봉이 250원일 정도였다(『皇城新聞』, 1908.6.16).

57 『朝鮮憲兵隊歷史(1906.10~1908.12)』 2, 268쪽; 韓國駐箚憲兵隊, 「憲兵補助員設置ノ由來及其ノ成績槪況書」, 韓國駐箚軍司令部 編, 『明治40~43年 暴徒討伐槪況』.

58 小森德治, 『明石元二郎』, 422쪽.

59 韓國駐箚憲兵隊, 「憲兵補助員設置ノ由來及其ノ成績槪況書」, 韓國駐箚軍司令部 編, 『明治40~43年 暴徒討伐槪況』.

국주차헌병대는 헌병보조원이 늘어감에 따라 8월에 편제를 다시 바꾸어 39개 관리구역에 453개소의 분대와 분견소를 설치하였다.[60]

헌병의 재배치와 더불어 두 번째의 새로운 대책에 따라 한국주차군의 배치도 바뀌었다. 1908년 10월 당시의 현황을 지도에 표시하면 〈그림 1-2-6〉과 같다.

1908년 2월의 배치 현황(〈그림 1-2-5〉)에 비추어 10월의 배치상태를 보면, 한국주차군은 새로 파견된 2개 연대를 중부 지역에 중점 배치하여 보병 제12여단이 담당한 남부 지역의 수비 범위를 축소하는 대신, 부대 간의 배치 간격을 더 촘촘하게 할 수 있었다. 주민과 의병전쟁 세력을 압박하고 탄압하는 데 더 유리한 군사적 조건을 갖추게 한 것이다. 또한 한국주차군은 임시기병파견대의 본부를 조치원에서 전주로 옮기는 한편, 보병이 배치되지 않은 호남지방의 일부에 4개 중대(광주, 고부, 영암, 전주)의 기병을 집중배치하고 독립적인 수비구역도 설정하였다.[61] 그런데 남부수비관구 가운데 중부 지역보다 의병투쟁이 상대적으로 덜 활발하던 호남의 서부 지역에 보병보다 기병을 집중배치한 선택은, 일본이 처음 제정한 1907년의 「제국국방방침」에 따라 '보병중심주의'를 채택하고 포병과 기병을 지원세력으로 간주했던 일본군의 부대운영방식과 연관이 있었을 것이다.[62]

통감부와 한국주차군의 세 번째 새로운 대책은 침략기관을 확대하

---

60 韓國駐箚憲兵隊,「憲兵補助員設置ノ由來及其ノ成績槪況書」. 한국주차헌병대의 管區制는 1908년 3월 16일 편제 개정 때 실시되었다.
61 『朝鮮憲兵隊歷史(1906.10~1908.12)』 2, 179~182쪽, 296~309쪽.
62 「제국국방방침」에 대해서는 뒷부분에서 몇 차례 언급하므로 여기에서는 별도의 전거와 내용을 하지 않겠다.

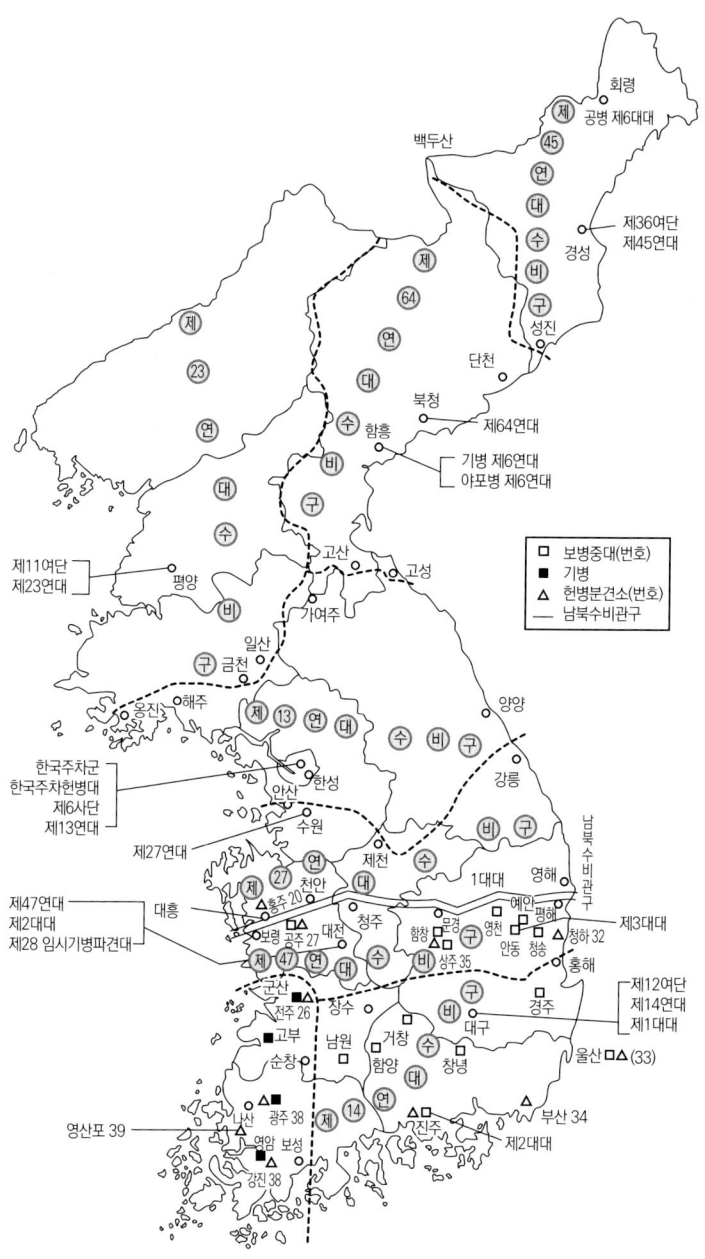

〈그림 1-2-6〉 한국주차군과 헌병대의 배치도(1908.10)

비고: - 제23연대는 평안북도로 이동하고, 그 수비구를 제27연대에서, 제27연대의 수비구는 제13연대에서 담당하였다.
- 북부수비관구 지역은 연대 단위 이상만 표시하였다.

출처: 「韓駐甲 第1160號(1908.11.13) 韓國駐箚軍隷屬部隊配置府韓國駐箚憲兵隊配置圖(1908.10.20 調)」, 『陸軍省密大日記』 M41-7-10.

고, 이토 통감의 지시에 따라 탄압기관의 지휘체계를 한국주차군 사령관을 중심으로 통일하는 조치였다. 1908년 5월 4일 이토 통감은 본국에 병력을 더 보내달라고 요청하던 그날, 한국주차헌병대와 한국경찰도 한국주차군 사령관의 통일된 명령을 받도록 지시하였다.[63] 한국주차군은 새로운 지시에 따라 사정이 허락하는 한 군대-헌병-경찰 순서로 탄압작전을 전개하는 방침을 확정하였다.[64] 경찰은 이때부터 긴급한 경우를 제외하고 "오로지 정찰 초무(招撫)에 힘을 기울"이는 역할을 맡았다.[65] 한국주차군사령부의 참모부와 헌병대 소속 장교, 경무국과 경시청의 경찰간부가 매일 모이는 4인 회의체를 만들어 의병의 동향과 각종 탄압 작전에 관한 기관 사이의 정보를 종합하고 조정하였다.[66] 첫 번째 새로운 조치와도 관련이 있기도 하지만, 지휘권의 통일은 통감부와 이토 통감이 경찰을 중심으로 치안을 유지하려고 했던 애초의 구상을 완전히 바꾸어 군대의 힘을 빌려 의병투쟁을 일거에 초토화하겠다는 방침으로 확실히 전환했음을 의미한다. 군대와 헌병을 치안유지의 중심에 두는 조치는 행정의 중심에 경찰이 있고, 행정기관의 요청이 있어야만 군대가 출동할 수 있었던 1896년 이후 타이완의 '경찰정치'와 다른 치안유지책이다.[67]

통감부와 한국주차군의 네 번째 새로운 대책은 늘어난 병력과 기관 사이에 원활한 연락과 작전의 편의를 위해 경비전화선을 가설한 점이다.

---

63 『朝鮮憲兵隊歷史(1906.10~1908.12)』 2, 245~236쪽.
64 『福岡日日新聞』, 1908.5.9.
65 統監府, 1908, 『第2次韓國施政年報』, 59쪽.
66 『福岡日日新聞』, 1908.5.15.
67 鶴見祐輔, 1941, 『後藤新平傳-臺灣統治篇』, 太平洋協會出版部, 96~177쪽; 臺灣總督府警務局, 1932, 『臺灣の警察』, 3~9쪽.

통감부는 1908년 5월 28만 5,000원의 예산을 지출하여 전신이 설치되지 않은 지방 가운데 의병탄압이 필요한 곳에 1909년 3월 말까지 793리를 연장하는 경비전화선을 가설하였다. 또한 신속하고 통일된 가설작업을 위해 대한제국정부로부터 '위탁'이란 형식을 빌려 통감부통신관리국으로 가설권을 빼앗아 갔다. 이후 통감부 스스로도 경비전화선이 의병탄압에서 커다란 효과를 거두었다고 평가하였다.[68]

통감부와 한국주차군의 다섯 번째 새로운 대책은 공격적인 언론정책이었다. 그들은 탄압기관의 위치, 작전의 현황과 결과가 '배일파'에 이용될 수 있다는 명분을 내세우며 한국주차군의 동향을 비밀에 붙이기로 결정하였다.[69] 이 대책이 방어적인 성격의 언론통제정책이었다면, 1908년 5월 1일부터 시행한 「신문지법」 개정은 공격적인 언론통제정책이었다.[70] 즉, 새로 개정된 법은 대한제국과 외국에서 발행되는 신문 가운데 치안을 방해하는 내용이 있으면 국내에서 배포를 금지하고 압수할 수 있다는 내용이 추가되었다. 이에 따라 통감부는 1908년에만 국문 『대한매일신보』에 5회, 한문과 국문의 혼용문에 8회, 『공립신보(共立新報)』 19회, 『합성신보(合成新報)』 10회, 『해조신보(海潮新報)』 20회, 『대동공보(大同公報)』 3회 등 모두 65회 발매 또는 배포를 금지시켰다.[71] 진실을 알고 싶어하는 조선인의 눈과 귀를 막아 국내외에서 비판적인 여론

---

68 統監府, 『第2次韓國施政年報』, 60~61쪽.
69 『福岡日日新聞』, 1908.5.30.
70 「法律 제8호 新聞紙法改正에 關한 件」, 『舊韓國官報(1908年 上)』, 440~441쪽.
71 統監府, 『第2次韓國施政年報』, 62쪽.
    신문지법에 대한 통감부의 구체적인 준비는 國史編纂委員會 編, 2000, 『統監府文書』 8, 238~239쪽 참조.

이 형성되지 못하도록 막겠다는 의도인 것이다.

통감부와 한국주차군의 여섯 번째 새로운 조치는 '사회정책적 의미'까지 고려하여 헌병보조원제도를 설치했듯이, 의병포로를 응징하는 데만 관심을 두지 않고 유연하게 대응하려는 대책이다. 일본 육군성의 우사가와 가즈마사(宇佐川一正) 군무국장은 병력을 더 보냈는데도 의병투쟁이 가라앉을 기미를 보이지 않자 5월 25일 한성으로 출발하기 직전 다음과 같은 요지의 발언을 하였다.[72]

> 한국에서 금일의 폭도는 거의 초적(草賊)이나 지역이 우리 본주(本州)(본토-인용자)에 필적할 만한 곳으로 헌병을 포함하여 2개 사단이 채 되지 않는 병수(兵數)를 배치(하고 있으며,-인용자) 특히 3리 5리를 두고 20, 30호씩 산재해 있는 촌락 사이에서 수시 봉기하고, 교통기관 불비하여 동시에, 일시에 이를 진멸(盡滅)하는 것은 어렵다. 금회 상황 여하에 따라서는 토벌법(討伐法)에 개정(改正)을 가해야 함은 물론한다. 요컨대 군대(軍隊)로서 위압(威壓)하는 것 이외(以外)에 다시 이를 위무(慰撫)하여 우리에게 덕화(德化)시키는 수단(手段)을 강구(講究)할 필요(必要)가 있다고 믿는다. …[73]

우사가와 군무국장은 5월 29일 한성에 도착하여 통감과 한국주차군사령관에게 위와 같은 내용의 의견을 제시하였다. 통감부와 한국주차군은 의병을 '위무'하여 '덕화시키는 수단'으로 의병포로를 도로 공사에 강

---

72 『皇城新聞』, 1908.5.30.
73 『福岡日日新聞』, 1908.5.27.

제동원하는 치도(治道)정책을 실시하였다. 이에 따라 통감부는 1907년 기공된 제1차 도로 공사가 채 끝나지도 않은 1908년 5월 "폭도 귀순자에게 생업을 주기 위해" 제2차 도로 공사 계획을 추진하였다.[74]

통감부와 한국주차군은 1908년 5월 29일부터 관찰사회의를 소집하여 이상의 다양한 탄압대책을 논의·전달하였다.[75] 또한 통감부는 대한제국정부로부터 의병탄압에 대한 적극적인 협조를 끌어내기 위해 내각을 개편하면서 내부대신에 송병준(宋秉畯)을 임명했는데, 그는 2개월 이내에 의병을 진압할 수 있다고 호언장담하였다.[76]

통감부와 한국주차군사령부의 이상과 같은 탄압작전과 억압정책은 의병전쟁 세력에게 큰 타격이었다. 앞의 〈표 1-2-1〉과 〈그림 1-2-4〉에 따르면 그렇게 고양되어 가던 의병투쟁이 1909년 들어 중부 지역을 중심으로 약화되어 갔다(A~B 사이). 그런 가운데도 예외적인 흐름이 있었다. 호남의병의 투쟁이 그것이다. 이제 이를 간략히 살펴보겠다.

3) '남한대토벌작전', 호남의병 말살과 한국병합 정지작업

1908년 1월 기삼연(奇參衍)이 일본에 체포된 이후 전남의 의병투쟁은 대체로 세 구역으로 나뉘어 전개되었다. 하나는 1908년 4월경 전남

---

[74] 統監府, 『第2次韓國施政年報』, 129~130쪽. 노선: 마산-진주, 공주-小井里, 수원-이천, 해주-龍塘浦, 안주-영변, 신의주-麻田洞.
1907년 기공된 노선: 대구-경주, 광주-목포, 군산-전주, 진남포-평양.

[75] 관찰사회의는 한국정부기록보존소 소장의 『CJA0002391 관찰사회의(담문사항)』를 참조하였다.

[76] 『皇城新聞』, 1908.6.9.

보성에서 일어나 주로 전남의 동남부 일대에서 활동한 안규홍(安圭洪) 부대 등이 있었다. 다른 하나는 기삼연 계열의 부대로 전남의 서남부와 전남북의 서부 접경지대에서 활동한 조경환(曺京煥), 박경도(朴道京) 등의 부대가 있다. 또 이 계열과 무관하게 1908년 7월경 봉기하여 장성, 광주, 담양, 나주 일대에서 활동한 전해산(全海山)의 부대도 있다. 1908년 3월경 남평에서 봉기하여 영산강을 경계로 동쪽 지역의 남서부 일대에서 활동한 심남일(沈南一) 부대 등이 있었다.[77] 특히 1908년 하반기 들어 전남의 남부 해안에 흩어진 섬에서도 의병투쟁이 일어나며 항일투쟁의 양상이 전남 전체로 퍼져 나갔다.

전북에서의 의병은 기삼연의 봉기와 비슷한 시기에 일어난 문태수(文泰洙), 이석용(李錫庸)의 부대 등이 1908년 들어서도 동부 지역의 산악지대와 전남과의 접경 지역인 남부에서 투쟁을 지속하였다. 반면에 전주 일대 및 그곳과 군산 사이의 지역은 1908년 하반기 들어 일본인의 통제력이 확실히 미치는 곳으로 바뀌었다. 이곳은 상업 활동이 활발해지고 일본인 이민자가 늘어남에 따라 일본식 가옥의 신축도 증가하였다.[78]

물론 일본군은 호남지방의 의병투쟁이 왕성해지자 1908년에도 꾸준히 탄압작전을 전개하였다.[79] 그런데도 이곳의 의병투쟁이 크게 위축되지 않은 데는 다음 네 가지 이유도 있었다.

77　심남일과 안규홍에 대해서는 이종범 편, 2002, 『나는 호남인이로소이다』, 사회문화원, 161~162쪽, 261~263쪽 참조.
78　國史編纂委員會 編, 1983, 『韓國獨立運動史資料』 12, 543쪽, 672쪽.
79　國史編纂委員會 編, 1980, 『韓國獨立運動史資料』 9, 167쪽, 238쪽, 270쪽, 281쪽; 李一龍 譯, 1977, 『秘錄 韓末全南義兵鬪爭史』, 全南日報社, 36쪽, 43쪽, 61쪽, 66쪽, 70~71쪽, 76쪽, 79쪽. 이 책은 全羅南道 警務課에서 발행한 『全南暴徒討伐史(1913)』를 번역한 것이다.

첫째, 중부지방의 의병투쟁에 비해 조금 덜 활발했으므로 일본군이 상대적으로 적게 배치되었다. 게다가 교통 인프라가 취약하여 작전의 효율성이 다른 곳에 비해 떨어졌다. 전남은 철도가 없는 데다, "사람이 걷기 쉬운 곳을 걷는다"는 표현이 맞을 정도로 도로 사정이 나빠 신작로라고 해봐야 기껏 광주와 목포를 연결하는 길 정도였다.[80] 문명화 바람이 불고 있었지만 목포와 영산포를 잇는 영산강이 사람과 화물을 나르는데 여전히 큰 역할을 하고 있었다.[81]

둘째, 한국주차군이 벌인 작전에 한계가 있었다. 의병을 탄압하는 작전이 분산적이거나 심지어 위력을 과시하는 시위 행동에 그친 때도 있었다.[82] 의병의 처지에서는 작전이 벌어지는 공간에 잠시 숨어 있거나 다른 곳으로 피해 있으면 되었다. 때문에 작전을 통해 의병을 진압하지 않고 자기 작전구역에서 의병을 쫓아 버리는 정도에 그칠 때도 있었다.

셋째, 전남 의병은 대중 속에 들어가 있다가 경비가 허술한 곳에서 적극적으로 활동하는 유연한 전술을 펼쳤다. 한국주차헌병대의 다음과 같은 분석에서 이를 확인할 수 있다.

> 그들의 은현(隱現) 출몰은 급속하게 그 전멸을 기하기 쉽지 않다. 특히 전남지방은 일반으로 공통하게 더욱 그 음험(陰險)이 심하게 나타나서 때로는 폭도로 되고 때로는 양민으로 화하여 우리 경비의 박약한 지구에 나타나 자극적 행동을 나타내고 관아, 순사 주재소의 습격

---

80 木浦日本人商業會議所, 1910.1, 『全南に於ける交通幷に産業の現狀』, 22쪽. 이 책은 『木浦日本人商業會議所月報』의 第7號다.
81 韓國駐箚憲兵隊司令部, 1911, 『全羅南道海岸竝島嶼ノ狀況』, 5쪽.
82 國史編纂委員會 編, 『韓國獨立運動史資料』 9, 281쪽, 294쪽.

(襲擊) 내지 관민(官民)의 전품약탈(全品掠奪)을 행하는 것이 빈번하고 교묘하다.[83]

넷째, 호남의병의 특징도 빼놓을 수 없다. 호남의병은 중부 지역의 주요 의병부대와 달리 대한제국의 해산 군인과 직접 연관이 없었다. 오히려 호남의병은 출신 지역을 중심으로 확고하게 지지기반을 갖추고 있는 부대가 더 많았다. 또 안규홍의 부대처럼 대오 내에서 양반과 천민 사이의 신분 갈등이 없었으며, 비록 느슨한 형태이지만 부대 간의 연계를 유지한 채 연합투쟁을 벌이기도 하였다.[84]

한국주차군과 통감부는 1909년 들어 호남의병을 탄압하기 위해 군, 헌병, 경찰기관을 증설하고 인원을 집중시키기 시작하였다. 그 현황을 그림으로 표시하면 〈그림 1-2-7〉과 같다.

이후에도 한국주차군사령부는 군과 헌병대를 계속 늘려갔다.[85] 전북의 헌병대는 동북 지역의 남원에서부터 서해안 사이에 전남과 인접한 곳에만 배치되었다.[86] 신속한 연계를 위해 광주에서 장성, 순창, 능주 그리고 장흥-해남 사이의 경비전화를 개통하였다.[87]

---

83 『朝鮮憲兵隊歷史(1906.10~1908.12)』 2, 219쪽.

84 자세한 내용은 洪淳權, 1994, 『韓末 湖南地域 義兵運動史 硏究』, 서울大學校出版部, '제4장' 참조.

85 國史編纂委員會 編, 1984, 『韓國獨立運動史資料』 13, 492쪽, 847쪽; 1985, 『韓國獨立運動史資料』 14, 250쪽; 1986, 『韓國獨立運動史資料』 15, 405~406쪽.

86 1909년 8월 10일 현재, 영산포헌병분대와 천안헌병분대 소속의 헌병 158명과 헌병보조원 375명이 배치되었다[『朝鮮憲兵隊歷史(1909.1~1910.8)』 3, 196~200쪽].

87 國史編纂委員會 編, 『韓國獨立運動史資料』 13, 365쪽, 821쪽; 『韓國獨立運動史資料』 14, 332쪽, 474쪽.

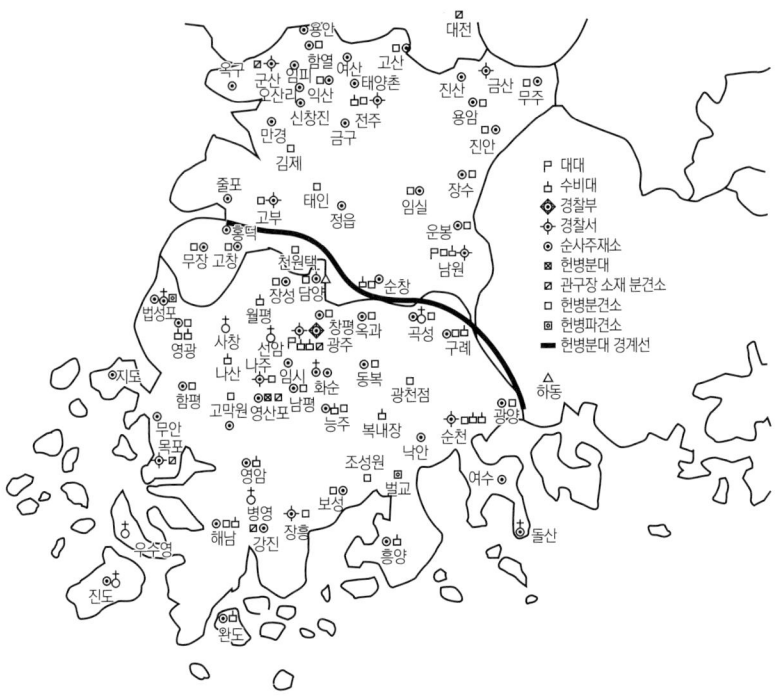

〈그림 1-2-7〉 호남지방의 군·헌병·경찰의 배치도(1909.2.16)

비고: - 제주도에는 경찰서와 주재소만 있었다.
- 전라북도의 군 배치는 자세히 표시하지 못하였다.
　　전라북도의 경찰은 1908년 7월 현재며, 1909년 1월 순사주재소가 5개 늘었다.
출처: 군 - 國史編纂委員會 編, 1984, 『韓國獨立運動史資料』 13, 373~375쪽.
　　헌병 - 『朝鮮憲兵隊歷史(1909.1~1910.8)』 3, 120~122쪽, 127~130쪽.
　　경찰 - 전라북도: 內務部治安局, 1972, 『韓國警察史』 1, 588~590쪽.
　　　　　 전라남도: 國史編纂委員會 編, 1984, 『韓國獨立運動史資料』 13, 376쪽.

　　그러나 앞의 〈표 1-2-1〉에서 확인할 수 있듯이, 호남의 의병부대는 1909년 봄에도 위축되지 않은 채 항일투쟁을 강화해 갔다. 이는 앞서 〈표 1-2-1〉을 그래프로 표기한 〈그림 1-2-4〉의 B 지점에 해당한다.

　　이에 일본 육군성은 1909년 5월 4일 남부지방에 주둔할 '임시한국파견대사령부'를 편성하고, 총 인원 1,916명으로 구성된 2개 연대를 파견하며, 사령부와 연대, 대대 본부를 상설하기로 결정하였다. 파견부대는 본토의 6개 사단에 소속된 각 연대에서 1개 중대씩 차출하여 편성하되 매년 4월에 절반씩 바꿀 방침이었다.[88] 새로운 방침은 안정된 지휘체계와 연속된 탄압작전, 병사들의 현지 적응력의 극대화를 통해 의병투쟁 세력을 효과적으로 진압하기 위해 취해진 조치였다.

호남지방에 주둔하게 된 제2연대 제1, 2대대와 제1연대 제1대대는 1909년 6월 11일까지 배치를 완료하였다. 이 시점에 배치 현황을 헌병대와 함께 표시하면 〈그림 1-2-8〉과 같다.

〈그림 1-2-8〉에서 알 수 있듯이, 한국주차군은 1909년 2월부터 6월 사이에 세밀히 병력을 배치하고 호남의병을 탄압하였다. 〈그림 1-2-7〉과 비교할 때, 전라북도와 충청남도 사이의 탄압기관은 덜 촘촘하게 재배치한 반면, 전라남북도의 경계 지역과 전라남도의 해안 및 그 인접지는 이전에 비해 탄압기관을 매우 촘촘하게 신설했음을 확인할 수 있다. 이때 한국주차군은 전북 경찰의 변장수색대, 전남 경찰의 변장순사대와 연계하여 지역의 사정과 의병의 동향을 파악하거나 각지의 관료나 친일파와의 연계 등을 통해 필요한 것을 지원받았다.[89]

그런데도 앞의 〈표 1-2-1〉과 〈그림 1-2-4〉의 B에서 시사받을 수 있듯이, 1909년 여름으로 갈수록 호남의병의 투쟁열기는 강고함을 유지하고 있었다. 때문에 임시한국파견대사령부조차 "수비대(한국주차군-인용자)에 대해서는 다소 그 위력에 외구(畏懼)하나 헌병 등의 탄압기관에

---

[88] 「密受 第200號(1909.5.4) 臨時韓國派遣隊編成及派遣要領制定ノ件」, 『密大日記 明治42年自4月至6月』.

[89] 國史編纂委員會 編, 『韓國獨立運動史資料』 15, 764쪽, 771쪽.

〈그림 1-2-8〉 주차군의 수비관구와 호남지방의 일본 군·헌병·경찰 배치도(1909.6)

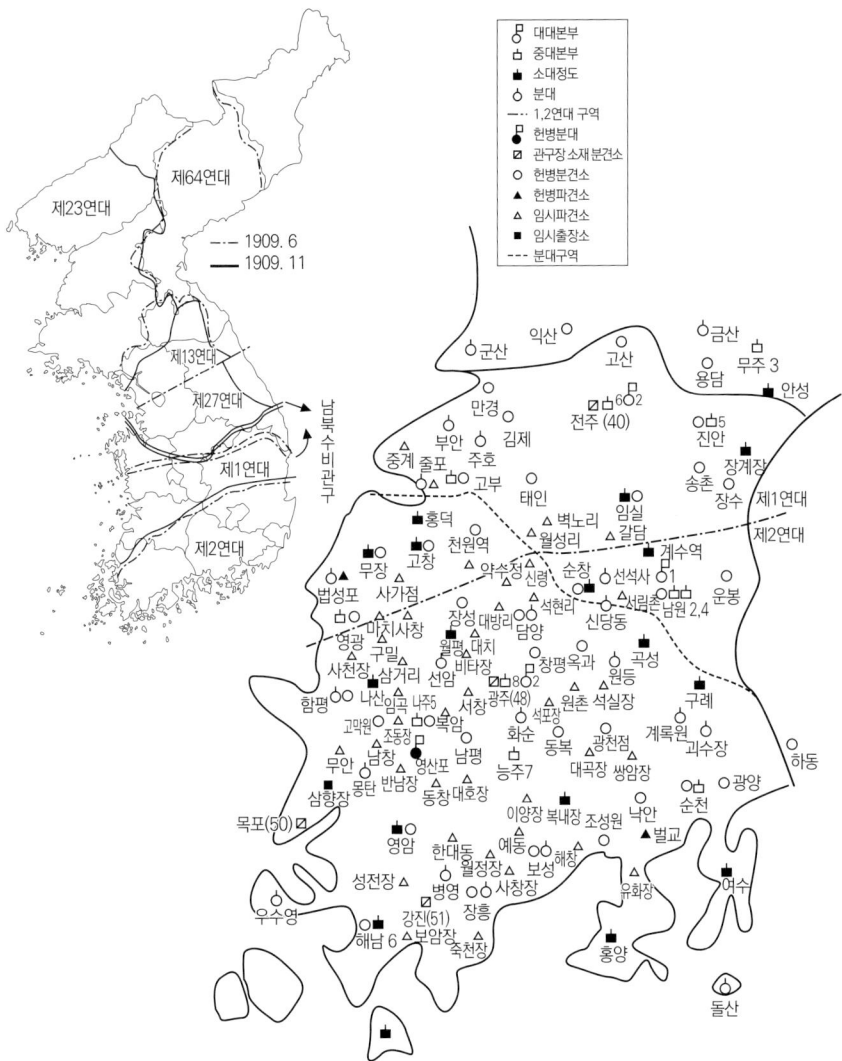

비고: - 경찰의 배치는 위의 〈그림 1-2-7〉과 큰 차이가 없어 별도로 표시하지 않았다.
- 목천장, 철전 헌병분견소는 표시하지 못하였다.

출처: 군 - 「韓國駐箚軍隷屬部隊配置圖(1909.6 中旬)」, 千代田史料 1071.
헌병 - 國史編纂委員會 編, 1985, 『韓國獨立運動史資料』 14, 添附資料(『編冊』에서 재확인).

대해서는 이에 도전장을 보내고 회전(會戰)을 촉(促)하거나 혹은 소수 인원의 수비병, 헌병, 순사 등을 습격하고 폭려(暴戾)의 행동을 마음대로 하여 그 위세 다소 인정하지 않을 수 없다"고 호남의병을 분석할 정도였다.[90] 더구나 호남지방 사람들은 배일사상이 강하여 의병에게 '동정'적인 대신 일본군에 편의를 제공하지 않으려 했기 때문에 한국주차군으로서는 탄압작전의 효과를 거두기가 다른 지방에 비해 쉽지 않았다.[91] 따라서 새로 편성된 임시한국파견대사령부는 주도면밀하면서도 위압적인 특단의 작전을 장시간에 걸쳐 구상하였다. 새로운 작전의 필요성은 1909년 5월 오쿠보 한국주차군 사령관이 임시한국파견대 신임 사령관에게 요구한 사항이기도 하였다.[92]

이에 따라 임시한국파견대 사령관 와타나베 스이와(渡邊水哉)는 이제까지의 탄압작전이 "부분 토벌 또는 소규모 계획에 의한 소탕"이었기 때문에 의병이 "좌도우도(右逃左徒)의 책에 편승"할 수 있었다고 지적하고, 지구별 작전이 의병에게 "시일을 천연(遷延)시켜 급속 효과를 거두기 곤란"하다고 판단하였다. 따라서 그는 적은 병력으로 넓은 지역에 분산배치되어 있는 파견대의 실정을 고려하여 8월 초순부터 이제까지의 평범한 탄압 전술 말고 '특별한 방법'을 강구하였다.[93] '교반적(攪拌的) 방법'의 제1, 2차 계획을 수립한 것이다.

---

90 臨時韓國派遣隊司令部, 「南韓暴徒大討伐槪況」, 韓國駐箚軍司令部 編, 『明治40~43年 暴徒討伐槪況』. 이하 '南韓暴徒大討伐槪況'으로 줄인다.

91 「明治42年6月 韓國駐箚軍隊報告」(1909.7.21)」, (Ⅵ)AT(B) NO.1182.

92 이에 대한 시사는 「南韓暴徒大討伐槪況」 참조.

93 「南韓暴徒大討伐槪況」; 國史編纂委員會 編, 「南韓暴徒大討伐實施報告」, 『統監府文書』9, 396~405쪽. 이하 남한대토벌작전에 관한 설명은 두 문서를 정리하였다.

임시한국파견대사령부는 우선 8월 중순경 대대장 이상의 지휘관을 모두 소집하여 구체적인 작전내용을 주지시키며 탄압작전에 관한 통일적인 인식을 확보하였다. 또 지금까지의 작전 경험을 망라하여 다양한 탄압수단을 총동원하였는데, 그 개요만 언급하면 다음과 같다.

1. 종래 시행된 것처럼 폭풍일과적(暴風一過的) 방법으로 주민을 점호하고, 호구조사 방법에 의해 인두조(人頭調)를 행하며 불심(不審)하는 자를 검거한다.
1. 가택수사를 실시하고 은닉자를 색출하며, 또 병기, 탄약 등의 유무를 조사한다.
1. 지방관헌을 소집하여 폭도의 존부(存否)를 신문하고, 동 관헌으로 하여금 인민을 설득시켜 폭도를 적발한다.
1. 밀정을 사용하여 주막, 여숙(旅宿) 등에서 지방 폭도를 정지(偵知)한다.
1. 폭도를 규문(糾問)하고 그 연계자를 검거한다. 이 방법이 최유효(最有效)하다.
1. 드물게 인민의 낙문(落文) 또는 밀고(密告)에 의해 폭도를 아는 경우도 있으나 이들은 관헌의 손을 빌려 복수행위를 기도하는 자 적지 않다.
1. 아동(兒童)을 광혹(誑惑)하여 정보를 정지(偵知)한다.
1. 한복(韓服)을 변장(變裝)하고 통역 밀정과 함께 한인 속에 입혼(立混)하여 그 담화를 청취하고 숙박하며 정보를 첩지(諜知)한다.
1. 폭도와 동일 행동을 하며 수일간 산간(山間), 원야(原野) 등에 기와(起臥)하며 폭도에게 (군대와-인용자) 충돌을 요구한다.

1. 야간 또는 날이 막 밝을 무렵에 촌락(村落)을 기습하고 폭도의 불의(不意)에 편승하여 색출한다. …
1. 포위선의 통행을 금지하고 혹은 통행하는 자 있을 때는 이를 조사하고, 특히 헌병, 경찰 등에게 증명서를 건네 통행증으로 간주하지 않으면 일절 통행을 허락하지 않을 뿐만 아니라 의심스러운 자는 검거한다.
1. 가장폭도(假裝暴徒)로서 진짜 폭도를 약출(約出)한다.
1. 관찰사, 군수 등 관내 각지를 순회하고 백만설유(百萬說諭)를 하여 자수를 권유한다.
1. 유고문을 발표하고 토벌 지역 내 각 도의 면, 동내 및 인민 밀집 장소에 내걸어 자수를 권유한다.
1. 의심스러운 촌락은 수 회 이상의 수색을 실시하고, 폭도는 물론 일반 인민에게 군대 행동의 용감한 태도를 시위하여 진구(震懼)시킨다.
1. 저항 도주를 기도하지 않으면 모든 살육을 금하고 헌병, 경찰에게 인도하여 그 취조를 받게 한 연후에 재판소로 송치한다.
1. 경미한 범죄자로서 자수한 자에게는 면장, 동장에게 책임을 지워 감시하게 하고 자택에 근신하게 하며 촌예(村預)하게 하여 미자수자(未自首者)를 암암리에 유발한다.
1. 총기 수색을 위해서는 실내외는 물론 지붕의 끝과 속, 담장, 경작물 사이 등에 이르기까지 시간이 허락하는 한 수사를 실시한다.[94]

---

94 「南韓暴徒大討伐槪況」.

요컨대 임시한국파견대는 변장수색대처럼 이제까지 다른 지방의 의병을 탄압할 때도 써먹었던 수단을 그대로 사용한 경우도 있었지만, 초토화전술을 기본으로 하면서도 대담한 방법으로 의병부대의 분열을 유도하고 관료와 친일파, 어린이까지 적극 동원하여 의병탄압에 나섰다.

이상의 방침이 탄압부대원의 행동요령이라면, 남한대토벌작전은 그것을 더 근본적으로 추진하기 위해 특별히 수립된 작전계획이었다(〈그림 1-2-9〉). 일본정부는 이전에 볼 수 없었던 대규모 병력을 한곳에 동원하여 집중시키면서 실제적인 탄압 성과를 거두고자 하였다. 즉, 임시한국파견대사령부가 수립한 탄압작전의 기본은 각 중대의 최소한의 경비인원을 제외한 전병력을 동원하여 9월 1일부터 대략 40일간 전라북도의 장췌도(長萃島), 부안, 태인, 갈담(葛潭), 남원, 경상남도의 화개, 하동, 고포를 연결하는 남서 지역에서부터(〈그림 1-2-9〉의 Ⓐ-Ⓐ) 의병이 가장 활발하게 활동하는 지역을 중심으로 촌락, 논밭, 삼림, 산악을 구분하지 않고 수색하며 목포를 최종 목적지로 하여 서해안 및 남해안과 도서 지역까지 내려간 것이다. 이때 임시한국파견대는 작전 지역을 크게 둘로 나누었는데, 전라북도의 오수역(獒樹驛)에서부터 천연의 경계선인 영산강을 따라 목포까지를 양분하여 서쪽 지역을 제1연대, 동쪽 지역을 제2연대에 분담시켰다(〈그림 1-2-9〉의 ㉠-㉠). 그리고 동원하는 병력에 비해 두 작전 지역이 광범위하므로 작전 시기를 크게 셋으로 구분하고, 점차 내륙에서 남해안과 남서해안 방향으로 이동한다는 계획이었다(〈그림 1-2-9〉의 Ⓐ-Ⓐ → Ⓒ-Ⓒ). 동시에 해안 및 제1, 2연대의 경계인 영산강 유역 그리고 섬진강 유역의 도하 예상지점에 필요한 감시병을 배치하여 포위선 밖으로 의병이 이동하는 것을 경계하였다. 이를 '제1차 계획'이라고 불렀다.

〈그림 1-2-9〉 남한대토벌작전(제1, 2차 계획)에서의 제1, 2연대 작전구역

출처: 전체 계획-朝鮮駐箚軍司令部, 1913, 『朝鮮暴徒討伐誌』, 167~169쪽의 지도.
제1연대-「暴徒に關する編冊」.
제2연대-「南韓暴徒大討伐槪況」, 『韓國駐箚軍書類綴』.

그런데 〈그림 1-2-9〉에서 시사받을 수 있듯이, 제1연대는 "병진적 행동"으로 전진했다면, 제2연대는 "분둔적(分屯的) 자세"로 작전을 펼쳤다. 전자는 대대별로 한 차례 전진할 때 "직경 1~2리", 즉 10~20리만을 나아갔으며, 후자의 각 대대는 특정 지구를 경비부대로 포위하고 그 구역 내에서 작전을 전개한 다음 예정된 다른 지구로 이동하는 방식이었다(〈그림 1-2-9〉의 ①·②·③). 각 부대는 산간지대와 평지를 구분하지 않고 전후좌우를 샅샅이 수색했으며, 특히 야간에 촌락을 포위하고 검색하거나 산간에서 화광작전(火光作戰)도 적극적으로 구사하였다. 이상을 '교반적 방법'이라 하였다.

일본군은 탄압작전 이외에도 귀순정책을 부활하였다.[95] 가령 1909년 9월 보성에 제2연대 본부를 설치한 연대장이 군(郡) 내의 유지를 초청하여 18일부터 24일까지 자수하면 선처한다는 내용을 발표한 결과 60명이 귀순의사를 피력하였다.[96] 그리하여 "포로된 자 연이어 서로 뒤 쫓음으로 마치 솥 안의 누에에서 실을 인출하는 것처럼 권공(拳功)의 단서에 대한 경황을 정(呈)"할 정도로 의병의 피해는 점차 커져 갔다.[97] 포로와 사망자 현황을 정리하면 〈표 1-2-2〉와 같다.

수색방법 등에 점차 숙달되고 귀순정책도 실시됨에 따라, 〈표 1-2-2〉

〈표 1-2-2〉 남한대토벌작전에서 의병의 체포와 사망 현황

	9월 초순		9월 중순		9월 하순		10월 초순		총계 1		총계 2	
	포로	사망	포로	사망	포로	사망	포로	사망	포로	사망	포로	사망
제1연대	103	35	147	81	182	88	44	0	426	199		
제2연대	53	52	209	57	335	65	32	1	629	175		
계	156	87	356	138	467	148	76	1	1,055	374	1687	420

비고: - '총계 1'은 1909년 8월 25일부터 1909년 10월 5일까지의 결과다.
- '총계 2'는 1909년 8월 25일부터 10월 21일까지의 결과다.
출처: 國史編纂委員會 編, 1986, 『韓國獨立運動史資料』 15, 815쪽, 819~821쪽.

95　國史編纂委員會 編, 『韓國獨立運動史資料』 15, 580~583쪽.
96　國史編纂委員會 編, 『韓國獨立運動史資料』 15, 543쪽.
97　「南韓暴徒大討伐槪況」.

에서 시사받을 수 있듯이 9월 초순경에 비해 중순경부터 의병포로가 많이 늘어나 사망자보다 그 수가 훨씬 많았다. 이는 호남의병이 전투보다는 수색 검거활동과 귀순자 정책 등으로 더 타격을 받았음을 시사한다. 실제 일본군은 5~10명 단위의 수색반을 여러 개 편성하고, 먼저 촌락을 포위하고 경계병을 배치한 다음, 면장이나 동장을 대동하고 가가호호 방문하여 미리 정리된 20~60세 남자명부 혹은 민적(民籍) 등을 대조하고 의심 가는 사람을 곧바로 체포하여 심문하였다. 임시한국파견대사령부 스스로도 남한대토벌작전 기간에 수십 명의 의병과 충돌한 전투는 불과 몇 차례밖에 되지 않는다고 보고서에서 밝힐 정도였다. 자수자를 포함하여 포로가 사망자보다 많았던 또 다른 이유는 호남의병이 지금까지와 다른 대응방법, 곧 한국주차군의 대규모 작전에 관한 소문을 듣고 부대를 잠시 해산한 경우(예: 심남일), 마을 주민 또는 상업을 하고 있는 것으로 위장하여 잠복하고 있거나 소부대로 분산하여 4, 5일분의 식량을 휴대하고 산중에 은거하는 경우(예: 안규홍의 일부 부대)도 있었다.[98] 하지만 이번 탄압작전은 이전과 비교할 수 없을 정도로 대규모 병력이 장기간 동원되었고 작전 지역도 광범위했으며, 민적 등을 동원해 원거주자인지의 여부 등을 철저히 가려내는 방식이어서 의병의 피해가 컸다.

그런데 제1차 계획의 제2기 작전까지도 호남의병의 중요 인물인 심남일, 전해산, 임창모(林昌模) 등이 체포되지 않았다. 또한 전체 포로 가운데 9월 한 달 동안의 포로가 58% 정도였다. 이는 의병 지도자와 부대원이 어느 정도 건재한 상황에서 재기할 수 있는 여지가 있었음을 의미

---

98 제1차 계획 시기의 사례는 國史編纂委員會 編, 『韓國獨立運動史資料』 15, 489쪽, 525쪽 참조.

한다. 그런데도 임시한국파견대사령부의 애초 예상과 달리 탄압작전을 피해 섬으로 이동한 의병은 소수였다. 이 사실은 오히려 호남의병이 호남지방의 내륙 어딘가에 숨어 있다는 반증도 되었다.

이에 따라 임시한국파견대사령부는 〈그림 1-2-9〉에 나와 있듯이, 제1차 계획 때의 경계선과 다르게 제1, 2구로 구분하고(ⓒ-ⓒ), 제1연대 제2, 3대대는 제1구에서, 제1연대 제1대대의 제1, 2중대와 제2연대는 제2구에서 10월 25일경까지 작전하였다. 이때 제3대대는 무안, 나산, 사창, 만세, 정읍, 태인의 서쪽 지역에서 북상하며 탄압작전을 벌이다 애초의 주둔지 안동으로 돌아갔고, 제2대대는 부안, 태인, 갈담, 만세, 영광을 잇는 권역 내에서 탄압작전을 벌였다. 제2구 지역에서의 작전은 제1차 계획의 제1, 2기 지역을 반복하여 수색하는 것이었다. 여전히 제1연대는 '병행적 작전'을, 제2연대는 '분둔적 반복작전'을 실시한 것이다. 해안과 도서 지역에 대한 탄압작전은 제1연대 제1대대의 제3중대에서 목포를 기준으로 남서해안을, 제4중대에서 서남해안 일대를 맡았다. 해안 일대의 작전에는 일본 해군 제11정대(艇隊)와 대한제국에서 제공한 석유발동기 배가 동원되었다. 제2차 계획은 제2연대 구역에서 10월 25일, 제1연대 구역에서 10월 30일[99] 그리고 해안 및 도서 지역에서 10월 중순경에 각각 끝났다.

작전의 결과 10월 9일에 심남일, 13일에 임창모가 각각 체포되었고, 이미 부대를 해산하고 잠복해 있던 전해산도 12월 17일 밀정의 밀고로 영산포헌병대에 체포되었다.[100] 또 제2차 계획 때는 사망자(57명)보다 자

---

99 國史編纂委員會 編, 1987, 『韓國獨立運動史資料』 16, 368~369쪽.
100 李一龍 譯, 『秘錄 韓末全南義兵鬪爭史』, 140~141쪽, 143쪽.

수자를 포함해 체포된 사람(708명)이 훨씬 많았다. 이는 제1차 계획 시기에 직접 투쟁을 견지했던 호남의병이 대부분 사망했고, 그로 인해 10월 들어 호남의병의 조직적인 저항력이 크게 쇠퇴한 상황에서 체포되거나 장기간의 은둔에 어려움을 느낀 의병들이 많이 귀순했음을 의미한다. 따라서 제2차 계획은 호남인의 저항의 씨앗까지 없애 버리겠다는 한국주차군의 의도가 반영된 탄압작전이었다고 볼 수 있다.

통감부는 체포된 의병 가운데 574명을 강제로 동원하여 2년 예정인 목포에서 하동 사이의 도로 공사에 투입함으로써 치도정책을 구체화하였다.[101] 특히 이번 도로 공사는 임시한국파견대 사령관이 10월 17일 대구로 출발하면서 탄압작전을 벌이는 과정에서 겪은 어려움을 극복하기 위한 군사적 대책의 하나이자 반대세력을 '위무(慰撫)'한다는 명분을 내세운 회유책의 하나로 요구한 사항이기도 하였다.[102] 그것은 호남의병의 재기를 근본적으로 불가능하게 만들려는 일환이기도 하였다.

일본이 사실상 마지막 조직적인 무장저항세력이라고 할 수 있는 호남의병을 대상으로 특별한 작전계획을 세워 제압하려 했던 근본적인 이유는, 〈그림 1-2-4〉의 B와 같은 현상 때문만이 아니었다. 또 1909년 시점에 자기 나름의 이유가 있었다. 이제 그 이유를 찾아가며 호남의병의 역사적 의미 가운데 하나를 짚어 보자.

일본정부가 남한대토벌작전이란 특별한 군사작전을 벌이면서까지

---

101 國史編纂委員會 編, 1988, 『韓國獨立運動史資料』 17, 254쪽. 이 숫자는 1910년 2월 19일자 보고에 의한 것이다. 도로 공사에 의병포로를 강제동원한 정책에 관해서는 國史編纂委員會 編, 『韓國獨立運動史資料』 16, 165~167쪽, 369~373쪽, 694쪽; 『韓國獨立運動史資料』 17, 470~471쪽, 478~483쪽; 1989, 『韓國獨立運動史資料』 18, 546~547쪽 참조.

102 『朝鮮新報』, 1909.10.20, 10.22, 11.13.

호남의병을 무너뜨리려고 한 결정적인 이유는 한국병합을 실행하고 동시에 만주권익을 확보하려는 자신들의 타임 테이블 때문이었다.

가츠라 총리는 「한국병합에 관한 건(1909.3.30)」이란 문서를 내각에 제출해 검토하기 시작했고, 4월에 이토 통감과 별도 협의를 했을 뿐 아니라 원로회의의 참가자들과도 협의하였다. 한국병합을 주저하는 이토 통감이 6월에 물러났다. 일본정부는 7월 6일 각의에서 이 문서를 통과시킨 직후에 바로 메이지천황의 결재까지 받았다. 이 문서에 따르면, 일본정부는 "적당한 시기에 한국병합을 단행"하고, "대한(對韓)시설대강" 제5항에 근거하여 일본인 관리의 권한을 확대하며, 더욱 "민활"하고 "통일"적인 행동을 확보하기로 결정하였다.[103] 가츠라 총리는 즉각 한국병합에 관한 구체적인 조치를 취하였다. 남한대토벌작전의 수립은 그 조치의 핵심 대책 가운데 하나였다.

그런데 간도를 대한제국의 영토라 주장해 온 일본에게 한국병합은 그곳을 완전히 장악할 명분이 된다. 청의 처지에서 보면, 간도를 일본에게 빼앗기는 데 그치지 않고, 러시아와 국경선을 둘러싸고 갈등하는 상황으로까지 번질 수 있었다. 간도영유권 문제를 둘러싸고 두 나라가 갈등하는 상황이 연출되면, 국제사회가 만주 문제에 개입할 가능성이 커지고, 연이어 한국병합에 대한 부정적인 국제여론이 형성되어 열강에게 한국 문제에까지 개입할 명분을 줘버릴 수도 있다. 일본정부로서는 완전히 장악해야 할 대한제국을 다시 포기해야 할 상황이 올 수도 있었던 것이다.[104]

103　日本外務省 編,『日本外交年表竝主要文書: 1840~1945』上, 315~316쪽.
104　한국병합을 가속화하는 방향에서 일본정부가 간도영유권을 포기하는 대신 만주권

그래서 일본정부는 대한제국을 완전히 장악하는 데 우선 방점을 두는 한편, 간도영유권을 포기하여 청과의 갈등을 최소화하는 대신 만주권익을 확대하는 방향에서 외교를 추진하였다. 그래서 7월 6일 내각에서 한국병합을 추진하기로 결정하고 이어 남한대토벌작전 계획을 수립하여 준비에 착수한 데 그치지 않고, 연이어 8월 13일 간도영유권과 간도에서의 재판관할권까지 포기하기로 내각에서 결정하였다. 일본정부는 대신 향후 만주 진출 및 러시아의 보복전에 대비하여 부산에서 펑톈까지를 연결할 수 있도록 안둥(현재의 단둥)-펑톈(현재의 선양) 간의 안봉선을 개량하는 공사를 비롯해 만주권익을 확보하는데 더 방점을 두었다. 이러한 일련의 정무적 판단의 결과가 9월 1일부터 2개월간 진행한 남한대토벌작전이고, 9월 4일 동시에 체결한 「간도에 관한 일청협약」과 「만주 5안건에 관한 일청협약」이다. 일본정부가 한국병합을 밀어붙이는 과정에서 내외의 최대 걸림돌을 9월 들어 제거한 것이다.

남한대토벌작전으로 와해된 호남의병은 사실상 마지막 무장저항세력의 와해 또는 지역 의병의 와해만을 의미하지 않았다. 호남지방에 거주하는 사람의 일상에도 큰 영향을 주었다. 가장 단적인 변화는 호남지방에 일본인사회의 네트워크가 개항장 중심의 도시 지역에 한정하지 않고 농촌 깊숙한 곳까지 뻗어나갔다는 데서 찾을 수 있다. 임시한국파견대사령부의 분석에 따르면, 탄압작전이 끝나갈 시점부터 일본인들은 속속 호남의 내륙 깊숙한 데까지 진출하여 상점을 개설하였으며, 작전이 끝난 이후 다른 지방에 거주하던 일본인조차 "남한의 보고"인 호남지방

익을 확대했다는 분석은 이성환, 2000, 「간도협약과 한일병합」, 『대한정치학회보』 8-1, 18~21쪽; 이성환, 2017, 「일본의 간도정책: 일본외교문서를 중심으로 (1906~1909)」, 『대한정치학회보』 25-1, 198~203쪽 참조.

으로 이주하는 현상이 일어났다.[105]

호남지방 인구변동은 1909년에는 관리, 1910년에는 농업과 상업 종사자가 주도하였다.[106] 특히 1909년 목포이사청 관내 일본인 관리가 많이 늘어났다. 관내 인구 증가의 절반가량을 차지할 정도였다. 1909년에 늘어난 일본인 관리의 1/4이 이곳에 집중배치되었다. 농업과 상업 인구도 마찬가지였다. 1910년 전라남도에 일본인 농업이민의 1/4 이상이 이주했고, 상업이민은 전년에 비해 1/4 이상이 감소했는데 전라남도에서만 오히려 30% 이상 늘어났다.

이렇듯 호남지방에서 일본인사회의 빠른 확대는 강력한 무력이 뒷받침한 결과였다. 군대가 먼저 가서 지역을 완력으로 점령하고, 이어 대규모 이민이 이루어지는 일본식 침략방식은 남한대토벌작전과 일본인 호남이민의 상관성에서도 확인된다.

한국주차군은 남한대토벌작전이 끝난 이후에도 제1, 2연대의 수비구를 변동하지 않은 채, 임시한국파견대 소속 병력의 절반가량을 호남지방에 배치하였다.[107] 한국주차군이 분산배치 방식에서 집중배치 방식으로 전환한 1911년 3월경부터 호남지방에서도 경찰과 헌병이 주로 치안유지를 담당하였다.[108]

---

105 「南韓暴徒大討伐槪況」.

106 1910.3, 『第3次統監府統計年報』, 53~56쪽; 1911.3, 『第4次統監府統計年報』, 85~89쪽; 1911.12, 『朝鮮總督府統計年報』, 82~86쪽.

107 「韓國駐箚軍隷屬部隊配置圖(1909.11.25)」, 千代田史料 1071.

108 『朝鮮總督府施政年報(大正元年)』, 82~83쪽; 『朝鮮總督府施政年報(大正11年)』, 68쪽; 片岡議, 1913, 『寶庫の全南(完)』, 片岡商廛, 28~30쪽; 守永新三, 1914, 『全羅北道案內』(경인문화사, 1995 영인), 46~50쪽.

3. 군과 헌병의 한국병합 대비

앞서도 보았듯이, 헌병경찰제는 1907년 10월부터 통감의 지휘를 받는 한국주차헌병대가 주로 치안유지 활동을 담당한다는 조례가 제정되면서 사실상 실시되었다. 여기에서 치안유지 활동이란 대한제국의 경찰이 수행하던 보통경찰로서의 역할까지 한국주차헌병대에서 담당하려고 했던 것을 의미한다.[109] 물론 이때의 조례 적용은 헌병경찰제를 실시하기 위한 사전 작업의 일환이 아니었다. 대한제국에 보통경찰 기관이 정돈되지 않았으므로 헌병이 치안유지 기능을 하도록 '임시 조치'를 내린 데 불과하였다.[110] 하지만 한국인의 입장에서 보면, 조례는 대한제국의 황제나 내무대신의 지휘를 받아야 할 경찰 업무를 통감의 지휘 아래 일본 헌병이 좌우하는 제도적 장치였다.

한국주차헌병대가 경찰권까지 갖는 결정에 대해 반대하는 일본인도 있었다. 통감부 경무국장으로 재직 중에 있던 마쓰이 시게루(松井茂)가 여기에 해당하는 사람이었다. 그는 경찰행정의 기초가 내무행정에 있다고 하면서, 타이완에서 군대의 힘과 귀순정책 그리고 경찰의 정보수집과 정찰 능력으로 저항하는 무장세력을 소멸시킬 수 있었다고 주장하였다. 그래서 마쓰이는 헌병경찰제를 폐지하고, 이때 생기는 비용으로 경찰기관을 확장하는 등 경찰력을 충실히 하여 대한제국에서 의병을 소멸하고

---

109 『朝鮮憲兵隊歷史(1909.1~1910.8)』 3, 484~486쪽.
110 「步兵課 朝鮮駐箚憲兵條例制定の件」, 『密大日記(3冊の內上)明治43年』.

치안을 안정시킬 수 있다고 보았다.[111] 한마디로 말해 그는 헌병경찰보다 보통경찰로 대한제국을 통치하자며 타이완처럼 '경찰정치'를 주장하였다. 경찰정치란 군인경찰 대신 보통경찰을 지방통치의 전면에 내세워 저항하거나 비협조적인 사람들을 빠르게 제압하며 부족한 행정력을 위력으로 메우면서 통치질서를 확립하는 지배방식의 하나다.

이와 관련해 경찰정치에 관해 좀 더 살펴보자. 일본이 타이완을 점령했을 때 타이완 통치의 안정화에 가장 큰 장애는 '토비(土匪)' 문제와 아편 문제였다.[112] 일본은 대만총독부 육군막료(陸軍幕僚)의 강력한 영향 아래 '3단경비제'를 타이완에서 실시하여 이 문제 등을 해결하고자 하였다. 3단경비제란 산간벽지 등 토비가 활동하고 있는 곳에는 군대가, 도시와 평지에는 경찰이, 그 중간지대는 헌병과 경찰이 담당하는 탄압체계로서 무력탄압을 주로 사용하는 제도였다.

그런데 1898년 고토 신페이(後藤新平)는 대만총독부 민정국장으로 와서 '토비투항책'을 실시하였다. 고토 민정국장은 3단경비제를 폐지하고 무력탄압 일변도의 토벌정책에서 벗어나 귀순정책을 적극 실시하였다. 물론 귀순에 응하지 않고 저항하는 집단에 대해서는 귀순자들로부터 확보한 구체적이고도 정확한 정보에 근거하여 공세적으로 토벌을 실시하였다. 또한 경찰을 보조할 수 있게 중국의 전통제도인 보갑제도(保甲制度)를 적극 실시하는 한편, 경찰기관의 지휘계통을 세우며 치안 문제 이외에도 아편 문제, 공중위생 문제, 도로보수 문제, 조세징수 문제, 원주

---

111 松井茂, 「目醒め行く朝鮮民族へ」, 『朝鮮統治の回顧と批判』, 110쪽.
112 鶴見祐輔, 1932, 『後藤新平傳-臺灣統治篇』, 太平洋協會出版部, 96~177쪽; 臺灣總督府警務局, 1941, 『臺灣の警察』, 3~9쪽.

민 문제, 즉결처분 문제 등을 모두 경찰에서 담당하도록 하였다. 심지어 청(廳) 아래 조직인 지청(支廳)의 책임자에 경찰을 배치하였다. 결국 그는 행정의 중심에 경찰이 있고, 경찰의 지원이 없으면 행정이 돌아가지 않게 만들었다. 이를 '경찰정치'라고 한다. 고토 민정국장은 여기에서 더 나아가 군대의 출동도 군인 스스로 결정하기에 앞서 행정기관에 요청하도록 하였다. 경찰과 주차군 사이에 역학관계가 통감부 및 조선총독부 시기와 전혀 달랐던 것이다.

아무튼 경찰력을 강화하여 지배질서를 세우자는 주장은 타이완에서 이미 검증된 지배방식이었으니 일본의 지배세력 내부에서 나름 설득력이 있는 의견이었다. 마쓰이 등은 데라우치 육군대신에게까지 대한제국에서 헌병경찰제를 실시해서는 안 된다며 반대의견을 제시하였다.[113] 또 이토 통감에게도 같은 주장을 하여 각 도에 문관 출신의 경찰부장을 배치하는 데 영향을 미쳤다. 때문에 통감부 시기만 해도 일본인 집권층 내부에서 통치방식을 둘러싼 갈등으로 헌병이 통치의 전면에 나서는 헌병경찰제가 제대로 시행되지 못하였다.[114]

그런데 1909년 들어 상황이 급격히 바뀌었다. '제2장 제2절' '3) 남한대토벌작전', 호남의병 말살과 한국병합 정지작업'에서 보았듯이, 3월

---

113 小森德治, 『明石元二郞』下(臺北, 臺灣日日新報社, 1928), 「第5編 諸名士の明石將軍追想錄」의 94쪽.

114 岡喜七郎, 「漸を逐はれた伊藤公の施設」, 『朝鮮統治の回顧と批判』, 25쪽. 岡喜七郎는 대한제국에서 警務總長, 內務次官을 지낸 사람이다. 식민지 조선의 운영 문제를 둘러싸고 山縣有朋과 伊藤博文 계열 사이의 의견 차이가 드러났다고 보아야 할 것이다. 마쓰이와 경쟁관계에 있으면서 헌병경찰제의 실시를 강력히 추진하려고 했던 아카시 한국주차헌병대 사령관은 1909년 8월 1일자로 헌병대장 직책을 사임하고 한국주차군사령부의 참모장으로서만 활동하였다(小森德治, 『明石元二郞』下, 94쪽).

내각에서 한국병합에 관한 안건을 다루기 시작하고, 즉각적인 한국병합을 반대하던 이토 통감조차 주저하면서도 다른 원로들의 의견에 동조하여 한국병합에 동의하며 6월에 통감을 사임하는 상황이 발생하였다. 일본정부는 1909년 9월과 10월 남한대토벌작전을 실시하여 호남의병을 제압하고, 9월 4일 대한제국정부를 배제하고 청과 간도협약을 체결하여 외교적인 미해결 과제를 정리하였다. 안과 밖의 다른 의견과 걸리는 제도를 정리한 일본정부는 1910년 5월 30일 즉각적인 한국병합을 주장해 온 육군대신 데라우치에게 한국 통감의 직책까지 겸임시켰다. 그는 법정부 차원의 한국병합준비위원회를 구성하고 한국병합을 강행하기 위한 계획을 마련하여 7월 23일 한성에 도착하였다.

데라우치 통감은 헌병과 경찰의 지휘체계를 정비하고 인력을 늘려 경찰력을 동시에 강화하였다. 한국주차헌병대의 위상을 강화하고자 1910년 6월 15일자로 한국주차헌병대를 한국주차헌병대사령부로 확대하였다. 그는 초대 사령관에 자신의 심복인 아카시 소장을 한국주차군사령부 참모장에서 다시 보직 이동하였다. 데라우치 통감은 산하 조직도 강화하여 헌병대 시절에는 경성에 본부를 두고 전국 7개 분대에 2,400여 명을 배치했는데, 한국주차헌병대사령부는 1,000여 명을 늘려 13개 도마다 본부를 두고 그 산하에 221개의 헌병분대와 헌병분견소를 설치하여 조직을 확대하였다.[115] 이때부터 한국주차헌병대사령부는 본부-분대-분견소-파견소-출장소의 체계를 갖추었다.[116]

한국병합을 밀어붙이기 위해 급속히 늘린 헌병은 대부분 8월 10일까

---

115 『朝鮮憲兵隊歷史(1909.1.~1910.8.)』 3, 555~556쪽.
116 1918년에 헌병분견소는 헌병주재소, 헌병출장소는 헌병파출소로 개칭되었다.

지 각 도에 배치되었다. 다만, 마지막으로 도착한 헌병 300여 명은 한국병합 추진과 관련해 소동이 일어날 수도 있어 일시 한성에 배치되었다.[117] 또한 일본정부는 헌병대를 한국주차헌병대로 개편할 때 4,000여 명의 헌병보조원을 헌병대 사령관이 지휘할 수 있도록 헌병대에 완전히 귀속시켰다.

　일본정부는 헌병과 경찰을 우선 내세워 한국병합에 대비했지만, 한국주차군도 만일을 위해 여기에 대비하도록 조치하였다.[118] 의병 진압과 국경경비 그리고 한성에서 한국병합을 추진하는 데 따른 응급준비를 위해 6월 중순부터 7월 9일 사이에 군대의 배치를 완료한 것이다. 특히 일본정부는 한성 부근에 만일을 대비하여 보병 15개 중대, 기병 1개 연대(1개 중대 없음), 포병 1개 중대, 공병 1개 중대를 집결해 두었다. 또한 데라우치 통감은 우려할 만한 일들이 일어나지 않도록 모든 힘을 기울여 사전에 예방하고 엄밀하게 경계하도록 한국주차군 사령관에게 지시하는 한편, 7월 하순부터 한성과 용산에 있는 일본군에게 비밀리에 무장을 갖추고 대비하도록 지시하였다. 그는 8월 들어 군인들의 부대 바깥 외출을 금지하고 외부와의 교통까지 두절하여 비밀을 유지하며 한국병합에

117　이하 헌병에 대한 조치는 李鍾學 編著, 2000, 「朝鮮總督府報告 韓國倂合始末 附 韓國倂合ト關スル軍事上ノ關係(1910.11.9)」, 『1910年 韓國强占資料集』, 史芸硏究所, 38쪽을 정리하였다.

118　이하 한국주차군에 대한 조치는 李鍾學 編著, 「朝鮮總督府報告 韓國倂合始末 附 韓國倂合ト關スル軍事上ノ關係(1910.11.9)」, 『1910年 韓國强占資料集』, 38~40쪽을 정리하였다.
데라우치 통감의 1910년 5월 6일자 일기에 따르면, 의병전쟁 때 사망한 일본군이 200여명이나 되었다. 일본정부로서는 결정적인 순간이므로 가능한 군사력을 집중하려 했을 것이다. 山本四郞 編, 1980, 『寺內正毅日記 1900~1918』, 京都女子大學, 506쪽.

대비하였다.

한편, 데라우치 통감은 6월 24일에 아카시 한국주차헌병대 사령관에게 대한제국 정부의 경찰제도가 완비될 때까지 "경찰사무를 일본국 정부에 위탁"한다는 내용의 각서를 대한제국과 통감부 사이에 체결하도록 지시하였다.[119] 일본정부는 「대한제국 사법 및 감옥 사무 위탁에 관한 각서(1907.7.12)」를 체결하여 헌병경찰제의 외형적 틀을 완성할 수 있었다. 또한 헌병경찰제의 실시를 반대하던 마쓰이 통감부 경무국장은 이때 사표를 냈다.

아카시 한국주차헌병대 사령관은 칙령 제296호(1910.6.29) 「통감부 경찰의 관서관제」를 공포하였다. 이에 따라 경찰의 총책임자인 경무총장에 한국주차헌병대 사령관, 각 도의 경무부장에 좌관급인 도별 헌병대 본부의 책임자가 겸임하였다.[120] 동시에 헌병을 중심으로 한 통일된 지휘체계를 갖추려는 조치의 하나로 헌병 장교와 하사관을 통감부 소속 경찰의 계급인 경시, 경부에 각각 임용하였다. 헌병과 경찰을 '이체동심(異體同心)'처럼 만든 것이다. 1910년 6월 하순경에 이르면, 일본군 주차 헌병이 경찰의 핵심 지휘계통과 업무를 완전히 장악한 가운데 경무총감부-경무부-경찰서-경찰분서-순사주재소-순사파출소라는 경찰의 조직체계가 완성되었다.

이로써 한국병합 전에 대한제국의 모든 경찰권은 통감부와 한국주차헌병대사령부로 완전히 넘어갔다. 1910년 8월 29일 일제의 완전 식민

---

[119] 「官報」 號外(1910.6.25), 1973, 『舊韓國官報(隆熙4年 第4567號-第4768號)』 22, 亞細亞文化社, 786쪽.
[120] 경무총감부에는 總長官房과 함께 기밀과 경무과 보안과가 있었다.

지로 전락하는 과정에서 우리가 이렇다 할 저항을 할 수 없었던 원인의 하나도 여기에 있었을 것이다. 헌병경찰제의 도입 여부를 둘러싼 일본인 관료들 간의 의견대립도 종결되었다. 헌병경찰을 중심으로 한 경찰지휘체계의 정비는 "적당한 시기에 한국의 병합을 단행"할 수 있는 시기가 올 때까지 "실력의 부식"을 도모한다는 1909년 7월 6일자 일본 내각의 결정에 충실한 조치였다.[121] 일본에 경찰권이 종속됨에 따라 헌병이라는 일본인 군인이 한국인의 일상생활과 내치(內治)에 폭력적으로 간섭할 여지가 많아졌다고 하겠다.

이렇듯 일본이 대한제국에서 헌병경찰제를 전면적으로 실시한 이유는 장차 강행할 한국병합 때 여기에 저항하는 정치적 움직임을 탐지하고 대비하려는 의도에서였다. 더 나아가 의병을 완전히 진압하지 못한 상황에서 경찰 업무를 '통일'하고 '원활'하게 진행하여 하루라도 빨리 치안을 안정시키려는 의도에서였다.[122] 이리하면 러일전쟁 이후 긴축기조를 유지할 수밖에 없었던 일본정부의 재정부담, 달리 말하면 식민지 조선에 대한 통치비용을 절감하려는 조슈파벌 내 육군 관계자들의 의도까지 실현할 수 있었다.[123] 좀 더 시야를 넓혀 보면, 일본정부의 입장에서 헌병경찰제는 식민지 조선에서 만한운영론의 안정된 초석을 하루라도 빨리 다지고 대륙으로 눈을 돌리고 싶은 제국주의자들의 욕망을 반영한 제도였다.

121　日本外務省 編,「韓國併合に關すr件」,『日本外交年表竝主要文書: 1840~1945』上, 315쪽.
122　『朝鮮總督府施政年報(1910年度)』, 109쪽.
123　이에 대한 시사는 小森德治,『明石元二郎』上, 460쪽 참조.

제3장
조선주차군, 식민지 지배의 터 닦기
(1910~1918)

1. 조선주차군사령부와 헌병경찰제

1) 조선주차군사령부, 제국 식민지 운영의 첨병

1910년 8월 일본정부는 한국을 강제로 병합한 후, 한국주차군사령부와 임시한국파견대사령부의 '한국'을 '조선'으로 바꾸었다. 군대도 1.5개 사단 규모와 지휘체계를 그대로 유지하였다. 1918년 조선군사령부가 성립하기 이전까지 한국주차군 시기와 마찬가지로 2년마다 부대를 교체했는데, 주차임무는 한국병합 당시 주차사단인 제2사단 → 제8사단(1912.3) → 제9사단(1914.2)으로 바뀌었다.

조선주차군은 식민지 조선에서 경성을 중심으로 북쪽 지역을 수비구역으로 하는 1개 사단과 경성 이남 지역을 담당하는 보병 1개 여단을 배치하였다. 후자의 지휘부가 임시조선파견대사령부였다. 이를 좀 더 구체적으로 보면, 함경도에 혼성여단 1개, 평안도와 황해도에 보병연대 1개, 경성과 경기도에 주차사단의 나머지 병력을 배치하였다.[1] 조선주차군은 지휘부를 통치의 중심인 경성에 두었지만, 다수의 병력을 함경도에 집중하여 러시아와의 무력 대결에 대비하는 한편, 동만주 지역에 많이 거주하는 이주한인의 동향에도 신경을 쓰겠다는 의지를 드러냈다. 이는 일본군이 1907년 「제국국방방침」과 함께 제정한 「제국군용병강령」에 충실한 조치였다. 「제국군용병강령」에 따르면, 한국주차군은 한반도, 만주, 러시아 우스리스크 일대까지를 작전 지역으로 간주하였다. 이때 만주 지

---

1 「韓國ニ於ケル日本軍隊配備通知(1910.7.14)」, 『壹大日記 明治43年7月』.

역에서 중심작전('본작전')을, 우스리스크 방면에서 보조작전['지(支)작전']을 수행하고, 한반도의 경우 적의 공격으로부터 "어떠한 경우에도" 방어한다는 방침을 갖고 있었다.[2]

그런데 1910년 시점에 일본이 통치한 식민지에 타이완, 가라후토(樺太), 간토슈(關東州)가 있었지만, 일본의 입장에서 식민지 조선은 이들 지역과 달랐다.[3] 어떻게 달랐는지를 일본이란 본국과 총독부 및 군의 관계를 몇 가지 측면에서 살펴보면서 이를 확인해 보자.

우선 일본군 전체에서 조선주차군의 위상을 살펴보자. 타이완의 일본군은 독립된 조직편제를 갖추지 않고 '대만총독부 육군부'의 지휘를 받았으며, 간토슈의 일본군도 '관동도독부 육군부'의 지휘를 받았다. 하지만 조선주차군은 천황에 직접 예속, 곧 '직예(直隸)'하는 군대로, 조선주차군 사령부란 독립된 지휘체계를 갖추고 있었다.[4] 제국을 운영하는 처지에서 보면, 식민지 조선은 다른 곳과 비중이 달랐던 것이다. 일본의 대외팽창전략을 말할 때, 남진론을 주장하는 일본 해군과 달리, 육군은 북진론을 주장하였다. 러일전쟁에서 승리한 일본 육군으로서는 대륙 진출을 꾸준히 시도하려는 전략에서 식민지 조선을 교두보로 간주하였다. 1.5개 사단 규모인 조선주차군의 비중이 연대 규모의 대만군에 비해 월등히 높을 수밖에 없는 이유가 여기에 있었다.

---

2 「제국군용병강령」은 山田郎 編, 1997, 『外交資料-近代日本の膨張と侵略』, 新日本出版社, 126쪽 참조.

3 자세한 내용은 山崎丹照, 1943, 『外地統治機構の硏究』, 高山書院 참조.

4 대만총독부 육군부는 1919년 8월 관제개정 때 폐지되고 대만군사령부가 결성되었다. 초대 사령관은 한국주차헌병대와 조선주차헌병대 사령관을 지냈고, 7월부터 대만총독으로 재직하고 있던 아카시 모토지로가 겸직하였다. 또한 1919년 4월의 관제개정 때 관동도독부는 關東廳, 관동도독부 육군부는 關東軍으로 분리되었다.

〈표 1-3-1〉 한반도의 일본군 사령관

부대명	계급	이름	기수(期數)	기간	출신지
韓國 駐箚軍	大將	大久保春野		1908.12.21~1910.10.1	靜岡
朝鮮 駐箚軍	大將	大久保春野		1910.10.1~1911.8.18	靜岡
	大將	上田有澤		1911.8.18~1912.1.14	德島
	中將	安東貞美		1912.1.14~1915.1.25	長野
	中將	井口省吾	舊2	1915.1.25~1916.8.18	靜岡
	中將	秋山好古	舊3	1916.8.18~1917.8.6	愛媛
	中將	松川敏胤	舊5	1917.8.6~1918.6.1	宮城
朝鮮軍	中將	松川敏胤	舊5	1918.6.1~1918.7.24	宮城
	中將	宇都宮太郎	舊7	1918.7.24~1920.8.16	佐賀

비고: 舊-陸軍의 士官生徒 졸업기수.5
출처: 秦旭彦 編, 1991, 『日本陸海軍總合事典』, 東京大學出版會, 332쪽.

    이는 〈표 1-3-1〉에 나오는 1910년대 조선주차군 및 조선군 사령관의 계급에서도 확인된다. 〈표 1-3-1〉에서 알 수 있듯이, 한반도의 일본군 최고 지휘관은 대장이나 중장 계급이었다. 중장이라 하더라도 이후 모두 대장으로 승진하였다.[6] 어쩌면 중장 계급인 사단장을 지휘할 수 있을 만한 지위와 계급이어야 했으므로 자연스러운 진급 과정이라고 볼 수 있겠다.
    그런데 사령관들의 임명은 일본의 정치지형과 깊은 연관이 있었다. 1910년을 전후한 시기에 일본 육군의 군정(軍政) 담당인 육군성과 군령

---

5 '사관생도'란 1874년 「육군사관학교조례」의 제정에 따라 이듬해 2월에 입교한 사람부터 1889년 7월에 졸업한 제11기까지를 가리킨다. 이후 프러시아 방식인 사관후보생제도가 도입되면서 시작된 새로운 제도에 따라 1888년 11월에 입교하여 1890년 7월에 졸업한 이들을 육사 제1기라고 한다.

6 조선의 일본군 최고 사령관 22명 가운데 제1대의 하라구치 겐사이(原口兼濟)와 마지막인 고즈키 요시오(上月良夫)만이 대장으로 승진하지 못하였다.

(軍令) 부서인 참모본부의 핵심 보직은 데라우치 마사타케 육군대신 (1902.2~1911.8)을 정점으로 한 조슈파벌의 영향력 아래 있었다. 여기에서 조선군은 더욱 예외일 수가 없었다. 〈표 1-3-1〉에 나오는 7명 가운데 제1, 2, 3대 사령관인 오오쿠보 하루노(大久保春野), 우에다 아리사와(上田有澤), 안도 사다요시(安東貞美)는 넓게는 조슈파벌 내지는 좁게는 데라우치의 영향권에 있는 사람들이었다.[7] 요컨대 1910년 직후 식민지 조선에서 통치기반을 구축하고자 동원되었던 군대의 지휘권은 일본 육군을 장악하고 있던 조슈파벌의 영향권에 있었다. 따라서 1910년대 식민지 조선은 육군의 이해, 내지는 당대 일본 최고의 파벌집단인 조슈파벌의 정치적·군사적 이해와 밀접한 연관 아래 운영되었을 가능성이 높은 곳이었다. 실제 데라우치는 식민지 조선을 '육군의 독립영역'으로 두려고 하였다. 조선총독이란 지위를 이용하여 일본의 대외식민지인 타이완과 간토슈에까지 영향력을 확대하려 하였다.[8]

다음으로 총독의 지위를 비교해 보자. 1910년대 시점에 타이완과 가라후토 지역의 통치 업무는 총리나 내무대신의 '감독'을 받는 대만총독이나 화태청장관이 모두 처리하였다. 간토슈에서의 모든 정무는 외무대신의 '감독'을 받는 관동도독이 처리하였다. 1910년대 시점에 일본이 운영하는 식민지의 최고 통치자는 모두 군대를 지휘할 권한을 갖고 있었던 것이다. 그중에서도 천황에 '직예(直隸)'하는 조선총독은 모든 정무를

---

[7] 松下芳男, 1967, 『日本軍閥の興亡』 2, 人物往來社, 34~35쪽. 안도는 데라우치가 1887년경 사관학교의 교장으로 있을 때 교관으로 있었다(松下芳男, 『日本軍閥の興亡』 2, 227쪽). 안도 조선군 사령관은 1915년 6월부터 1918년 6월까지 대만총독으로 근무하였다.

[8] 자세한 사항은 이형식, 2019, 「조슈파 데라우치 마사타케(寺內正毅)와 조선통치」, 『역사와담론』 91 참조.

담당하고 총리를 거쳐 천황에게 '상주'하였다.[9] 총리도 조선총독부에 대한 감독권을 사실상 갖고 있지 않았던 데서 알 수 있듯이, 천황과의 관계에서 두 권력자는 사실상 비슷한 위상이었다.

육군만이 아니라 일본 식민지의 최고 권력자들은 1910년대까지만 해도 조슈파벌 세력과 관계된 사람이 특히 많았다. 대만총독만이 아니라 대한제국과 식민지 조선에서도 그러하였다.[10] 통감부의 제1, 2대 통감인 이토 히로부미, 소네 아라스케(曾根荒助)는 조슈파벌 사람이었다. 특히 1910년을 전후한 시기에 조슈파벌 가운데서도 야마가타 아리토모 계열이 일본의 정계, 육군성과 참모본부를 사실상 주도하고 있었다.[11] 야마가타 계열은 일본의 만주권익을 적극적으로 옹호하는 입장에서 외무성보다 먼저 대륙정책을 입안하고 주도하였다.[12] 제3대 통감이자, 제1대 조선총독인 데라우치는 이 파벌의 핵심 지도자였다. 데라우치는 조선총독으로 근무하다가 총리까지 역임했으며(1916.10~1918.9), 그 후임 총독인 하세가와는 데라우치가 아끼는 조슈파벌 사람이었다. 두 총독을 행정 분야에서 떠받쳤던 사람은 야마가타의 양자로 통감부의 부통감(1910.5. 31~10.1)을 지낸 야마가타 이사부로(山縣伊三郎) 조선총독부 정무총감(1910.10.1~1919.8.12)이었다.[13] 따라서 조선총독부는 조선(주차)군과 마

---

9 본국 정부의 식민지에 대한 지휘 감독 규정은 1942년 '내외지 행정 일원화 조치'로 최종 정리될 때까지 여러 차례 바뀌었다. 내외지 행정일원화와 관련해서는 水野直樹, 1997, 「戰時期の"植民地支配"と'內外地行政一元化'」, 『人文學報』 79 참조.

10 1919년 8월경까지 대만총독을 역임한 사람들인 가쓰라 다로우(桂太郎), 노기 마레스케(乃木希典), 고다마 겐타로(兒玉源太郎), 사쿠마 사마타(佐久間左馬太)는 모두 조슈파벌로 육군 대장이었으며, 안도와 아카시 총독도 이 파벌의 일원이었다.

11 北岡伸一, 1978, 『日本陸軍と大陸政策(1906~1918年)』, 東京大學出版會, 62~64쪽.

12 이에 대해서는 北岡伸一, 1978, 위의 책, 21~58쪽 참조.

찬가지로 이 파벌의 이해관계로부터 자유로울 수 없는 지배기구였다.

조선총독의 권한을 포괄적으로 언급한 규정은 '칙령 제319호'였다. 즉, '합방'이 발표된 1910년 8월 29일, 일본 천황은 '조서'를 통해 "특히 조선총독을 두고 짐의 명을 받들어 육해군을 통솔하며 제반 정무"를 총괄하도록 하겠다고 밝혔다.[14] 이에 따라 '칙령 제319호'에는 조선총독이 천황으로부터 위임받은 범위 내에서 육해군을 통솔하며 모든 정무를 총괄한다고 규정되었다.[15]

통감처럼 한반도의 일본군에 관한 통수권을 위임받은 조선총독은 총독부의 관제와 군의 조례를 통해 관련된 권한을 구체적으로 보장받았다. 칙령 제354호 「조선총독부관제(1910.9)」를 통해 육해군 대장 출신의 총독은 "천황에 직예하여 위임의 범위 내에서 육해군을 통솔"하며 조선의 방위를 책임졌다(제2, 3조).[16] 또 「조선주차군사령부조례(1910)」와 「조선군사령부조례(1918.6)」의 제3조, 즉 "군사령관은 조선의 안녕 질서를 보지(保持)하기 위해 조선총독의 명령이 있을 때는 병력을 사용할 수 있다"는 규정에 따라 조선총독은 병력출동권을 갖고 있었다.[17]

이때 구체적으로 살펴보아야 할 문제는 조선총독이나 본국에 있는

13　그는 1919년 초대 관동청장관을 지냈다. 초대 관동군 사령관은 조선주차헌병대 사령관과 제19사단장을 역임한 다치바나 고이치로(立花小一郎)였다.

14　『朝鮮總督府官報』 1, 1910.8.29.

15　『朝鮮總督府官報』 1, 1910.8.29. 조선총독부 설치를 결정한 명령이다.

16　『朝鮮總督府官報』 28, 1910.9.30. 1919년 8월의 관제개정 때 타이완과 조선의 총독에 文官 출신자도 임명될 수 있다고 개정되었다. 타이완의 경우 1919년부터 1936년까지 문관총독이 임명되었으나, 조선총독은 끝까지 군인 출신이거나 현역 군인이었다.

17　服部雅德 編, 1997, 「軍令第4號 朝鮮軍司令部條例」, 『陸軍省大日記史料集』 7, 東洋書林, 42~43쪽.

육군 지휘부와 조선(주차)군의 관계다. 조선주차군이나 조선군의 조례에 의하면 조선군 사령관은 천황에 직접 예속하고 헌병대를 제외한 조선의 육군을 통솔하여 방위를 담당하는 임무를 맡았다(제1조).[18] 같은 시기인 1918년에 개정된 관동도독부의 육군부 조례에는 '천황에 직접 예속한다'는 내용이 없다. 육군부 책임자는 "관동도독의 소관 내에서 육군 일반에 관한 사무를 담당"한다고만 나온다(제1조).[19] 요컨대 다른 식민지와 달리 조선(주차)군을 움직이는 결정적인 고리는 천황의 직접적인 지시라고 말할 수 있다. 다만, 조선(주차)군과 관련된 문제를 풀어나갈 때는 지휘권에 명확한 구분이 있었다. 즉, 조선의 안녕 질서와 관련해서는 조선총독이 조선군을 지휘·감독했고, 조선(주차)군의 군정과 인사 문제는 육군대신이, 작전과 동원계획은 총참모장이, 교육은 교육총감이 지휘·감독하였다(제2조).[20]

조선총독과 조선군 사령관이나 진해의 해군방비대 대장 사이에 긴밀한 연락은 조선총독부 관방에 소속된 육군과 해군의 무관에 의해 이루어졌다. 「조선총독부관제」 제21조에 따르면, 총독부에는 총독을 보좌하는 무관 2인과 전속부관 1인을 둘 수 있으며, 무관은 총독의 참모로서

---

18 服部雅德 編, 「軍令第4號 朝鮮軍司令部條例」, 『陸軍省大日記史料集』 7, 42쪽, 46쪽.
19 服部雅德 編, 「軍令第5號 關東都督府陸軍部條例」, 『陸軍省大日記史料集』 7, 48쪽. 대만총독부의 경우도 마찬가지였을 것이다. 필자는 1908년 1월 25일에 제정된 「臺灣總督府陸軍部條例」를 보지 못하였다. 하지만 그 전신인 臺灣總督府陸軍幕僚의 「條例(1897.11)」 제1조에는 육군막료가 "대만총독의 관할 내에서 육군에 관한 일"을 담당한다고 나온다. 그런데 1908년 육군막료가 陸軍部로 개편되었을 때 이 조례는 바뀌지 않았을 것이다. '육군막료의 조례'는 臺灣總督府陸軍幕僚 編著, 1905, 『臺灣總督府陸軍幕僚歷史草案(上)』, 610~611쪽. 참조.
20 服部雅德 編, 「軍令第4號 朝鮮軍司令部條例」, 『陸軍省大日記史料集』 7, 42쪽.

육해군 소장이나 좌관급에서 임명되었다.[21]

이때 관방의 무관과 전속부관은 군의 지휘를 받지 않고 총독의 지휘를 받았으므로 육해군의 규정에 있는 봉급을 조선총독부에서 받았다.[22] 통감부와 조선총독부에서 무관을 두는 제도는 조선총독을 무관만이 할 수 있다는 조항을 문관 출신자도 할 수 있게 바꾼 1919년 8월 20일자 관제 개정으로 폐지되었다. 그때까지 무관제도는 무단통치를 상징하는 또 하나의 장치였다. 다만, 이후 조선군사령부 편제를 언급할 때마다 확인되겠지만, 조선군사령부에 편제된 어용괘(御用掛)는 운영되었다.

조선주차군과 조선총독의 위상은 대륙운영에 중점으로 두고 있던 일본의 대외팽창전략과 맞물리는 문제이기는 한데 조선주차군의 활동반경하고도 연관이 있었다. 조선주차군의 활동권역을 알 수 있는 내용은 「조선군사령부조례」 제3조에 있다.

제3조에서 말하는 '조선의 안녕 질서'와 관련하여 총독이 지휘권을 행사할 수 있다는 조항의 구체적인 내용이 무엇인가를 우선 살펴보아야 한다. 이 문제는 한반도 내에서 일어나는 사항에 대해 대응하는 문제라면 쉽게 이해할 수 있으나, 한반도 밖에서 일어나는 사건에 대해 조선군은 어떻게 대응하려고 했는가의 문제라면 달리 볼 여지가 많다. 달리 말하면 러일전쟁을 계기로 급격히 늘어난 한반도의 일본군은 국내의 치안유지와 러시아에 대한 방어라는 두 가지 임무를 담당하였다.

문제는 두 가지 임무를 수행하는 공간이 반드시 한반도에만 한정되

---

21 『朝鮮總督府官報』 28, 1910.9.30.
22 『朝鮮總督府官報』 29, 1910.10.1. 「勅令 第386號 朝鮮總督府 武官과 副官 給與에 關하는 件(1910.9.30)」에 의해 명문화되었다.

는 것이 아니었다는 데 있다. 더구나 북진론을 주장하는 일본 육군의 입장에서 볼 때 식민지 조선은 대륙 진출, 대러작전(對露作戰)의 교두보였다. 일본 육군과 해군 수뇌부는 「조선총독부관제」 제3조에 의거하여 총독에게 위임된 사항으로 다음 두 가지를 확정하고 총리를 거쳐 천황의 재가를 받았다.

1. 조선총독은 조선의 안녕 질서를 유지하기 위해 필요하다고 인정될 때는 조선에 주둔한 육군부대 및 해군방비대(海軍防備隊)를 사용할 수 있다.
   전항(前項)의 경우에는 즉각 내각총리대신, 육군대신, 해군대신, 참모총장, 해군군령부장에게 이를 이첩(移牒)하는 것으로 한다.
2. 조선총독은 필요에 따라 조선에 주둔하고 있는 군인(軍人)·군속(軍屬)을 만주, 북청(北淸), 노령연해주(露領沿海州)에 파견할 수 있다.[23]

먼저 안건의 형식적 측면에 주목해야 한다. 이 안건은 1910년 8월 19일 주무 부서인 군무국에서 제출하여 22일 천황에게 상주된 문서였다. 외무성이나 척식국이 아니라 육군성에서 관제의 핵심적인 내용인 총독의 권한을 구체적으로 명시한 점이 우리의 눈길을 끈다. 뿐만 아니라 1910년 8월 29일보다 열흘 정도 빠른 날짜에 조선총독의 군통수권과 조선(주차)군의 작전권역에 관한 세부적인 내용이 확정되어 있었던 움직임에도 주목해야 한다.

---

23 「朝鮮總督へ御委任條項(1910.8.29)」, 『公文類聚 第34編 明治43年 第3卷 官職門2 官制2(內務省 大藏省 陸軍省 海軍省)』.

이제 안건의 내용을 검토해 보자.

첫 번째 조항은 이첩에 관한 언급을 제외하고 「조선총독부관제」 제3조 그리고 조선주차군과 조선군의 조례 제3조에 거의 그대로 언급되었다. 두 번째 조항은 조선군이 북진론에 입각하여 대륙침략의 교두보 역할을 수행해야 한다는 임무에 따른 작전행위의 지리적 범위를 내부적으로 명확히 정립한 방침이다.[24] 실제 일본 육군은 「육군상비단대배비표(陸軍常備團隊配備表)」에서 전체 21개 사단 가운데 유일하게 제19, 20사단이 "당분간 내(內)규정의 위수 지역 밖에 분산하여 주둔시킬 수 있다"고 '비고'란에 명시하였다.[25]

이는 육군 수뇌부가 일본의 이권을 보호한다는 명분을 내세우며 이들 지역에서 중국과 러시아에 대한 일본정부의 외교정책에 언제든지 개입하겠다는 의미다. 더 나아가 이러한 개입을 더욱 안정되고 신속하게 처리하고자 조선주차군을 상주하는 사단으로 바꾸었다고도 볼 수 있을 것이다. 반면에 조선(주차)군이 베이징 이남의 중국의 중부와 남부지방에서 일어나는 문제에는 개입하지 않는다는 행동반경을 시사하는 내용이기도 하다.[26] 실제 다음 '제2절'에서 구체적으로 살펴보겠지만, 중국과 러시아의 정치에 간섭하기 위한 억압적인 수단으로 일본정부에서 군대를 출동시킨 경우에 조선군은 출동부대 가운데 선두에 나서기보다 후방

---

24 두 번째 조항은 조선군의 활동범위, 즉 작전권역이 만주, 베이징, 시베리아의 연해주 일대라고 나오지만, 조선총독부의 관제나 조선주차군과 조선군의 조례 어디에서도 언급된 적이 없다.

25 服部雅德 編, 「陸普 第853號 陸軍常備團隊配備表改定ノ件(1920.3.5)」, 『陸軍省大日記史料集』 8, 186~188쪽. 조선군의 '內規'는 찾지 못하였다.

26 중국의 남부지방 상황에 대해서는 대만총독부와 대만군에서 관심을 두었다.

에서 그들의 활동을 지원하거나, 출동부대가 주둔했던 지역에 생긴 공백을 메우는 역할이 1910년대 조선(주차)군의 활동이었다.

따라서 조선총독은 조선에서 일어나는 문제만을 처리하는 책임자가 아니라, 조선(주차)군의 대외동원 과정에서 일본정부나 육군의 국제적인 이익을 옹호하고 확대하는 데 커다란 역할을 할 수 있는 위치였다. 또한 「제국국방방침」 이후 내각의 승인을 받지 않고 통수권을 행사할 수 있게 된 일본 육군 수뇌부 그리고 내각의 감독을 받지 않는 조선총독은, 식민지 조선과 만주 등지에 관한 대륙정책에 있어 일본정부로부터 상대적으로 거리를 둔 상태였다고 볼 수 있다. 그로 인한 폐해는 1931년 9월 관동군이 만주를 침략할 때 여기에 호응하여 조선군이 독단으로 월경한 사건에서 확인할 수 있다. 일련의 과정은 '제3부 제1장'에 서술되어 있다.

2) 헌병경찰제, 1910년대 조선통치 안정화의 물리적 기반

무단통치의 상징은 헌병경찰제다. 일본정부는 통감부 시절부터 여러 차례 내부 정지작업을 거치며 제도를 완성해 갔다. 식민지 조선에서 새로운 통치를 시작하려는 데라우치 통감(총독)은 통치 질서의 확립을 위해 조선주차군과 헌병경찰에 크게 의지하였다. 1910년 9월 10일 '칙령 제343호'로 공포된 「조선주차헌병대조례」를 통해 이를 확인할 수 있다. 제1, 2조만 언급하면 다음과 같다.

제1조 조선주차헌병은 치안유지에 관하는 경찰과 군사경찰을 장(掌)함이라.
제2조 조선주차헌병은 육군대신의 관할(管轄)에 속(屬)하여 기(其)

직무의 집행에 대하여는 조선총독의 지휘·감독을 승(承)함. 군사경찰에 대하여는 육군대신 급(及) 해군 대신의 지휘를 승(承)함이라.[27]

제1, 2조를 언뜻 보면 통감부 때의 주차헌병대가 맡았던 임무나 지휘권 문제와 별다른 차이가 없다. 예를 들어 제1조는 헌병의 임무 가운데 치안을 유지하는 임무가 헌병 본래의 임무인 군사경찰의 기능보다 먼저 언급되어 있어 눈에 띄지만, 헌병경찰의 임무를 언급했다고 치면 이전과 같다. 제2조도 한국주차헌병대 때와 달리 헌병의 통괄권을 헌병대 사령관에서 육군대신으로 격상시킨 점이 다르긴 하지만,[28] 통감부 때와 마찬가지로 치안유지와 관련된 업무를 총독이 지휘·감독한다고 명확히 하였다.

그런데 조례가 공포되기 이전인 1910년 8월까지 통감부와 육군성 내에서 헌병경찰제와 관련해 제기된 몇 가지 논점을 짚어 보면, 일본이 식민지 조선을 통치할 때 주차군과 헌병대를 어떻게 활용하려 했는지를 다시 한 번 확인할 수 있다.

첫 번째는 조례의 제2조에서 말하는 조선주차헌병대에 대한 지휘권과 관련하여 다른 의견이 있었다. 통감부는 조선주차헌병대를 조선총독

---

27 『朝鮮總督府官報』17, 1910.9.16.
28 조선주차헌병대의 전신인 한국주차헌병대는, 앞서 '제2장'에서 보았듯이 1907년부터 한성 등 일부 지역에서 치안유지와 보통경찰의 기능을 수행하면서 수적으로 급격히 팽창하였다. 이에 따라 헌병사령관이 통괄하기보다 육군대신이 직접 관장하고(예: 인사이동, 병력보충 등등), 통감의 지휘 감독 아래 한국주차헌병대 사령관이 산하 부대를 지휘하여 軍紀, 風紀, 훈련, 교육 및 복무의 정도를 감독하였다. 「朝鮮駐箚憲兵條例ヲ定ム(1910.9.6)」, 『公文類聚 第34編 明治43年 第3卷 官職門2 官制2(內務省 大藏省 陸軍省 海軍省)』.

이 관할 지휘하게 하자고 제기하였다. 하지만 육군성은 육군의 한 부대인 헌병대를 육군대신의 지휘권에서 벗어난다면 군과 정(政)으로 분리되는 지극히 부적합한 편제가 짜인다며 반대하였다.[29] 의견을 내부적으로 조율하는 과정에서 조직 계통(형식)과 실제 활동(내용)에 따라 책임을 구분했지만, 헌병경찰에 의지하여 식민지 조선을 강압적으로 통치하려는 일본정부의 의도는 명백히 확인된다. 때문에 한국병합 당시 조선총독부에는 5개의 부서와 관방(官房)이 있었는데, 경찰과 헌병 기구는 총독의 직속체제로 운영되었다.[30]

두 번째는 제1조와 관련하여 크게 두 가지 측면에서 문제가 논의되었다. 하나는 조선주차헌병대에 부여된 임무 가운데 보통경찰의 기능에 우선을 두는 방향에서 헌병경찰의 역할을 어떻게 명문화할 것인가였다. 다른 하나는 헌병이 군사경찰의 임무를 우선 수행하면서 보통경찰로서도 임무를 완수해야 할 때 양자의 관계를 어떻게 규정할 것인가였다.

보통경찰의 임무에 무게를 두자는 견해를 보면, 육군성의 서류에는, "조선주차헌병은 주로 치안유지에 관한 경찰을 장(掌)하고, 아울러 군사경찰을 장한다"는 초안이 제1안으로 나온다. 그리고 이 초안을 지우고 "조선주차헌병은 행정 및 사법에 관한 경찰 및 군사경찰을 장한다"는 내용이 제2안으로 나온다.[31] 두 입장은 보통경찰로서의 헌병의 역할 가운

---

29 「步兵課 朝鮮駐劄憲兵條例制定の件」, 『密大日記(3冊の內上)明治43年』.

30 1911년 3월 현재-① 5부: 총무부(인사국, 외사국, 회계국, 문서과), 내무부(지방국, 학무국, 서무과), 탁지부(司稅局, 司計局, 稅關工事課, 서무과), 농상공부(식산국, 상공국), 사법부(형사과, 민사과, 서무과). ② 관방: 武官, 비서과. ③ 參事官.

31 「步兵課 朝鮮駐劄憲兵條例制定の件」, 『密大日記(3冊の內上)明治43年』. 두 의견을 제출한 기관은 확인할 수 없었다.

데 어디에 더 치중할 것인가에 관한 의견 차이였다.

또한 군사경찰의 임무를 우선하면서 헌병대가 수행해야 할 보통경찰의 역할을 어떻게 규정해야 하는가를 두고도 의견이 갈렸다. 즉, "조선주차헌병은 군사경찰을 장하고 아울러 행정경찰, 사법경찰을 장(掌)한다"고 제1조에 명기하자는 제1안이 있었다. 여기에 "앞의 조항 외 조선주차헌병은 필요에 따라 치안경찰을 장한다"를 추가하자는 제2안이 있었다.[32] 제1안은 일본에 있는 헌병처럼 조선의 헌병도 주로 군사경찰을 담당하고, 여기에 행정경찰과 사법경찰의 임무를 추가하자는 주장이었다. 제1안대로 하면 「조선주차헌병대조례」를 별도로 제정하지 않고 본국의 조례를 그대로 적용할 수 있었다. 이에 비해 제2안은 군사경찰을 주로 하면서 원칙적으로 행정경찰과 사법경찰에 복무하나, 필요에 따라 치안경찰의 기능도 수행하자는 취지에서 제1안을 수정한 제안이었다. 크게 두 가지로 구분해서 설명했지만, 결국은 헌병이 보통경찰의 역할까지 맡게 된다면 행정 및 사법, 치안유지의 기능 가운데 어느 쪽 임무에 더 비중을 두느냐의 차이였으며, 그 기능은 활동 비중의 측면에서 볼 때 군사경찰이란 고유 업무와 보통경찰로서의 추가 기능 사이의 관계를 어떻게 설정하느냐의 문제였다.

이에 따라 육군성은 헌병의 '치안유지' 기능에 행정경찰과 사법경찰의 역할도 포함된다고 유권해석을 내렸다.[33] 「조선주차헌병대조례」 제1조를 통해 군사경찰로서의 역할보다 조선주차헌병대의 치안유지 임무

---

32 「步兵課 朝鮮駐劄憲兵條例制定の件」, 『密大日記(3冊の內上)明治43年』. 이 자료의 뒷부분에 '朝鮮駐箚憲兵條例ニ對スル意見'이 있다.

33 「步兵課 朝鮮駐劄憲兵條例制定の件」, 『密大日記(3冊の內上)明治43年』.

를 먼저 언급함으로써 조선에서의 헌병은 치안유지 기능을 우선한다고 명문화하였다. 때문에 조선주차헌병대는 총독의 지휘와 감독을 받으면서 치안경찰, 행정경찰, 사법경찰이란 여러 임무를 감당하면서도, 육군대신의 지휘 아래 군사경찰의 임무를 수행하는 독자적인 지휘체계를 갖추었다.[34]

요컨대 1909년 7월의 위탁각서에 따른 조치가 헌병대와 경찰 간에 형식적이고 제도적인 통일의 계기였다면,「조선주차헌병대조례」는 일본이 조선을 완전 식민지로 만든 상태에서 이를 어떻게 운영할 것인가를 놓고 자신들 내부의 다양한 의견을 하나로 통일한 결과였다. 조례의 공포는 문관이 맡아야 할 통치 기능의 일부를 군인인 헌병이 직접적이고 공개적으로 관여할 수 있는 제도적 장치를 마련하려는 노력이 마무리되었음을 의미한다. 또 일본 육군이 조선인의 구체적인 일상을 지배할 수 있는 제도적 장치를 마련했음을 말한다. 따라서 헌병경찰제는 보통경찰과 헌병경찰이란 이중 조직체계를 헌병이 통제하는 구조였다고 말할 수 있겠다.

1909년 6월에 제정된 헌병경찰의 배치와 별다른 차이가 없지만, 조선총독부가 1910년 9월 이후 식민지 조선에서 시행한 헌병경찰의 지휘체계를 정리하면 〈그림 1-3-1〉과 같다.[35]

주지하듯이, 경무총감부의 직할체제였던 경성에서의 경찰사무는

---

34 「朝鮮駐箚憲兵條例ヲ定ム(1910.9.6)」,『公文類聚 第34編 明治43年 第3卷 官職門2 官制2(內務省 大藏省 陸軍省 海軍省)』.

35 '朝鮮總督府令 第28號(1910.10.14)'에 따라 경기도의 헌병대 본부가 수원에서 경성으로 옮긴 일을 제외하면 각 도 헌병대 본부의 위치는 이전과 같았다(『朝鮮總督府官報』42, 1910.10.18).

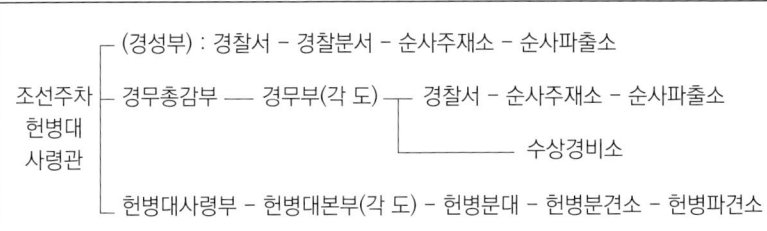

〈그림 1-3-1〉 식민지 조선에서 시행한 헌병경찰의 지휘체계

비고: 경무총감부에는 서무과(문서계, 인사계, 회계계), 고등경찰과(기밀계, 도서계), 경무과(경무계, 경비계, 민적계, 경관연습소), 보안과(행정경찰계, 사법경찰계, 소방계), 위생과(보건계, 防疫係)가 있었다.

1915년에 경기도 경무부로 이관되었다. 각 도의 헌병대장은 좌관급으로 경무부장을 겸임하였다. 헌병경찰제는 보통경찰로서 집행하는 여러 행정이 개개인에게까지 미치도록 '조장(助長)'하기 위해 여러 부서를 두었다. 특히 조장행정 업무 가운데 통감부 시절의 기밀과를 확대 개편한 고등경찰과가 가장 중요한 부서였다. 고등경찰은 사찰 업무와 함께 언론, 출판, 집회, 결사에 관한 업무, 도서출판에 관한 업무를 맡아 조선인의 말과 행동 그리고 생각을 직접 감시하고 탄압하였다. 그래서 식민지 지배 초기 고등경찰을 지휘한 사람은 지배자들이 가장 신임한 야마가타 노리(山形閑) 중좌였다.[36] 그는 나고야 헌병대장 출신으로 헌병대 근무 경력이 전혀 없는 아카시 헌병대사령관 겸 경무총감을 지근거리에서 보필할 수 있도록 데라우치가 통감 시절에 천거한 사람이었다.

이 시기 조선에 근무했던 헌병대 책임자들의 면면을 보면 〈표 1-3-2〉와 같다.

---

36 小森德治, 『明石元二郎』 上, 485~486쪽.

〈표 1-3-2〉 통감부 및 조선총독부 시기 헌병대 지휘자

직책	계급	이름	기수	기간	조선에서의 다른 경력
한국주차헌병 대장	小將	明石元二郎	舊6	1907.10.9~1909.8.1	참모장(1908. 12~1910. 6)
	小將	榊原昇造	舊3	1909.8.1~1910.6.15	참모장(1910. 6~1910. 11)
조선주차헌병대 사령관	小將	明石元二郎		1910.6.15~1914.4.17	
	小將	立花小一郎	舊6	1914.4.17~1916.4.1	참모장(1911. 9~1912. 4) 제19사단장(1916. 4~1918. 7)
	小將	古海嚴潮	舊9	1916.4.1~1918.6.1	참모장(1912. 4~1916. 4)
조선헌병대 사령관	小將	古海嚴潮		1918.6.1~1918.7.28	
	中將	兒島惣次郎	1	1918.7.28~1920.8.2	

출처: 秦旭彦 編, 1991, 『日本陸海軍總合事典』, 東京大學出版會, 391쪽.

아카시 모토지로 소장은 한국주차군 내지는 조선주차군의 헌병대 책임자로 1910년 8월 29일을 전후하여 결정적인 역할을 했으며, 헌병경찰제가 식민지 조선에서 위력을 발휘하도록 한 사람이었다.[37] 그는 야마가타 아리토모의 두터운 신뢰를 받으며 육군성 군무국 군사과장으로 근무하고 있던 다나카 기이치(田中義一)의 추천으로 헌병대 사령관에 천거된 사람이다. 야마가타와 같은 조슈파벌의 리더인 데라우치도 무척 신뢰한 사람이다.[38] 아카시에 이어 헌병대 사령관이 된 다치바나 고이치로(立花小一郎)는 아카시와 같은 후쿠오카현 출신으로 사관학교, 육군대학의 동창이자 "맹우(盟友)"였다.[39]

---

37 明石元二郎는 이 직무가 끝난 직후 참모차장과 제6사단장을 거쳐, 데라우치가 총리에 취임하자 1918년 6월부터 이듬해 10월까지 대만총독으로 근무하였다.

38 小森德治, 「第5編 諸名士의 明石將軍追想錄」, 『明石元二郎』下, 29쪽. 아카시는 대만총독으로 있을 때 다나카 기이치 육군대신에게서 조선총독을 권유받은 일도 있었다. 다나카 대신은 조슈파벌의 마지막 嫡子로서 총리까지 역임(1924.4~1929.7)한 사람이다.

39 小森德治, 「第5編 諸名士의 明石將軍追想錄」, 『明石元二郎』下, 15쪽. 立花小一郎의

조선주차헌병대 사령관은 별 하나인 소장이었다. 그들은 헌병대를 지휘하기 전후에 모두 한국주차군이나 조선주차군 사령부에서 참모장을 역임하였다. 이러한 인사배치는 고지마 소우지로(兒島惣次郎)를 포함하여 1919년 3·1운동 이후 임명된 13명의 조선헌병대 사령관에게서는 전혀 찾아볼 수 없다. 식민지 통치의 초기였고, 무단통치 시기에 경무총감을 겸직시키면서 헌병경찰제를 실시했던 일본의 정책의지와 깊은 관련이 있는 인사배치 방식일 것이다. 조선주차군을 상설 주둔군으로 개편하기 위한 조처의 하나로 1916년 4월에 신설된 제19사단의 초대 사단장에 다치바나 조선주차헌병대 사령관이 취임한 경우도 조선의 현실을 많이 알고 있는 지휘자라는 점이 작용했을 것이다.

이제 다음 '제2절'에서는 이들 사령관을 중심으로 조선(주차)군과 조선(주차)헌병대가 식민지 지배체제를 안착시키기 위해 완력을 동원하여 수행한 주요 역할을 정리해 보자.

2. 완력으로 식민지 운영을 뒷받침

1) 치안확보 및 국경수비

식민지 조선에 대한 통치를 막 시작한 일본으로서는 조선에서 치안을 확보하여 통치기반을 마련하기 위해 소규모 단위로 남아 있는 의병

회고담이다.

을 탄압하는 일이 가장 급선무였다. 1909년 남한대토벌작전을 벌여 호남지방 의병세력을 진압한 일본은, 비록 식민지 지배체제를 뒤엎을 정도는 아니지만 이제 강원도와 경상북도의 접경 지역, 황해도와 평안남도 접경 지역의 산간지대에서 20, 30명 단위로 출몰하는 의병을 탄압하는 데 군사력을 모았다.

조선주차군은 1909년 10월경부터 1910년 초까지 소백산 일대의 의병을 집중 탄압한 데 이어, 공세를 피해 안동, 봉화, 영춘 일대로 흩어진 의병을 탄압하고자 1910년 11월경부터 다시 공세를 펼쳐 의병이 잠복할 수조차 어렵게 만들었다. 이와 동시에 황해도 재령, 해주, 연안, 배천 일대의 의병도 4개월 동안 탄압하였다. 하지만 해주와 평안남도의 평산 지방 일대에서는 의병의 숫자가 급격히 감소했음에도 소규모 세력을 이끌고 있던 한정만(韓貞滿), 김정안(金貞安), 채응언(蔡應彦) 등을 체포하지 못하였다. 이에 조선주차군 사령관은 1911년 9월부터 11월 사이에 제2사단을 동원하여 황해도 곡산, 금천, 개성, 재령, 봉산 일대를 수색하며 탄압작전을 전개하였다. 동시에 헌병경찰은 후방 경비를 강화하며 첩보 활동을 통해 의병을 압박하였다. 조선주차군은 비록 이때에도 세 사람을 체포하지 못하였으나, 두 차례에 걸친 대규모 수색작전의 결과 황해도 일대의 의병을 사실상 제압하였다.[40]

---

40 이상의 수색작업에 대해서는 獨立運動史資料集編纂委員會 編, 1971, 『獨立運動史資料集』 3, 高麗書林, 813~819쪽을 정리하였다.
한정만은 1913년 9월 황해도 금산에서 체포되어 사형당했고, 김정안은 1914년 5월 재령군에서 군 및 헌병과 교전을 벌이다 사살당했으며, 채응언은 1915년 7월 평안남도 성천군 헌병분대에 체포되어 사형당하였다. 朝鮮憲兵隊司令部, 1971, 『明治29年以降 朝鮮憲兵ノ活動概觀』, 13쪽, 14쪽, 17쪽(일본 방위성 방위연구소 도서번호 滿洲 朝鮮 3).

이로써 1911년 말경에 이르면 조선총독부 입장에서 볼 때 조선의 치안을 가장 불안정하게 했던 의병의 저항이 사실상 끝남에 따라 지배정책을 곳곳에서 구체화할 수 있게 되었다.

그렇다고 국경지방이 불안한 것도 아니었다. 압록강과 두만강에 접경한 만주 일대에서 활동하던 민족운동 세력이 국내로 침투하여 치안을 어지럽히는 경우는 그다지 많지 않았기 때문이다. 오히려 1915년경부터 마적이 강 접경지대에 출현하여 주변의 치안을 어지럽히는 경우는 있었다.[41] 이때 일제는 중국군의 양해를 얻어 월경하거나, 그들과 협조하여 마적을 소탕하였다. 이즈음까지만 해도 조선총독부는 중국 측과 협조하는 방향에서 압록강과 두만강 일대의 치안대책을 풀어가려고 하였다.[42]

일본정부의 입장에서 볼 때 의병의 활동도 소강상태고, 국경지방의 치안도 평온하였다. 더구나 그나마 남아 있던 의병도 수색작전을 피해 산간벽지로 흩어지면서 군대를 동원할 정도는 아니었다.[43] 이에 따라 조선주차군은 지방의 치안을 헌병경찰에 맡기고 그동안 고수해 왔던 분산주의적인 병력배치원칙을 바꾸어, 1911년 3월경부터 남부지방에 주둔하고 있던 임시조선파견대사령부 소속의 소규모 단위 병력부터 중대나 대대 단위로 결집하게 하였다.[44] 그리고 이들 병력을 기초로 북부수비관구의 중심인 용산과 평양에 각각 보병 1개 연대를 배치하여 경성과 그

---

41 『朝鮮憲兵隊歷史(1915.4.11~1915.12.31)』 8, 395~406쪽.

42 山本四郞 編, 1984, 「古海憲兵司令官, 寺內總督·山縣總監往復文書 沿岸馬賊勦討ニ關シ憲兵警察配置その他 大正5年8月」, 『寺內正毅關係文書 首相以前』, 京都女子大學, 467쪽. 寺內正毅 조선총독이 古海嚴潮 헌병대 사령관에게 보낸 지시사항의 일부다.

43 『朝鮮總督府施政年報(大正元年)』, 82쪽.

44 『朝鮮總督府施政年報(大正11年)』, 68쪽.

이북지방에 병력을 집중하였다.⁴⁵ 남부수비관구에 있던 조선주차군은 병영이 완성되자 1917년 1월부터 대구를 중심으로 집결하였다(보병 제80연대).⁴⁶ 1917년 시점에 조선주차군이 보기에 식민지 조선과 국경의 치안은 안정되었다. 그들은 군대 고유의 군사교육에 힘쓰거나 가끔 군사행진을 실시하여 대중을 위압하는 활동을 전개하였다.⁴⁷

2) '조장행정'과 보통경찰로서의 헌병

조선에서 1910년대의 헌병은 군사경찰로서의 활동보다는 사법과 행정 그리고 치안을 담당하는 보통경찰로서의 역할을 더 많이 요구받았다. 이제 그 내용에 대해 간략히 살펴보겠다.

1910년 10월 1일 조선총독부가 공식적으로 업무를 개시하였다. 조선주차헌병대사령부도 경성에 사령부를 두고, 경성, 청주, 공주, 전주, 광주, 대구, 진주, 해주, 춘천, 평양, 의주에 본부를 설치하였다. 〈표 1-3-3〉은 1910년대 헌병기관과 헌병대원의 변화를 정리한 것이다.

조선주차헌병대는 1910년, 1911년경까지만 해도 아직 의병을 탄압하고 지방의 민심을 완전히 장악하고 있지 못했으므로 사법과 행정 경찰로서의 역할보다는 치안경찰로서의 활동에 더 많은 비중을 두었다. 조선주차헌병대사령부는 1910년 10월 12일자 훈령을 통해 각 지방의 부와 군에 1개 이상씩의 헌병분견소를 설치하였다. 헌병대 파견기관은 되

---

45 『朝鮮總督府施政年報(大正15年)』, 86쪽.
46 『朝鮮總督府施政年報(大正16年)』, 305쪽.
47 『朝鮮總督府施政年報(大正14年)』, 66쪽.

〈표 1-3-3〉 조선주차헌병대의 기관과 인원 변화

연도		1910	1911	1912	1913	1914	1915	1916	1917	1918
사령부		1	1	1	1	1	1	1	1	1
본부		13	13	13	13	13	13	13	13	13
헌병분대		77	78	78	78	78	78	77	78	78
헌병분견소		502	54	57	107	99	99	96	98	98
헌병파견소		61	410	394	327	317	316	318	288	877
헌병출장소		-	379	413	443	501	528	551	592	43
합계		654	935	956	969	1,009	1,035	1,056	1,070	1,110
직원	헌병	1,007	3,296	3,296	3,355	3,345	3,302	3,384	3,395	3,377
	보조원	1,012	4,453	4,473	4,603	4,626	4,627	4,657	4,737	4,601
	합계	2,019	7,749	7,769	7,958	7,971	7,929	8,041	8,132	7,978

출처: 『朝鮮總督府施政年報(大正7年)』, 476~477쪽.

도록 경찰기관과 중복되지 않는 곳이나 경찰기관이 없는 곳에 설치하였다. 그러면서도 조선주차군과 함께 의병을 색출하는 데 헌병을 투입시키는 등 "세력 집중주의"에 입각하여 배치하였다.[48] 이에 따라 문관 경찰은 주로 대도시와 항구, 철도 연변의 지역, 군사경찰인 헌병은 군사상 또는 치안유지상 필요한 지점이나 국경 일대 그리고 의병의 출현이 많은 곳에 배치되었다. 예를 들어 1910년 헌병대직원(전체 2,019명)을 많이 배치한 순서를 보면, 강원도(276명), 함경북도(228명), 경기도(225명), 평안남도(201명), 경상북도(161명), 함경남도(160명), 황해도(152명), 평안북도(135명) 순이었다.[49] 국경에 인접한 지방과 의병의 잔존 세력이 자주 출몰하던 지방 그리고 행정의 중심지에 병력을 더 많이 배치한 것이다. 헌

---

[48] 『朝鮮憲兵隊歷史(1910.9.1~1911.12.28)』 4, 114쪽; 『朝鮮總督府施政年報(1913年度)』, 54쪽.

[49] 『朝鮮總督府施政年報(明治43年)』, 474쪽.

병파견소 역시 비슷한 배치 경향을 보이는데, 1911년의 경우 강원도(51), 함경북도(45), 함경남도(44), 황해도(40), 평안남도(39), 경상북도(27) 순이었다.

세력 집중주의 원칙은 〈표 1-3-3〉에 나오는 헌병기관의 전체적인 변화를 통해서도 확인할 수 있다. 조선주차헌병대는 1911년 헌병분견소를 54개로 급속히 줄이는 대신, 조선인의 생활 현장과 더 밀착할 수 있는 헌병파견소와 헌병출장소를 크게 늘리는 정책을 꾸준히 추진하였다. 헌병기관 확장정책은 조선에서 근무하는 "경찰관, 예비후비역(豫備後備役),[50] 하사, 병졸"로부터 필요한 헌병대원을 대거 채용한 결과,[51] 1911년 들어 헌병대원을 이전에 비해 2,200여 명, 헌병보조원을 3,400여 명을 더 뽑았기에 가능하였다. 특히 조선주차헌병대는 최하위 기관인 헌병출장소를 1910년대 후반으로 갈수록 계속 추가 설치하였다. 이는 의병을 탄압하는 작전이 사실상 끝나자 군 병력을 분산배치에서 집중배치로 바꾸는 대신, 치안 공백을 메우고자 헌병기관을 분산하여 배치했기에 가능한 결과였다.[52] 달리 보면 한국병합 이듬해인 1911년부터 헌병경찰이 조선인 대중의 일상에 본격적으로 침투하기 시작했다고 볼 수 있겠다.

또 한 가지 주목해야 할 현상은, 헌병대직원의 숫자가 1919년 3·1운동이 일어날 때까지 눈에 띄게 늘었다고 말하기 어려운데도 헌병출장소가 꾸준히 늘었다는 사실이다. 이는 조선주차군으로부터 치안유지에

---

50 우리의 예비군 개념으로 생각하면 쉽게 이해할 수 있을 것이다.
51 『朝鮮憲兵隊歷史(1910.9.1~1911.12.28)』 4, 253~254쪽. '陸普 第4997號(1910.12.10)'에 근거하여 헌병대원의 충원이 이루어졌다.
52 『朝鮮總督府施政年報(大正2年)』, 54쪽. 1911년 11월 7일자로 시행된 '朝鮮總督府令 125, 126, 137號'가 근거였다.

관한 일상적인 활동을 위임받은 조선주차헌병대가 그만큼 보통경찰로서의 역할, 달리 말하면 무단통치를 확대해 나갔음을 시사해 준다고 하겠다.

특히 잔존한 의병의 조직적인 활동까지 제압한 1911년 이후에는 헌병경찰이 식민지 조선의 치안유지를 주로 담당했다고 볼 수 있다. 1913년 6월부터 50개소의 헌병파견소를 헌병분견소로 승격시켜 이듬해 107개에 다다랐다.[53] 그에 따라 헌병대직원도 1912년에 비해 1913년에 189명이 늘었다. 1914년부터 1918년까지 헌병대직원이 매년 100명 이내에서 증감한 흐름에 비하면 많이 늘어난 편이다.

군(郡)마다 경찰기관이나 헌병기관을 설치하려는 조선총독부의 시도는, 의병을 진압하고 사법경찰과 행정경찰의 기능을 헌병에게 점차 많이 부과하려는 정책기조의 결과였다. 의병토벌과 첩보수집이란 치안경찰로서의 직무 이외에 헌병경찰로서 헌병대가 수행한 '조장행정(助長行政)'을 확대하는 과정을 열거하면, 헌병경찰은 1908년부터 시행해 오던 민적(民籍) 사무를 계속하였고,[54] 1910년 12월 15일부터 즉결처분에 관여하기 시작했으며, 1911년 1월부터 민사조정 사무, 6월부터 어업취체 사무도 맡았다. 같은 해 11월부터 헌병경찰의 분산배치가 이루어지고 인원과 기관이 확대되면서 보통경찰로서의 업무도 더욱 확대되었다. 즉, 국세징세령의 공포에 따라 징세활동을 지원하는 업무와 묘지 장례 화장장(火葬場) 화약단속 사무, 1912년 4월부터 검찰 및 집달리, 위생개선, 항구 검역(海港檢疫), 이출 소 검역(移出牛檢疫), 불법어로 취체(密漁取締), 항

---

53 『朝鮮憲兵隊歷史(1912.1.24~1912.12.31)』 5, 445~446쪽.
54 민적사무는 1915년 4월부터 부와 면에서 담당하였다.

구 업무 집행(港則執行) 사무, 11월부터 삼림·산야의 감시취체 사무, 8월부터 총포화약류 취체 사무, 12월부터 도로의 수축 유지 사무, 1913년 4월부터 국경관세 사무 등에 관여하였다.[55]

일본은 부족한 행정력을 만회하는 방안의 하나로 경찰력을 더욱 강화하고자 조장행정을 본격화한 1912년 들어 3월에 「조선태형령」과 「조선감옥령」 등 형사법규를 제정하였다. 특히 「조선태형령시행규칙」을 곧바로 제정하여 '3개월 이하 징역이나 금고, 100원 이하의 벌금 과료 및 구류'자에게는 즉결 처분의 일환으로 태형을 부과할 수 있게 하였다. 헌병이 임의로 판단하여 즉결 처분할 수 있는 죄라면 얼마든지 태형을 부과할 수 있게 한 것이다. 주지하듯이 일본은 명치유신 이후 태형을 없앴지만, 타이완 통치에서는 고토 신페이 민정국장의 주장대로 이를 유지하였다. 그가 이러한 정책을 채택한 데는 영국의 이집트 총영사(1883~1907)로 재직한 크로머 경(Lord Cromer)의 언급과 관련이 있었다. 크로머는 민도가 낮은 타이완이나 인도와 같은 데서 경미한 범죄를 저지른 사람들은 벌금처벌을 받으면 이를 납부할 수 없으므로 기뻐하며 감옥에 들어갈

---

[55] 朝鮮憲兵隊司令部, 『明治29年以降 朝鮮憲兵ノ活動槪觀』, 10~11쪽. 자세한 내용은 姜德相, 1967, 「憲兵政治下の朝鮮」, 『歷史學硏究』 321, 3쪽 참조.
조선총독부의 지방행정과 헌병경찰의 압박에 대한 보통 조선인의 심성은 복잡하였다. 이를 알 수 있는 자료가 공주헌병대 본부와 충청남도 경무부에서 발행한 『酒幕談叢』 1~4권(1911, 1913, 1914)이다. 이에 따르면 보통의 조선인은 개인적 이해로부터 출발하여 이중적이거나 모순된 이미지를 갖고 반응을 보이는 경우가 많았다. 1913년의 시점에서 지배정책에 대해 방어적 자세로 부정적인 반응을 보인 경우도 많았지만 아직은 항일의식으로 구조화하는 데까지 나아가지 않았던 것 같다. 『주막담총(酒幕談叢)』에 대한 분석은 마쓰다 도시히코, 2016, 「'주막담총(酒幕談叢)'을 통해 본 1910년대 조선의 사회상황과 민중」, 김동노 편, 『일제 식민지 시기의 통치체제 형성』, 혜안 참조.

것이므로 오히려 유해무익(有害無益)하다며, 통치효과면에서 벌금 대신에 체형을 하는 쪽이 더 좋다고 말했다고 한다.[56] 태형령은 인간에 대한 극단적인 폭력성과 식민주의자가 기대하는 통치효과라는 측면 이외에도, 제국주의자의 식민지인에 대한 배타적 차별의식과 멸시의식이 반영된 법률이었다.

이처럼 조선총독부는 헌병을 동원하여 대중을 일상적이고 공공연하게 감시·억압하는 한편, 지배 초창기에 미약한 행정력을 완력으로 보완하여 지방행정을 효과적으로 관철시키려고 하였다. 이 과정에서 데라우치 총독은 야마가타 이사부로(山縣伊三郎) 정무총감보다 아카시 조선주차헌병대 사령관 겸 경무총감에게 더 많이 의존하였다.

조선총독부는 헌병을 늘리고 권한을 확대하는 과정에서 헌병기관과 행정제도를 개편하여 경무기관과 행정기관을 일치시킴으로써 통치력을 극대화하는 데 노력하였다. 1914년 부, 군, 면을 통폐합하여 지방행정을 정리할 시점에 헌병대의 관할구역[헌병관구(憲兵管區)]도 개편하였다. 조선총독부는 98군 1,800면을 줄여 12부 220군 2,522면으로 지방의 행정구역을 조정하였다.[57] 이에 따라 헌병관구도 다음과 같은 원칙에 입각하여 개편하였다.

1. 부·군 내에 적어도 경찰서 또는 경찰서의 사무를 취급하는 헌병 분대 혹은 분견소 1개소를 설치할 것.

---

56 鶴見祐輔, 『後藤新平傳-臺灣統治篇』, 173~175쪽. 크로머의 이집트 식민정책에 대해서는 김종원, 2012, 「크로머 경(Lord Cromer)의 이집트 근대화 정책」, 『西洋史論』 113 참조.

57 1914년 8월 2면을 합친 결과 2,521면이었다.

2. 위 항의 관서로 군청 소재지와 멀리 떨어진 것은 이를 군청 소재지로 옮겨 설치할 것.
3. 경찰 헌병의 관할구역과 부·군 행정구역을 되도록 일치시키고 동시에 부·군의 지역을 경찰 혹은 헌병으로 분할하지 않을 것.
4. 한 군 내에 헌병분대, 분견소의 배치에 있어 분견소가 군청 소재지에 있는 경우는 서로 위치를 전환할 것.[58]

그 결과 모든 군 단위에 경찰서 내지는 경찰서의 사무를 관장하는 헌병기관이 최소한 하나씩 설치되었다. 1914년에 경찰서는 101개였고,[59] 헌병분대와 헌병분견소는 177개로 모두 합하면 278개였다. 조선총독부의 처지에서 보면 '1부·군 1경찰서' 설치를 실현함으로써 이즈음에 이르러 헌병경찰제를 정착시켰다고 볼 수 있다. 달리 보면 헌병경찰제가 정착됨에 따라 조선주차군이 국방의 임무에만 전념할 수 있었고, 그것의 제도적 장치가 다음 '제2부 제1장'에서 살펴볼 주차군의 상주군화라고 볼 수 있다.

헌병대원은 1911년부터 1918년까지 7,900명 전후, 경찰 직원은 1910년부터 1918년까지 5,600~5,700명 전후였다. 헌병대원이 대략 2,300~2,400명 이상 많았다. 기관수를 비교해 보면, 헌병기관(사령부~헌병출장소)은 1918년에 모두 1,110개였으나 경찰기관(경무부~순사파출소)은 가장 많았던 1918년에도 751개였다.[60] 헌병경찰제의 취지까지 고

---

58 『朝鮮總督府施政年報(大正2年)』, 54쪽.
59 『朝鮮總督府施政年報(大正7年)』, 476쪽.
60 헌병기관은 앞의 〈표 1-3-3〉을 참조하고, 경찰기관은 경무부, 경찰서, 경비소, 주재소, 순사주재소, 순사파출소를 합한 것이다.

려할 때, 식민지 조선에서 문관이 담당해야 할 보통경찰의 임무조차 군인 신분인 헌병이 더 많이 담당하고 그것을 주도하였다. 달리 보면 이는 대중의 일상에 문관 경찰보다 군인인 헌병이 좀 더 밀착해 있었음을 시사한다. 다만, 1918년까지는 1면 1치안기관을 달성하지 못하였다.

1918년 현재 헌병과 경찰 인원을 합치면 12,380명이었다. 1918년 3월 말 현재 칙임관에서 고원(雇員)까지 조선총독부와 소속기관의 관리는 22,218명이고, 지방청의 관리는 5,587명으로 모두 27,805명이었다.[61] 헌병과 경찰에 비해 관리가 2.25배 많을 뿐이었다. 더구나 조선총독부와 달리 헌병과 경찰은 대부분 조선주차헌병대사령부나 경무총감부와 같은 중앙 지휘부에서 근무하지 않고 주로 지방과 국경 지역에 배치된 사실을 고려한다면, 조선총독부가 조선의 구석구석까지 자신의 지배정책을 관철하는 데 있어 헌병경찰의 도움이 절대적이었다. 헌병경찰제 자체가 신속하고 정확한 상하소통을 내세우며 운영되었으므로 도경무부장은 도장관(道長官)보다 같은 군인인 경무총감, 곧 주차헌병대 사령관의 영향을 당연히 더 많이 받았을 것이다.[62] 더구나 도장관은 경무부장에 대한 인사권도 없었다. 헌병경찰제는 도장관이나 군수가 경찰권을 사용하는 데 불편할 수밖에 없는 제도였다. 지방에서 헌병경찰의 독주가 가능했던 요인의 하나도 여기에 있었다.

이처럼 헌병대의 영향력이 비대화되어 가는 과정은 식민지 조선이 사실상 헌병경찰의 독점적인 권력, 내지는 사실상 '군정(軍政)'처럼 일상

61　『朝鮮總督府施政年報(大正7年)』, 1195쪽, 1199쪽. 관리에는 칙임관부터 판임관 대우까지 그리고 囑託, 雇員도 포함한 것이다.

62　1910년 10월 2일 각 도장관에게 훈시한 총독의 지시에서 이를 시사받을 수 있는데, 小森德治, 『明石元二郎』 上, 454쪽 참조.

이 통제받았음을 의미한다.

그런데 3·1운동 때까지 헌병과 경찰, 헌병보조원과 조선인 경찰순사보가 급격히 늘어났다고도 볼 수 없다. 1918년까지 헌병대 직원은 7,900명 전후, 경찰 직원은 5,600~5,700명 전후였으므로 인원은 큰 변동이 없었다. 여전히 러일전쟁 때 빚진 전쟁비용을 메워야 하는 일본정부로서는 재정압박에 시달리고 있어 조선총독부에 재정지원을 확대할 수 있는 처지가 아니었다.[63] 오히려 조선총독부는 조선 통치에서 현재의 편제와 인원을 유지하겠다며 재정 사정을 들어 헌병대를 축소하고 편제를 바꾸라는 야마모토 곤노효에(山本權兵衛) 내각(1913.2~1914.3)의 요구를 거부하였다.[64] 헌병과 경찰을 늘릴 수 없었던 조선총독부는 행정조직과 헌병경찰조직을 일치시키고 경무기관의 숫자를 늘리면서 이에 대처해 갔다. 그러다 1919년 3·1운동 이후 보통경찰제를 실시하고 '1면 1주재소' 정책을 내세우며 경찰기관과 경찰병력을 다시 급격히 늘렸다. 1920년 경찰 전체 인원 2만 83명은 경찰서 251곳, 파출소 143곳, 주재소 2,354곳(당시 2,509면)에 배치되었다.[65]

---

63 松田利彦, 1995, 「日本統治下の朝鮮における憲兵警察機構(1910~1919)」, 『史林』 78-6, 34~38쪽.

64 山本四郎 編, 「陸相宛寺内總督書翰-朝鮮憲兵隊縮小反對陸軍大臣」, 『寺内正毅關係文書 首相以前』, 461쪽. 야마모토 내각은 군부대신이 현역 무관이어야 한다는 제도를 폐지하고, 총독의 군대에 관한 통수권도 부인하는 정책을 추진하였다.

65 『朝鮮總督府施政年報(大正7~9年)』, 265쪽. 이때 필요한 순사는 대부분 일본에서 모집하거나 조선헌병대 출신자로 채웠다.

3) 대외정책과 조선주차군의 침략 지원

앞서 '제1절 1)항'에서도 확인했듯이, 한국병합과 동시에 육군은 한반도에 주차한 일본군의 출동 범위를 중국의 베이징에서 만주 그리고 러시아의 연해주까지로 한다고 명확히 하였다. 달리 말하면 타이완이나 중국의 남쪽 지방에서 일어난 일에는 한반도의 일본군을 출동시키지 않겠다는 뜻이다. 1910년대 조선주차군 또는 조선군과 관련한 움직임은 이 원칙에 충실하게 운영되었음을 보여 준다. 미리 덧붙이자면, 한반도의 일본군은 1945년 들어서야 처음으로 이 원칙에서 벗어나 미국에 대한 군사작전을 담당한다는 임무까지 부여받았다.

1910년대 일본정부가 동북아시아 질서를 재편하는 데 적극 참여하려고 시도한 외교, 군사 활동 가운데 조선(주차)군과 연관된 일들을 나열하면, ① 1911년 중국에서 신해혁명이 일어나기 전후로 중국 문제를 둘러싸고 외무성을 중심으로 한 일본정부와 야마가타 아리토모 등 조슈파벌 사이의 갈등, ② 1914년 8월 제1차 세계대전 때 독일에 선전포고를 하고 중국과 마셜제도에 있는 독일의 권익을 접수한 군사행동, ③ 1915년 1월 중국에 '21개조 요구'와 뒤이어 중국정치에 관여한 행위, ④ 1918년 8월에 있었던 시베리아 침략을 들 수 있다. 이 가운데 ② 항목을 제외한 나머지는 조선(주차)군이 개입하려 했거나 개입하였다.

1911년 10월 우창(武昌)에서 혁명파가 봉기하며 신해혁명이 일어났다. 이듬해 3월 위안스카이를 임시대총통으로 하는 공화제의 중화민국이 수립되며 혁명은 끝이 났다. 공화제를 내세우는 위안스카이정권의 출현은 영국의 작품이기도 하였다. 그래서 영일동맹에 큰 비중을 두고 있던 일본정부로서는 이를 거부하며 영국과 맞설 수는 없었다.

물론 육군 내 조슈파벌은 신해혁명을 만주에서의 권익을 확대할 절호의 기회로 여기고 만주출병론을 주장하였다. 그리고 혁명이 조선인의 민족주의 열망에 불을 지필 우려도 있다고 보았다. 더구나 1907년 제1차 러일협약 이래 만주의 이권을 러시아와 양분하고 있어 만주 문제에 관한 한 협력적인 관계였지만, 육군이 러시아에 대한 경계심을 풀었던 적은 없었다. 그래서 육군 수뇌부는 만주출병을 구상하였고, 조선주차군을 동만주 방면으로 출동시킬 생각이었다.[66]

그런데 이리 되면 영국의 입장에서는 자신의 중국에 대한 외교정책에 일본이 도전하는 행위로 간주할 수 있었다. 그것은 영일동맹에 기초하고 있던 일본의 대외정책에 심각한 전환을 전제해야만 가능한 외교정책이었다. 신해혁명 당시 제2차 사이온지 긴모치(西園寺公望) 내각(1911.8~1912.12)과 외무성, 해군은 위험한 선택을 하지 않고 영국의 대중국정책에 동조하였다. 육군의 입장에서도 러시아의 보복전을 경계하고 있었으므로 영일동맹의 존속이 필요하였다.[67] 육군의 조슈파벌이 만주출병론을 강하게 밀어붙일 수 없었으므로 조선주차군에게는 만주를 침략할 기회가 없었다.

조선주차군이 일본의 대외정책에 관여할 기회는 얼마 지나지 않아 찾아왔다. 1914년 7월 제1차 세계대전이 일어나자 일본정부는 중국에서 일본의 권익을 확대할 수 있는 '천재일우의 기회'로 여겼다. 1915년

---

66 신해혁명을 전후하여 조선주차군과 관련한 움직임에 대해서는 松田利彦, 2003, 「日本陸軍의 中國大陸侵略政策과 朝鮮-1910~1915年」, 『韓國文化』 31, 238~242쪽 참조. 이 논문은 권태억 외, 2005, 『한국근대사회와 문화』 II(서울대학교 출판부)에 수록되어 있다.

67 小林道彦, 2015, 『大正政變-國家經營構想의 分裂』, 千倉書房, 311쪽.

1월 일본정부가 위안스카이의 북경정부에 제출한 '21개조 요구'는 이를 최종적으로 정리한 종합 선물 세트 같은 거였다.

그러나 위안스카이의 북경정부는 일본의 요구를 선뜻 받아들일 수 없었다. 일본의 요구에 내정간섭과 주권침해의 요소가 강한 독소 조항이 많고, 중국인의 반대 또한 심했기 때문이다. 일본정부는 교섭이 뜻대로 진행되지 않자 1915년 5월 6일 각의를 거쳐 7일에 최후 통첩의 형식으로 수정안을 제시하였다. 위안스카이의 북경정부에 일본인 군사고문과 재정고문을 두도록 하여 통제하려는 요구사항을 빼고 제안한 것이다.

그사이 일본정부는 요구사항을 강요하는 방법의 하나로 조선주차군을 만주에 파견할 계획을 수립하였다. 5월에는 조선주차군 국경수비대를 동만주의 거류민을 보호한다는 명분으로 출동시킬 계획도 세웠다.[68]

계획을 실행하려 했던 과정을 보면, 일본정부가 '21개조 요구'를 제기할 당시 조선주차군 사령관은 이구치 쇼고(井口省吾, 1915.1~1916.8)였다. 1915년 2월 19일 경성에 처음 부임한 이구치는, 아직 긴박한 문제는 아니었지만 이 문제와 관련하여 군사행동을 어떻게 할 것인가를 생각하였다. 그리하여 2월 26일경「시국에 관해 조선군의 내(內)에서 만주로 출병 계획안」을 작성하였다.[69] 그 내용은 구체적으로 알 수 없지만 1915년 2월 10일자 육군성 전보에 따르면, 육군성은 만일의 사태에 대비하여 관동도독(關東都督)의 지휘를 받는 경성 주둔 조선주차군으로 1개 대대가 부족한 1개 연대와 평양 주둔 조선주차군으로 2개 중대씩으

68　松田利彦, 2003, 앞의 글, 245~250쪽.
69　井口省吾文書研究會, 1994,『日露戰爭と井口省吾』, 原書房, 68쪽,「해제」의 일부다.

로만 편성된 보병 2개 대대, 야포병 1개 중대를 긴급하게 준비하여 즉각 철도를 이용해 펑텐 방면으로 수송할 계획이었다.[70] 이후 일본 내각이 5월 6일 최후 통첩을 결의하자 육군성은 이구치 조선주차군 사령관에게 조선에 주차하고 있던 제9사단을 응급 상황에 대비하여 준비하라고 명령하였다.[71] 또 5월 7일 시라이 지로(白井二郎) 조선총독부 관방의 무관이 데라우치 조선총독의 계획을 휴대하고 이구치 사령관을 찾아가 간도와 압록강 연안에 거주하는 일본인을 보호하는 문제를 협의하였다.[72]

5월 9일 위안스카이의 북경정부가 일본 측의 요구를 수용하자 일본 육군성은 군사행동을 취하지 않도록 명령하였다. 일본정부의 강요로 5월 25일 '21개조 요구'를 받아들이자, 중국인들은 1915년 이날을 국치기념일로 기억하기 시작하였다.

그런데 북경정부를 이끌던 위안스카이가 1915년 6월 6일에 사망하였다. 그를 이어 부총통인 려원홍(黎元洪)이 대총통에 취임하였다. 일본정부는 톈진에 주둔한 부대를 베이징에, 만주에 주둔한 부대를 톈진에 각각 파견하여 압력을 가함으로써 그에게 '21개조 요구'를 이행하도록 할 계획이었다. 데라우치 총독은 6월 9일 도쿄에 있으면서 이구치 조선주차군 사령관에게 명령이 내려지면 언제라도 출동할 수 있게 대비하라고 지시하였다.[73] 하지만 이번에도 출동은 현실화되지 않았다. 북경정부

70　山本四郎 編,「大正4年2月10日 古海朝鮮軍參謀長宛明石參謀次長電報-北支作戰準備, 朝鮮軍動員內示」,『寺內正毅關係文書 首相以前』, 604쪽.

71　井口省吾文書研究會,『日露戰爭と井口省吾』, 68쪽,「해제」의 일부다.
　　內閣會議와 御前會議에서는 만주와 조선에 주차한 육군의 일부 부대에 '應急 準備'를 지시하기로 결의하였다(『寺內正毅日記 1900~1918』, 1915.5.6).

72　井口省吾文書研究會,『日露戰爭と井口省吾』, 68쪽,「해제」의 일부다.

73　井口省吾文書研究會,『日露戰爭と井口省吾』, 72쪽,「해제」의 일부다.

가 '21개조 요구'를 이행해 나갔기 때문이다.

이처럼 베이징에서 만주 그리고 시베리아 일대가 작전구역인 조선주차군은 이미 1910년대부터 일본정부의 대중국정책에 따라 중국 문제에 개입하는 군사행동을 자연스럽게 생각하였다. 그리고 그것을 실제 행동으로 옮기는 일이 1918년에 일어났다.

조선주차군의 군사행동은 1917년 일어난 러시아혁명의 진행과 깊은 연관이 있었다. 차르러시아를 물리치고 권력을 장악한 적군의 볼셰비키는 독일 측과 브레스트리토프스크조약(1918.3)을 맺고 전쟁을 끝냈다. 이러한 돌발상황에 방향을 잃은 세력이 있었다. 체코군단이 바로 그들이었다. 체코군단은 비밀조약을 받아들일 수 없었다. 연합군은 동유럽의 영토를 가로질러 체코로 갈 수 없는 어려움을 극복하고 이들을 유럽의 동부전선으로 이동시켜 독일 측과의 싸움에 투입할 계산이었다. 이를 위해서는 체코군단이 적군과 백군의 내전을 이겨내며 블라디보스토크까지 이동해야 했다. 난관을 뚫은 체코군단은 1918년 7월경부터 블라디보스토크에 다다랐다.

미국, 영국, 이탈리아, 프랑스를 비롯한 연합국은 이들을 구출해야 한다는 명분으로 시베리아에 군대를 보냈다. 그런데 연합국이 군대를 파견한 이유는 이것만이 아니었다. 유럽의 동부전선에 보내고자 블라디보스토크 등에 쌓아둔 군수물자도 확보해야 했다. 일본은 또 다른 이유도 있었다. 일본정부는 시베리아 일대와 동북아시아에 천황제를 부정하는 사회주의 사상이 확산되는 현상을 우려하였다. 그리고 결국 일본사회도 영향을 받을 수밖에 없다고 예측하였다. 일본정부는 1918년 8월 2일 시베리아출병을 선언한 이후 연합국 가운데 가장 많은 병력인 7만 3,000여 명을 바이칼호에서부터 블라디보스토크까지 주둔시켰다. 일본군은

1922년 10월에 이르러서야 본국으로 철병을 완료하였다.[74]

조선군은 북만주와 시베리아를 침략한 일본군이 원활하게 활동할 수 있도록 군대와 병참을 수송하거나 지원하고, 본국과 파견부대의 원활한 통신연락이 가능하도록 통신선을 보호하는 활동을 전개하였다.[75] 조선군이 관련한 임무를 수행하라는 첫 지시는 병참 업무의 일부를 담당하라는 1918년 8월 18일자 '작명(作命) 제11호'의 훈령이었다. 훈령은 연해주와 만저우리(滿洲里) 방면에 파견되는 부대에 대한 조선 내에서의 병참 업무를 조선군 사령관이 담임한다는 내용이었다.[76]

이에 1918년 8월 21일 하세가와 제2대 조선총독은 병참 업무에 관해 다음과 같이 지시하였다.

1. 연해주 방면 및 북만주 방면 파견부대에 대한 조선 내에서 병참 업무는 조선군 사령관이 이를 담임한다.
1. 헌병대 사령관 경무총장은 조선군 사령관과 협의하고 철도수송의 경계, 군수품 모집의 원조 등 병참에 관한 업무를 담당해야 한다.[77]

조선군은 북만주로 군대를 수송하는 활동을 1918년 9월 25일경까지 대체로 완료하였고, 그 다음달부터 귀국하는 주차부대의 수송 문제도 책

---

74 그사이 시베리아 일대를 침략한 일본군은 조선군과 함께 1920년 10월 청산리전투에도 개입하여 독립군을 탄압하고, 연이어 경신년대학살이라고 불리는 만행을 저질렀다. 이에 대해서는 다음 '제2부 제3장'에서 살펴보겠다.
75 1918년 6월 조선주차군은 조선군으로 재편되었다.
76 宇都宮太郞關係資料硏究會 編, 2007, 『日本陸軍とアジア政策-陸軍大將宇都宮太郞日記』3, 岩波書店, 137쪽. 8월 18일자 일기다.
77 『朝鮮憲兵隊歷史(1916.1.4~1919.8.15)』9, 280~281쪽.

임겼다.[78] 파견부대와 귀국부대의 안전과 보급 지원을 위해 보병 제78연대는 수비구역을 벗어난 지역인 부산, 대구, 대전, 개성, 용산 병영에 중대 또는 소대를 파견하여 엄호부대 및 급양위원으로서의 임무를 맡았다.[79] 또한 블라디보스토크와 북만주 지역에 파견된 부대의 군용 쌀도 식민지 조선에서 담당하였다. 이를 원활하게 수행하기 위해 조선군이 직접 나서지 않고 배후에서 농상공부, 조선경리부, 조선은행을 지휘하며 상호간의 협의체제를 구축했고, 미쓰이물산 도쿄지점과 각 지방의 유력한 정미업자가 경찰의 협조를 얻어 군용 쌀을 수집하는 실무를 맡았다.[80]

연해주를 침략한 일본군의 움직임은 본토와 대륙의 침략지 사이에서 일본군이 수송 문제와 보급 문제를 어떻게 풀려고 했는지를 시사받을 수 있다. 일본군은 병력수송 문제를 배와 철도를 기본 교통수단으로 하여 본토-조선-침략지로 연결하여 해결하려 하였다. 대륙 침략부대에 필요한 보급품의 일부는 조선에서 해결하였다. 대신에 본토에서 보급할 수밖에 없는 물자는 배로 블라디보스토크까지 운송하는 방식을 택하였다. 가령 1918년 12월 히로시마병기지창(支廠)에서 우지나(宇品)를 거쳐 블라디보스토크까지 석유를 비롯해 각종 기름과 관련한 군수품을 수송한 경우와 1919년 1월 히로시마육군피복지창에서 우지나를 거쳐 다롄 또는 블라디보스토크까지 군수품을 수송한 경우를 들 수 있겠다.[81] 앞서든

---

78 『朝鮮憲兵隊歷史(1916.1.4~1919.8.15)』 9, 310~311쪽. 이밖에 313쪽, 314쪽, 316쪽, 318쪽, 328쪽에도 軍事輸送에 관한 내용이 있다.
79 步兵第78聯隊史編纂委員會, 1983, 『步兵第78聯隊史(朝22部隊)』, 36쪽. 비매품이다.
80 『朝鮮憲兵隊歷史(1916.1.4~1919.8.15)』 9, 288~290쪽.
81 「軍需品輸送に関する件」, 『西密受大日記 大正7年12月』; 「軍需品輸送に関する件」, 『西密受大日記 大正8年1月』.

사례와 같은 군인의 이동과 물자의 수송 방식은 1945년까지도 기본적으로 계속되었다. 여기에서 우리는 만주와 연해주 일대, 심지어 중일전쟁 시기에도 전선의 일본군에게 사람과 물자를 공급하려고 할 때 일본 정부가 식민지 조선에서 무엇을 기대하고, 식민지 조선을 어떻게 이용했는지 시사받을 수 있다. 한마디로 압축하자면, 사람은 철도로 이송하고, 물자는 조선에서도 조달하지만 기본적으로 본토에서 생산하여 대부분 배로 수송하였다.

또한 조선군은 1918년 8월 8일 조선총독으로부터 전신선을 보호하는 일에 대해 다음과 같은 지시를 받았다.

1. 연해주 파견 제12사단 작전 지역과 내지(內地)와의 주요 선(線)은 블라디보스토크-경성선(浦潮斯德京城線)으로 한다.
2. 헌병대 사령관, 경무총장은 조선 내에서 전항 전신선 엄호를 위해 소요의 경계를 담임해야 한다.
3. 작전의 진척에 따라 만주와 내지의 통신이 조선을 경유하게 되면 신의주, 경성선의 경계도 역시 담임할 것을 요한다.[82]

이에 따라 종성, 함흥, 춘천, 경성, 청주, 공주, 대구, 진주의 헌병대장은 전신선을 보호하는 활동을 전개하였다.

조선군과 헌병대는 국내의 전신선을 보호하는 활동만 한 게 아니다. 그들은 시베리아와 북만주에 출동한 부대가 사용하는 데 지장이 없도록

---

82 朝鮮憲兵隊司令部, 『明治29年以降 朝鮮憲兵ノ活動槪觀』, 19~20쪽. 여기서 말하는 경성선은 정확하지 않지만 경의선 또는 경부선을 가리킬 것이다.

만주와 연해주에서 전신선(도쿄-블라디보스토크)을 보호하는 임무도 맡았다. 이에 따라 조선군 사령관은 보병 제74연대 제3대대장이 지휘하는 '남오소리(南烏蘇里)파견대'를 편성하였다. 파견대는 보병 1개 대대, 기병 2개 소대, 공병 1개 중대로 구성되어 10월 13일 연해주 슬라비안카로 출병하였다.[83] 파견대는 1920년 9월에 귀대하였으며, 그사이 파견대원 4명이 사망하였다.[84] 또한 헌병대도 1918년 10월 14일자 요청에 따라 북만주 오소리 방면의 전신선을 엄호하기 위해 위관 1명, 하사 5명, 상등병 10명, 보조원 20명, 승마 11두를 파견하여 수이펀허(綏芬河) 서쪽과 연해주 남쪽에서 활동하던 일본군을 지원하였다.[85]

이렇듯 조선주차헌병대가 본국 정부의 대외팽창정책을 지원하는 활동을 할 수 있었던 데는 식민지 조선에서의 치안을 장악하고 있던 현실과 깊은 연관이 있었다. 앞에서도 분석했듯이, 조선총독부와 조선주차군 사령부는 1911년 들어 치안을 가장 불안하게 했던 의병을 거의 소멸시키자 육군 병력을 집중하는 대신에, 그해 11월경부터 헌병경찰을 증원하고 분산배치하여 '조장행정' 활동을 강화함으로써 헌병경찰제를 본격화하기 시작하였다. 헌병경찰제는 1914년 조선총독부가 지방행정제도를 정비하는 시점에 맞추어 기구를 재편성함으로써 정치적·제도적으로 정착되었다. 조선주차군을 상주사단으로 편성하고 대외정책에 개입할 수 있었던 배경의 하나도 여기에 있었다.

지방의 치안을 안정시키는 활동과 함께 행정 분야에서도 헌병경찰이

---

83 宇都宮太郎關係資料研究會 編, 『日本陸軍とアジア政策-陸軍大將宇都宮太郎日記』 3, 163쪽. 10월 13일자 일기다.

84 步兵第74聯隊史刊行委員會, 1996, 『步兵第74聯隊史』, 4쪽. 비매품이다.

85 『朝鮮憲兵隊歷史(1916.1.4~1919.8.15)』 9, 306~307쪽.

다양한 역할을 수행하였다는 측면에서 볼 때 조선의 헌병경찰제가 본국 정부의 경찰제도보다 타이완의 '경찰정치'에서 배웠다고 보아야 할 것이다. 하지만 타이완에서의 경찰의 역할은 1898년 이래 헌병대나 전투부대가 아닌 문관 경찰이 수행하였다는 점에서 식민지 조선의 경우와 달랐다.

조선(주차)헌병대는 조선(주차)군 사령관의 지휘 아래 일본의 대외팽창에도 관여하였다. 조선주차군은 「조선주차군사령부조례」 제2조에 명시되어 있는 '조선의 방위'라는 주둔 목적 이외에, 일본정부의 대외팽창정책을 실현하기 위해 언제든지 한반도를 벗어나 자신의 작전권역인 만주, 노령의 연해주, 베이징에서까지 활약하도록 보장받았다.

「제국군용병강령」에 충실한 조선(주차)군은 일본정부의 대외팽창정책 내지는 육군의 북진론이 실현될 수 있도록 적극적이고 직접적으로 개입하는 데 치중했다기보다 아직까지는 전방의 일본군을 측면(후방)에서 지원하는데 그쳤다. 즉, 만주에 있는 일본 육군이 중국 본토에 출동하면 조선(주차)군은 만주로 출병하여 일본의 권익을 옹호하고 일본인을 보호하는 활동을 하려고 하였으며, 일본 육군이 시베리아에 출병하자 이와 관련된 수송과 보급 및 통신보호 임무를 담당하였다.

1910년대 조선주차헌병대의 여러 활동은 한마디로 말해 무단통치, 달리 말하면 헌병경찰통치라고 당시부터 언급되어 왔다. 무단통치의 정점에는 규정에 따라 현역 육군대장 출신만 임명된 조선총독이 있었다. 조선 지배층의 최상층부에 대한 이러한 인사 배치는, 조선의 문무기관을 원만히 통솔하면서 북진론에 입각한 육군의 대러시아 작전 내지는 육군 조슈파벌의 이해관계와도 깊은 연관이 있었을 것이다.

조선총독은 일본의 다른 식민지에서와 달리 내각의 감독을 사실상 받지 않고 천황에 '직예'하였다. 조선에서의 입법, 사법, 행정에 관한 권한뿐 아니라 군 통솔권도 갖고 있었다. 헌병대 사령관이 책임자로 있는 경찰을 직접 관할하였다. 조선총독은 무단통치를 원활하게 수행하려는 조치의 하나로 조선(주차)군과는 조선총독부 관방의 무관을 통해, 조선인 대중과는 헌병경찰을 매개로 접촉하였다. 이처럼 막강한 권한의 조선총독과 정무총감, 군사령관, 헌병대 사령관 겸 경무총감 등은 모두 조슈파벌, 특히 야마가타 아리토모 계열에서 독점하였다. 때문에 육군 수뇌부, 좁게는 야마가타 계열이나 조선총독은 일본정부의 대륙정책에서 상대적으로 독립해 있으면서 독자적인 행동을 할 여지가 있었다. 반대로 조슈파벌은 식민지 조선을 기반으로 본국 정부 및 다른 식민지에 영향력을 지속할 수 있었다. 달리 보면 일본 정치의 모순된 분위기와 제도가 본국에 대한 식민지의 '역규정'의 가능성을 열어놓았다고 할 수 있다.

그런데 1919년 3·1운동은 이때까지의 현실을 많이 바꾸어 놓았다. 가령 1910년대 조선(주차)군은 일본정부의 대외정책 속에서 움직였으므로 스스로 공세적이지 않았다. 하지만 만주에서 항일운동이 활발하게 일어나는 데 대한 대응과정에서 일으킨 1920년 일본군의 간도침략은 조선군이 일본의 대외정책에 적극적으로 개입할 수 있음을 보여 준 사건이었다. 1931년의 만주사변 때부터 조선군은 공세적이고 적극적인 자세로 일본정부의 대외정책에 관여하기 시작하였다. 이에 대해서는 '제2부 제3장'과 '제3부 제1장'에서 살펴보겠다.

제3장 조선주차군, 식민지 지배의 터 닦기(1910~1918)

제2부
조선군, 상주하는 주둔군

제1장
주차군에서 주둔군으로

1. 사단 창설의 정치와 조선군사령부 창립

　1915년 6월 일본 제국의회는 육군의 요구를 받아들여 식민지 조선에 2개 사단을 신설하는 예산을 배정하였다. 지금까지는 1~2년씩 조선에 파견되었다가 본토의 주둔지로 돌아가는 운영방식을 완전히 바꾼 것이다. 육군의 숙원인 2개 사단 신설문제는 조선군사령부와 제19, 20사단의 창설로 이어졌지만, 거기까지 이르는 과정에서 파워게임은 대단하였다. 우선 이를 간략히 짚어보고 조선군 이야기로 돌아가자.

　1907년 4월 일본 육해군의 원수부회의(元帥府會議)는 「제국국방방침」, 「국방에 필요한 병력량」 등을 결정하였다.[1] 천황의 재가를 얻어 제정된 「제국국방방침」의 핵심적인 내용을 보면, 군부는 러시아와 미국, 독일, 프랑스를 가상 적국으로 상정하고, 육군에서 25개의 상주 사단을 운영하고, 해군에서 전함 8척과 장갑순양함(裝甲巡洋艦) 8척을 건조하는 사업을 군사력 정비의 기준으로 삼았다.[2] 이후 육군은 러일전쟁 이후 19개 사단체제로 정비된 현실에서 평시에 25개 사단체제를 유지해야 한다고 보고, 6개 사단을 한 번에 실현할 수 없으니 우선 2개 사단을 증설하는 문제에 집중하였다.

　육군 수뇌부는 처음부터 신설 사단을 조선에 배치한다는 생각으로

1　원수부회의란 정치의 원로회의처럼 육해군에서 천황으로부터 원수 칭호를 받아 종신대장의 신분을 보장받은 사람들이 모여 천황에게 군사 분야에서 최고 고문의 역할을 하는 자리다.
2　1907년의 「제국국방방침」 등은 山田郎 編, 『外交資料-近代日本の膨張と侵略』, 123~127쪽을 참조하였다.

2개 사단을 요구하지 않았다. 그럼에도 2개 사단 신설은 식민지 조선과 직접 연관이 있는 사람들로부터 먼저 제기되었다. 조선에 2개 사단을 증설해야 한다고 처음 제기한 사람은 데라우치 육군대신 겸 조선통감이었다. 그는 1910년 6월 "국방 병력 충실의 일부"로서 먼저 2개 사단을 증설해야 한다며 참모총장의 동의를 얻어 내각회의에 제출하였다.[3] 데라우치의 주장은 일본정부가 8월에 한국병합을 추진하고 있었고 그 자신이 이를 진두지휘한 사람이니 2개 사단을 늘리는 문제가 조선의 식민지화와 매우 깊은 연관이 있는 주장이었다고 볼 수밖에 없다.

2개 사단을 늘려달라는 육군의 요구가 곧 식민지 조선에 2개 사단을 배치한다는 의미로 해석되며 공론화한 시기는 1911년 8월경이었다. 제2차 사이온지 내각이 성립하는 날 육군대신에 취임한 이시모토 신로쿠(石本新六)가 조선에 2개 사단을 상설해야 한다는 의견을 천황에게 상소했기 때문이다. 그는 식민지 조선의 지배를 확실히 할 필요가 있었고, 장차 대륙에서의 입지를 지키고 강화할 필요를 이유로 내세웠다.[4] 이시모토 육군대신이 말한 대륙에서의 입지란 만주이권에 관여할 여지를 넓히고 베이징 등지에 대한 군사개입의 가능성을 염두에 둔 말이었다.[5]

러일전쟁의 여파로 여전히 긴축재정을 해야 하는 일본정부의 처지를 고려할 때 육군대신이 사단을 늘려달라고 공식적으로 요구하는 것 자체가 무리한 주장이었다. 더구나 해군의 전력을 강화하는 데 많은 예산을 투입하고 있던 일본정부로서는 2개 사단을 당장 늘리기는 무리였다. 그

---

3   小林道彦, 2015, 앞의 책, 291쪽.

4   小林道彦, 2015, 위의 책, 293쪽. 원전: 宮內省 編, 1975, 『明治天皇紀』 12, 吉川弘文館, 683~684쪽.

5   조명철, 2010, 「上原 육군대신의 사퇴와 사단증설문제」, 『史叢』 71, 349쪽.

럼에도 육군대신이 사회적 분위기와 다른 주장을 공개적으로 제기할 수 있었던 데는 한국병합이 큰 이유였다. 한국병합은 야마가타 아리토모를 중심으로 한 조슈파벌 또는 육군 상층부가 러시아의 보복전에 대비하고 중국 문제에 개입하는 대륙 지향의 군사전략을 주장하며 군비확대를 강력하게 제기할 수 있는 버팀목이었다. 또한 식민지 조선이란 존재는 일본 정치판에서 육군의 상대적 독자화를 추구한 조슈파벌 등에게 든든한 뒷배경이었으므로, 그곳에 설치하려는 2개 사단은 그들의 정치적 목소리를 더욱 보장하는 또 하나의 장치일 수밖에 없었다.

그러나 제2차 사이온지 내각은 육군의 요구를 받아들이기보다 해군의 전력을 증강하는 데 정책의 무게중심을 더 두고 있었다. 더 나아가 행정과 재정을 정리하고 공채발행을 억제하여 불필요한 정부예산을 절감하는 데 우선을 두었다. 러일전쟁 이후 긴축 모드를 더욱 강력히 지속하려고 한 것이다. 육군, 특히 야마가타를 중심으로 한 조슈파벌의 2개 사단 증설 요구는 이를 정면으로 거스르는 주장이었다. 결국 이시모토의 뒤를 이어 육군대신에 취임한 우에하라 유사쿠(上原勇作)도 1913년도 예산에 사단 증설 비용을 반영하도록 요구하다 1912년 12월 사퇴하였다. 그가 육군대신에서 사퇴한 지 3일 만에 제2차 사이온지 내각도 붕괴하였다. 사단 증설 문제는 일본 정국을 뒤흔든 뇌관이었던 것이다.

이후 내각이 세 번 바뀌는 동안 2개 사단 문제는 일본 정계의 뜨거운 감자였다. 그런데 1914년 7월 제1차 세계대전이 일어나면서 반전이 일어났다. 11월에 일본군은 독일이 조차하고 있던 칭다오(靑島)를 둘러싼 전투에서 승리하였다. 제2차 오쿠마 시게노부(大隈重信) 내각(1914.4~1916.5)은 전쟁 와중에 제2차 사이온지 내각의 기반이기도 했던 정우회를 비롯한 반대세력을 물리치고 2개 사단을 늘리는 예산안을 통과시켰다. 그래도 일본경제는 러일전쟁 직후처럼 긴축을 해야 할 만큼 어렵지 않았다. 미국과 유럽의 국가들이 전쟁의 소용돌이에 빠져 중국의 정치와 경제에 신경을 쓸 여력이 부족한 틈을 타 일본이 영향력을 급속히 확대하고 경제적 이윤을 늘려갔기 때문이다. 전쟁경제라는 호경기를 누리던 일본은 제1차 세계대전이 끝났을 때 채무국에서 채권국으로 바뀌었다. 1918년 12월 장교들이 처음으로 연말 상여금을 받을 정도였다.[6]

일본정부는 주둔군을 설치하는 이유를 다음과 같이 밝혔다.

> 조선에는 수비를 위해 종래 1개 사단 반(半)의 병력을 내지에서 파견해 교대 주차하였으나 이 제도는 신영토의 치안유지상 적당하지 않음은 물론 군대의 건제(建制)를 파(破)하고 교육과 경리를 저애할 뿐 아니라 전시 동원상 지장이 많았기 때문에 이 부대를 야전에 사용하는 것이 극히 곤란하여 국방 계획에 다대한 지장을 초래할 우려가 있고 국방상 상비군 병력 증가의 필요가 있으므로 정부는 2개 사단으로 증설해 이것을 조선에 상치(常置)하고 동시에 교대 파견제도를 폐지할 계획을 수립하여 본연도(1915년-인용자)에 임시제국의회의 협찬을 거쳐 실시의 단서를 열었다.[7]

일본 육군은 조선군 산하에 상주 사단을 두어 식민지 조선의 치안을 담당하게 함으로써 안정된 통치 기반을 조성하려는 목적을 가장 중요시

---

[6] 宇都宮太郎關係資料研究會 編, 『日本陸軍とアジア政策-陸軍大將宇都宮太郎日記』 3, 191쪽. 12월 28일자 일기다.

[7] 『朝鮮總督府施政年報(1915年度)』, 87쪽.

하였다. 또한 1911년 이후 헌병경찰에 의해 조선의 치안을 안정적으로 장악할 수 있게 된 상황에서 상주 사단을 설치하여 첫 번째 적국으로 지목한 러시아의 군대를 상대하는 대외 군사작전이나 대륙에서의 식민지 개척과 운영에 대처하고자 하였다.

상주 사단의 설치는 일본의 대외전략과 연동지어 살펴보아야 하므로 좀 더 상세하게 그 이유를 짚어보자. 일본 육군 수뇌부는 만주의 패권을 놓고 러시아를 의식하고 있었다. 그들은 러시아가 철도를 중심으로 극동에서의 교통망을 곧 완성할 것으로 예상하였다.[8] 러시아의 보복전을 항상 염두에 두고 있던 육군 수뇌부로서는 조선에서의 "고정병비를 국경에 배치할 필요"를 절감하고 있었다.[9] 또한 1911년 청 왕조가 붕괴하고 군벌이 할거하는 중국의 정치 상황으로 러시아의 군사력에 대응할 수 있는 세력이 하나 줄어든 반면에 육군이 대륙에 진출할 유리한 기회가 도래한 측면도 있음을 간파하였다. 뿐만 아니라 육군 수뇌부는 해군의 전력보강 작업이 육군보다 먼저 진행되고 있는 국방정책의 방향을 돌려 육해군을 동시에 발전시켜야 한다고 보고 이를 정책에 반영시킬 필요가 있다고 생각하였다.[10] 더구나 육군대신을 역임한 데라우치는 제1대 조선 총독이자 조슈파벌의 대표주자로서 만주와 조선을 하나로 통합한 통치기관을 세우는 데 있어 조선이 그 발판이라는 생각을 갖고 있었다.[11]

---

8 육군은 러시아가 1914년에 시베리아철도의 복선화, 1916년에 중동철도를 완성할 것으로 예상하였다.

9 井口省吾文書硏究會, 『日露戰爭と井口省吾』, 68쪽, 해제의 일부다. 井口省吾가 1915년 1월 조선주차군 사령관으로 부임하기 직전, 大隈重信 총리와의 면담 때 이같이 발언하였다.

10 北岡伸一, 1978, 앞의 책, 126~128쪽, 육군은 陸主海從을 견지해야 한다는 의도를 명백히 갖고 있었다.

육군은 조선주차군을 상주군으로 개편하기 위해 주요 부대의 지휘부를 먼저 개편하였다. 지휘부를 담당할 사람을 조선에 근무하고 있던 사람들로 임명함으로써 신중하고 안정된 개편을 지향하였다. 제19사단장인 다치바나 고이치로[구(舊)6기]는 조선주차헌병대 사령관에서 승진했으며, 신임 헌병대 사령관에는 조선주차군 참모장인 후루미 이즈시오[구

〈그림 2-1-1〉제19사단사령부 용산병영 개청식(1916.5.1)

출처: 신주백·김천수 편, 2019, 『사진과 지도, 도면으로 본 용산기지의 역사 1(1906~1945)』, 선인, 108쪽 (원전: 『조선사단창설기념호(1916)』).

---

11 山本四郎 編, 「滿洲ニ關スル寺內正毅覺書-中心機關設置の要, 管轄區域, 機關銀行, 移民保護. 兵力增强, 靑島問題先後計劃の要 大正3年以後」, 『寺內正毅關係文書 首相以前』, 603쪽.

(舊)9기가 맡았다. 또 조선군 참모장에는 후루미의 동기이자 임시조선파견대의 마지막 사령관인 시로우즈 아우시(白水淡), 임시조선파견대를 개칭한 제40여단 여단장에는 역시 후루미와 동기로 조선총독부 관방에서 무관으로 근무하고 있던 시라이 지로 소장이 각각 1916년 4월 1일자로 부임하였다. 제19사단의 상주 사단 창설 작업도 같은 달 용산병영에 사령부가 설치되며 시작되었다.

이즈음 조선주차군의 배치현황을 정리하면 〈그림 2-1-2〉와 같다.

〈그림 2-1-2〉에서 알 수 있듯이 1917년 시점에 조선주차군은 제19, 20사단을 상주 사단으로 편성하기 위해 활동하고 있던 시점으로 1.5개 사단 규모였다. 경성을 경계로 남과 북으로 책임구역을 나누고 식민지 조선의 북쪽을 책임지는 제19사단에 형식상 4개 연대를 우선 배치하였다. 뒤에서 다시 확인할 수 있겠지만, 제19사단이 완성되려면 보병 제75, 76연대를 새로 편성해야 했고, 제20사단은 보병 제79연대를 보강해야 하는 상황이었다. 제19사단 지휘 아래 있던 보병 제77, 78연대는 제19사단의 편성이 완료되고 제20사단이 창설되면 제20사단 소속으로 바뀌게 되어 있었다. 이때 평안도와 황해도의 수비 구역도 제20사단에서 책임지는 구역으로 자동 변경된다.

이러한 개편은 1919년 2월 제19사단 편성이 완료되고 사령부를 나남으로 이전함과 동시에, 그해 4월 1일자로 제20사단사령부를 편성하여 용산병영에 배치하면서 끝났다. 이제 그 과정을 간략히 살펴보겠다.

제19사단은 함경도와 강원도 지방에 주둔하며 두만강을 경계로 중국의 동만주와 러시아의 연해주 지역에 인접한 국경도 수비하였다.[12] 제

---

12 1916년 현재 동만주 지역의 전체 인구는 26만 4,000여 명이었다. 이 가운데 77%인

<그림 2-1-2> 조선주차군 배치도(1917.1)

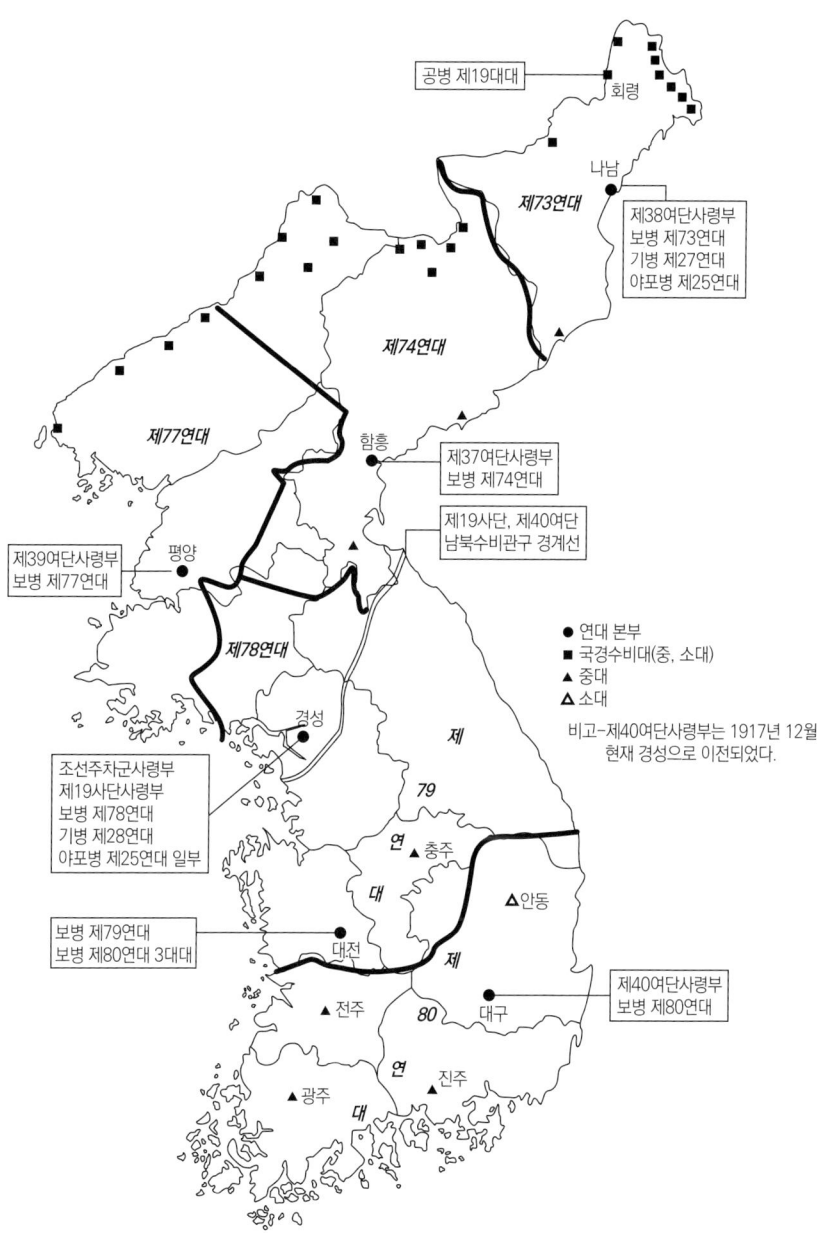

출처: 姜德相 編, 1966, 『現代史資料』 25, みすず書房.

20사단은 함경도와 강원도를 제외한 한반도 대부분을 관리해야 하므로 매우 광범위한 지역에 주둔하는 부대였는데, 압록강을 경계로 국경까지 담당하며 때때로 남만주 지역의 정세에 예민해야 하는 부대였다.

일본 육군은 1916년 4월 용산병영에 사령부를 둔 제19사단의 주력이 편성됨에 따라 주차하고 있던 제9사단의 임무를 이어받으면서 상주사단의 편성 작업을 본격화하였다. 제19사단 예하에는 같은 날짜에 편성되어 함경남도 함흥에 사령부를 둔 보병 제37여단과 그 예하부대로 함경북도 나남과 함흥에 본부를 둔 보병 제73, 74연대가 있었다. 또한 같은 시기에 편성된 기병 제27연대, 야포병 제25연대도 나남에 본부를 두었다. 두 연대는 1920년 4월에 편성되어 회령과 나남에 본부를 둔 보병 제75, 76연대 그리고 그해 8월에 편성되어 역시 나남에 사령부를 둔 보병 제38여단의 예하부대로 편입되었다. 제38여단 예하에는 1917년 8월에 편성된 공병 제19대대도 있었다(〈부표 2〉도 참조).

일본은 제19사단사령부를 편성하는 날짜와 같은 시기에 보병 제40여단사령부도 편성하여 사령부를 용산병영에 두었다. 제40여단은 한반도의 남부지방을 관할하던 임시조선파견대사령부의 관할구역을 대신한 부대로서 제20사단 창설을 준비하는 부대였다.[13] 제40여단 산하에는 1916년 4월에 편성되어 대전과 대구에 각각 본부를 둔 제79, 80연대가 있었다. 제80연대는 임시조선파견대 소속 보병 제2연대가 개칭된 부대였다.[14]

20만 3,000여 명이 한인이었다. 그리고 그들 가운데 다수가 함경도 출신이었다. 滿洲國軍政部顧問部, 1937, 『滿洲共産匪の研究』 1, 543쪽.

13 外山操 森松俊夫 編著, 『帝國陸軍編制總攬』 1, 317~319쪽.

14 步80會, 1977, 『步兵第80聯隊史』, 7쪽.

제20사단사령부는 3·1운동의 와중인 1919년 4월 1일 창설되었다. 1920년 4월 1일에 편성되어 용산병영에 본부를 둔 기병 제28연대와 야포병 제26연대, 공병 제26대대도 예하에 두었다. 또한 평안남도 평양에 사령부를 둔 보병 제39여단 역시 각각 평양과 용산병영에 본부를 둔 보병 제77, 78연대와 함께 1916년 4월에 편성되었다(〈부표 2〉 참조).[15] 제77연대와 제80연대는 1개 대대씩 신의주와 대전에 배치하였다. 제20사단사령부는 1921년 4월 29일 사단 편제를 완료하였다. 이렇듯 제20사단의 편성은 소련과의 국경을 접한 제19사단의 편성보다 늦었다.

사단 신설 과정을 큰 흐름에서 보면, 제국의회의 예산 배정으로부터 제19사단은 3년, 제20사단은 5년이 지난 후에야 편성이 끝났다. 보병 제75, 76, 79연대의 편성은 1920년 4월에 겨우 완결되었다. 이들 연대의 편성은 3·1운동 탄압을 위해 본토에서 황급히 파견된 임시조선파견보병대대로 보충하면서 완결되었다는 공통점이 있다. 예산부족이 가장 결정적인 이유였다. 제1차 세계대전으로 인한 전시호황이 없었다면 조선군 편제의 완결은 더 지체되었을 것이다.

---

15 부대를 신설하고 재배치하는 문제가 현안으로 떠오르자 조선에 거주하는 일본인을 중심으로 '병영 유치 운동'이 벌어지기도 하였다. 평양의 일본인사회는 사단, 대구의 경우는 여단 또는 연대, 대전의 일본인사회는 대구와 경쟁의식을 갖고 연대를 유치하는 운동을 벌였다. 자세한 내용은 이민성, 2017, 「1910년대 중반 조선 주둔 일본군 군영 배치계획과 유치운동의 양상」, 『한국근현대사연구』 83 참조.
물론 지역사회의 유치운동이 부대의 신설과 규모를 결정하는 데 결정적인 요인으로 작용하지는 않았겠지만, 1910년대 식민지 조선사회의 변화를 읽을 수 있는 대목임에는 분명하다. 또한 제2차 병영 확장 공사의 특징 가운데 하나인데, 육군은 대대급 이상의 부대에 필요한 병영을 설치할 때 애초에 부대가 없던 도시에 새로 건설하기보다 기존의 병영을 확장하는 방식을 취하였다. 보병 제37여단 병영을 새로 확보한 함흥의 경우는 예외적이었다고 볼 수도 있다.

부대의 구성이란 측면에서 볼 때, 제19, 20사단은 본토의 사단과 다른 점이 두 가지 있었다.[16] 우선 제19사단의 야포부대가 산포대(山砲隊)였다. 산포란 문자 그대로 산악지대나 지형이 평지처럼 정리되지 않는 지형에서 기동력을 발휘할 수 있는 야전포를 말한다. 때문에 일반 야포에 비해 가볍고 작으며 분해가 가능한 화포다. 둘째, 사단 규모의 부대에 있어야 할 치중대(輜重隊)가 없었다. 치중이란 식량, 피복, 무기, 탄약 등의 군수품을 수송하는 전담 부대였다. 한국군으로 치자면 수송부대였다.

부대의 배치라는 측면에서 볼 때, 제19사단의 담당 구역은 함경남북도로 국한되었지만, 나머지 지역을 모두 담당한 제20사단은 당시 일본군 사단 가운데 위수 지역이 가장 넓은 부대였다. 가령 일본에 있는 정규사단은 보통 10여 개 내외의 현(縣)에서 징병 등의 소집 업무를 담당하며 활동했는 데 비해, 조선의 제20사단은 182개 부와 군, 제19사단은 50개 부와 군을 대상으로 본국의 부대와 마찬가지의 업무를 담당하는 한편, 조선인에 대한 치안유지와 국경경비까지 담당하였다.[17]

그런 와중에도 육군은 함경남북도와 경성에 부대를 집중배치하였다. 이를 위해 육군은 용산병영에 사령부가 있는 제40여단 산하의 제79연대 이외에도 평양에 사령부를 둔 제39여단 소속의 제78연대까지 용산

---

16 小磯國昭自敍傳刊行會 編, 1963, 『葛山鴻爪』, 618쪽. 고이소 구니아키는 조선군 사령관(1935.12~1938.7), 제8대 조선총독(1942.5~1944.7), 제41대 내각총리(1944.7~1945.4)를 역임하였다. 1948년 도쿄전범재판에서 종신금고형을 선고받고 도쿄의 스가모형무소에서 복역 중 1950년 사망하였다.

17 服部雅德 編, 「陸軍省受領參第11號 大正8年度朝鮮軍司令部定員外人員配屬ノ件 上申(1919.1.20)」, 『陸軍省大日記史料集』 7, 335쪽.
덧붙여 말하자면 일본 육군 수뇌부는 조선군의 역할과 과중한 활동범위, 3·1운동의 경험도 있어서 제1차 세계대전 이후 세계의 군비감축 분위기에도 불구하고 조선군을 예외로 취급하였다. 오히려 2개 사단의 병력을 늘리는 때도 있었다.

병영에 배치하였다. 이에 비해 전라도, 경상도, 충청도라는 넓은 지역은 제80연대 홀로 담당하였다. 이러한 배치는 식민지 조선의 중심지인 경성이라는 곳의 정치적 비중을 고려하고, 국경수비대 운영과 러시아를 경계해야 하는 군사적 부담을 반영한 조치였다. 물론 헌병경찰로 조선의 치안을 장악했다는 일본정부 나름의 정세판단도 작용했을 것이다.

이처럼 두 개 사단을 창설하는 과정은 새로운 부대를 편성하는 과정이기도 했다. 기본적으로 보병만 따지면 6개 연대를 신설하는 과정이었기 때문이다. 신설 연대는 본토의 한 개 사단에서 1개 대대씩 아니면 특정 1개 사단에서 연대본부와 1개 대대를 배치받아 편성하는 방식으로 일단 뼈대를 갖추어 갔다. 가령 제19사단 소속의 보병 제74연대는 제7, 8, 14사단에서 각각 1개 대대를 지원받았다. 제20사단 소속의 제78, 79연대는 각각 제4, 6, 16사단과 제5, 11, 17사단에서 1개 대대씩 지원받았다. 이에 비해 제19사단의 보병 제75연대는 제7사단에서 연대본부와 1개 대대를 지원받았다.[18] 제75연대의 경우 부족한 2개 대대는 3·1운동의 확산에 신속하고 강력하게 대응하고자 1919년 4월 들어 본토에서 파견된 임시조선파견 보병 6개 대대 가운데 광주와 원산에 배치된 부대로 채웠다. 마찬가지로 보병 제76연대도 제15사단에서 연대본부와 1개 대대를 편성받았는데, 나머지 2개 대대를 임시조선파견보병 2개 대대로 구성하였다.[19] 제19, 20사단의 연대는 이후 신규 병력을 일본 본토의 연대들이 징병할 때 같이 지원받았다. 1916년 시점을 정리

18　步兵第74聯隊史刊行委員會, 『步兵第74聯隊史』, 1쪽; 東京75會事務局, 1994, 『步兵第75聯隊小史』, 1쪽.

19　步兵第76聯隊, 1930, 『76須知』, 1쪽.

〈표 2-1-1〉 제19, 20사단 병력 징집구역과 부대들

사단	보병연대	기병연대	야포병연대	공병대대	징집 사관구	사관구 중심 도시
19	73	27	25	19	1	도쿄
	74				14	우쓰노미야
	75				3	나고야
	76				15	교토
20	77	28	26	20	12	고쿠라
	78				5	히로시마
	79				17	오카야마
	80				10	히메지

비고: '사관구 중심 도시'는 필자가 추가하였다.
출처: 「第19, 第20師團兵徵集區の件(防衛省防衛研究所)」, 『永存書類甲輯第2類 大正5年』.

하면 〈표 2-1-1〉과 같다.

제19, 20사단은 매년 〈표 2-1-1〉에서 언급한 징집구역을 담당하는 본토의 사단과 같은 날인 1월 1일에 신병을 받았다. 그러다 1927년 육군이 「병역법 시행령」을 개정함에 따라 제19, 20사단은 식민지 조선의 경비(警備)문제도 있어서 매년 6월과 12월 두 차례 신병을 받았다.[20]

신설 부대의 주둔지를 마련하는 방식은 기존의 부대가 주둔하고 있어 주둔지의 공간을 확장하는 형식으로 이루어졌다. 이에 따라 편성된 부대들은 나남과 경성에 우선 집중되었다. 나남은 소련에 대한 군사작전의 최전방 사령부이자 핵심 전진기지로 개발된 곳이었다. 용산병영은 조선군 지휘부가 있는 데다 식민지 조선을 지배하는 중심지인 경성에 있었기 때문이다. 나남과 용산병영은 해군의 도시인 진해와 함께 군사적 목적으로 개발된 군도(軍都)였다.

20　步兵第79聯隊史編輯委員會, 1984, 『步兵第79聯隊史』, 49쪽.

특히 육군은 용산병영 확장에 신경을 집중하였다. 용산병영에 여단사령부, 사단사령부, 군사령부가 있었고, 주둔 부대도 보병만이 아니라 포병, 기병 및 수송부대 등 여러 병과의 신규 부대가 연이어 들어섰기 때문이다. 그래서 육군은 제1차 건설 공사가 끝난 지 2년 만인 1915년부터 1922년까지 제2차 확장 공사를 진행하였다. 용산병영은 제1차 공사 때 면적이 1,179,800평이었는데, 이보다 두 배 이상 더 확장하여 공사가 끝난 1922년에 이르면 2,744,900평의 넓이가 되었다. 이즈음부터 군대가 주둔한 이곳은 군인 가족까지를 포함해 사실상 하나의 작은 도읍지 수준의 모습을 갖추게 되었다. 덧붙이자면, 오늘날 주한미군이 주둔하고 있는 용산기지의 도로와 이를 경계로 안과 밖을 구분하는 실질적인 원형은 이즈음 완성되었다고 보면 된다(〈그림 1-2-3〉도 참조).

편성이 완료된 이후 제19, 20사단의 특징 가운데 하나는 '국경수비대'를 별도로 운영했다는 점이다. 뒤에서 다시 보게 되겠지만, 고정원제(高定員制)라는 이름으로 운영된 국경수비대는 1922년 시점에 이르면 제19사단 담당 구역인 두만강 연안의 경흥, 신아산, 신건원, 경원, 훈융, 은성, 상삼봉, 무산, 삼장, 혜산진, 신갈파진 등지, 그리고 제20사단 관할 지역인 압록강 연안의 도읍인 신의주, 의주, 청성진, 창성, 벽동, 초산, 위원, 강계, 만포진, 자성, 중강진, 후창 등지에 주둔하였다.[21] 이는 대부분의 병력을 함경북도를 중심으로 한 북부조선에 배치하는 대신 헌병과 경찰에 일상의 치안을 맡긴다는 계산에 따른 조치였다. 또 러시아나 소련을 상대하는 군사작전이나 만주에서의 권익을 옹호하는 문제에 집중하겠다는 대륙전략 차원의 의도를 반영한 조치였다.

---

21 宮田節子 編, 1989, 『十五年戰爭極秘資料集 15-朝鮮軍槪要史』, 不二出版, 12쪽.

일본정부는 이렇게 조선주차군을 조선군으로 개편하는 도중인 1918년 6월 1일 조선주차군사령부를 조선군사령부로 개편하였다. '주차'라는 단어를 떼고 '주둔'이란 성격의 부대로 확실히 전환한 것이다. 조선군은 조선주차군과 마찬가지로 사령부를 용산병영에 두었다.[22]

조선주차헌병대도 1918년 6월 조선헌병대로 개편되었다. 초대 조선군 사령관은 7월 24일에 임명된 우쓰노미야 다로(宇都宮太郞) 대장이었다. 조선헌병대 사령관도 7월 28일에 고지마 소우지로 중장을 한 계급 올려 임명하였다.

1919년 3·1운동이 일어난 직후이기는 하지만, 조선군사령부가 창설된 이후 조선군 예하부대의 배치현황에 큰 변화가 없었으므로 3월 이전의 상태로 알고 이를 정리하면 〈그림 2-1-3〉과 같다.

상주군의 지휘부로서 조선군사령부가 창립되었지만, 〈그림 2-1-3〉의 조선군 배치는 1917년 1월 시점상의 배치(〈그림 2-1-2〉)와 크게 달라진 점이 없음을 알 수 있다. 가령 조선군은 여전히 남북수비관구 제도를 운영하였다. 아직 제20사단의 편성을 완료하지 못했기 때문일 것이다.

조선군사령부에는 조선주차군사령부 시절과 마찬가지로 막료로서 참모부와 부관부가 있었고, 경리부, 군의부(軍醫部), 수의부(獸醫部), 법관부를 두었다. 조선군의 핵심은 제19, 20사단이란 상주 사단이었다. 이외에도 항공 제6대대,[23] 조선헌병대사령부, 진해만요새사령부, 영흥만요새사령부, 마산중포병대대,[24] 조선보병대,[25] 조선군 군악대, 조선 육군창고,

---

22 『每日申報』, 1918.5.31.
23 1920년 편성되었다. 1922년 비행 제6대대, 1925년 비행 제6연대로 바뀌었다.
24 진해만 입구에서 마산까지 경비하며 진해해군기지를 수비하는 부대였다.
25 조선 왕실의 식민지 버전인 李王家의 경복궁을 호위하는 2개 중대 규모의 부대였다.

〈그림 2-1-3〉 조선군 배치도(1919.3.12)

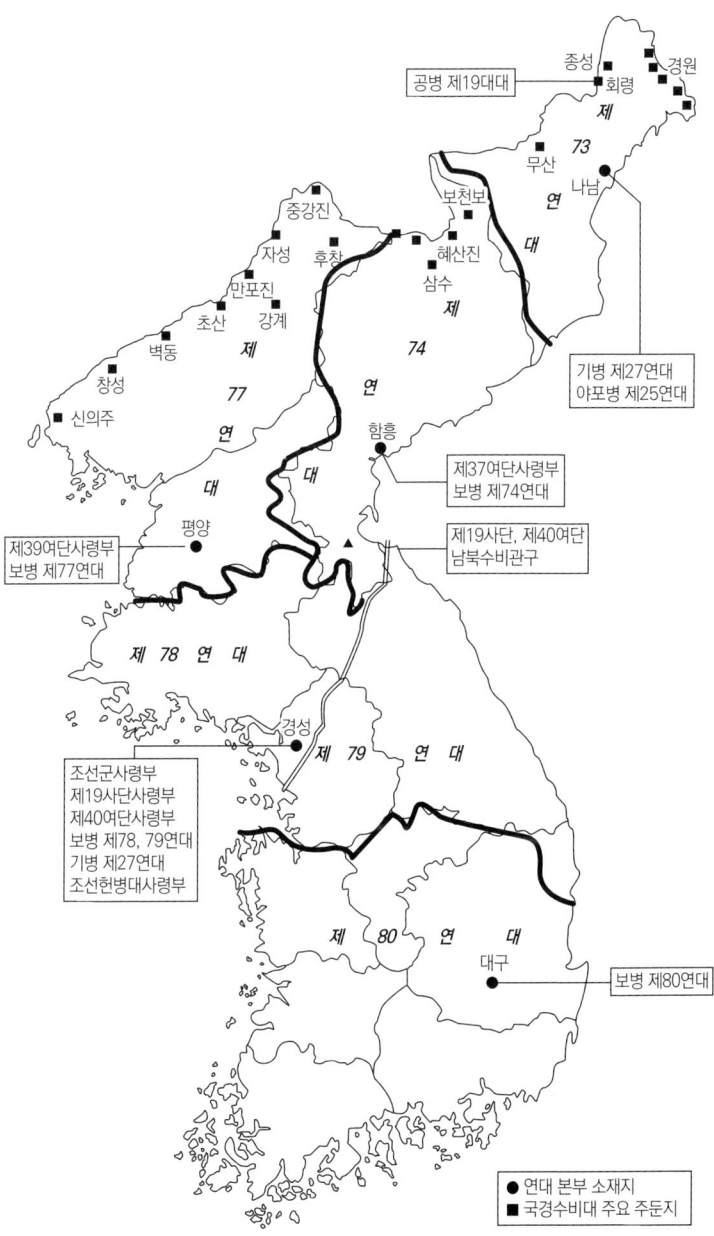

출처: 日本陸軍省, 1919, 『韓國關係(卷一) 朝鮮騷擾事件關係書類 其1』, 203~204쪽.

제1장 주차군에서 주둔군으로

조선위수병원, 조선위수감옥 등이 있었다(〈부표 1〉과 〈부표 2〉 참조). 해군은 조선군의 개편에 맞추어 1905년 1월에 편성된 진해방비대(鎭海防備隊)를 1916년 4월 1일 진해요항부(鎭海要港部)[26]로 승격하였다.

본토가 아닌 곳에 상주 사단을 배치한 조치는 일본군의 부대 운영 방식에 매우 큰 변화였다. 당시 일본의 해외 식민지 네 곳, 곧 뤼순과 다롄 등지의 관토슈, 사할린섬으로 알려진 북위 50도 이하의 가라후토(樺太), 1895년부터 지배하고 있던 타이완 그리고 식민지 조선 가운데 유일한 곳이었기 때문이다. 이는 인도인 부대처럼 토착민을 선발한 영국이나 알제리에서 용병을 고용한 프랑스와 완전히 다른 군대 운영방식이었다. 일본은 지배민족만으로 식민지 주둔부대를 편성한 유일한 제국이었다.

일본은 통치기구의 일부로 육군을 배속시키고 있던 대만총독부, 관동도독부와 달리 조선에서만은 주차군 시절부터 문관의 통치기구와 별도로 독자적인 지휘체계인 군사령부를 두었다. 가령 1918년 시점에 타이완의 일본군은 민정국과 함께 대만총독부 소속인 육군부(1907~1919)에서 지휘하였다.[27] 관토슈의 일본군은 민정부와 함께 관동도독부 소속인 육군부(1906~1919)에서 지휘하였다.[28]

조선군사령부 지휘 아래 육군 병력은 2개 사단 등이었으니 규모도 다른 식민지에 배치된 일본군 부대보다 컸다. 조선군사령부가 창설된 이

---

26 요항부란 일본 해군의 기관 가운데 하나다. 함대의 후방을 통괄하여 지휘하고 지원하는 기관이다. 진해요항부는 1941년 11월 진해경비부로 승격하였다.
27 대만총독부 육군부는 1919년 8월 대만군사령부로 재편되었다.
28 관동도독부 육군부는 1919년 4월 관동도독부가 관동청으로 개편될 때 관동군사령부로 재편되었다.

후인 1919년 대만총독부와 관동도독부에서 분리되어 창설된 대만군사령부 및 관동군사령부와 규모를 비교해 보면, 대만군은 2개 연대 병력 규모를 기본 구성으로 하였다. 관동군 역시 관동헌병대사령부, 여순요새사령부와 6개 대대를 지휘하는 독립수비대사령부가 있었다. 1920년대 시점에서 볼 때 규모는 조선군이 훨씬 컸던 것이다.

왜냐하면 일본정부는 다른 식민지와 달리 식민지화하는 과정에서 강하게 저항했던 조선인을 의식해야만 하였다. 대륙 진출을 모색하는 한편, 러시아의 보복전에 적극 대비해야 했기 때문이다. 또 조슈파벌에게 조선군이란 존재는 식민지 조선을 방어한다는 육군의 '용병강령'에 충실한 증거였고, 해군과의 경쟁 속에서 육주해종(陸主海從)의 국방정책을 유지하는 버팀목이자 정치군사적 영향력을 유지하는 발판이었기 때문이다.

2. 제2차 병영 확장 공사

한반도에 있던 일본군을 상주군 체제로 전환하는 일은 부대를 신설하는 작업 이외에도 병력을 늘리는 과정을 동반하였다. 가령 앞서 살펴본 제20사단은 보병만 해도 편제상 1개 여단보다 더 큰 규모로 부대를 신설하였다. 제1차 세계대전 이후 국제사회의 군축 분위기를 넘어서는 방법의 하나로 일본 육군이 선택한 정책은 제19, 20사단의 정원을 본토의 다른 사단보다 많이 책정하는 고정원제였다. 조선군은 독립군의 국내 진공작전을 가로막는 등 국경 치안을 강화하고자 이들 병력으로 압록강과 두만강을 경계하는 국경수비대를 두었는데, 이 제도를 운영한 6개 연대의 규모는 통상의 편제보다 더 컸다. 이에 따라 조선군은 새로운 땅이 많이 필요하였다. 부대가 머무를 수 있는 건축물도 필요하였다. 일본정부는 1915년부터 1922년까지 8년 동안 또다시 한반도 여기저기서 대규모 확장 사업을 벌였다. 제2차 병영 확장 공사는 1906년부터 1913년까지 벌였던 제1차 병영 공사에 이은 대규모 건축사업이었으니 막대한 예산과 인력이 투입될 수밖에 없는 사업이었다.

제2차 병영 확장 사업은 1915년 7월 육군성 경리부장이 조선주차군 경리부장에게 2개 사단을 늘리는 방침을 통첩하면서 시작되었다. 육군성은 8월에도 매수할 토지를 조사하라고 지시하며 15만 2,000원의 비용을 제공하였다. 그리고 12월에 사단을 증설하는 데 필요한 토지매수 및 건조물 건설을 실시하는 방침을 최종적으로 통첩하면서 확장공사를 본격화하였다. 이에 따라 조선군 경리부는 제1차 병영 건설 공사 때와 마찬가지로 한시 기구인 임시건축과를 설치하여 사업에 집중하였다. 임시건축과는 병영의 부지를 설정하고, 건축에 필요한 물품을 구입할 계획과 실행을 관장하는 업무를 맡았으며, 필요한 곳에 출장소와 파출소를 두고 공사를 시행하였다.[29]

8년간 진행된 공사는 제19, 20사단을 새로 만드는 데 따른 공사와 아울러 평양의 항공 제6대대, 군마보충부 웅기지부의 새로운 설치와 관련되었다. 또한 3·1운동에 대한 대책의 하나로 조선수비대와 국경헌병대를 늘리면서 재배치하는 일과 관련이 있었다. 제2차 병영 확장 공사의 전체적인 결과를 정리하면 〈표 2-1-2〉와 같다.

---

29 朝鮮軍經理部, 1923, 『朝鮮師團營舍建築史』, 1~2쪽. 49쪽.

<표 2-1-2> 제2차 병영 확장 공사 개요

군용지 총면적	80,587,600여 평
건축된 건물 총 평수	93,500여 평
공사비 총액	24,391,000여 원

비고: 여기서 말하는 '1쪽'은 본문의 '1쪽'이 아니라 「서언」 부분에 해당하는 쪽이다.
출처: 朝鮮軍經理部, 『朝鮮師團營舍建築史』, 1923, 1쪽.

일본정부는 제1차 병영 공사 때 용산, 평양, 나남, 회령, 대전 지역 군용지 4,804,007평[30]에 인천, 원산, 청진, 강릉, 광주, 전주, 공주, 부산, 마산 지역 군용지 33만여 평[31] 등 모두 513만여 평을 편입하였다. <표 2-1-2>와 비교할 때 제2차 확장 공사를 기회로 더 넓은 조선 땅을 군용지로 편입한 것이다. 실제 들어간 비용을 비교해 보면, 제1차 병영 신축 공사 때 15,483,000여 원의 비용이 들어간 점[32]을 고려할 때 58%가량 더 늘어났다. 공사한 시기의 시간 차이만으로 설명할 수 없는 비용 증가다. 조선군 경리부는 스스로 말하기를 제1차 세계대전으로 물가가 '폭등'한데다[33] 3·1운동의 여파로 국경수비대와 국경헌병대를 더욱 보강해야 했기 때문이라고 밝혔다.

제2차 병영 확장 공사는 1915년 사단 증설에 따른 공사부터 시작되었다. 일본정부는 제19사단 지역인 회령, 나남, 함흥 지역의 경우 토지를

---

30 朝鮮軍經理部, 『朝鮮師團營舍建築史』, 1쪽. 본문에 언급한 지역의 군용지를 합산한 결과다.
31 朝鮮駐箚軍經理部 編, 『朝鮮駐箚軍永久兵營官衙及宿舍建築經過槪要』, 3~12쪽. 본문에 언급한 지역의 군용지를 합산한 결과다.
32 朝鮮駐箚軍經理部 編, 『朝鮮駐箚軍永久兵營官衙及宿舍建築經過槪要』, 「서언」 2쪽.
33 朝鮮軍經理部, 『朝鮮師團營舍建築史』, 1쪽. 여기서 말하는 '1쪽'은 본문의 '쪽'이 아니라 「서언」 부분에 해당하는 '1쪽'이다.

〈표 2-1-3〉 부대 배치 현황과 제2차 병영 확장 공사 시 신축 건물

	지명	배치부대(신설 건축물 사용 부대)
제19사단	나남	(제19사단 사령부), 보병 제38여단사령부, 보병 제73연대, 보병 제76연대(내 1대대), 기병 제27연대(내 1중대), 야포병 제25연대(내 1대대)
	회령	(보병 제37여단사령부), 보병 제75연대(내 연대본부 및 2개 대대), 공병 제19대대
	함흥	(보병 제74연대)
제20사단	용산	제20사단사령부, (보병 제40여단사령부), 보병 제78연대(보병 제79연대, 기병 제28연대), 야포병 제26연대(내 연대본부 및 5중대), (공병 제20대대)
	평양	보병 제39여단사령부, 보병 제77연대
	대구	(보병 제80연대. 단, 3대대 결원)
	대전	보병 제80연대 제3대대(내 2개 중대)

비고: ( ) 속의 부대는 신설 건축물에 입주한 부대다.
출처: 朝鮮軍經理部, 1923, 『朝鮮師團營舍建築史』, 4~5쪽.

매수하는 방식으로, 제20사단 지역인 용산병영의 경우 조선총독부로부터 땅을 받는 '관리환' 방식으로,[34] 대구의 경우 헌납 방식으로, 대전의 경우 매수하는 방식으로 각각 병영 공간을 확보하였다. 이에 따라 각각의 공간에 새롭게 들어선 부대의 건물을 정리하면 〈표 2-1-3〉과 같다.

〈표 2-1-3〉을 볼 때 제2차 병영 확장 공사가 특히 활발했던 곳은 용산과 회령이었다. 사단과 여단 사령부와 같은 큰 규모의 신설 부대가 주둔하는 곳이었기 때문이다.

이상이 부대를 신설하는 과정에서 생긴 변화에 따른 병영 건설 공사라면, 부대의 재편 및 이동과 관련한 변화에 대처한 공사는 국경수비대와 국경헌병대 관련 건축 사업을 들 수 있겠다. 조선주차군은 1917년 말에 이르

34　제2차 용산병영 확장 공사는 신주백, 2007, 「용산과 일본군 용산기지의 변화(1884~1945)」, 『서울학연구』 29, 'IV장'; 김천수, 2014, 「일제시기 용산기지 형성 과정에 관한 기초 연구」, 『향토서울』 87, '제2장 제(2)절' 참조.

면 고정된 위수지를 갖는 사단의 증설부대들이 들어설 건축물에 대한 공사가 어느 정도 마무리되고 있는 시점인 데다, 조선의 정세도 평온한 상태였으므로 국경수비대를 제외한 수비대들은 고정 위수지로 집결하였다.[35]

그런데 일본정부는 3·1운동의 여파로 국내 치안 문제만이 아니라 민족운동 세력이 만주와 조선을 연계 지으려는 움직임을 막고자 사단 증설의 속도를 더욱 높였다. 늘어난 병력을 수비대 근무로 배치하였고, 1922년 국경수비대를 설치하였다. 보병연대의 고정원제를 실시하여 국경수비대에 중점배치하는 정책은 1915년 시점에 세웠던 제2차 병영 확장 공사의 애초 계획을 변경하게 만들 정도였다.

1922년 군비 정리에 따라 남게 된 국경수비대를 제외한 나머지 수비대는 3월 31일까지 전부 철수하여 고정 위수지로 복귀하였다. 이들이 사용했던 건축물은 지방행정기관에 관리가 위임되었다. 제19사단은 고읍, 경흥, 신아산, 신건원, 경원, 훈융, 온성, 종성, 무산, 삼장, 보천보, 혜산진, 중평장, 나난보(羅暖堡) 및 신갈파진에 국경수비대를 배치하였다. 제20사단은 후창, 중강진, 자성, 강계, 만포진, 초산, 벽동, 창성, 신의주에 국경수비대를 두었다.[36]

---

35 朝鮮軍經理部, 『朝鮮師團營舍建築史』, 35쪽.

36 朝鮮軍經理部, 『朝鮮師團營舍建築史』, 303~305쪽.

제2장
3·1운동 탄압과 제국 운영

1. 독립만세시위에 대한 탄압 과정

일본은 식민지 조선에 2개 사단을 상주시킬 목적으로 부대를 편성하는 도중에 조선인의 독립만세시위에 직면하였다. 〈그림 2-1-3〉(1919.3.12)에서 알 수 있듯이, 3·1운동이 일어날 당시까지 조선군은 남북수비관구 제도를 운영하고 있었다. 이러한 경계 구분 방식은 〈그림 2-2-2〉(1919. 4.12)에서 확인할 수 있듯이 1919년 4월부터 크게 바뀌었다. 이에 운동의 전개 양상과 일본군의 대응과정을 세 시기로 나누어 살펴보자.

1) 만세의 시작과 소극적 탄압

3월 1일, 오후 1시경 평양에 이어 2시경 경성에서 만세시위가 일어났다. 김경천은 당시 파고다공원(지금의 탑골공원)과 종로 일대의 만세시위 광경을 다음과 같이 회고하였다.

> 하늘이 우리에게 자유를 주심을 우리가 공포하는 오늘! 오후 2시 30분쯤 된다. 문득 파고다공원에서 대한독립만세…. 쇠를 치는 듯한, 뼈가 저린, 숨이 찬, 불평이 가득한 청년들의 피소리가 난다. 종로 대로가 미어터지도록 청년 학생들이 구보로 몰려온다. 그 회관[조선기독교청년회관(YMCA)-인용자] 실내에 갇혀 있던 사람들이 모두 얼굴색이 변하고 부들부들 떤다. 종로는 끓는 소리가 나며 한편으로는 날카로운 칼을 든 일본 순사들이 우리의 피가 끓는 청년들을 잡아서 종로경찰서 안으로 끌고 간다.

청년회관 안에 갇힌 사람은 모두 몸수색을 받고 풀려났다. 나는 곧 시내를 돌아다니며 관찰하여 보니 피눈물을 금할 수 없다. 청년단은 종로에서 경운궁 앞으로 가더니 그 대한문 안까지 진입했다가 거기서 진고개의 일본인 거주지로 들어갔다. 남자뿐만 아니라 여학생도 많다. 그들은 조국이 망한 것을 분히 알며 남자와 동등한 권리를 지녔음을 자신한다. 성공회에 있는 어떤 여학생도 진고개까지 갔다가 머리를 풀어헤치고 나온다.[1]

하지만 만세시위 당일에는 식민지 조선의 일본인만이 아니라 본국의 집권층도 조선인의 독립을 향한 열망에 주목하지 않았다. 하라 다카시(原敬) 총리도 만세시위가 시작된 다음 날 쓴 일기에 조선인이 민족자결에 현혹되어 사태가 일어났다고 적었다.[2] 제국주의자이자 지배자의 편협한 관점을 일기에 적나라하게 기록해 둔 것이다.

하라 총리는 만세시위가 시작된 지 일주일이 지나서야 3·1운동과 같은 일이 다시는 재발하지 않도록 엄중하게 처리하는 한편, 겉으로는 외국에 가벼운 사안처럼 보이도록 주의를 기울이도록 기본방침을 세웠다.[3] 그는 3월 11일 조선총독에게 지급 전보로 이러한 대응지침을 하달하였다.[4] 육군성 차관도 같은 날 전보로 마찬가지 대응지침을 조선헌병대 사령관에게 명령하였다.[5] 마침 제1차 세계대전을 마무리하는

---

1 김경천 지음, 김병학 정리 및 현대어 역, 2012, 『경천아일록(擎天兒日錄)』, 학고방, 62~63쪽.
2 『原敬日記』, 1919.3.2.
3 『原敬日記』, 1919.3.8.
4 姜德相 編, 1966, 『現代史資料』 25, みすず書房, 105쪽.

파리강화회의가 진행되고 있었으므로 일본정부는 이를 의식하지 않을 수 없었을 것이다. 더구나 미국이 파리강화회의를 주도하고 있어 미국인을 비롯해 많은 외국인 선교사를 의식하며 더욱 주의하려고 했을 것이다.

일본정부가 기민하게 만세시위에 대처하지 않는 사이 조선인의 저항은 꾸준히 그리고 지방으로 확산되어 갔다. 만세시위의 확산 과정은 〈표 2-2-1〉을 통해 확인할 수 있다.

〈표 2-2-1〉에서 3월 1일부터 8일까지의 만세시위는 경성을 중심으로 경기도 그리고 황해도와 평안도, 함경도에서 있었다.[6] 이들 지역의 만세시위는 기독교 및 천도교 네트워크가 큰 역할을 하였다. 특히 제39여단의 관할구역인 평안남북도에서 만세시위가 많이 일어난 데다 압록강 일대의 국경수비대까지 운영하고 있었으니 예하의 보병 제77연대가 여러 곳에 파견될 수밖에 없었다. 이 때문에 평양에 병력이 부족하여 3월 6일 용산병영의 보병 제78연대 소속 100명이 파견될 정도였다.[7]

그런데 이때까지 조선군은 선제적으로 만세시위에 대응하지 않았다. 부대를 여러 지역으로 나누어 배치하지도 않았다. 시위가 일어나면 부대가 출동하여 헌병과 함께 탄압하는 방식이었다. 가령 3월 11일 평안도 성천 지역에서 만세시위가 일어나자 제39여단 사령관은 평양의 일부 부대를 출동시켰고, 같은 날 황해도 곡산 등지에서 시위 징후가 있자 용산

---

5 姜德相 編,『現代史資料』25, 87쪽.
6 독립만세시위가 지역별로 확산하는 과정을 표시한 지도는 국사편찬위원회에서 확인할 수 있다. http://db.history.go.kr/samil/home/common/imageViewer.do(2021.8.31 검색)
7 姜德相 編,『現代史資料』25, 116쪽.

〈표 2-2-1〉 헌병경찰이 파악한 도별·날짜별 만세시위(1919.3.1~1919.4.30)

		경기	황해	평남	평북	함남	함북	강원	충남	충북	경북	경남	전북	전남	계1 (횟수)	계2 (곳)
3월	1일	4	1	2	4	1									12	5
	2일	2	2	3						1					8	4
	3일	1	11	7	4	1						1			25	6
	4일	1	3	8	4	2		1							19	6
	5일	4	1	9	6										20	4
	6일	1	2	7	2	4									16	5
	7일		2	5	8	2									17	4
	8일	1	1		5	4					1				12	5
	9일	2	5	2		2		1			2	1			15	7
	10일	3	4		1	6	2	1	2	1	2			3	27	11
	11일	1	4	1	2	5	2	1	1		3	1		1	22	11
	12일	2	4		1	7	1	1	1		1				18	8
	13일	2	1		1	5	3	1	1		4	4	1	2	25	11
	14일	3	1		1	8	3		3	1	2	4	1	1	28	11
	15일	2	1		2	2	4		1		1	4		1	18	9
	16일	2	2		2	4	2		2		1	4	1	2	22	11
	17일		5		4	9	1	2			1	1	3		26	8
	18일	1	2		1	1	1				8	8		1	23	8
	19일	3	1		1	3	1		1	2	4	5	2		23	10
	20일	1	1			3			1		4	9	1		23	9
	21일	2			1	2			1	1	4	3	2	1	17	9
	22일	5				3					2	5	1	1	17	6
	23일	19	1	1	2	1		1			5	3	4	1	38	9
	24일	11	2		1		1				1	4	2	1	23	7
	25일	6			2	1				1	2	3	1		16	7
	26일	19	2		1		1				2	2		1	27	7
	27일	14	1		1			1	1	1	2		1		22	8
	28일	19	3	1	4		1	4	1	1	5	1			40	10
	29일	22	1		2			3	2	2	2	4		1	39	9
	30일	16	4		4			5	2		3		1		35	7
	31일	17	6	7	20	1		4	3		4	2			64	9

월	일													계1	계2
4월	1일	24	2	1	21		2	3	10	4	1	3		71	10
	2일	20	7		10			4	3	11	2	6		63	8
	3일	12	8		3			2	7	8	2	17	1	1	61	10
	4일	6	4		7		1	5	9	3	2	4	2	2	45	11
	5일	4	5	1				3	6	3	1	5			28	8
	6일	4	6		6	1		3	5	1	1	4	1	1	33	11
	7일	3	12		2			9	2	4		1	1	1	35	9
	8일		9		1	2	3	8	8	6	2	2		2	43	10
	9일	1	6			1		2			3	2			15	6
	10일	2						3	2	8		2		1	18	6
	11일	1	3			1				1	1	1			8	6
	12일								1	1	1			2	7	5
	13일		1					2	1	1	1			1	7	6
	14일													1	1	1
	15일		2					4							6	2
	16일		2	1				1		1	1				7	6
	17일									1		2			3	2
	18일							1				2			3	2
	19일								1		1				2	2
	20일														0	
	21일			2		1		2	1						6	4
	22일		1												1	1
	23일															
	24일															
	25일															
	26일					1				1	1				3	3
	27일	1													1	1
	28일															
	29일															
	30일				1										1	1
계															1,205	

비고: - 일람표에는 만세시위 하나하나에 관해 간략히 설명되어 있다. 최우석 학형은 그 내용을 그대로 엑셀에 저장하였다. 필자는 그가 입력한 자료의 만세시위 하나하나를 '표'처럼 도별, 날짜별로 합산하였다.

 - '계 1'은 날짜별 총 시위 횟수다. '계 2'는 도별로 총 시위 발생 지역의 수를 밝혀놓은 것이다.

출처: 일본 육군성, 「朝鮮騷擾事件一覽表에 關한 件(1919.10.2)」, 『大正8年乃至同10年 朝鮮騷擾事件關係書類 共7冊 其1(1919.3.3~1921.5.3)』.

병영에 있던 보병 제78연대의 일부를 파견하여 대응하였다.[8] 파견된 병력은 만세시위를 탄압한 뒤 소속 부대로 복귀하였다.

2) 적극적, 선제적 탄압과 분산배치의 전개

〈표 2-2-1〉에서 알 수 있듯이 10일경부터 만세시위 지역이 급속히 확대되고 횟수도 늘어갔다. 만세시위 소식이 전해지고, 국상이 끝나자 귀향한 사람이 늘어나면서 독자적으로 준비를 하던 움직임들이 표면화한 결과다. 앞서 언급한 하라 총리의 지급 전보는 만세시위의 지역과 횟수가 늘어가기 시작한 직후 조선총독에게 전달된 것이다. 이에 조선총독은 3월 12일 밤 7시 35분 조선총독부 척식국장을 통해 하라 총리에게 다음 내용을 전보로 보냈다.

> 이번 소요(騷擾)에 관하여 군대의 사용은 가급적 소요구역 안으로만 한정할 방침을 고수해 왔으나, 소요는 점차 각 지방에 파급되는 징후로서 이를 미연에 방압(防壓)하기 위해 군대 사용을 소요구역 이외에까지 미치게 할 필요를 인정하고 내일 군사령관에게 이에 관해 필요한 지시를 주려고 한다.[9]

조선총독은 시위가 일어나면 시위현장에 즉각 출동하여 탄압한다는 지금까지의 방식을 지양하고 미리 예방조치를 강화하면서 시위 지역 바

---

8   姜德相 編, 『現代史資料』 25, 101~103쪽.
9   姜德相 編, 『現代史資料』 25, 109쪽.

끝에까지 경계를 강화할 계획이었다. 이에 따라 조선군 사령관은 3월 12일자로 분산배치에 관해 제19사단장과 제40여단장에게 구체적인 조치를 지시하고,[10] 다음 날 육군대신에게 다음과 같은 전보를 보냈다.

> 총독의 명령에 따라 폭동을 미연에 방알(防遏)할 목적으로 일시 분산배치를 취하기로 결정하고 12일 다음과 같이 배치하도록 명한다.
> 성진(보병 제73연대에서 1중대)
> 북청(보병 제74연대에서 각 1중대)
> 춘천(보병 제79연대에서 1중대)
> 공주, 안동(보병 제80연대에서 각 1소대)
> 충주, 이리, 송정리, 진주(보병 제80연대에서 각 1중대)
> 평안남도 및 황해도는 제19사단장으로 하여금 보병 제39여단[제78연대 본부 및 2대대 흠(欠)]을 활용하여 현황에 따라 시의 적절한 배비(配備)를 결정하게 한다.[11]

〈표 2-2-1〉에서 알 수 있듯이 함경남도의 만세시위가 첫날부터 꾸준히 이어지고, 함경북도에서도 뒤늦게 시위가 일어났다. 이에 함흥의 보병 제74연대와 나남의 보병 제73연대는 지휘부에서 멀리 떨어진 성진과 북청에 병력을 배치하였다. 마찬가지 부대 배치 방식은 점차 시위가 늘어가고 있던 영호남과 충청 지역을 수비구역으로 하는 제40여단 산하의 보병 제79연대와 보병 제80연대의 움직임에서도 확인된다. 가령

---

10 姜德相 編, 『現代史資料』 25, 119쪽.
11 姜德相 編, 『現代史資料』 25, 107쪽. '흠'이란 모자람, 빠졌음을 의미한다.

대구에 연대본부를 둔 보병 제80연대는 전라도와 충청도 지역의 교통과 지역 연계망의 또 다른 중심 지점에 병력을 미리 배치하였다.

함경남북도, 강원도에서의 만세시위는 3월 중순을 지나며 줄어들었다. 더구나 3월 초에 만세시위를 주도했던 경기도, 황해도, 평안남북도에서는 3월 중순을 지나며 만세시위가 많이 줄어들었다. 특히 평안남도가 그러하였다. 이 때문에 일본 스스로도 모든 도에서 한때 만세시위가 있었지만 3월 중순을 지나며 군부대가 주둔하고 있던 곳보다는 교통이 불편하고 경계가 엄밀하지 않은 "외지고 먼 곳"을 제외하면 대체로 평온해졌다고 진단하였다.[12] 이러한 진단은 육군성 차관이 조선군에 보낸 전보에서 밝힌 내용인데, 상황을 제대로 파악하지 못하고 한 발언이었다.

〈표 2-2-1〉에서 알 수 있듯이 3월 중순을 지나며 영호남과 충청도를 중심으로 만세시위가 꾸준히 늘었다. 일제 측 통계자료에 따르면, 3월 10일까지 일어난 만세시위가 171회였던 데 비해, 3월 11일부터 20일 사이에 일어난 만세시위는 228회였다. 특히 영남 지역에서 만세시위가 가장 활발하였다. 가령 의령에서 시작되어 함안 그리고 진주 방향으로 확산되고 있던 만세시위는 일본군과 경찰에게 투석전으로 맞설 만큼 항일투쟁 분위기가 상승하였다.[13] 이에 조선군은 육군성 차관이 23일자 전보로 상황을 낙관했음에도 3월 22일에 이미 만세시위가 전라도, 경상도, 충청도 "지방에 만연할 조짐"이라면서 군대의 분산배치를 추가하였다. 원주와 거창에 보병 각 1개 중대를 배치하고, 안동에는 보병

---

12   姜德相 編, 『現代史資料』 25, 138쪽.
13   姜德相 編, 『現代史資料』 25, 144쪽. 일본군 측 보고에 따르면, 일본군 경상자 13명, 조선인은 10명이 사망했고, 부상자는 확인할 수 없다.

1개 중대를 더 배치한 것이다.[14] 3월 25일에도 조선군 사령관의 지시에 따라 26일부터 30일 사이에 남부 지방, 특히 영남을 중심으로 보병 제80연대 소속 부대를 더 분산배치하였다.

> 경남: 부산·울산·창녕 1중대, 거창·함양·합천 1중대, 진주·의령·하동 1중대
> 경북: 상주·문경·예천 1중대, 안동·도계·의성 1중대, 경주·영해·영천 1중대
> 충남: 공주·홍성·온양 1중대
> 전북: 전주·남원·고창·진안·이리 1중대
> 전남: 광주·순천·해남·송정리 1중대
> 이외 필요에 따라 군대를 임시 배치한다.[15]

3) 본토에서의 병력 파견과 분산배치의 재조정

그러나 이 정도 분산배치로는 확산되고 있는 시위를 막을 수 없었다. 영호남과 충청도, 강원도 그리고 되살아난 경기도와 평안북도에서의 만세시위는 진정될 기미를 보이지 않은 채 종교계나 학생층과 연계하지 않고도 지역공동체와 농촌공동체를 축으로 자율적이고 다원적인 실천을 통해 마을 단위에까지 급속히 확대되었다.[16] 그래서 3월 말~4월 초에

14　姜德相 編, 『現代史資料』25, 143쪽.
15　「朝參密 第349號 騷擾事件ニ關スル續報(第53)(1919.3.26)」. 안동의 경우 3월 22일의 조치가 분산배치 명령인지 분산배치를 추가한 명령인지 확인하지 못하였다.
16　허영란, 2020, 「3·1운동의 네트워크와 조직, 다원적 연대」, 한국역사연구회 3·1운

이르러 만세시위가 전국적으로 가장 고조되었다. 〈표 2-2-1〉의 통계에 따르면, 3월 11일부터 20일 사이에 일어난 만세시위가 228회였던 데 비해, 21일부터 31일까지의 만세시위는 338회였다. 4월 1일부터 10일 사이에는 시위가 더 늘어 412회에 달하였다. 4월 초순경에는 하루 평균 41회가량의 만세시위가 있었던 것이다. 이러한 폭발적인 증가 양상은 〈그림 2-2-1〉을 통해 한눈에 살펴볼 수 있다.

이에 따라 일본정부와 조선총독부는 특별한 탄압책을 세울 수밖에 없었다. 마음이 더 급한 쪽은 조선군보다 일본정부였다. 4월 1일 본국에 가 있는 정무총감이 총독에게 "내각에서 신속하게 조선의 망동을 진압하기 위해 병력을 늘릴 필요 유무"를 알려달라는 전보를 보냈다. 이에 총독은 그날 밤 10시에 조선군 사령관과 전화로 협의하였다. 조선군 사령관은 지금의 병력만으로도 만세시위를 진압할 수 있지만, 병력을 충분히 늘려 신속하게 진압할 필요가 있다고 답변하였다. 4월 2일 이러한 내용을 전보문으로 만든 조선군 사령관이 직접 총독을 만났고, 총독의 이름

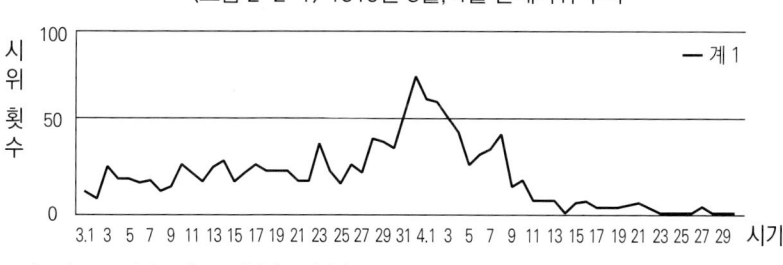

〈그림 2-2-1〉 1919년 3월, 4월 만세시위 추이

비고: 〈표 2-2-1〉을 그래프로 작성한 그림이다.

동100주년기획위원회 엮음, 『3·1운동 3-권력과 정치』, 휴머니스트, 215~226쪽.

으로 본국 정부에 발송하였다. 전보 내용에는 보병 5, 6개 대대를 보내달라는 구체적인 내용이 있었다. 거기에 헌병 200명도 임시로 파견해 달라는 희망도 덧붙였다. 그리고 바로 그날 조선군 사령관은 참모장을 도쿄에 보내 상세한 내용을 협의하고 오도록 지시하였다.[17]

조선군 참모장이 본국 정부와 협의하고 조선으로 돌아오는 도중에 밝힌 이유는 다음과 같다.

> 조선의 소요는 점차 악화하여 운동방법도 격렬하게 된 까닭에 속히 진정케 할 필요상 병력에 의하여 토벌하기로 된 것이며, 특히 시베리아(西伯利亞)에는 과격파에 투입한 다수 조선인이 있고 지난번 이래 간도 방면으로 남하하려는 정세도 있어 차제에 급속히 토벌하기로 하였다.[18]

만세시위가 진정되기는커녕 늘어나는 데다 참가자들이 '격렬'한 방법까지 사용하는 양상이 늘어갔다. 더구나 시베리아내전에 참전하여 무장투쟁 경험이 풍부한 조선인이 동만주 지역으로 이동하고 있는 정세도 지배자들에게 부담을 주었다. 결국 일본정부로서는 이들과 국내 항일운동의 결합 가능성을 서둘러 차단할 필요가 있었다.[19] 일본정부는 '급속

17　4월 1일자와 2일자 내용에 관해서는 宇都宮太郎關係資料研究會 編, 『日本陸軍とアジア政策 陸軍大將宇都宮太郎日記』 3, 238쪽 참조. 우쓰노미야 사령관의 4월 1일과 2일자 일기에 나온 내용이다.
18　『每日申報』, 1919.4.13.
19　한반도의 항일세력이 압록강과 두만강 건너편의 특정 세력과 연대할 수 있다는 일본군의 우려와 탄압작전계획은, '제1부 제1장'의 〈그림 1-1-2〉에서 살펴본 동학농민군에 대한 후비보병 제19대대의 학살에서도 확인 가능하다.

하게 진압할 필요성을 느끼면서도 "토벌"이 아니라 "양민보호"라는 명분을 내세우며 병력을 파견하겠다고 밝혔다.[20] 조선인의 인권과 자주권보다 외국의 이목을 더 중시했던 제국주의자의 시선을 확인할 수 있는 대목이다.

일본정부는 4월 7일 다음과 같이 조선에 추가 파병을 결정하였다.

제2사단 보병 제32연대의 1대대 / 제5사단 보병 제71연대의 1대대
제8사단 보병 제5연대의 1대대 / 제9사단 보병 제36연대의 1대대
제10사단 보병 제10연대의 1대대 / 제13사단 보병 제16연대의 1대대[21]

조선총독은 만세시위를 신속하고 완전히 제압하지 못하는 원인을 병력 부족에서 찾고 있었으므로 아무리 늦어도 4월 15일까지 이들을 적절히 분산배치하고 빠르게 만세시위를 진정시킬 심산이었다.[22] 실제 10, 11일에 부산항으로 4개 대대, 13일에 원산항으로 2개 대대가 상륙하였다. 제2사단에서 파견된 부대는 제19사단장이 직할하여 지휘했고, 나머지 5개 대대는 제20사단 지휘 아래 들어가 제39, 40여단장 예하에 있는 연대의 지휘를 받았다.[23]

파견된 보병까지를 포함해 조선군의 배치구역을 정리하면 1919년 4월 12일 당시는 〈그림 2-2-2〉와 같다.

---

20 『原敬日記』, 1919.4.4, 4.8.
21 姜德相 編, 『現代史資料』 25, 178쪽.
22 姜德相 編, 『現代史資料』 25, 201쪽. 조선총독이 육군대신에게 보낸 전보의 일부다.
23 「朝參密 第477號 增加派遣部隊ノ行動及之カ配置ニ關スル件報告(1919.4.12)」. 육군대신에게 보고한 문서의 일부다.

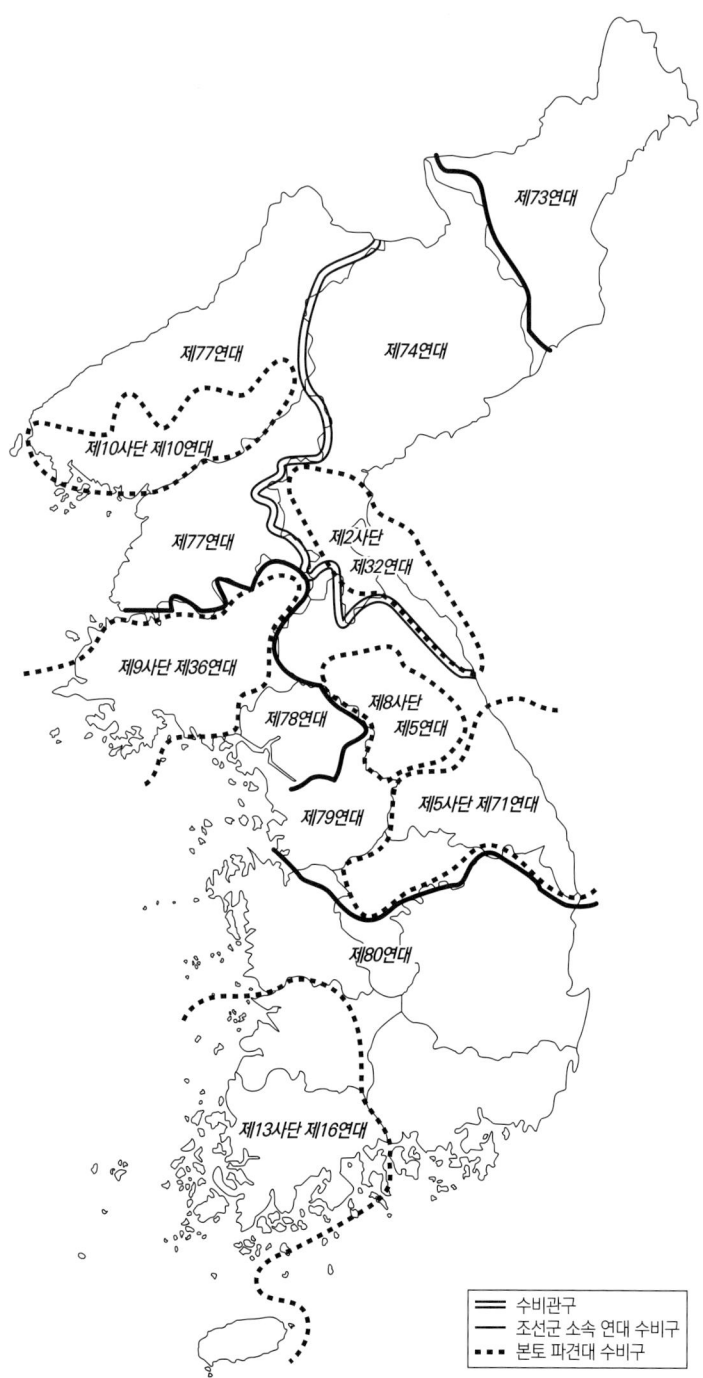

〈그림 2-2-2〉 조선군 및 본토 파견대 분산배치도(1919.4.12)

출처: 日本陸軍省, 1919, 『韓國關係(卷一) 朝鮮騷擾事件關係書類 其1』, 1451~1453쪽.

〈그림 2-2-2〉의 병력배치를 보면, 러시아 및 중국과 국경을 맞대고 있는 함경도와 평안북도의 경비는 조선군이 맡았다. 본국에서 파견된 부대에 맡길 수는 없었을 것이다. 조선군은 용산병영에 연대본부를 둔 보병 제78, 79연대에 경성과 경기도의 경비도 맡겨 한강을 경계로 촘촘히 배치하였다. 그만큼 경성부와 경기도의 확보가 중요했기 때문일 것이다. 이는 당시 분산배치 때 조선군 사령관 직할로 보병 제78연대에서 2개 대대, 보병 제79연대에서 1개 대대, 기병 중대의 2분의 1 정도의 병력으로 경성을 집중 경비했던 데서도 알 수 있다.[24] 또한 조선군은 철도를 지키던 철도엄호대도 폐지하고, 각 부대의 위수 지역에 있는 철도시설을 해당 부대에서 책임지도록 지휘 계통을 하나로 통일하였다.

일본은 6개 대대를 식민지 조선에 파견하면서 헌병도 400여 명을 파견하였다. 이들은 조선헌병대 사령관의 지휘를 받았다. 일본이 헌병까지 늘린 의도는 군 병력으로 조선인사회에 위압을 가하는 동시에, 경무기관이 수색과 검거 활동을 자유롭게 할 수 있도록 함으로써 효과적으로 "화근을 일소"하기 위해서였다.[25] 시위대 해산에 그치지 않고 만세시위 주모자와 참가자들을 끝까지 검거하고 정보수집 활동을 강화하려는 의도라고 볼 수 있겠다.

무력에 바탕을 둔 위압작전을 강화하는 과정은 조선인에 대한 비인도적인 탄압을 강하게 하는 과정을 동반하였다. 4월 1일 밤부터 다음 날 새벽까지 경기도 안성군 원곡면과 양성면에서 2,000여 명의 주민이

---

24 「朝參密 第477號 增加派遣部隊ノ行動及之力配置ニ關スル件報告(1919.4.12)」.
25 姜德相 編, 『現代史資料』 25, 201쪽. 조선총독이 육군대신에게 보낸 전보 내용의 일부다.

일으킨 만세시위에 대한 일본 측의 대응이 대표적인 보기일 것이다. 만세시위 참가자들은 면사무소, 주재소, 우체국과 같은 관공서 이외에 일본인의 상점과 가옥까지 파괴하고 방화하였다. 이에 일본군과 경찰은 만세시위에 참가한 사람들을 강압적으로 다루어 361명을 체포하여, 그 중 24명을 죽게 하고 127명을 투옥하였다. 사망자 24명을 보면, 시위 현장에서 사망한 3명 이외에도 고문당하다 죽은 5명, 서대문감옥에서 옥사한 9명, 탄압에 따른 부상으로 죽은 사람이 7명이었다. 조선총독부와 조선군은 만세시위 현장에서 죽게 한 사람보다 탄압 이후 죽음에 이르게 한 사람이 압도적으로 많았을 정도로 탄압을 강화한 것이다.

이보다 더 잔인한 탄압이 무고한 주민에 대한 학살일 것이다. 4월 15일 수원군 제암리(오늘날 화성군)에서 일본군이 일으킨 제암리학살사건은 그중 하나였다. 학살사건은 보병 제79연대 제12중대의 아리타 도시오(有田俊夫) 중위가 이끄는 11명의 일본군이 주민 '32명'을 제암리교회에 몰아넣고 학살한 사건이다. 조선총독, 조선군 사령관 등 식민지 조선의 최고 책임자들끼리도 사태의 심각성을 깨닫고 두 차례나 비밀 대책회의를 열어 4월 20일에 "학살, 방화는 끝까지 부인하고, 오로지 진압의 수단방법"으로 일어난 사건이라 진실을 호도하였으며, 관련자인 대대장에게 근신 20일, 연대장에게 근신 10일을 내리는 데 그쳤다.[26]

새로운 부대를 추가로 분산배치하는 데 그치지 않고 탄압을 강화한 결과 때문이었을까. 만세시위는 4월 9일경부터 기세가 꺾이기 시작하더니 반전의 기회를 잡지 못한 채 계속 가라앉아갔다. 5월 들어 주목할 만

---

26 4월 18일자와 20일자 내용에 관해서는 宇都宮太郎關係資料研究會 編, 『日本陸軍とアジア政策 陸軍大將宇都宮太郎日記』 3, 246쪽. 사건을 주도한 중위는 재판을 거쳐 결국 석방되었다.

한 만세시위는 사실상 없었다.

이즈음까지 100만 명이 넘는 조선인이 만세시위에 참여하여 독립을 외쳤다. 일본군과 경찰은 2만 7,000여 명을 체포해 조사하고 8,000여 명을 태형 등으로 처벌하였다. 만세시위와 관련하여 최소 725명에서 최대 934명 정도가 현장에서 사망하였고, 앞서 언급한 안성군의 사례에서처럼 부상이나 고문, 옥사 등으로 사망에 이른 사람까지 고려하면 최소 1,000명의 조선인이 운명을 달리했을 것이다.[27]

2. 3·1운동 대응 과정에서 보여 준 제국 운영

3·1운동의 전개 과정과 맞물려 일본군의 대응방식을 크게 세 단계로 구분하여 살펴볼 때, 일본정부의 식민지 조선에 대한 지배정책과 제국의 운영전략도 확인할 수 있었다.

일본에게 군대는 해외침략의 선봉대이자 식민지 지배의 최후 보루였다. 3·1운동은 후자의 특징을 가장 잘 드러내 주는 역사적 사건이었다. 3·1운동 당시 만세시위의 양상에 따라 조선군의 대응도 바뀌었다. 조선군은 3월 중순에 접어들면서 만세시위가 북부 조선에서보다 중부 조선과 남부 조선에서 활발하게 일어나자 군 병력을 분산해 배치하였다. 선제적이고 적극적으로 대비한다는 차원에서 만세시위가 일어나지 않았더라도 주요 지역에 군대를 미리 분산배치하였다. 특히 남부

---

27   박찬승, 2021, 『1919』, 다산초당, 366쪽, 383~384쪽.

조선을 위수 지역으로 하는 대구의 보병 제80연대가 그 대상이었다. 시베리아내전을 직접 상대해야 하는 함경도의 주둔 병력이나 평안북도에서 국경 부근에 주둔하고 있는 부대를 남쪽으로 이동할 수 없었다. 더구나 본국 정부는 만세시위와 만주의 독립군이 연계할 가능성을 우려하여 신속하게 조선인의 저항을 제압하고자 하였다.

본국 정부는 조선총독에게 병력을 파견할지 여부를 먼저 결정하도록 요구하였다. 조선군 사령관은 신속하게 만세시위를 진압하기 위해 본국 정부의 제안에 동의하였다. 파견된 6개 대대와 400명의 헌병은 4월 13일까지 모두 조선에 들어왔다. 이들이 들어오기 직전부터 만세시위의 기세가 꺾이는 분위기였는데, 파견부대가 오면서 만세시위는 반전의 기회를 잡을 수 없었다.

일본정부를 이끌고 있던 하라 총리는 만세시위를 진압하기 위한 군대를 파견하는 특단의 조치를 취하는 한편, 식민지 조선에서의 지배정책을 전환하기 위해 움직이기 시작하였다. 하라 총리는 본토의 병력을 식민지 조선에 파견하는 문제를 구상할 때 조선에 대한 지배정책도 크게 바꾸기로 마음을 먹었다. 하라 총리는 만세시위를 신속하게 진압하는 한편, 조선인 시위대에 굴복했다는 인상을 주지 않기 위해 하세가와 조선총독을 당분간 유임하였다.[28] 그러면서 식민지 조선에서 시행하고 있는 군인 출신 총독제도를 '문관 본위의 제도'로 바꾸고,[29] 일본과 같은 학교

---

28 『原敬日記』, 1919.5.2, 5.6.
29 사실 무관총독, 그것도 육군대장 출신을 조선총독에 임명하는 제도는 1910년 매우 정치적인 선택이었다. 일본정부가 한국병합을 추진하면서 이 제도를 도입한 주된 이유는, 타이완, 관토슈, 카라후토 지역 책임자의 위상과 달리, 천황의 대권을 위임받아 육해군을 통솔하고 모든 정무를 총괄해야 하므로 식민지 조선의 "모든 문무관 위"에 자리할 필요가 있다는 데 있었다[山本四郞 編, 「總督府施設歷史調査書類(1915.11)」,

교육제도를 적용하며, 헌병경찰제도를 고쳐 보통경찰제도를 도입하는 등 지배방식을 크게 바꿀 구상을 가다듬었다. 하라 총리는 조선을 내지(內地), 곧 일본의 연장이라는 내지연장주의를 바탕으로 조선인을 점진적으로 동화시켜 일본인으로 만들고자 하였다.[30] 이러한 그의 구상을 종합적으로 정리한 비밀문서가 바로 「조선통치사견(朝鮮統治私見)」이다.[31] 1919년 9월 하세가와 요시미치를 대신하여 신임 조선총독으로 부임한 사이토 마코토는 하라 총리가 준 「조선통치사견」을 공개하지 않은 채 「훈시」와 「유고」를 발표하여 이를 구체화하기 시작하였다.

이처럼 일본은 조선에서의 통치방침을 조선특별통치주의에 입각한 무단통치로부터 '점진적 내지연장주의'에 입각한 문화통치로 바꾸었다.[32] 이미 1918년 간토슈에서 문관 본위제를 실시한 하라 총리가 3·1운동에 대한 진압을 빌미로 원로의 동의를 얻어내고 육군의 반발도 약하게 만들어 식민지 조선에서도 내각이 식민지 경영을 책임진다는 자신의 식민지 운영 방식을 관철한 것이다.

조선군은 1919년 6월 10일자 훈령을 통해 분산배치된 부대의 병력

『寺內正毅關係文書 首相以前』, 179~180쪽]. 문관 신분의 조선통감이 한국주차군을 지휘하던 때와 다른 방침이다. 이는 이토 히로부미였기에 문관 통감이 주차군을 지휘할 수 있었지, 그렇지 않았다면 어려웠음을 시사한다고 하겠다.

30 『原敬日記』, 1919.4.9. 야마가타 이사부로 정무총감에게만 "內示"한 사항이다.

31 「朝鮮統治私見」은 『齋藤實文書』 13(高麗書林, 1999)에 수록되어 있다. 「조선통치사견」의 자세한 내용과 제도화와 관련된 부분은 신주백, 2001, 「일제의 새로운 식민지 지배 방식과 재조 일본인 및 '자치'세력의 대응(1919~1922)」, 『역사와 현실』 39, 제2장; 신주백, 2004, 「일본의 '동화'정책과 지배전략-통치기구 및 학교교육과의 관계를 중심으로」, 강만길 편, 『일본과 서구의 식민통치비교』, 선인문화사, '제4장 제3절' 참조.

32 이에 대해서는 신주백, 2004, 위의 글, '제1, 2장' 참조.

을 중대 단위로 다시 결집해 갔다. 조선군은 지방의 상황을 고려해야 했지만 하사 또는 상등병이 '장'으로 있는 소규모 분견대는 가급적 장교의 지휘 아래 집결시키는 방침으로 전환하였다.[33] 조선군은 부대를 집결시키면서 위수 지역을 재조정함으로써 조선군의 제1임무인 대러작전과 관련 있는 시베리아내전을 비롯해 연해주 일대를 주시해야 하는 상황과 만주의 독립군을 의식하여 국경경비를 강화하기 위한 조치를 취하였다.

이에 따라 분산배치된 부대가 8월 1일 당시 500여 개소에서 280여 개소로 줄어들었다. 숙소와 교육, 위생 문제 등으로 되도록 중대 단위로 결집하되, 그렇지 못한 경우는 장교가 지휘하는 부대가 분산 주둔하는 방향을 지향한 결과였다. 이어 9월까지 조선군 예하의 부대는 애초의 위수지로 집결이 완료되었으며, 분산배치는 본토에서 파견된 대대에만 해당하였다. 이를 지도에 표시하면 〈그림 2-2-3〉과 같다.

조선군의 변화에서 또 한 가지 주목해야 하는 점은 사단 사이의 위수구역이 다시 조정되었다는 사실이다. 조선군은 1919년 4월 1일자로 제20사단사령부가 업무를 시작했으므로 제19, 20사단의 위수구역도 재조정하였다. 〈그림 2-2-2〉에서처럼 경성을 기준점으로 남북을 나누어 관할구역을 구분해 오던 방식을 버리고, 제19사단은 함경남북도, 강원도를 담당하고, 나머지 지역은 제20사단이 담당하게 되었다. 경성을 경계로 남북으로 구분하던 방식은 한국주차군 시절부터 대한제국(식민지 조선)을 관리해 오던 방식이었다. 백두대간을 따라 두 사단의 수비구역을 구분하는 방식은 이때 처음 적용되었고, 관동군이 함경도와 평안도에서 대소작전(對蘇作戰)을 담당하기 시작하는 1945년 2월까지 이어졌다.

---

33 「鮮內外一般ノ狀況(1919.6.1~6.21)」.

〈그림 2-2-3〉 조선군 분산배치도(1919.10.1)

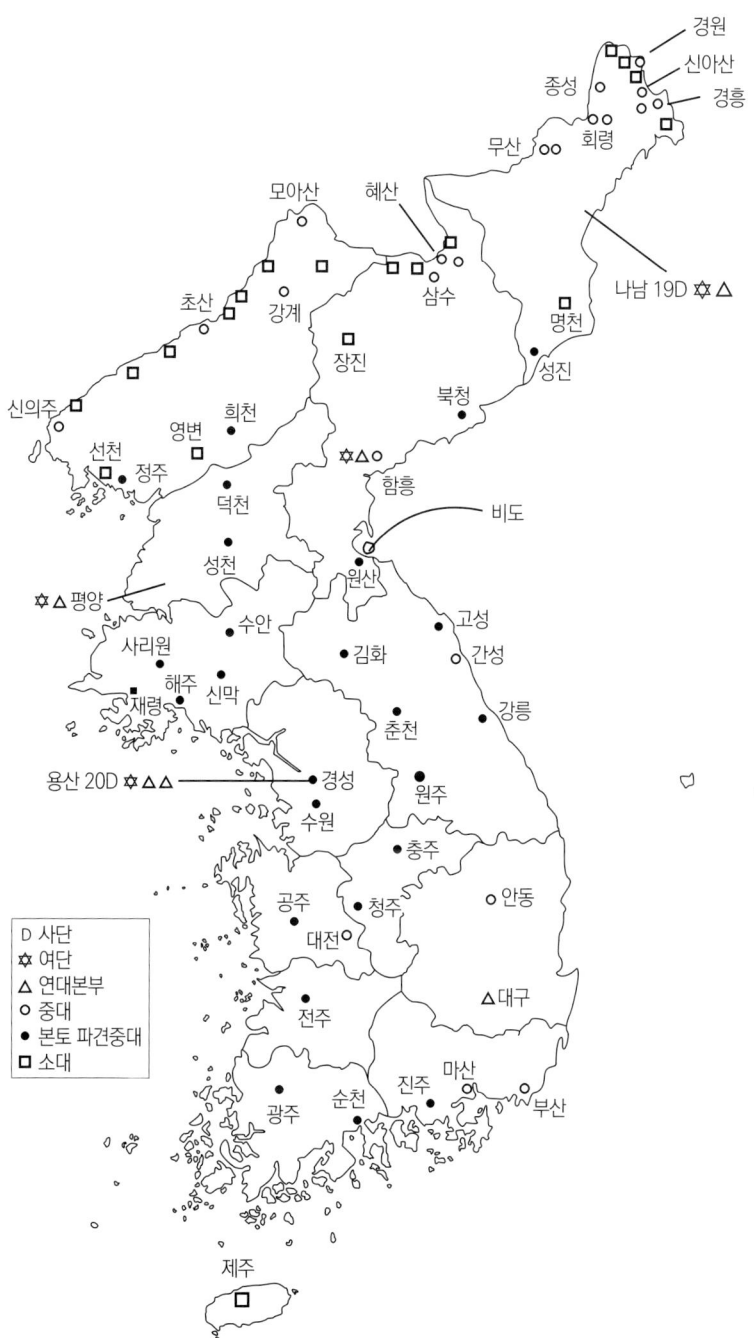

출처: 日本陸軍省, 1919, 『韓國關係(卷四) 朝鮮騷擾事件關係書類 其4』, 1680~1682쪽.

이에 따라 13개도 가운데 10개도를 제20사단이 관장하였다. 제19사단은 시베리아내전의 전개에 신경을 집중해야 하고, 한인이 밀집해 있는 동만주 지역을 주시해야 하는 임무를 맡고 있어 제20사단에 비해 위수 지역이 좁게 설정되었다. 사단의 위수 지역이 재조정됨에 따라 본토에서 파견된 임시조선파견보병대대 가운데 제8, 9, 10, 13사단의 파견대대는 제20사단 예하로 들어가고, 나머지 2개 대대는 제19사단 예하로 편입되었다.[34] 두 사단 예하의 연대에 4개 대대씩 구색을 맞추어야 하는 편제방식에 파견대대를 활용한 것이다.

만세시위와 같은 상황이 일어났을 때 군 병력을 동원하는 문제에 관해서는 1920년 2월 17일자로 조선군사령부에서 지침을 마련하였다. 내지연장주의 통치방침에 맞추어 조선군은 직접 그리고 곧장 개입하지 않고 현지의 관헌에게 위임하며, 그것이 어려울 때는 헌병 또는 보조헌병이 출동하여 협력하고, 병력 출동을 가급적 지방 관헌의 요청을 기다려 실시한다고 예하부대에 지시하였다.[35]

다른 한편에서 조선군사령부는 장기적인 대안도 본국 정부에 제안하였다. 조선군 2개 사단으로는 만세시위와 같은 돌발 상황에 적절히 대처할 수 없음이 3·1운동으로 증명되었다면서, 12개 대대로 독립수비대를 분산배치함으로써 국경경비와 만세시위에 대비해야 한다고 제안하였다. 독립수비대에는 '용병'으로 구성된 '조선인 부대'도 편성하여 운영함으로써 장차 징병령 시행에도 대비할 필요가 있다고 보았다. 또한 조선군

34　이상은, 姜德相 編, 1967,「鮮內外一般ノ狀況(1919.8.1~8.31)」,『現代史資料』26, みすず書房, 272~273쪽 참조.
35　姜德相 編,「鮮內外一般ノ狀況(1920.2.1~2.29)」,『現代史資料』26, 299쪽.

사령부는 러시아를 상대하는 군사작전을 제1임무로 하므로 북쪽에 편중되게 병력을 배치할 수밖에 없다고 진단하며, "수비 근무상 불편할 뿐만 아니라 위압을 느끼게 하기에도 불충분"하므로 장차 군단을 편성하거나 사단을 늘려 한반도 전체에 "보편적으로 배치"할 필요가 있다고 주장하였다.[36] 결국 조선군사령부는 독립수비대의 편성이든, 군단 또는 사단의 편성이든, 2개 사단 규모로는 식민지 조선에서 국방과 치안유지의 임무를 충실하게 수행하기 역부족이라는 입장이었다.

3. 3·1운동 이후 군과 헌병의 변화

일본정부는 새로운 통치전략에 맞추어 조선군과 관련해 다음과 같은 조치를 취하였다.

우선, 조선총독과 조선군사령부의 관계가 새롭게 정립되었다. 일본정부는 1919년 8월 관제를 바꾸어 조선총독이 이전에 갖고 있었던 조선군에 대한 출동명령권을 출동요청권으로 바꾸었다. 따라서 조선총독은 조선군 사령관에게 조선의 치안과 관련하여 직접 명령할 수 없게 되었다. 형식적인 절차만 따진다면 조선총독으로부터 병력출동을 요청받은 조선군 사령관은 본국의 육군대신으로부터 허락을 받아야 병력을 움직일 수 있었다. 총독의 권한이 조금 약해진 것이다. 일본정부는 총독부와 군

---

[36] 朝鮮軍司令部, 「騷擾ノ原因及朝鮮統治ニ注意スベキ件竝軍備ニ就テ」, 姜德相 編, 『現代史資料』 25, 653~654쪽.

의 관계가 이렇게 정리됨에 따라 조선총독부 관방(官房)에 설치한 무관(武官)제도를 폐지하였다. 이때부터 1937년까지 조선에 주둔하고 있던 육군, 곧 조선군사령부는 조선총독부와 조직적인 연계에 큰 비중을 두는 방식으로 운영하지 않았다. 총독과 군사령관 사이의 연락을 담당하는 위관급 장교를 사령부의 참모부에 배치하는 정도였다.

둘째, 헌병경찰제가 보통경찰제로 전환되면서 일상적인 치안 업무, 행정사무에 직접 관여했던 헌병은 본연의 업무인 군사경찰로서의 임무를 수행하면서 조선의 특수한 현실을 고려하여 당분간 국경을 감시하고 통제하는 업무를 맡았다.[37] 이제부터 일상적인 조선의 치안 업무는 '1면 1주재소' 방침에 따라 경찰이 맡게 되었다. 조선총독부는 부족한 경찰병력을 8,054명의 헌병 및 헌병보조원으로 충당하였다.[38] 다만, 헌병은 도지사와 경찰서장 등 정당한 권한을 가진 자로부터 요청이 있으면 행정경찰과 사법경찰로서의 역할을 수행할 수 있었다.[39]

---

[37] 1910년대 조선헌병대가 담당한 국경경비에 대해서는 자세히 알 수 있는 마땅한 자료를 찾기가 쉽지 않다. 조선총독부와 조선군은 국경지대에 헌병을 중점 배치하였다. 함경북도 경흥, 훈계진(訓戒鎭), 회령, 무산 등지에 각각 100명 이상의 헌병을 배치할 정도였다(권구훈, 1992, 「일제의 통감부간도파출소 설치와 성격」, 『한국독립운동사』 6, 230쪽). 이에 따라 두만강와 압록강을 인접한 함경남북도와 평안북도의 헌병경찰과 문관경찰은 경성이 포함된 경기도를 제외하면 1912년부터 1,000명이 넘었다(松田利彦, 2015, 「1910年代における朝鮮總督府の國境警備政策」, 『人文學報』 106, 59~60쪽). 조선총독부와 조선군은 경찰과 주차군의 국경경비에 관한 관계를 정리하고자 1916년 「수비대근무규정」을 개정하여 만주로의 월경과 만주 주재 일본 외교기관들에 파견하는 제도를 정비하였다(山本四郎 編, 「古海嚴潮宛寺內正毅書翰」, 『寺內正毅關係文書 首相以前』, 467~468쪽).

[38] 『朝鮮總督府施政年報(自大正7年至大正9年度)』, 264~265쪽. 보통경찰의 전환에 관해서는 松田利彦, 1991, 「日本統治下の朝鮮における警察機構の改編」, 『史林』 74-5 논문 참조.

[39] 「訓令 第2號 朝鮮ニ於ケル憲兵ノ行政警察及司法警察ニ關スル服務規程ノ制定(1925.

셋째, 조선총독부과 조선군사령부는 헌병이 맡고 있던 국경의 감시 및 통제 업무를 1922년 5월에 완전히 폐지하고 그 임무를 경찰이 대신하게 하였다.[40] 보통경찰제의 실시에 따른 것이기는 하지만, 일본군 전체적으로 진행된 군비축소와도 연관이 있었다. 조선헌병대는 「대정12년 군축정리요령」과 「대정13년 군비정리요령세칙」에 따라 1923년 4월 1일자로 의주와 청주의 헌병대본부를 폐지했을 뿐만 아니라 분대 4개, 분견소 24개도 철폐하였다.[41] 조선헌병대는 이때부터 1937년까지 5개 헌병대본부체제로 560여 명에서 580여 명의 인원을 유지하였다.

넷째, 조선군사령부는 3·1운동으로 다시 실시했던 분산배치를 1922년 10월부터 1923년 3월 사이에 집중배치로 바꾸면서 각지의 소부대를 기존의 소속부대에 집중하였다. '제3장 제3절 국경경비 강화'에서 확인하겠지만, 동시에 조선군은 국경수비대를 제20사단 산하에 2개, 제19사단 산하에 3개 편성하였다. 다시 1926년에 제19사단의 수비대를 4개로 재편하였는데, 군축이 끝난 후 「조선국경수비대영구배치요령(1926.2.20)」에 따라 작성된 '배치표준표'상에 국경수비대원은 모두 합쳐 2,068명이었다.[42] 국경수비대는 재만조선인사회의 중심인 동만주와 소련에 인접해 있는 곳에 더 많이 배치되었다. 조선군이 많은 편제 병력을 운영하는 고(高)정원을 유지한 배경도 여기에 있었다.

    1.13)」, 朝鮮憲兵隊司令部 編, 『朝鮮憲兵隊歷史(1919.8~1944.7)』 6, 101쪽.

40   『朝鮮總督府施政年報(大正11年度)』, 353쪽.

41   朝鮮憲兵隊司令部 編, 『朝鮮憲兵隊歷史(1919.8~1944.7)』 6, 77~78쪽.

42   「朝密參 第52號 第19師團步兵聯隊增加定員配屬換竝朝鮮軍司令部編制改正二關スル意見提出ノ件通牒(1926.6.18)」, 『密大日記 其4 6冊の内 第4冊 大正15年』.

제3장
재만조선인 대책과 국경경비

1. 독립군의 독립전쟁과 조선군의 치안대책

　3·1운동 이후 조선군은 일상의 치안 문제를 비롯해 조선총독부의 통치정책과 연관된 현실 문제에 직접 개입하지 않았다. 보통경찰제가 실시된 데다 조선총독의 병력출동명령권이 요청권으로 바뀌었기 때문이다. 이제 조선군은 국방군으로서의 임무에 더 집중할 수 있었으므로 그들의 주된 시선은 한반도 밖으로 향하였다. 실제 1919년 3·1운동 이후부터 1937년 사이에 조선에 주둔했던 일본군의 움직임을 보면, 제19사단은 함경도에 주둔하며 두만강 연안의 국경을 경비하면서 러시아 또는 소련을 상대하는 작전에 집중하였고, 동만주 지역 조선인 문제에 직접 개입하였다. 제20사단은 압록강 연안의 국경을 경비하면서 베이징 이북 지역의 중국본토와 남만주 지역의 정치 풍파에 주로 동원되었다. 1920년대로 시간을 좁혀서 보면, 제19사단이 지금부터 언급할 간도침략과 경신년대학살에 직접 관여한 움직임을 대표적인 보기로 들 수 있고, 제20사단이 1928년 제남(濟南)침략 때 출동한 경우를 들 수 있다. 그럼 이제부터 조선군을 비롯한 일본군의 간도침략에 대해 살펴보겠다.

　1919년 3·1운동을 계기로 동만주 지역에서도 항일열기가 고조되면서 수많은 무장단체가 조직되었다.[1] 그해 여름을 지나며 독립군의 국내 진공작전도 벌어지기 시작하였다. 조선군으로서는 만주 지역의 독립군

1　예를 들어 남만주 지역의 大韓獨立團(1919.3), 西路軍政署(1919.11), 大韓靑年團聯合會(1919.11), 大韓獨立軍備團(1919), 新興武官學校(1920.5), 동만주와 북만주 지역의 大韓獨立軍(1919.3), 大韓軍政署(1919.12), 軍務都督府(1919), 大韓義勇軍(1920.12), 大韓義勇軍事會(1921.10) 등이 조직되었다.

과 국내 민족운동이 결합하는 움직임을 가장 경계하고 있었는데 그러한 현상이 나타나기 시작한 것이다. 이에 조선군 사령관은 9월 12일자 '조참밀(朝參密) 제906호' 훈령에서 불령선인, 곧 독립군에 대해 다음과 같은 작전방침을 지시하였다.

> 2. 조선 밖에서부터 무력진입을 꾀하는 불령선인단에 대해서는 섬멸적 타격을 가할 것. 추격이 필요하다면 조선 밖으로 진출할 수 있음. 조선 내에서 소요 시 군대 출동을 필요로 하는 경우에는 초기에 신속하게 진압 목적을 달성하도록 힘쓸 것.[2]

조선군 사령관은 국내의 저항운동에 신속히 출동하도록 명령함과 동시에, 만주와 러시아에서 조선으로 들어오는 독립군을 차단하고, 필요하면 추격대를 조직해 주저하지 말고 국경을 넘어가라고 지시한 것이다.

그런데 여기에서 주목해야 할 또 한 가지는 조선군 사령관이 독립군에 대한 적극적인 대응책을 지시했지만 만주 지역에서 활약하고 있는 독립군 자체에 대한 대응책을 지시하지 않았다는 사실이다. 그것은 외무성 경찰의 임무였다. 당시 일본정부는 간도총영사관의 경찰력으로 동만주 지역 독립운동에 대처하려고 하였다. 이때 외무성 산하의 영사관경찰로 독립군을 감당하기 버거울 때는 함경북도 소속 경찰을 파견받아 메워 볼 계산이었다. 즉, 본국 정부와 조선총독부는 동만주 지역의 항일운동이 확대되어 "직접 조선의 안녕 질서"를 흔들어대지 않는 한 군대를 출동시키는 문제를 고려하지 않았다.[3]

---

2   金正柱 編, 1970, 「間島出兵史」 上, 『朝鮮統治史料』 2, 韓國史料研究院, 5쪽.

육군성도 군대를 동만주 지역으로 이동시키는 일이 국외로 나가는 문제이므로 천황이 총독에게 위임한 권한을 벗어난 사항이라는 태도를 취하고 있었다.[4] 조선군도 마찬가지 정책 의견을 갖고 있었다. 1920년 5월 조선군참모부에서 작성한 「간도 급 훈춘 방면 경찰력 필요를 논함(間島及琿春方面警察力必要ヲ論ス)」에 따르면, 항일운동 세력으로 인해 "국경은 항상 불안을 느끼고 선내 민심에 불량의 감화를 주어 조선 통치에 다대한 해독을 끼치기에" 이르렀다고 진단하고, 1919년 10월 현재 "144명"에 불과한 영사관경찰을 3배로 늘려 분산배치할 필요가 있다고 제기할 정도였다.[5]

그렇다고 육군과 조선군이 독립군의 움직임에 무관심했다고 볼 수 없다. 특히 동만주 지역 독립군의 동향에 대해 조선군으로서도 신경을 곤두세우고 동향을 파악하는 데 열중하였다.[6] 무장독립군의 활동이 조선을 통치하는 데 끼치는 영향이 매우 크다는 사실을 알고 있었기 때문이다.[7] 육군 수뇌부도 조선군의 간도침략에 대비하여 이와 관련된 조선총독의 권한을 점검하는 등 만일의 사태에 대비한 적도 있었다.[8]

---

3 「大正8年3月9日 朝鮮總督府附武官發參謀本部總務部長宛電報(要旨)」, 『外務省警察史-間島ノ部』 2.

4 「大正8年3月10日 參謀本部總務部長發朝鮮總督府附武官宛電報(要旨)」, 『外務省警察史-間島ノ部』 2.

5 「大正9年5月28日 間島及琿春方面警察力增加に關する件」, 『大正9年 密大日記 5冊の內 1』. 동시에 외무성 경찰조직의 위계질서 등에 대한 개혁도 대책으로 제시하였다.

6 「大正8年3月20日 朝鮮總督府附武官發陸軍省軍務局長宛電報要旨-國境地方朝鮮人ノ獨立運動ニ對スル軍側ノ警戒」, 『外務省警察史-間島ノ部』 2.

7 朝鮮軍司令部, 「不逞鮮人ニ關スル基礎的研究」, 朴慶植 編, 1982, 『朝鮮問題資料叢書』 6, アジア問題研究所, 54쪽, 65쪽.

8 「大正8年3月19日附 田中陸軍大臣發信內田外務大臣宛-間島出兵ニ關スル電報(要

만주 지역 독립군 대책을 주도하던 외무성은 한 걸음 더 나아가 동만주 지역에서 조선인 항일세력을 견제하며 치안을 확보하기 위한 대책의 하나로 간도총영사관의 경찰과 중국 측이 공동으로 취체하는 방안을 추진하였다.[9] 하지만 중국인 관리들이 중국 영토에서의 공동취체에 부정적이었다. 게다가 중국인 관료와 군인들이 조선인 무장부대를 탄압하는 데 그다지 적극적이지 않았다. 오히려 동정적이기까지 하였다.[10] 따라서 외무성은 간도총영사관의 경찰력만으로 문제를 해결하려고 나섰지만 효과가 없었다.

그 사이 조선인의 항일열기는 점차 조직적으로 표출되기 시작하였고, 독립군의 국내진공작전도 계속 진행되었다. 〈표 2-3-1〉을 통해 이를 간접적으로 확인할 수 있다.

항일무장투쟁 세력은 3·1운동 직후인 1920년에 1,651건의 국내진공작전을 감행하여 하루 평균 4건 이상을 기록할 정도였다. 일본의 입장에 보면 "어제의 낙토(樂土)"였던 동만주 지역이 "불령선인의 소굴"로 바뀌었던 것이다.[11] 이때 당시 독립군의 소굴 동만주 지역에서 전개되고 있던 움직임 가운데 국내진공작전과 통일 움직임에 특별히 주목해야 한다.

旨)送付ノ件」,『外務省警察史-間島ノ部』 2.

9 「大正9年1月27日 在琿春秋洲分館主任發信在間島堺總領事代理宛公信要旨-不逞鮮人ニ對スル日支共同取締ニ關スル件」,『外務省警察史-間島ノ部』 2. 그러나 봉천군벌은 자신의 치안을 결코 타국의 힘을 빌려 처리하지 않겠다는 이유로 거절하였다. 더구나 공동취체가 영사관경찰의 원래 취지에 맞지 않다고 지적하였다.

10 이에 대해서는 「昭和10年1月8日附 間島派遣末松警視發信在間島堺總領事代理宛報告要旨-大韓軍政署ト支那官憲トノ關係ニ關スル件」,『外務省警察史-間島ノ部』 2.

11 金正柱 編, 1971,「大正9年10月 間島ニ於ケル不逞鮮人團ノ狀況」,『朝鮮統治史料』 8, 韓國史料研究所, 206쪽.

<표 2-3-1> 조선인 항일무장부대의 국내 진격 횟수(1920~1927.10)

	평안북도	함경남도	함경북도	계
1920	908	127	616	1,651
1921	453	132	16	602
1922	349	35	12	396
1923	389	19		408
1924	478	25	7	511
1925	265	23	3	291
1926	65	1	1	67
1927	10	2	1	13

비고: 쪽수를 판독할 수 없다.
출처: 1984, 『朝鮮の治安狀況 昭和2年版』, 不二出版株式會社.

임시정부의 통계에 따르면, 1920년 3월 1일부터 6월 7일 봉오동전투가 일어나기 직전까지 독립군은 일본 군 및 경찰과 32회나 전투를 벌였다. 두만강을 건너가 관공서와 순사 파출소를 34곳이나 파괴하였다.[12] 더구나 동만주 지역의 독립군은 하나의 통일군사조직으로 단결하기 위한 노력을 기울이고 있었다. 이는 3개의 지구사령부 가운데 하나를 동만

---

[12] 대한민국임시정부자료집편찬위원회 편, 2008, 「군무부의 역사보고 奉呈의 건(軍秘發 제1호 呈文 : 1921.1.7)」, 『대한민국임시정부자료집』 9, 국사편찬위원회(http://db.history.go.kr/item/level.do?setId=4&totalCount=4&itemId=ij&synonym=off&chinessChar=on&page=1&pre_page=1&brokerPagingInfo=&position=2&levelId=ij_009_0010_00010&searchKeywordType=BI&searchKeywordMethod=EQ&searchKeyword=%EA%B5%B0%EB%AC%B4%EB%B6%80+%EC%97%AD%EC%82%AC%EB%B3%B4EA%B3%A0&searchKeywordConjunction=AND) 여기에 수록된 '北墾島에 在한 我獨立軍의 전투보고'에서 인용하였다. 이동휘가 한 보고다.
일제의 통계에 따르면 1920년에는 1,651건에 4,643명의 독립군이 국내에 들어왔다는 기록도 있다. 김의환, 1988, 「독립군의 편성과 국내작전」, 국사편찬위원회 편, 『한민족독립운동사』 4, 62쪽에서 재인용(原典: 朝鮮總督府警務局, 1925, 『朝鮮警察之槪要』, 123~124쪽).

주 지역에 설치하려는 대한민국임시정부의 초기 독립전쟁론 구상에도 호응하는 움직임이었다.[13]

독립군 사이의 연대와 국내진공작전은 이들이 독립전쟁론을 충실하게 실천하려고 노력했다는 사실과 연관지어서만 이해할 수 있다. 동만주 지역에서 임시정부를 지지하며 독립전쟁론을 적극적으로 실천한 사람은 홍범도였다. 그는 1919년 5월경 러시아 추풍(秋豊)에서 이동휘로부터 "총사령관"으로 임명을 받았다.[14] 홍범도는 1919년 8월 8일 106명의 대원을 이끌고 노령에서 출발하여 14일 연길현 "합마당(蛤蟆塘) 예수촌"에 도착하였다.[15] 홍범도가 이끄는 대한독립군은 군자금을 모집하거나, 대한국민회의 결사대로부터 물자를 지원받는 등 국내 진격을 준비하면서 다른 단체와의 연락도 계속 유지하였다.[16]

홍범도는 대한국민회와 함께 단체의 통합에 남다른 노력을 기울였다.[17] 그 결과 1920년 3월 8일부터 각 단체의 대표자 40여 명이 참가

---

13 1920년 대한민국임시정부의 독립전쟁론과 독립군의 움직임에 대해서는 신주백, 2021, 「1920년의 임시정부 독립전쟁론과 북간도지역 독립군」, 『한국민족운동사연구』 106; 신주백, 2021, 「총론: 봉오동·청산리 전투 연구동향과 새로운 연구방향」, 한국독립운동사연구소 편, 『1920년 독립전쟁과 사회』, 선인 참조.

14 韓國精神文化硏究院, 1995, 「이인섭의 편지(1969.2.5)」, 「정태의 편지」, 『韓國獨立運動史資料集-洪範圖篇』, 韓國精神文化硏究院, 33쪽, 86쪽; 姜德相 編, 「騷密 第2439號 獨立運動ニ關スル件(1919.5.16)」, 『現代史資料』 26, 173쪽.

15 韓國精神文化硏究院, 「홍범도의 일지(1958.4.16)」, 『韓國獨立運動史資料集-洪範圖篇』, 13쪽, 26쪽. 草帽頂子는 新民團이 결성된 곳으로 기독교와 성리교도가 많았고, 蛤蟆塘은 기독교도가 많이 거주한 곳으로 大韓國民會의 본부가 있었다.

16 朴昌昱, 1990, 「國民會를 論함」, 『國史館論叢』 15, 206쪽.

17 노령에서 온 홍범도가 1919년 겨울부터 1920년 3월 상순까지 항일단체의 통일을 위해 어떻게 노력했는지에 대해 구체적으로 언급된 사료는 없다. 다만, 일제의 관헌 자료에는 홍범도가 "일찍이 한족 독립운동 기관의 통일을 도모"했다고 나온다(姜德

하여 3일간 열린 회의를 합마당에서 개최할 수 있었다. 회의에서는 대한광복단의 이범윤 등이 "복벽(復辟)을 기도"하여 통일단체를 결성하지는 못했지만,[18] 참가자들은 서로 통합의지를 확인하였다. 참가단체 가운데 6개 단체의 대표자는 5월 3일 왕청현 봉오동에서 자금을 모집하기로 하는 등 18개 조항의 「재북간도 각 기관협의회 서약서(在北墾島各機關協議會誓約書)」를 채택하였다. 서약서는 5월 11일까지 각 단체의 모연대(募捐隊)를 소환하고 지방기관을 설립하며, 민의에 따라 사람을 모집하고, 자금 모금은 '협의회'(매월 1일, 15일 정기회)의 의결을 거치기로 하는 등 18개 조항으로 구성되었다.[19] 6개 단체가 구성한 협의회는 공화주의를 지향하는 단체였다. 동만주 지역 민족운동 세력의 주도권을 공화주의 세력이 확실히 장악한 것이다.

상시적인 협의체를 구성한 민족운동가들은 단체의 통일성을 강화하기 위해 노력한 결과, 대한국민회 대표 김병흡과 군무위원회 대표 안무 그리고 군무도독부의 대표 최진동이 5월 19일 봉오동에 모여 대한북로독군부(大韓北路督軍府)를 결성하였다. 대표자들은 회합에서 대한국민회가 행정기관, 대한북로독군부가 군사기관의 역할을 맡고, 대한국민회에서 대한북로독군부를 '보조'하여 모든 "군무(軍務)를 주비(籌備)"하기로 결정하였다.[20] 이 대한북로독군부가 6월 7일 봉오동전투에서 승리한 독립군 부대다.

相編, 1970, 「義軍團及都督府ノ活動ニ關スル件」, 『現代史資料』 27, みすず書房, 346쪽).
18 姜德相 編, 「朝特報 第21號 鮮內外一般ノ狀況(1920.4.5)」, 『現代史資料』 26, 301쪽. 대표적인 참석자: 洪範圖 具春先 李範允 金光國 洪林 徐成權 黃丙吉 田義根 등.
19 姜德相 編, 『現代史資料』 27, 391~392쪽.
20 國家報勳處, 1997, 『北間島지역 獨立軍團名簿』, 259쪽.

봉오동전투는 1920년 6월 4일 두만강에 인접한 함경북도 온성군 남양동의 두만강 연안에 독립군 부대가 나타나 그곳의 조선군 수비병 10여 명 및 헌병경찰관 등과 전투를 치르고 두만강을 건너 동만주 지역으로 다시 퇴각한 일이 발단이었다. 그러자 야스가와 소좌는 즉각 보병 2개 중대와 기관총 1개 소대로 추격대를 편성하였다. 야스가와부대는 6월 6일 두만강을 건너는 왕청현 봉오동으로 진격하여 대한북로독군부 소속 독립군과 싸웠다.[21]

조선군의 이번 월경은 중국의 영토를 침범한 사건이었다. 1919년 4월에 개정된「조선 주둔부대 수비근무규정」제11조에 따르면 긴급하거나 자위상 부득이한 경우 출동할 수 있으며, 이때 조선군 사령관에게 급히 보고하고 지시를 받을 때까지 현상을 유지해야 한다.[22] 그런데 조선군은 앞서 인용한 군사령관의 '조참밀 제906호' 훈령에 따라 개정한 수비근무규정과 달리 현지 부대에 재량권을 부여함으로써 독립군에 대해 더욱 강경하게 진압할 기회만 엿보고 있었다. 이에 따라 긴급 편성된 야스가와 부대는 중국측의 동의도 받지 않고 중국의 주권을 침범하였지만, 조선군이나 일본정부는 문제로 삼지 않았다. 다만 야스가와 부대는 외교문제가 있을 수 있어 8일에 비파동을 거쳐 철수하였다. 또한 조선군은 제19사단 참모장을 통해 간도총영사에게 상황을 설명하였고, 다른 뜻이 없으므로 중국관헌과의 원만한 교섭도 대신해 주도록 요청하였다.[23]

---

21 「大正9年6月6日 在間島堺總領事代理發內田外務大臣宛電報要旨」,『外務省警察史-間島ノ部』2. 봉오동전투 당시 일본군의 움직임에 대한 체계적인 분석은 이상훈, 2021,「'봉오동전투상보'를 통해 본 봉오동전투」, 한국독립운동사연구소 편,『1920년 독립전쟁과 사회』, 선인 참조.

22 「大正8年3月25日 守備勤務規定の件」,『密大日記 4冊の內 4 大正8年』.

그럼에도 조선군의 월경과 추격 행동은 독립군에 대해 점차 강경해지고 있는 군대 내부의 분위기를 읽기에 충분한 움직임이었다. 조선군조차도 봉오동전투를 계기로 독립군이 점차 "무력적 색채"를 띠면서 무시할 수 없는 상태에 이르렀으므로 뭔가 방법을 강구하여 단호한 조치를 취해야 한다고 보고 있었다.[24]

봉천군벌과의 공동취체를 계속 추진하고 있던 외무성 역시 작은 일로 중국 측을 자극할 필요가 없다고 하면서, 독립군이 월경한 정도의 일은 영사관경찰이 단독으로 하거나 중국 경찰의 도움을 받아 처리해야 한다는 기존의 태도를 유지하며 앞으로 조선군 측에 협조를 요청하였다.[25] 실제 외무성은 재만조선인 무장부대의 활동 자체를 역이용하여 동만주 지역에서 영사관경찰을 보강할 수 있는 절호의 기회로 간주하는 한편, 중·일 공동취체를 성사시키려고 노력하였다. 또한 중국 군대에 무기와 탄약을 제공하여 그들로 하여금 무장부대를 제압하도록 하는 정책도 시도하였다.[26] 심지어 그동안 독립군을 상대로 벌인 중국 측의 작전을 비판하며 그 행동을 감시할 수 있는 참모를 중국 군대에 파견하였다.[27]

---

23 「大正9年6月10日 在間島堺總領事代理發內田外務大臣宛電報要旨」, 『外務省警察史-間島ノ部』 2.

24 金正柱 編, 「間島出兵史」 上, 『朝鮮統治史料』 2, 4쪽.

25 「大正9年7月12日附 菅野陸軍省軍務局長發信大野朝鮮軍參謀長宛通牒要旨-軍隊ノ越境行動ニ關スル件」, 『外務省警察史-間島ノ部』 2.

26 「大正9年7月20日省議」, 「大正9年9月11日 內田外務大臣發齋藤朝鮮總督宛電報要旨」, 「大正9年9月11日在間島堺總領事代理發內田外務大臣宛電報要旨」, 「大正9年9月21日附 內田外務大臣發信陸軍大臣宛通報要旨-間島不逞鮮人討伐ノ爲支那側ニ貸與銃器彈藥ニ關スル件」, 『外務省警察史-間島ノ部』 2.
봉천성의 경우, 上田搜索隊(1920.5.13~7.3), 坂本搜索隊(1920.4.15~8.18)의 활동이 있었다.

조선군은 이때까지만 해도 외무성이 제시한 가이드라인을 벗어나지 않으려는 태도를 취하며 외무성의 경찰력으로 동만주 지역의 조선인 항일운동에 대응해야 한다는 입장을 지지하였다. 오히려 조선군은 분산된 부대를 집결하는 한편에서, 압록강과 두만강을 경계로 국경경비를 강화하는 조치에 많은 관심을 두었다. 이에 따라 3·1운동의 열기가 진정 국면에 들어섰던 1919년 7월, 앞서 '제2장'에서 언급했듯이 조선군사령부는 향후 대책 가운데 하나로 치안유지와 국경경비를 전담할 12개 대대로 구성된 4개의 독립수비대를 군사령관 또는 사단장 직속으로 편성하자고 육군성에 제안하였다.[28] 또한 조선군은 1920년 상반기에도 제19, 20사단의 수비구역에 각각 6개의 수비대를 설치했고, 1921년 3월 고정원제를 실시하면서부터 제19사단 수비구역을 5개, 제20사단의 수비구역을 7개로 나누고 수비대를 배치하였다(〈그림 2-3-1〉 참조).[29] 이들 수비대 가운데 국경수비대는 뒤의 '제3절 국경경비 강화'의 '1) 국경대책으로서 고정원제와 국경수비대 운영'에서 다시 보겠지만 제19사단에 4개, 제20사단에 1개가 있었다.

그런데 1920년 중반경을 지나면서 외무성에 협조적이던 조선군은 징책의 효과에 의문을 갖는 한편, 영사관경찰의 치안확보 능력에 대해서도 회의를 품게 되었다. 가령 조선군과 육군성은 봉천총영사관 등이 참

---

27 「大正9年9月16日 在局子街川南分館主任發內田外務大臣宛電報要旨-支那軍隊ノ不逞團軍政署剿討ノ爲出動ノ件」,『外務省警察史-間島ノ部』2.

28 姜德相 編,「騷擾ノ原因及朝鮮統治ニ注意スベキ件竝軍備ニ就テ」,『現代史資料』26, 653쪽.

29 「大正11年1月11日 朝特報第3號 大正10年間鮮內外一般ノ情況及將來ニ對スル觀察」,『朝鮮軍參謀部發朝鮮報(1922.1~3)(1)』.

여한 세 차례의 '봉천회의'(1920.5~7)에 대해서도 정면으로 이의를 제기하지 않고 보조를 함께하였다.[30] 그러면서도 조선군은 6월의 봉오동전투 즈음에 중국 측이 독립군 진압에 불철저한 데다 영사관경찰력만으로 독립군을 철저하게 탄압할 수 없다고 보고 병력 동원을 염두에 두었다.[31] 조선군은 중국과 일본의 공동경찰토벌대를 편성하는 계획이 실현되기 어렵다고 보고, 장작림과 협상을 통해 군대를 만주로 출병시킬 수 있도록 '묵과(默過)'하는 양해를 중국 측으로부터 받아내려고 하였다.[32]

결국 조선군은 중국 측의 태도와 외무성의 대책에 회의적이었으므로 제3회 봉천회의 이후 외무성과 무관하게 간도침략에 관한 독자적인 작전계획을 수립하기 시작하였다. 이즈음 육군 수뇌부도 동만주 지역을 침략하는 문제를 기정사실화하고 있었다. 1920년 8월 15일 조선군 참모장, 조선총독부 경무국장, 헌병대사령부 고급부관 등이 '경성회의'에서 확정한 「간도지방 불령선인 초토계획(間島地方不逞鮮人剿討計劃)」은 그 결과물이다(이하 초토계획). 조선군은 경성회의 직후인 8월 20일에 블라디보스토크 파견군에게 간도침략에 호응해 주도록 제안하여 내부 승낙을 받았고, 육군성과 참모본부에 28만 원의 총 경비와 병기를 신청하여 내적으로 승인을 받았다.[33]

---

30 金正柱 編, 「間島出兵史」上, 『朝鮮統治史料』 2, 6~10쪽. 봉천회의는 5월 상순(1차), 5월 29일(2차), 7월 16일(3차)에 각각 열렸다.
31 金正柱 編, 「間島出兵史」上, 『朝鮮統治史料』 2, 8쪽.
32 「大正9年8月11日 內田外務代身發齋藤朝鮮總督宛電報要旨」, 「大正9年8月12日 齋藤朝鮮總督發內田外務代身宛電報要旨」, 『外務省警察史-間島ノ部』 2.
33 이에 대해서는 金正柱 編, 「間島出兵史」上, 『朝鮮統治史料』 2, 11쪽 참조.

2. 간도침략과 경신참변(1920.8~1921.5)

조선군은 초토계획에서 '조참밀 제906호'에 의거하여 실시한 군대의 월경과 이번 간도침략은 전혀 관련이 없다는 내용부터 밝혔다. 이어 군사작전을 제1, 2기로 나누어 2개월 동안 벌인다는 계획을 수립하였다. 처음 1개월 동안은 출동부대에게 할당된 4개 지역에서 각자 독립군을 탄압하고, 그 결과에 따라 나머지 1개월 동안 보완작전을 실시한다는 계획이었다. 초토계획을 전담하는 지휘부는 제19사단이었으며, 출동부대도 사단 예하의 4개 연대에서 차출한 보병 1개 대대씩을 중심으로 구성할 계획이었다.[34]

조선군은 9월 20일까지 초토계획을 세부적으로 수립하고자 하였다. 이즈음까지 일본 외교를 책임지고 있던 외무성과 만주에 있던 그 산하 기관들조차 간도침략과 연관 지을 만한 육군 측의 움직임을 제대로 파악하지 못하였다. 그러다 1920년 9월 10일 외무성은 길림총영사로부터 조선군의 계획을 입수하였다. 외무성은 육군성과 조선총독부에 그 계획의 존재 여부 등을 문의하면서, 자신들이 이미 중국 측에 무기를 대여해 주었고 중국군이 독립군을 향해 무력토벌을 시작할 즈음이므로 일본군이 "가볍게 행동함은 우리 쪽의 계획에 현저하게 장애를 초래할 것"이라고 주장하며, 계획이 있다면 서둘러 알려줄 것을 육군성과 조선군에 요청하였다.[35]

---

34 金正柱 編,「間島出兵史 下-間島地方不逞鮮人剿討計劃(1920.8 調表)」,『朝鮮統治史料』2, 161쪽, 165~166쪽.

그런데 1920년 9월 12일과 10월 2일에 중국인 마적단이 훈춘 시가지를 습격한 '훈춘사건'이 일어났다. 특히 두 번째 습격사건 때는 훈춘영사관이 불타는 등 일본 측의 피해가 컸다.[36] 하지만 훈춘사건은 일본군 블라디보스토크 파견군이 계획을 수립하고 조선군과 비밀리에 협상하여 일으킨 조작사건이었다.[37] 훈춘사건은 겉으로는 '울고 싶은데 누군가 뺨을 때려 준' 것과 같은 이치로 보였지만, 실상은 조선군과 블라디보스토크 파견군이 '억지춘향식'으로 상황을 만든 결과였다.

조선군사령부는 이를 명분으로 내세워 만주의 독립군을 적극 탄압해야 한다면서 초토계획의 승인을 육군대신과 참모총장에게 요청하였다. 하라 총리가 이끄는 내각은 10월 7일 수적으로 열세인 영사관경찰만으로 영사관 및 거류민을 '보호'할 수 없다며 군대를 출동시키기로 결정하였다. 또한 장쭤린(張作霖)에게 침략의 부득이함을 설득하고 일본군의 주둔을 "즉시 승인"하도록 요구하기로 결정하였다.[38] 같은 날 육군 참모차장도 조선군의 초토계획을 형식상 승인하는 전보를 조선군에 보내왔다. 10월 9일 일본정부는 조선군 사령관과 블라디보스토크 파견군 사령관에게 간도를 침략하라고 지시하였다.

조선군 사령관은 상부의 지시에 따라 10월 11일과 12일에 제19,

---

35 「大正9年9月11日 內田外務大臣發齊藤朝鮮總督宛電報要旨」, 『外務省警察史-間島ノ部』 2.

36 일본인의 피해 상황과 일본인사회의 동향에 관해서는 다나카 류이치, 2021, 「훈춘 일본인사회와 훈춘사건」, 한국독립운동사연구소 편, 『1920년 독립전쟁과 사회』, 선인, 355~362쪽 참조.

37 상세한 내용은 박창욱, 2000, 「훈춘사건과 '장강호'마적단」, 『역사비평』 51 참조.

38 日本外務省 編, 「琿春事件ニ關スル件」, 『日本外交年表竝主要文書: 1840~1945』 上, 516쪽.

<표 2-3-2> 간도침략부대와 활동구역

부대 이름		담당 구역	참여 부대 또는 활동구역
조선군	이소바야시 지대	갑(훈춘-라자구-삼차구 일대)	보병 제38여단사령부 제19사단 보병 제75연대, 제20사단 보병 제78연대 중심. 기병, 야포병, 공병, 헌병
	기무라 지대	을(서대파-십리평-대감자-백초구-하마탕-의란구-팔도구 일대)	제19사단 보병 제76연대 중심. 기병, 산포병, 공병, 헌병
	히가시 지대	병(용정-국자가-두도구-천보산-이도구-삼도구 일대)	보병 제37여단사령부 제19사단 보병 제73, 74연대 중심. 기병, 야포병, 공병, 헌병
	사단 직할 부대		보병 제74연대 1대대 본부 및 제3중대, 비행 기반, 무선통신반, 비둘기통신반
지원부대	블라디보스토크 파견군	북만주, 중러 국경지대 경계	
	본토 파견 제28여단		훈춘-국자가-회령으로 이동하며 행동
	관동군		남만주 지역 동쪽 변두리에서 시위 행군 (무순, 흥경, 해룡, 삼원포, 통화 등지)

비고: 조선군은 파견지대의 활동구역을 갑을병으로 구분하였다. 이와 관련된 지도는 「間島出兵史」를 번역한 김연옥 옮김, 2019, 『間島出兵史』, 경인문화사, 393쪽, 394쪽에 수록되어 있다.
출처: 金正柱 編, 1970, 「間島出兵史」 上, 『朝鮮統治史料』 2, 韓國史料硏究院, 41~43쪽, 80~86쪽.

20사단장에게 출동부대를 편성하도록 훈령을 내렸다. 제19사단을 중심으로 편성된 간도침략부대를 정리하면 〈표 2-3-2〉와 같다.

독립군을 탄압하는 초토계획은 10월 17일경부터 12월 중순경까지 크게 두 단계로 나누어 진행되었다. 탄압작전은 제1단계 조치가 초토계획과 달리 한 달 반 정도 걸렸기 때문에 작전 기간이 조금 길어졌다. 간도침략군은 10월 14일부터 11월 20일까지 독립군을 대상으로 한 작전과 이들의 활동 기반이 되어 온 마을 그리고 교회와 학교에 대해 반복적이고 무차별적으로 '소탕'하였다. 이 와중에 히가시 지대와 홍범도의 연합부대 및 대한군정서군 사이에 일어난 전투가 청산리전투였다.[39] 간도

침략군은 11월 21일부터 12월 16일까지 조선인 마을과 독립군의 활동 기반인 곳을 반복적으로 수색하여 잔여 세력을 '소탕'하는 데 주안을 두었다. 초토계획과 비슷하게 움직였던 것이다.

조선헌병대는 간도침략군의 작전을 지원하기 위해 헌병보조원을 포함해 4개 반으로 구성된 93명을 3개 지대와 사단 직할 부대에 파견하였다. 이들은 경찰 복장을 하고 활동했으며, 반마다 2~3명의 조선인 헌병보조원으로 하여금 조선인 복장을 갖추도록 하였다.[40] 또한 압록강과 두만강 연안을 지키던 강안수비대는 6개 중대 규모의 병력을 동원하여 간도침략군의 초토작전에 보조를 맞추고 귀순자의 검거와 관리 등을 지원하였다.[41] 간도총영사관도 영사관경찰 68명을 6개 팀으로 나누어 간도침략군에게 길을 안내하게 하는 등 초토작전을 옆에서 보조하였다.[42]

조선군 사령관은 1920년 12월 16일 침략부대의 귀환을 지시하였다. 간도침략을 마무리하는 시기에 들어감에 따라 대다수 부대는 1920년 12월 말 귀대를 시작하여 1월 초순이면 애초 주둔지로 돌아갔다. 〈표 2-3-2〉에서 필자가 '지원부대'로 분류한 부대들은 이보다 빠른 11월 말이나 12월 중순경까지 작전을 끝냈다. 초토계획 2단계의 시점과 관련

---

39 이 글의 목적이 청산리전투의 전개양상이 아니므로 별도의 설명은 하지 않겠다. 독립군의 움직임과 일본군의 군사작전을 동시에 살펴본 글을 소개하는 것으로 대신하겠다(신효승, 2021, 「청산리 전역시 일본군의 군사체계와 독립군의 대응」, 한국독립운동사연구소 편, 『1920년 독립전쟁과 사회』, 선인).

40 姜德相 編, 1972, 『現代史資料』 28, みすず書房, 198~203쪽.

41 강안수비대의 움직임은 김연옥, 2021, 「'간도출병사'를 통해 본 1920년 강안수비대의 활동」, 한국독립운동사연구소 편, 『1920년 독립전쟁과 사회』, 선인 참조.

42 「大正9年12月17日 在間島堺總領事代理發內田外務大臣宛報告要旨-陸軍分散排置部隊ニ警察官配屬ノ件」, 『外務省警察史-間島ノ部』 4.

이 있을 것이다.

여기에 더하여 일본정부는 침략부대를 철수시킨 후속조치로 1920년 12월 17일부터 1921년 5월 9일까지 간도파견대를 편성하여 운영했으며, 축소된 조선군을 대신하여 영사관경찰을 보완하였다. 또 친일세력을 후원하여 새로운 질서를 만들어 가려 시도하였다.[43]

일본군은 초토작전을 진행하는 과정에서 민간인 학살을 자행하였다.[44] 가령 10월 21일 청산리전투의 하나인 백운평전투에서 패배한 일본군이 "백운평마을의 23세대의 여자들을 모두 밖으로 나오게 하고 남자는 젖먹이고 뭐고 몽땅 집에다 가두어 놓고 불을 질렀다. 집안에서 뛰쳐나오는 사람이 있으면 총창으로 사정없이 찌르고 기관총을 내둘렀다. 김응준이라는 어린이와 마을의 민간 의사 이회보 및 그의 셋째아들, 셋이 겨우 살아났다." 이는 1919년 4월 일본군이 저지른 제암리학살사건을 재현한 듯한 제노사이드였다.

또한 일본군은 10월 30일에 다음과 같은 내용의 장안동학살사건도 일으켰다.

날이 밝자마자 무장한 일본보병 일대는 아소촌을 빈틈없이 포위하고 골 안에 높이 쌓인 낟가리에 불을 질렀다. 그러고는 전체 촌민더러 밖으로 나오라고 호령하였다. 촌민들이 밖으로 나오자 아버지고 아들이고 헤아리지 않고 눈에 띄면 사격하였다. 아직 숨이 채 떨어지지

43　楊昭全, 2007, 『中國朝鮮族革命鬪爭史』, 吉林人民出版社, 165~166쪽.
44　이하 두 사례는 김춘선, 2000, 「庚申慘變 연구-한인사회와 관련지어」, 『韓國史硏究』 111, 158~159쪽 참조.

않은 부상자도 관계치 않고 그저 총에 맞아 쓰러진 사람이면 마른 짚을 덮어놓고 식별할 수 없을 정도로 불태웠다. 이러는 사이 어머니와 처자들은 마을 청년 남자가 모두 처형당하는 것을 강제적으로 목격하게 하였다. 가옥은 전부 불태워 마을은 연기로 뒤덮였고 그 연기는 용정촌에서도 보였다. … 마을에서 불은 36시간이 지났는데도 계속 타고 있었고 사람이 타는 냄새가 나고 집이 무너지는 소리가 나고 있었다. … 알몸의 젖먹이를 업은 여인이 새 무덤 앞에서 구슬프게 울고 있었고… 큰 나무 아래의 교회당은 재만 남고 두 채로 지은 학교의 대건축도 같은 운명이 되었다. 새로 만든 무덤을 세어 보니 31개였다. … 다른 두 마을을 방문하였다. 우리들은 불탄 집 19채와 무덤 또는 시체 36개를 목격하였다.[45]

만행을 저지른 일본군은 다음 날인 10월 31일에도 다시 장암동에 나타나 유족을 협박하여 무덤을 파헤치고 증거를 없애고자 채 타지 않은 시체를 모아 다시 소각하는 이중살해까지 하였다.

일본정부는 독립군을 탄압하는 한편에서 자신들의 영향력을 확대하기 위한 발판을 만드는 작업을 동시에 병행하였다. 발판을 튼튼하게 하는 기본 방향은 군대가 물러간 자리를 영사관경찰이 감당할 수 있도록 역량을 강화하는 데 있었다. 그래서 일본정부는 동만주 지역에 간도총영사관 소속의 경찰기관을 계획대로 설치할 수 있을 때까지 군대를 완전히 철수시키지 않을 작정이었다.

일본정부는 조선군이 초토계획 2단계를 한창 밀어붙이고 있던 1920년

---

45 용정촌 캐나다장로교회 제창병원 원장 마틴의 「견문기」의 일부다.

11월 30일에 동만주 지역의 태랍자, 걸만동, 동불사, 의란구, 가야하, 양수천자, 이도구, 부동, 두도구, 흑정자에 10개 영사관경찰 분서(分署)를 설치하여 경찰조직을 확대하기로 결정하였다. 이 정책을 뒷받침하기 위해 조선군 사령관은 1920년 12월 16일 간도파견대 편성을 보병 제38여단장에게 지시하였다. 간도파견대는 12월 31일 제19사단 소속 2개 대대로 구성되었다.[46] 간도파견대는 보병 제38여단장의 지휘 아래 국자가(오늘날 옌지시)에 본부를 두었다. 조선군의 독자적 행동을 반대했던 외무성조차 조선군이 주둔하고 있는 이 기회에 영사관의 산하조직을 조선인이 거주하는 각지에 설치하고 이를 중국 측이 인정할 수밖에 없게 만드는 정책, 즉 기정사실화(旣定事實化)정책을 추진하여 동만주 지역에서 영향력을 확대하고자 시도하였다. 그래도 중국 측이 항의하면 "기성(期成)의 문제"라고 주장하며 무시하고 밀어붙여 현실화시킬 방침이었다.[47]

간도총영사는 1920년 12월 29일 배치 예정인 322명을 일제히 근무지로 출발시켰다. 외무성과 조선총독부 소속의 경찰은 간도총영사의 실질적인 지휘를 받도록 계통이 일원화되었고, 영사관은 1921년 3월부터 일반경찰 사항과 항일운동가에 대한 취체 및 검거를 담당하는 경찰사무로 양분하고 업무를 전문화하였다.[48] 1909년에 중국과 통감부 사이에

---

46 이에 대한 시사는 「大正10年4月25日附 在間島堺總領事代理發內田外務大臣宛報告要旨-間島派遣隊ノ撤退期日ニ關スル件」, 『外務省警察史-間島ノ部』 4.

47 外務省亞細亞局第2課, 「昭和6年4月調 間島問題調書」, 106~107쪽. 한국 국회도서관 소장 자료다.

48 外務省亞細亞局第2課, 「昭和6年4月調 間島問題調書」, 140쪽. 1921년 11월 현재 322명의 영사관경찰이 있었다.
1922년 6월 말 현재 경찰서 4개, 分署 14개에 경시 1명, 경부 11명, 경부보 11명, 순사 301명 등 324명이 있었다(「撤兵後ニ於ケル間島地方朝鮮人ノ保護取締ニ觀スル外

체결된 간도협약 이래 일본의 상주 경찰력이 상부지(商埠地) 밖에까지 본격적으로 미치기 시작한 때는 이즈음이었다.

조선군은 영사관 경찰이 배치되자 1921년 4월 말에서 5월 초 사이에 간도파견대 소속 부대 대부분을 조선의 주둔지로 귀대시켰다. 간도파견대사령부도 1920년 5월 8일 함경북도 회령으로 귀대하고자 국자가를 출발하는 등 간도파견대 전원이 5월 9일까지 조선으로 돌아왔다. 5월 30일에는 헌병대도 철수하였다. 대신에 조선군은 1921년 2월 6일 조선군 사령관과 장쭤린의 합의에 따라 9명으로 구성된 간도연락반을 동만주 지역에 그대로 두었다.[49]

결국 일본의 간도침략과 영사관경찰의 기정사실화정책의 결과 동만주 지역에서는 조선인의 정치적 영향력이 쇠퇴하는 대신 일본의 힘이 더 강해졌다. 조선인 무장투쟁 세력은 1931년 일본이 만주를 침략하기 이전까지 10여 년 동안 동만주 지역에서 더 이상 무장활동을 벌이지 못할 정도였다. 동만주 지역에 거주하는 조선인의 입장에서 보면 중국인과 일본인의 '이중의 지배'가 더욱 강화된 것이다.

물론 1919년 이후 만주 지역에서 일본의 영향력이 확장될 수 있었던 기본적인 요인 가운데 하나는 일본과 장쭤린의 원만한 관계 때문이었다. 하라 내각은 1920년의 안직전쟁(安直戰爭)[50]과 이후 직예파(直隸派) 내부

務省ノ方策」,『外務省警察史-間島ノ部』4).

49 「大正10年4月22日附 在間島堺總領事代理發內田外務大臣宛報告要旨-連絡將校間島地方派遣ノ件」,『外務省警察史-間島ノ部』4. 이후 6명으로 줄었다(「大正10年9月24日 間島連絡班配置變更の件」,『密大日記 6冊の內 第1冊 大正10年』).

50 1920년 7월 14일부터 5일간 중국 화북지방에서 안휘파의 돤치루이(段祺瑞)와 직예파의 차오쿤(曹錕)이 싸운 전쟁을 말한다.

의 복잡한 역학관계에 휩쓸리지 않고 영국 및 미국과 공동 보조를 맞추는 외교정책을 추진하고 있었다.[51] 더구나 자신들에게 우호적인 중국인 친일세력을 육성하고 보호하는 정책도 추진하였다. 일본정부의 이러한 기본 기조는 차관과 재정지원을 바탕으로 제1, 2차 봉직전쟁(奉直戰爭) 때도 유지되었다.[52] 봉천파인 장쭤린은 직예파 군벌이 몰락한 이후 만주와 몽골에서 일본의 특수이익을 보호해 줄 수 있는 최고의 대안이었다. 장쭤린 역시 직예파 지도자 가운데 한 사람인 우페이푸(吳佩孚) 등과의 싸움에서 승리하기 위해 무기와 자금이 필요하였고, 그 후원세력이 바로 일본이었다.[53]

장쭤린과 일본의 이해관계를 동만주 지역 조선인 무장부대 문제로 좁혀서 설명해 보면, 장쭤린은 동만주 지역에서 조선인의 영향력이 강력해짐으로써 동만주 지역뿐만 아니라 만주 지역 전체에서 자신의 영향력이 약화될 수 있다고 보았다. 일본도 동만주 지역에서 조선인 항일무장부대가 활동을 강화하면 할수록 식민지 조선의 통치를 불안하게 만드는 직접적인 요인으로 작용한다고 보았다. 결국 일본과 장쭤린은 동만주 지역에서 조선인의 힘을 약화하여 자신의 영향력을 유지하거나 증대시킨다는 점에서도 서로 이해가 일치하였다.[54]

---

51 원래 北洋軍閥은 돤치루이의 安徽派, 펑궈장(馮國璋)의 직예파, 장쭤린의 奉天派라는 3대 세력으로 나뉘어 있었다.

52 봉직전쟁이란 중국의 민국시대에 군벌이 할거하던 1922년과 1924년에 봉천파와 직예파 사이에 벌어진 두 차례 전쟁을 말한다. 1922년 전쟁에서는 직예파가 승리했지만, 1924년 전쟁에서는 봉천파가 승리하였다.

53 예를 들어 1925년 11월 장쭤린의 부하인 궈쑹링(郭松齡)이 반란을 일으키자 조선군은 즉각 보병 2개 대대와 포병 2개 중대를 펑톈으로 파병하였다.

54 이상은 『對滿蒙政策史の一面』(原書房, 1966)의 '제6, 7, 8장'을 정리하였다.

다른 각도에서 보면, 항일무장부대는 일본군의 공격을 피해 북만주 지역이나 소련으로 이동해야만 생존할 수 있었다. 간도침략과 그 이후 일본정부의 후속조치로 실제 동만주 지역에서 무장투쟁 방식으로 민족운동을 지속하는 활동은 더 이상 어렵게된 것이다. 더구나 장쭤린은 1921년 2월 6일의 합의대로 동만주 지역에 중국군대를 보강하였다. 이들은 조선인 무장부대에 그다지 호의적이지 않았다. 동만주 지역에서 무장독립투쟁이 어렵게 된 또 다른 이유가 여기에 있었다. 물론 독립군을 지휘하던 주요 지도자들은 다행스럽게도 일본의 군과 경찰에 체포당하지 않았다. 독립군은 그렇게 험난한 탄압 과정에서도 이후 만주 지역 민족운동을 재건할 수 있는 중요한 중심축을 보위한 것이다.

3. 국경경비 강화

1) 국경대책으로서 고정원제와 국경수비대 운영

조선군은 3·1운동이 전개되고 있는 와중인 4월 1일자로 수비대근무에 관한 규정을 개정하였다. 1916년 11월에 제정한 규정을 폐지하고 새로 작성한 「조선 주둔부대 수비근무규정」에 따르면, 수비근무부대는 조선총독의 지시(제1조)를 받아 다음과 같은 업무를 수행하였다.

1. 수비구역 내 방위치안의 보지(保持)
2. 국경경비

3. 교통기관의 보호

4. 지리 및 지방의 정황 조사[55]

수비대의 임무 가운데 하나가 국경경비인 것은 당연하다. 군대는 국방이 제1임무이기 때문이다. 다만, 이 규정에는 '국경수비' 또는 '국경수비대'라는 말이 없다. 국경경비만을 전담하는 부대를 별도로 두지 않고, 평안북도를 담당 구역으로 하고 있던 보병 제77연대, 함경남북도를 경계하는 보병 제73, 75, 76연대에서 담당하고 있었기 때문이다.

그런데 조선군은 국경경비를 전담하는 부대를 만들어야 한다고 상급 기관에 계속 요구하고 있었다. 특히 1920년 간도침략을 위해 병력을 출동시키면서 러시아와의 국경경비와 국내 치안유지의 공백, 곧 "수비근무상 결함"을 채우기 위해 고정원을 편성하려는 구상을 앞당겨 실현해야 한다고 보았다.[56] 이는 1920년의 시점에 일본 육군이 새로운 부대를 만들기보다 편제 정원을 확대하여 이 결함을 메워 보려고 구상하고 있었음을 시사한다.

실제 육군이 부대를 신설하기 보다 고정원 방식을 선택한 이유의 하나는 제1차 세계대전 이후 군축 분위기와 연관이 있었다. 세계대전이 끝난 후 사람들은 전쟁 없는 평화를 구축하는 방안의 하나로 군비축소에 관심이 높았다. 1921년 11월의 워싱턴회의 때는 군축 문제가 핵심 의제의 하나일 정도였다. 일본정부는 육군의 군축을 요구하는 정당과 국민의

---

55 「大正8年3月25日 守備勤務規定の件」, 『密大日記 4冊の內 4 大正 8年』.

56 「大正9年11月5日 間島方面出兵に關する件」, 『自大正9年至同11年 間島事件關係書類共2冊其2』.

목소리를 무시하기 어려웠다. 육군 내에서도 군축에 대한 찬반여론이 팽팽하다가 1920년대 초반경을 지나며 군비 근대화를 위해 어느 정도의 군축이 불가피하다는 분위기가 대세를 차지하였다.[57] 또 일본정부는 미국 및 영국과 협조하며 국제질서를 이끄는 국가로 자리 잡은 상황에서 부대를 신설하는 선택이 세계의 흐름과 역행하므로 매우 부담스러웠을 것이다. 더구나 그렇지 않아도 제19, 20사단을 새로 만들고 있던 일본정부는 군축 분위기를 더욱 의식할 수밖에 없었을 것이다.[58]

고정원제는 제19, 20사단이 편성되고 있는 도중이었으므로 각국의 시선을 회피하는 데 유리하였다. 특히나 3·1운동을 진압하기 위해 4월에 본토에서 파견한 6개 대대를 두 사단의 소속으로 배치하면 되는 문제이기도 하였다. 두 사단의 편제를 완료하기 위해 6개 연대를 신설해야 했던 일본정부로서는 국제사회의 시선이란 부담을 조금이라도 덜 느낄 수 있었다. 결국 1920년 8월 6개 대대는 보병 제75, 76, 77연대에 2개 대대씩 배속되었다.[59] 1921년 들어서는 고정원제로 연대를 편성하기 위해 신병을 크게 충원하였다. 1920년 4월에 연대본부를 편성한 보병 제75, 76연대만이 아니라 보병 제73, 74, 77연대도 1921년 들어 하사의

---

57 박완, 2020, 「우가키(宇垣) 군축으로의 길」, 『한일군사문화연구』 29.

58 결국 1922~1923년 야마나시 한조(山梨半造) 육군대신, 1925년 우가키 가즈시게(宇垣一成) 육군대신이 이끄는 군축이 단행되었다. 이를 흔히 야마나시군축, 우가키군축이라고 한다. 육군은 두 차례의 군축과정에서 9만 4,000여 명을 감축하고 4개 사단(제13, 15, 17, 18)을 폐지하였다. 대신에 항공대, 전차대, 고사포대 등을 신설하면서 군비의 근대화를 조금이라도 실현할 수 있었다.

59 이에 대한 시사는 「大正10年軍備充實要領同細則制定の件」, 『密大日記 其16冊の內 第1冊 大正10年』, '附表 第2號'; 東京75會事務局, 『步兵第75聯隊小史』, 2쪽; 步兵第76聯隊, 『76須知』, 6쪽 참조.

대부분과 병사의 절반가량을 신규로 충원하였다.[60] 결국 제19, 20사단의 증설과 편성은 1921년 4월 29일 완료되었다.

조선군은 기본 구성인 두 개 사단의 편성을 완료할 즈음에 이르러 관할구역에 따라 위수 지역이 있어 제19사단 담당 구역 전체에 5개, 제20사단 관할구역 전체에 7개의 수비대가 있었다. 이를 지도에 나타내면 〈그림 2-3-1〉과 같다.

이렇게 조선군이 기본 편성을 완료하고 고정원제로 국경을 경비하는 부대를 강화하는 한편에서, 조선총독부는 헌병경찰제를 폐지하고 보통경찰제를 도입하여 경찰을 급속히 늘려갔다. 헌병경찰제 당시 7,000명 정도였던 경찰은 1919년 1만 5,000명을 넘었고, 1921년 2만 명을 넘었다.[61] 조선총독부는 이를 토대로 1면 1주재소를 실현하여 조선인을 경찰력으로 조밀하게 감시할 수 있게 하였다. 이는 조선군이 국내에서 일상적 치안을 담당해야 하는 수비대의 첫 번째 업무 부담에서도 어느 정도 벗어날 수 있게 되었음을 의미한다. 더구나 조선군은 1919, 1920년 시점에 국경 불안의 최대 요인이었던 동만주 지역의 조선인 무장투쟁 세력을 섬멸하고자 간도에 침략하였고, 그들을 동만주 지역에서 밀어냈다. 조선군이 보기에 동만주 지역의 치안은 '부득이한 자위적 조치'를 취하지 않아도 될 정도로 안정되었다. 따라서 조선군사령부와 조선총독부가 보기에 조선군이 식민지 조선의 일상적인 치안 상황에까지 민감하게 즉각적으로 반응할 필요가 없는 상황이 되었다고 판단했을 것이다.

---

60 「大正10年軍備充實要領同細則制定の件」, 『密大日記 其16冊の內 第1冊 大正10年』, '附表 第1號'.

61 1919년 15,392명이었던 경찰은 1920년 18,376명, 1921년 20,750명, 1922년 20,771명으로 늘었다(『朝鮮總督府統計年報(1931年版)』, 358쪽).

〈그림 2-3-1〉 조선군 수비대 배치도(1921.7.31)

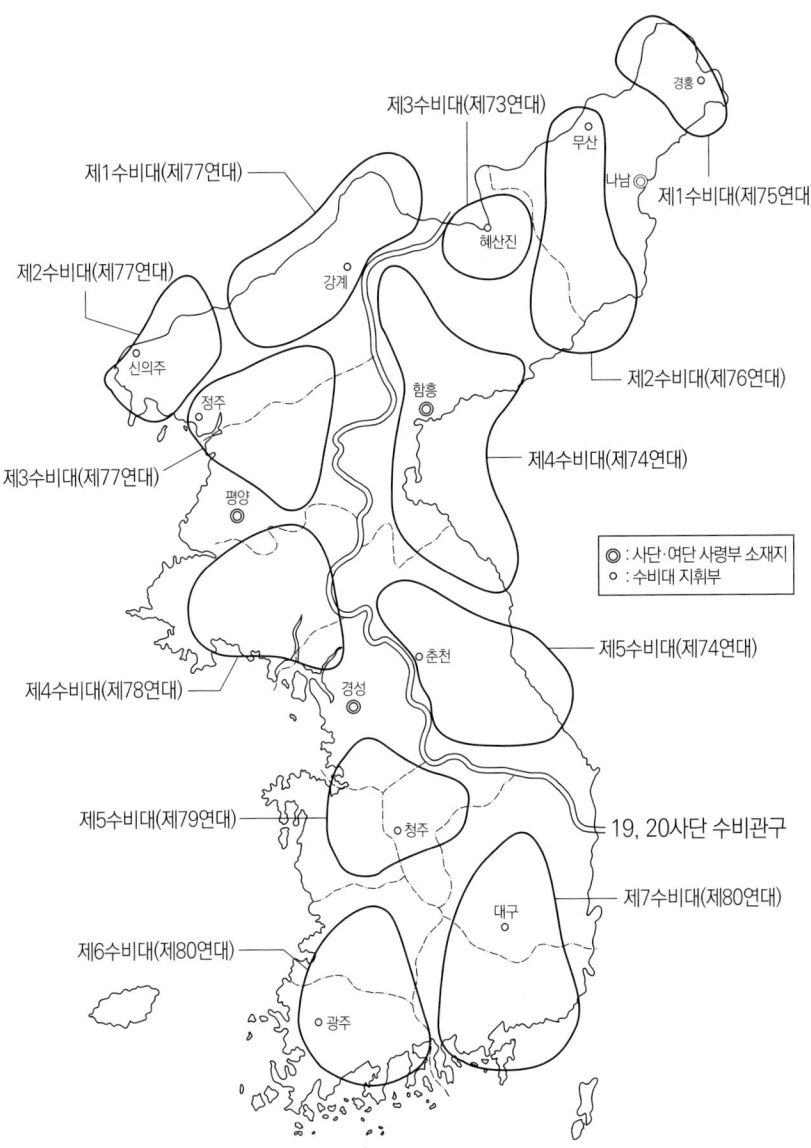

출처: 1922.1.11, 「密第8號其19 大正10年間鮮內外一般の狀況及將來に對する觀察」, 『大正11年不逞鮮人狀況報告 陸軍省』.

〈표 2-3-3〉 조선군 수비대가 철수한 지역과 시기

사단	지역	철수 시기
19	성진	1922.11.3
	북청	1922.10.27
	명천, 고성, 금화, 강릉	1922.10.31
	원산, 춘천, 원주	1923.3.31
20	선천	1922.11.30
	의주	1923.1.10
	광주, 순천, 진주, 부산, 전주, 안동, 공주, 희천, 정주, 덕천, 성천, 축안(逐安), 재령, 해주, 개성, 수원, 충주, 청주	1923.3.31

출처: 「大正12年5月4日 鮮內守備隊整理完了ニ關スル件」, 『密大日記 6冊ノ內 第1冊 大正12年』

조선군사령부는 중대나 소대 단위로 배치되어 있던 부대까지 대대본부가 있는 곳으로 집결해 갔다. 1922년 8월 7일자 '조참밀(朝參密) 제256호'를 통해 다음과 같은 지역의 부대를 철수시킨 것이다.[62] 철수한 지역과 시기를 정리하면 〈표 2-3-3〉과 같다.

〈표 2-3-3〉에서 시사받을 수 있듯이, 중부와 남부 조선에 주둔한 군 병력이 특히 철수 대상이었다. 경성 이남의 경우 보병 제80연대 본부가 있는 대구와 대대 병력이 주둔한 대전을 제외하면 소대 단위 이상의 상주부대가 있는 곳이 없었다. 보병 제74연대의 관할구역인 함경남도와 강원도, 보병 제78, 79연대의 관할구역인 황해도와 경기도, 충청도의 부대들 역시 철수 대상지였다. 반면에 함경도와 평안도 지역에서 부대를 철수한 곳은 드물었다. 실제 조선군사령부는 1923년 3월까지 분산해 주둔한 부대가 있는 곳도 있기는 했지만 방침상으로는 1922년 8월 분산배

---

[62] 「大正12年5月4日 鮮內守備隊整理完了ニ關スル件」, 『密大日記 6冊ノ內 第1冊 大正12年』.

치를 완전히 폐지하였다.

분산된 부대의 철수는 조선의 치안이 안정되었기 때문만이 아니다. 더 중요한 이유는 앞서도 조금 언급한 군비축소와 깊은 연관이 있었다. 식민지 조선에서 군비를 축소하려는 육군성의 핵심방침은 고정원제의 철폐에 있었다. 흔히 1922년 야마나시 제1차 군축이라고 알려진 육군성의 방침에 따라 조선군은 고정원 4,800명 가운데 2,800명을 감축하고, 나머지 2,000명을 국경수비대에 집중배치할 계획이었다.

2,800여 명을 감축하는 방식의 하나가 〈표 2-3-3〉에 나오는 부대를 철수하여 해체하는 것이었다. 가령 보병 제78, 79연대는 1922년 7월과 8월에 각자 평시편제를 개정하여 342명, 350명의 병사를 각각 귀휴(歸休) 제대시켰다. 제4, 8, 12중대도 폐지하였다. 대신에 8월에 기관총대를 각각 새로 편성하였다.[63]

이때 육군성의 계획에 따르면 당시 두 가지 방안이 있었다. 두 방안의 비슷한 점은 고정원 전부를 국경수비대로 재편하고 〈그림 2-3-1〉에 나와 있는 조선 내 수비대 제도 전부를 철폐하며, 제19사단이 관할하는 함경남북도에 3개, 제20사단이 담당하는 평안북도에 2개 모두 5개의 국경수비대를 배치할 계획이라는 점이었다.[64] 수비대 병력도 2,000명을 유지한다는 감축안 그대로였다.

그런데 결국 육군성이 채택한 방안은 제2안이었다. 제1안은 병영 및

63　步兵第78聯隊史編纂委員會,『步兵第78聯隊史(朝22部隊)』, 37~38쪽; 步兵第79聯隊史編輯委員會事務局,『步兵第79聯隊史』, 49쪽.

64　조선총독부는 국경수비대를 강화하는 정책에 보조를 맞추어 국경경찰도 강화하려고 노력하였다. 이에 대한 사례는 「國境警備ニ關スル臨時施設說明」,『齋藤實文書』 12(高麗書林, 1999), 776~796쪽 참조.

숙사를 신축하거나 증축하기 위해 21만 엔의 건축비를 지출해야 한다는 제안이었다. 이에 비해 제2안은 기존의 건물을 병사와 숙사로 이용하자는 제안이어서 신증설이 필요 없다는 점이 달랐다.[65] 한마디로 돈이 들어가지 않으니 제2안을 채택한 것이다.

제2안과 1921년 7월 시점의 가장 큰 차이는 물론 병력 숫자에도 있지만, 유심히 보면 몇 가지 주목할 만한 변화가 있다. 우선 조선군이 국경을 제외하고는 수비대라는 개념을 적용하지 않았다. 경찰이 많이 보강되어 일상적 치안 업무에서 벗어났기 때문일 것이다. 이제부터 말 그대로 수비대는 '국경수비대'인 것이다. 둘째, 군비정리에 따라 1922년 11월부터 평안북도의 국경을 전담해 왔던 보병 제77연대가 의주를 중심으로 하는 제2수비대 구역을 보병 제78연대에 넘긴 것이다. 1개 국경수비대로 압록강 연안의 국경경비를 전담하기에는 국경선이 지나치게 폭넓은 데다, 간도침략 이후 조중 국경지대에서 가장 긴장된 곳이 두만강 연안 쪽보다 압록강 연안이었음을 고려한 조치일 것이다. 셋째, 1922년 5월 헌병도 국경수비에서 손을 떼고 대신 경찰이 그 자리를 메웠다. 국경의 헌병은 소련 및 훈춘현, 연길현으로 통하는 길목에 주로 근무하였다.

그런데 육군성의 군비축소계획에서 조선총독부와 조선군을 더 긴장시킨 방침은 2,000명까지 줄인 병력을 다시 1923년 4월 이후부터 1/3씩 3개년으로 나누어 감축하다 1925년에 국경수비대를 철폐하겠다는 계획이었다. 육군성은 이렇게 하여 본국의 사단과 같은 병력 숫자로

---

65 「大正11年8月3日 獨立守備隊及朝鮮高定員部隊廢止ニ關スル件」, 『密大日記 其1 6冊 の內 第1冊 大正12年』.

제19, 20사단을 유지하려고 하였다.

이에 대해 식민지 조선의 일본인사회에서 반대여론이 높았다. 특히 사이토 마코토 조선총독은 1922년 7월 29일 야마나시 한조(山梨半造) 육군대신에게 「수비대 존속에 관한 건」이란 문서를 보내 남부지방의 수비대를 철폐하는 대책에는 동의하지만 적어도 국경수비대의 "현상을 유지"하는 길이 조선통치를 완성하는 길이라고 말하였다. 2,000명을 유지하라는 주장인 것이다. 사이토 총독이 이렇게 말한 이유는 제국에서 조선의 특수지위와 3·1운동과 같은 특별한 경험처럼 조선의 수비대가 국책상 필요하며, 그렇기 때문에 본토의 위수부대와 그 성질이 조금 다르다는 시각 차이에 있었다. 더구나 시베리아 일대에서 사회주의 운동이 활발하고 그곳이 '불령선인의 소굴'로 되어 있어 여기에 대비해야 하는 데다, 만주의 마적과 조선인 독립운동가들을 조선에 들어오지 못하게 하여 위험을 방지할 필요도 있다고 보았다. 그래서 사이토 총독은 이러한 이유들에 적절히 대응하는 국경수비대의 존치가 안으로는 조선 통치의 완성이고, 밖으로는 일본의 국력을 충실하게 과시하는 길이라고 보았다.[66]

결국 본국 정부의 군축안은 더 이상 관철되지 못했다. 식민지 권력이 중앙정부의 정책을 변경시킨 것이다. 제국의 질서에서 권력과 정책의 흐름이 항상 본국에서 식민지라는 한쪽 방향으로 이어지지 않았음을 보여주는 사례인 것이다. 달리 말하면 본국에서 식민지에 규정하는 측면도 있지만, 반대의 역규정도 있을 수 있었다.

조선군은 1922, 1923년 즈음부터 국경경비부대와 위수(衛戍)부대를

---

66 「大正11年8月3日 獨立守備隊及朝鮮高定員部隊廢止に關する件」, 『密大日記 6冊の內 第1冊 大正12年』 중 「守備隊存續ニ關スル件(1922.7.29)」.

구분하여 운영하였다. 조선군으로서는 후자의 부대를 본국 정부의 팽창 요구에 맞추어 중국 등지로 이동하기가 이전보다 훨씬 쉬워졌다. 국경수비대가 압록강과 두만강을 건너 만주로 들어가는 일은 더 신중해졌다. 반면에 월경사건을 일으켜 중국 측과 갈등을 일으킨 경우는 대부분 조선총독부에 소속된 경찰들이었다. 그 대표적인 사례가 두도구(頭道溝)사건이다.

두도구사건이란 1922년 6월 28일 오전 3시 안도현 고동하(古洞河) 부근에 근거를 둔 두목 인의군(仁義軍)이 거느린 마적 170여 명이 두도구를 습격하여 약탈 방화하고 오전 9시경 퇴각한 사건이다. 마적의 습격으로 영사관경찰 1명을 포함하여 2명이 사망하고, 2명이 부상했으며, 가옥 등이 불에 타는 등 인명과 재산 피해가 발생하였다.[67]

조선군 사령관은 두도구사건이 일어나자 간도총영사로부터의 출병 요청이 오면 어떻게 결정해야 하는지를 육군대신에게 물었는데, "출병은 정당한 수속, 즉 총영사로부터 외무대신에 요청하고 외무, 육군 양 대신의 협의 위에 각의 결정을 거쳐 대신으로부터 훈령이 있는 경우 외에 이를 실행해서는 안 된다"는 취지의 전훈(電訓)을 받았다.[68] 물론 제19사단은 명령만 내리면 16시간 만에 용정에 도착할 수 있도록 준비하고 있었지만,[69] 결국 300여 명의 경찰관이 조선에서 파견되어 사태 수습에 나섰다.[70] 이는

---

67 「頭道溝馬賊襲擊事件ニ關スル經過要旨」, 『外務省警察史-間島ノ部』 4.

68 「大正11年6月29日 陸軍省兒玉少佐ヨリ外務省當局宛電話要旨」, 『外務省警察史-間島ノ部』 4.

69 「大正11年6月30日 內田外務大臣發齋藤朝鮮總督宛電報要旨」, 『外務省警察史-間島ノ部』 4.

70 外務省亞細亞局第2課, 「昭和6年4月調 間島問題調書」, 183쪽.

조선군이 만주를 침략할 여지는 얼마든지 있었지만 육군 중앙의 지시를 무시하면서까지 독단적으로 행동하려고 하지 않았음을 시사한다. 앞서 '제2장'에서 언급한 1919년 4월 1일자 「수비근무규정」과 9월 12일자 조선군 사령관의 훈령 가운데 전자의 규정 제11조가 그대로 관철되고 있는 것이다. 물론 당시 상황이 1919년, 1920년 때와 달리 일회성이 강한 사건이었던 데다, 간도총영사관의 영사관경찰이 이미 많이 보강되어 경찰력이 이전과 달랐던 현실도 조선군은 고려했을 것이다.

아무튼 제도적으로 철폐된 1922년 8월부터 1923년 3월 사이에 추진된 수비대 철수와 집중에 따라 국경수비대는 기본적으로 2,000명 초반대를 유지한 것으로 보인다. 1926년 시점에 국경수비대 인원은 2,068명이었다.[71] 이를 정리하면 〈표 2-3-4〉와 같다.

〈표 2-3-4〉 국경수비대 현황(1926)

사단	연대	수비대	위치 및 규모	인원
19	76	1	경원본부, 용현소대, 경흥중대, 신아산소대, 경원중대, 경원중대	427
	75	2	온성소대, 종성중대	142
	73	3	무산본부, 무산중대, 삼장소대	197
	74	4	혜산진본부, 혜산진중대, 혜산진중대, 신갈파진소대	367
20	77	1	강계본부, 강계중대, 강계중대, 후창중대, 중강진대, 자성소대, 만포진소대	493
	78	2	신의주본부, 위원소대, 초산중대, 벽동소대, 창성중대, 신의주중대	431

출처: 「大正15年6月18日 第19師團步兵聯隊增加定員配屬竝朝鮮軍司令部編制改正ニ關スル意見提出ノ件」, 『密大日記 其4 6冊ノ內 第4冊 大正15年』 중 〈國境守備隊 永久配置ニ伴フ各隊增加定員配備標準表〉.

---

71 〈표 2-3-4〉에 나오는 인원을 모두 합하면 2,057명이다. 조사 시점에 따라 조금 다른 수치다.

〈표 2-3-4〉를 1923년의 국경수비대 현황과 비교해 보면 제19사단 관할구역의 수비대가 하나 더 늘었음을 알 수 있다. 제75연대가 담당한 수비구역을 둘로 나누고 보병 제73연대가 맡은 것이다. 무산본부와 종성 사이가 너무 멀고 중간에 무산령이 있는 큰 산이 가로막고 있어 교통과 연락이 불편하여 유사시 통일된 지휘를 하기 어려울 뿐 아니라 경비(經費) 부담도 있어 분리한 조치였다. 더구나 제19사단의 제2, 3수비대가 동만주 지역의 경비도 전담해야 하는 상황이 발생할 수도 있어 제2수비대의 부담을 줄여 주고자 분리하였다. 이상을 지도에 표시하면 〈그림 2-3-2〉와 같다.

〈그림 2-3-2〉 조선군 국경수비대 배치도(1926.8.1)

출처: 「朝鮮陸軍諸部隊配置要圖送付の件」, 『密大日記 其4 6冊の內 第4冊 大正15年』.

한편, 조선군 등의 간도침략으로 3·1운동 직후 활발했던 동만주 지역에서의 무장투쟁이 잠잠해진 대신에 압록강을 경계로 평안북도와 인접한 남만주 지역에 근거를 둔 독립운동단체의 활동이 여전히 활발했음을 〈표 2-3-1〉에서도 확인할 수 있다. 1922, 1923년에 대한통의부(大韓統義府)와 참의부, 1924년에 대한통의부 등을 계승한 정의부가 각각 조직되면서 남만주 지역에서의 민족주의 운동 단체들이 통합되어 갔기 때문이다. 이들 단체의 무장부대는 압록강을 넘어 국내에 들어와 활동하는 경우가 많았다.[72]

일본정부는 이에 따라 다양한 대책을 수립하려고 노력했는데 그 가운데 특히 1923년 5월 '재만주 조선관계 영사관 타합회의(在滿州朝鮮關係領事館打合會議)'를 주목해야 한다.[73] 회의에서 조선총독부와 조선군 관계자는 남만주 지역에서 활동하던 조선인 무장부대와 독립운동단체의 문제를 해결하기 위해 경찰을 동원해 단독으로 처리하거나 봉천성 당국과 공동으로 대응하자고 주장하였다. 간도침략 이전과 마찬가지 주장을 되풀이했던 것이다. 반면에 외무성 관계자는 영토주권 문제를 들어 이를 반대하였다. 결국 '재만주 조선관계 영사관 타합회의'는 이들 기관 사이에 근본적인 차이가 확인된 회의였던 것이다. 그렇다고 조선군과 조선총독부가 나서서 본국 정부의 외교정책 기조, 곧 1921년 워싱턴회의 이후 중국 문제를 중심으로 협력적인 동아시아 국제관계가 형성되며 상대적 안정기에 들어섰는데 이를 무시하면서까지 남만주 지역의 독립군 문제

---

72 이 시기 만주 지역 민족주의 운동 계열의 계보와 흐름은 신주백, 2005, 「1920년대 중후반의 독립전쟁론과 '자치' 문제」, 『1920~30년대 중국지역 민족운동사』, 선인 참조.
73 金正柱 編, 『朝鮮統治史料』 8에 수록되어 있다.

를 해결하기 위해 경찰의 월경을 추진할 수 없었다. 조선군과 조선총독부는 중국 문제를 놓고 단독 행동을 취하지 않으려는 일본정부의 대중국정책의 기본 기조와 어긋나는 데다, 중국인들의 항일의식을 자극하고 장쭤린의 반발을 고려해야만 하였기 때문이다.

한편, 일본군의 간도침략으로 동만주 지역에서 밀려나 러시아까지 갔던 독립군은 1921년경부터 다시 만주로 돌아오기 시작하였다. 그들 가운데 일부는 사회주의 사상을 수용하였다. 만주 지역 조선인사회에 사회주의 사상이 본격적으로 전파되기 시작한 것이다. 특히 민족주의 운동 계열 단체들의 영향력이 매우 미약해진 동만주 지역에서는 국자가와 용정을 중심으로 사회주의 사상이 빠르게 전파되고 있었다. 이에 동만주 지역의 조선인사회는 이들 청년과 청년단체가 실시한 야학과 독서회 등을 통해 전개되는 대중적인 계몽운동을 주목하면서 사회주의 운동 세력의 주장을 점차 수용하였다.

2) 치안대책으로서 삼시협정(三矢協定)·치안유지법(治安維持法)

동만주 지역의 분위기와 달리 남만주 지역 조선인사회는 1920년대 중반경까지도 여전히 독립군을 기반으로 하는 민족주의 운동 계열의 단체인 참의부, 정의부 등이 항일운동의 중심을 잡고 있었다. 참의부와 정의부 등은 독립군을 국내에 들여보냈다. 흔히 이를 국내진공작전이라고 말해 왔다.

비록 독립군의 국내 활동이 조선에서 일제의 통치를 근본적으로 부정할 수 있을 만큼 영향력이 크지는 않았지만, 조선총독부와 조선군 입장에서는 수수방관할 수 있는 처지도 아니었다. 〈표 2-3-1〉에서처럼

1920년부터 평안북도 지방에서 일어난 독립군의 국내 진격 횟수가 꾸준히 유지되고 있는 데서도 시사받을 수 있듯이, 독립군의 무장활동은 식민지 조선의 통치 불안으로 연결될 수 있었기 때문이다.

국내에 들어온 항일무장대나 마적 등을 추적하는 과정에서 조선총독부 소속의 국경경찰이 중국 땅에 진입하는 경우가 자주 일어났다. 심지어 경찰관 가운데는 무단으로 월경하여 평범한 조선인을 항일운동가로 오인하고 사살하거나, 총소리를 듣고 출동한 중국 관헌과 교전(交戰)한 사건도 일어났다.[74] 봉천성 당국은 국경경찰이 월경할 때마다 봉천영사관 등에 강력히 항의하고, 중국인의 항일의식도 자극하였다.

그렇다고 조선군이 개입할 수 있는 처지도 아니었다. 조선군은 국방을 담당하는 군대여서 경찰의 월경과 차원이 다른 복잡성을 띠고 있기 때문이다. 게다가 앞의 '1) 국경대책으로서 고정원제와 국경수비대 운영'에서 밝혔듯이, 조선군은 1926년 2월 20일 육군성이 지시한 「조선국경수비대 영구배치요령」에 따라 국경수비대를 재편하고 국경경비를 더 강화하고자 수비대를 고정원의 상설 부대로 편성하였다. 또 제19사단 소속 제2수비대의 넓은 책임구역을 분리하여 상황에 따라 동만주 지역의 경비도 전담할 수도 있는 부담을 줄여 주고자 제2수비대를 제2, 3수비대로 나누었다. 이에 따라 1926년 시점에 이르면 제19사단의 국경수비대는 4개로 늘어났다.[75]

---

74 「大正14年1月21日 支那巡警匪賊ト交戰ノ件」, 『自大正14年1月至昭和7年1月 鮮, 滿國境における軍人, 警察官の越境事件雜件』, 43쪽. 1925년 1월 압록강 연안의 경찰이 집안현에 무단으로 월경한 사건을 말한다.

75 「大正15年6月18日 第19師團步兵聯隊增加定員配屬竝朝鮮軍司令部編制改正に關する意見提出の件」, 「大正15年11月26日 朝鮮陸軍諸部隊配置要圖送付の件」, 『密大日記 其4 6冊の內 第4冊 大正15年』.

한편, 조선총독부 경찰관의 월경행위가 늘어나는 가운데 주권침해라고 생각하는 봉천성 당국의 항의가 빈번해졌다. 일본 외무성은 외교 마찰을 줄이고자 조선총독부가 봉천과 군벌과 만나 타협하도록 종용하였다. 때마침 조선총독부와 조선군도 이미 조선총독부 소속 경찰관을 월경시켜 단독 또는 공동으로 독립군을 탄압하자고 중국 측에 여러 차례 제안하였다.[76] 또 국경경찰은 독립군 추적을 명분으로 월경하여 "시위의 목적을 달성"하고, 결말에 따라서는 월경을 '관례'화하기 위해 '고의'로 자주 국경을 넘어가는 행동을 계속하였다.[77]

하지만 중국 측은 자체의 법규를 강화하며 조선총독부와 조선군의 제안을 거부하고 주권침해에 항의하였다. 외무성은 경찰의 월경으로 갈등이 일어나고, 그에 따라 재만조선인만이 아니라 중국인의 항일의식까지 자극할 수 있으며, 대미협조 외교노선에도 부정적인 영향을 끼칠 수 있다고 보았다. 그래서 조선총독부와 조선군의 대책을 반대하고 중국 당국을 믿고 월경을 하지 말며 새로운 대안을 마련하도록 이들을 종용하였다. 그 결과물이 1925년 6월 11일 조선총독부의 미쓰야 미야마쓰(三矢宮松) 경무국장과 봉천성의 우진(于珍) 경무처장 사이에 체결한 「불령선인의 취체방법에 관한 조선총독부 봉천성간 협정」이란 '미쓰야협정'이다.

미쓰야협정의 주요 내용은 다음과 같다.

---

[76] 申奎燮, 2002, 「帝國日本の民族政策と在滿朝鮮人」, 東京道立大學博士學位論文, 68~71쪽.

[77] 「大正14年3月22日 越境警察官權ノ行事ニ關スル件」, 「大正14年3月23日 朝鮮側警察官越境權行事ニ關スル件」, 『自大正14年1月至昭和7年1月 鮮, 滿國境における軍人, 警察官の越境事件雜件』, 70쪽, 73쪽.

1. 중국 재류 조선인은 중국 관헌에서 청향장정(淸鄕章程)에 의하여 호구 조사를 엄격히 하고 패(牌)를 편성하여 서로 보증하고 연대 책임을 부담시킨다.
2. 중국 관헌은 각 현(縣)에 통령(通令)하여 재류선인이 무기를 휴대하고 조선에 침입함을 엄금한다. 범한 자는 이를 체포하여 조선 관헌에게 인도한다.
3. 조선인 단체를 해산하고 소유한 총기를 수색하여 이를 몰수하고 무장을 해제한다.
4. 조선인 소유의 총기, 화약(… 인용자)은 당해 관서에서 수시로 엄중 수색하여 이를 몰수한다.
5. 조선 관헌이 지명하는 불령단 수령을 체포하여 조선 관헌에게 인도한다.
6. 중일 양국 관헌은 불령선인 단속의 실황을 상호 통보한다.
7. 중일 양 경찰은 자의로 월경할 수 없다. 만일 필요 있을 때에는 상호 통보하고 처리할 방법을 청구한다.
8. 종전의 현안은 쌍방 성의로써 기한을 두고 해결하여야 한다.

중화민국 14년 6월 11일
대정 14년 6월 11일

봉천교섭서에서
조선총독부 경무국장 미쓰야 미야마쓰(三矢宮松)
봉천전성(奉天全省) 경무처장 위전(警務處長 于珍)[78]

78　독립운동사편찬위원회 편, 1976, 「삼시협정(三矢協定)의 폐지」, 『獨立運動史資料集』

〈표 2-3-1〉에서 무장부대의 국내 진격 횟수가 1925년 이후 급격히 감소된 데서 확인할 수 있듯이, 미쓰야협정은 남만주 지역에서 활동하고 있던 독립군에 결정적인 타격을 주었다. 미쓰야협정은 군과 경찰이 무장대원을 체포한다는 명목으로 국경을 넘지 않는 대신, 일본이 지명하거나 인도를 요구한 항일운동가를 봉천성 당국에서 체포하여 조선총독부에 넘겨주기로 한 협정이었다. 미쓰야협정은 봉천성 당국 측이 자주권을 지키는 대신 일본 측은 외교 마찰을 일으키지 않고 항일운동가를 체포할 수 있는 중일협조체제의 산물이었다.

　일본은 미쓰야협정으로 또 다른 소득을 얻었다. 군인과 경찰을 월경시키는 데서 오는 외교적 부담만을 덜어내는 데 그치지 않고, 장담할 수 없는 탄압 성과를 거두기 위한 정치적 부담에서도 벗어날 수 있었기 때문이다. 더구나 강경한 탄압작전이 재만조선인의 항일의식을 잠재우기보다 오히려 조선인의 연대의식을 강화해 주는 등 의도하지 않았던 결과까지 초래했는데, 이제 조선총독부로서는 재만조선인에 대해 유화전략에만 집중하면 되었다.

　그러나 외무성은 미쓰야협정이 갖는 약점을 간과하였다. 첫째, 일본 자신의 신민(臣民)이라고 우겨 왔던 봉천성 관내 조선인에 대해 치외법권을 스스로 포기하였다. 관할권을 포기한 것이다. 미쓰야협정 제5조와 제7조는 그것을 사실상 명문화한 조항이었다. 이는 해외 조선인의 귀화를 인정하지 않고 일본 국적으로 취급하겠다는 1910년 한국병합 당시의 방침과도 충돌하였다.[79] 때문에 일본 육군 수뇌부와 제국의회는 '명백

10, 고려서림, 463~466쪽.
79　山本四郎 編,「總督府施設歷史調査書類(1915.11)」,『寺內正毅關係文書 首相以前』, 180쪽.

한 실패'라고 비판할 정도였다.[80]

둘째, 봉천성 당국은 특히 제7조에 큰 비중을 두고 있었다. 그들은 이 조항에 의거하여 조선인과 일본인에 대한 압박을 강화하였다. 그리고 봉천성, 특히 동변도지방에서 본격화된 압박정책은 만주 전역으로 확산되어 갔다. 봉천성 당국이 이처럼 압박을 강화한 데는 중국 내에서 항일 열기가 고조되는 분위기도 하나의 계기였다.[81] 여기에 더하여 미쓰야협정에 적용범위를 제한하는 규정이 없다는 자체 문제도 있었다.[82] 때문에 봉천성 당국은 성 전체에 적용하여 조선인을 심하게 압박한 반면,[83] 일본은 동변도에 거주하는 조선인으로 한정해야 한다며 봉천성 당국에 이의를 제기하였다.[84] 그렇지만 봉천성 당국은 1931년 일본군이 만주를 침략할 때까지 태도를 바꾸지 않았다. 더구나 그들은 미쓰야협정을 "조

---

[80] 李盛煥, 1991, 『近代東アジアの政治力學: 間島をめぐる日中朝關係の史的展開』, 錦正社, 225쪽.

[81] 가령 1927년 5월 일본 외무성이 임강현에 영사관 분관을 설치하려는 움직임에 대해 중국인 대중과 봉천성 당국의 태도를 들 수 있다. 당시 임강현에는 50여 명도 되지 않았던 일본인과 1만 2,000여 명의 조선인이 거주하고 있었다. 일본 외무성은 이들을 보호한다는 명분으로 분관을 설치하려고 시도하였다. 그러나 실상은 미쓰야협정으로 상실한 조선인에 대해 통제권을 회복하려는 외무성의 의도에서 추진된 정책이었다. 봉천성 당국은 대중의 항일 열기를 바탕으로 이를 저지하였다.

[82] 미쓰야협정이 이렇게 허술하였음에도 서로 체결한 이유 가운데 하나는 중국 측 파트너에 대한 신뢰감 때문이었다. 즉, 경무처장 于珍은 일본 육군에 유학하여 포병학교를 나온 우수한 인재였다. 조선총독부는 그가 일본어도 능숙하고 일본 군대에 대해서도 잘 알고 있으므로 신뢰하였다.

[83] 1920년대 후반으로 갈수록 강화된 압박 상황에 대해서는 신주백, 1999, 『만주지역 한인의 민족운동사』, 아세아문화사, 28쪽의 〈표 1-1-1〉 참조.

[84] 1926, 『領事會議關係雜件-在滿領事會議』 1, 218쪽. 일본 외무성 외교사료관 소장 자료며, 문서번호는 M·2·3·0 1-2다. 1926년 5월 만주 영사관회의 때 「불령선인 취제변법에 관한 건」에 나온 이야기다.

약 해석으로 고시"할 정도로 무게를 두고 있었다.[85]

봉천성 당국의 재만조선인에 대한 과도한 압박과 구축은 외무성의 입지를 좁히고 조선총독부와 조선군이 발언력을 다시 강화할 기회가 열리는 방향으로 이어졌다. 1926년 4월 조선총독부 경찰은 월경을 재개하여 중국인을 구타한 사건을 일으켰고, 5월에도 중국인 가정을 포위하고 소총을 발사하는 사건까지 일으켰다.[86]

또한 조선군이 월경한 경우도 있었다. 애초 조선군은 남만주 지역의 재만조선인에 대한 봉천성 당국의 압박과 구축이 계속되자, "정정당당 강경하게 항의하고, 부득이 한 경우 위력에 호소하여 신속하게 이를 해결함이 필요하다"고 진단하였다.[87] 당당하고 단호한 모습은 1927년 5월 25일 중강진수비대에 복귀하기 위해 배를 타고 중강진 부근 압록강 하류를 통과 중이던 와카바야시 소메(若林宗明) 중위가 중국인 마적에게 납치된 사건의 처리과정에서 확인된다. 이 소식을 접한 제20사단의 제1수비대장은 40여 명의 부하를 거느리고 월경하여 마적과 두 차례 싸웠다. 6월 초 마적들은 와카바야시 중위를 살해하고 통화현 방향으로 도주하였는데, 이 와중에 조선군사령부는 제39여단장의 지휘 아래 중국의 집안현과 접경한 압록강변에 보병 제73, 74, 78연대에서 차출한 1,100여 명의 병력을 급속히 집중해 두고 여차하면 월경할 태세를 갖추었다. 조선군으로서는 신속하면서도 강력한 대응태세를 중국 측에 과시함으로

---

85 『領事會議關係雜件-在滿領事會議』 1, 375쪽. 1925년 11월 4일 遼陽의 영사가 봉천 총영사에게 보낸 제안서에 나온 내용이다. 11월 7, 8일 펑텐에서 열린 '만주영사 타합회'에 제안된 내용에 나온다.

86 『自大正14年1月至昭和7年1月 鮮, 滿國境における軍人, 警察官の越境事件雜件』, 126~134쪽.

87 「昭和2年12月16日 在滿鮮人壓迫に關する意見の件」, 『密大日記 第4冊 昭和 3 年』.

써 정치적 효과도 노렸던 것이다. 이후 봉천성 당국은 배상금을 지불하고 사죄서를 제출하며 사태를 마무리하였다.

그런데 여기서 주목되는 점의 하나는 조선군의 대응이다. 조선군은 와카바야시사건 이전부터 마적의 월경이 몇 차례 있었으므로 사건이 일어나자 즉각 위력을 과시했지만 국경을 넘지 않고 마적의 조선 침입을 방지할 근본 대책을 수립하는 데 골몰하였다. 1927년 5월 29일 조선군 사령관은, 집안현 당국이 압록강변의 안전을 보장할 만한 수단을 완비할 때까지 그 부근에 조선군수비대 일부를 파견하여 주둔하도록 제20사단장에게 지시하였다. 일부 병력의 중국 땅 주둔은 외무성에 위임된 "마적 피해 사건의 근본적 해결"을 보장하려는 방편이기도 하였다.[88] 이후 월경 사건의 결과를 보건대 근본적으로 해결된 사건이 아니며, 중앙정부 차원에서 사태가 마무리되었다기보다는 제1수비대와 집안현 경찰 당국 사이에 사죄서를 교부하는 등의 방식으로 해결되었다. '지방적 차원'에서 마무리된 것이다.

와카바야시사건을 통해 또 하나 확인할 수 있는 점은 조선군이 국경 및 재만조선인의 치안 문제, 더 넓게 말하면 만주와 몽골 문제를 해결하기 위해 만주를 군사적으로 점령해야 한다는 근본적인 해결 수단을 포기하지 않았다는 점이다. 그러면서도 1927년의 시점에 조선군은 이들 문제의 근본적인 해결을 아직까지는 외무성에 맡기고 있었다. 크게 보면 일본정부의 외교 기조가 1921년 워싱턴회의 때 합의된 기조, 곧 미국을 비롯해 열강 사이에 서로 협력하여 동아시아 질서를 유지한다는 워싱턴

---

[88] 「昭和3年 臨江江岸派遣詳報」 1, 『密大日記 第4/2冊 昭和4年』, 55~57쪽. 제20사단 사령부가 작성한 문건이다.

체제를 지탱하는 데 있었기 때문이다.

이렇듯 1920년대 후반 시점에 이르면 조선군은 만주 정세에 직접 관여할 여지가 넓지 않았다. 마찬가지 상황은 경찰력으로도 안정되게 치안을 유지하고 있는 조선에서도 확인할 수 있다. 때문에 1920년대 중반 확정된 조선군의 한반도 상황에 대한 관리체계는 후반까지 이어졌다고 볼 수 있다. 이는 〈그림 2-3-3〉에 나와 있는 1928년 6월 시점에 조선군의 배치 현황이 기본적으로 1920년대 중반의 상황을 그대로 반영하고 있다는 점에서도 확인 가능하다.

물론 이후에도 봉천성 당국의 조선인에 대한 압박과 구축은 계속되었다. 재만조선인 항일운동 세력은 오히려 중국 귀화운동을 벌이면서 사회주의와 민족주의라는 이념을 떠나 결합하려고 시도하는 등 정치적 연대를 넓혀가고 있었다.[89] 마적이 조선을 침입하는 등 중국 측이 국경경비를 제대로 이행하고 있지도 않았다. 그런데도 만주 지역의 영사관 관계자들은 조선총독부의 만주 파견원을 모두 철수하기로 합의하고 이를 시도한다든지,[90] 재만조선인 관련 시설과 기관을 통일하여 봉천총영사관 내에 조선인 사무를 전담할 중추기관을 설치하기로 합의하고, 외무성에 이를 관철해 주도록 요구하였다.[91] 여기에 대해 조선총독부는 당연히 반발하였다. 뒤에서 확인되겠지만, 조선총독부와 동일한 입장을 취하고

---

89 이에 대해서는 신주백, 1999, 앞의 책, 180~191쪽 참조.
90 『領事會議關係雜件-在滿領事會議』 2, 563쪽. 1924년 4월 '第3回 在滿領事館會議'에서 결의된 사항 가운데 하나였다. 이후 회의에서는 이 결의사항이 보이지 않는다.
91 『領事會議關係雜件-在滿領事會議』 1, 246~247쪽. 1926년 5월 '第4回 在滿領事館會議'에서 제기된 사항 가운데 하나인데, 1928년의 제5회 회의에서도 의결되었고, 무산되었지만 1930년 제6회 회의 때도 상정된 의안이었다.

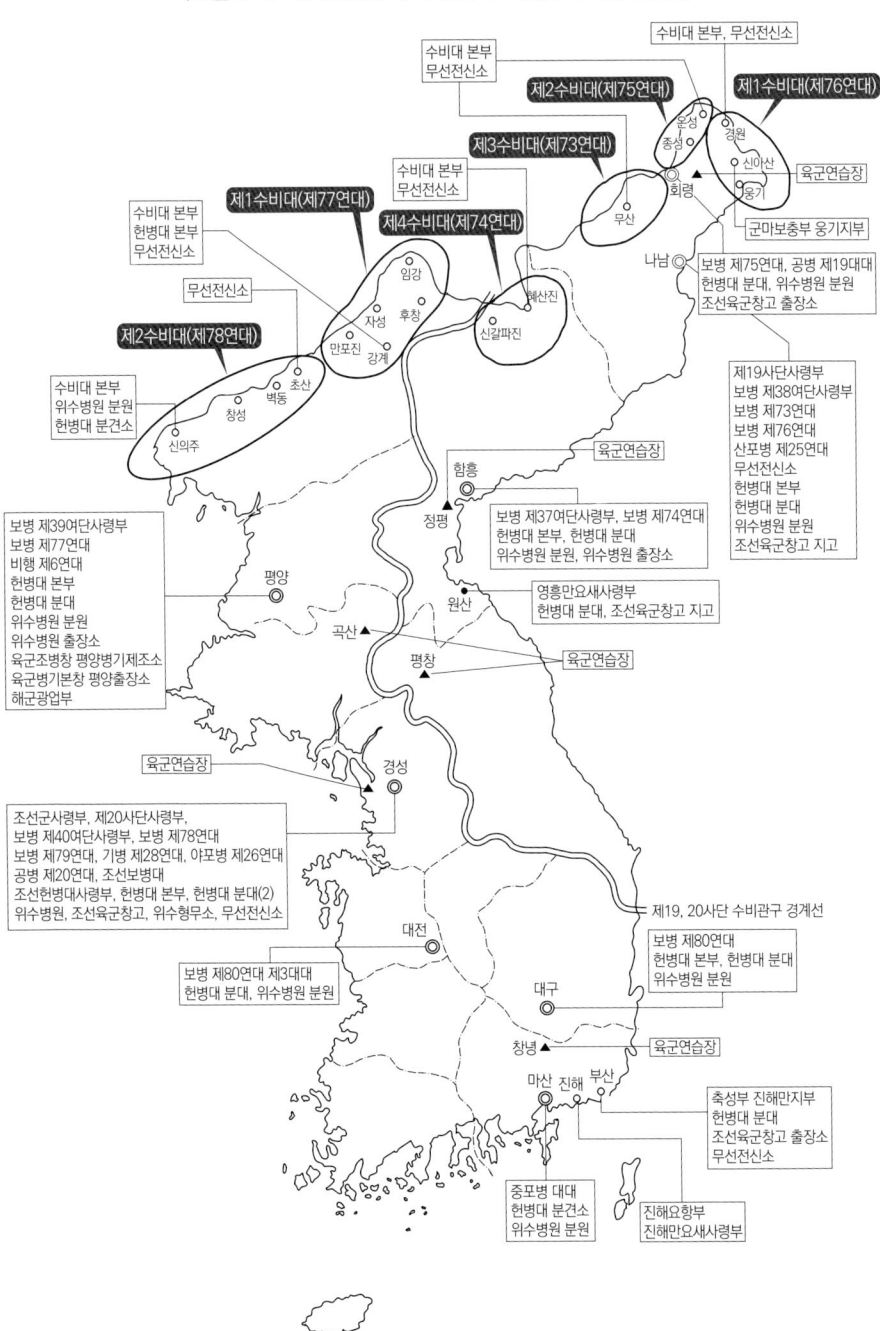

〈그림 2-3-3〉 조선군 배치 현황과 국경수비대(1928.6)

출처: 「昭和3年7月9日 朝鮮陸軍諸部隊配置要圖送付の件通牒」, 『密大日記 第4冊 昭和3年』.

있던 조선군 역시 여기에 반대했을 것이다. 결국 외무성은 1931년 관동군과 조선군이 만주를 침략할 때까지 두 방안을 실현하지 못하였다.

한편, 사회주의 사상을 수용한 사람들은 공개 영역의 동만청년연맹과 동만청년총동맹, 비공개 영역의 조선공산당 만주총국 등 사회주의 운동에 참여하였다.[92] 일본정부는 국내외 조선인사회에서 사회주의 운동 세력의 영향력이 확산하는 데 대응하여 1925년 4월 「치안유지법」을 공포하고, 동만주 지역에서 활동하던 사회주의자들에게도 적용하여, 1927년 10월의 '제1차 간도공산당사건'과 1928년 9월의 제2차, 1930년 3월의 제3차, 6월의 제4차, 11월의 제5차 사건을 일으켰다.[93] 비록 동만주 지역에서 중국인사회의 항일 열기에 편승하여 중국인 관리들이 조선인 사회주의자를 단독으로 처벌한 경우도 있었지만, 다섯 차례의 검거사건은 모두 간도총영사관의 영사관경찰이 일으킨 탄압이었다.

이처럼 일본이 1925년 들어 미쓰야협정과 「치안유지법」을 재만조선인사회에 적용하자 조선인 저항운동 세력은 큰 타격을 받았다. 일본은 두 제도를 구체적으로 적용하면서 재만조선인사회의 치안을 유지하는 데 있어 군사력보다는 중국과 일본의 경찰력으로 대부분을 해결하였다. 비록 일본과 중국 사이에 대결 국면이 국지적으로 조성되기도 했지만, 양자간의 협조 관계를 근본적으로 부정할 만큼 사태가 조성된 적은 없었다. 달리 말하면 '외교'가 '군사'를 리드하고 있는 시기가 1920년대 중일관계의 한 특징임을 말해 주는 것이다. 앞서 언급한 1927년의 와카바

---

[92] 이 시기 동만주 지역의 청년운동을 중심으로 한 사회주의 운동의 동향에 대해서는 신주백, 1995, 「1920년대 중후반 재만한인 청년운동」, 한국역사연구회 근현대청년운동사 연구반 지음, 『한국근현대청년운동사』, 풀빛 참조.
[93] 이에 대해서는 신주백, 1999, 앞의 책, '제2, 3장' 참조.

야시사건만이 아니라 1930년 '간도5·30사건' 때도 조선군의 대응은 이 범위를 벗어나지 않았다.

그런데 일본이 미쓰야협정과 「치안유지법」을 만주 지역이라는 공간에서 지방에 따라 달리 적용하고 있는 점 또한 시사받을 수 있듯이, 조선군은 만주 지역 "불령선인 문제에 대한 우리(일본-인용자) 관헌의 태도"가 다르다고 경시하는 경향까지 있다고 진단하고, 그 근본적인 원인을 국가의 대방침이 확정되지 않았다는 데서 찾았다.[94] 따라서 조선군의 입장에서 1925년의 미쓰야협정과 「치안유지법」도 재만조선인의 치안 문제 등을 해결하는 데 임시방편의 대안이지 근본적인 해결책일 수 없었다. 1930년의 '간도5·30사건'이라는 상황적 요인도 작용했겠지만, 조선군은 동만주 지역의 조선인 문제를 해결하려면 전쟁을 전제로 하는 큰 결심이 필요하다는 입장이었다.[95]

하지만 조선군은 국제관계나 일본 국내정세 등을 고려할 때 전쟁은 아직 불가능하다고 보고, '점진적 개선'책을 수립해야 한다는 입장이었다. 조선군이 생각하는 점진적 개선책이란 재만조선인과 관련된 모든 시설을 쇄신하고, 재만조선인의 민력(民力)을 진전시키고 충실을 기하며, 경찰력을 가장 우선하여 늘리는 데 있었다.[96] 특히 경찰력의 강화 문제와 관련하여 경찰관 200여 명을 증원하고 경찰지휘 계통을 외무성에서 조선총독부로 바꾸며, 동만주 지역을 조선의 연장으로 보고 조선총독부의 관할권

---

94 「昭和2年5月11日 鮮人問題と其の對策送付の件」, 『密大日記 6冊ノ內 第4冊 昭和2年』.

95 「昭和5年8月29日 間島事件に關する觀察及意見の件」, 『密大日記 第5冊 昭和5年』.

96 1930년 말 현재 간도총영사관 소속 경찰은 460명이었다. 여기에는 '간도5·30사건'에 대응하는 과정에서 조선총독부에서 파견한 인원이 포함되어 있다.

으로 동만주 지역의 지도기관을 통일시켜야 한다는 대안을 갖고 있었다.[97] 앞서 언급한 외무성 산하 만주 기관들과 확연히 다른 입장인 것이다.

조선군은 1930년 간도5·30사건 이후에도 여전히 외무성과 다른 입장이었다. 조선군은 조선인 사회주의 운동이 더 격렬해지고 있음을 보면서 외무성의 방침으로는 해결할 수 없다는 태도를 더욱 견지했을 것이다. 더구나 애초 조선군은 단지 상황 때문에 점진적인 대안이 현실적인 대안이라고 제시했을 뿐이다. 달리 말하면 조선군으로서는 국제정세나 일본의 국내정세 등이 바뀐다면 전쟁으로 해결해야 한다는 자신의 근본적인 입장을 언제든지 표출할 수 있었다. '제3부 제1장'에서 살펴보겠지만, 1931년 9월 관동군의 제안을 받은 조선군이 독단으로 국경을 넘어 만주로 간 행위가 상징적인 보기이자 결과였다.

조선군이 이처럼 독단월경을 통해 만주 문제를 해결하는 데 뛰어든 배경에는 단순히 관동군의 제안만 있었던 것이 아니다. 앞서 보았듯이, 봉천군벌의 조선인 압박과 구축, 재만조선인 항일운동 세력의 지속적인 활동, 이들과 연계된 국내 항일운동의 지속 등은 재만조선인 문제를 해결하는 외무성의 정책에 조선군이 회의를 품기에 충분한 동향이었다.

여기에 중일관계 등 국제정세가 조선군의 선택을 부담스럽지 않게 하였다. 1927년경부터 전쟁을 통해 만주와 몽골 문제를 해결하려는 분위기가 조성되기 시작했기 때문이다. 1927년 5월 일본군의 '산동(山東) 침략'이 있었고, 제남(濟南)파견군은 현지 총영사를 무시하고 장제스와 직접 협상하고자 했으며 일본인의 보호보다는 군대의 위신을 더 중시하는 등 독단적 행동을 주저하지 않았다. 육군 수뇌부는 장제스의 국민혁

---

[97] 「昭和5年8月29日 間島事件に關する觀察及意見の件」, 『密大日記 第5冊 昭和5年』.

명군이 베이징까지 위협하자 거류민 보호라는 명분을 내세우며 1928년 5월 조선군에 지시하여 혼성 제40여단을 편성하고 펑톈과 다롄 등지를 침략했으며, 6대의 정찰 비행대를 칭다오에 각각 파견하여 지나파견군과 관동군의 작전을 지원하였다.[98] 또한 다나카 내각은 '다나카 외교'라 불리는 강경외교, 즉 만몽을 중국 본토로부터 분리하고 차관철도 및 철도부설권을 강요하는 등 만주권익을 노골적으로 강요하였다. 하지만 예전과 달리 장쮜린은 이것과 일정한 거리를 두려하였고, 고양되고 있는 중국의 반일 열기가 이를 뒷받침해 주는 측면도 있었다.

이상에서 알 수 있듯이, 3·1운동 이후 조선군과 외무성의 재만조선인 대책은 베르사이유강화조약 때부터 형성된 국제협조 노선, 특히 대미협조 노선의 연장선상에서 추진되고 있던 일본정부의 중국 외교방침에 따라 권익을 챙기려는 기본 기조에 바탕을 두고 있었다. 조선총독부와 조선군은 외무성과 1920년대 내내 협조와 갈등 관계를 유지했지만, 독자적인 자기 주장을 공공연하게 제기하거나 행동으로 표출하지 않았다. 조선총독부와 조선군이 본국 정부에 부속된 재만조선인 대책을 실행에 옮겼던 배경도 여기에 있었다.

그런 가운데서도 조선군 등은 독자적인 침략계획을 수립하고 훈춘사건을 조작하여 내각의 동의를 이끌어 내면서 자신들의 의도를 관철시켰다. 1920년 10월의 간도침략이 바로 그것이다. 간도침략은 제국의 상층부에 노정되어 있던 갈등관계 또는 견해 차이를 현지의 식민지 통치기관에서 폭발시킨 사건이었다. 달리 말하면 제국의 운영질서는 꼭 본국에서 식민지라는 한 방향으로만 흘러가는 것이 아니라 본국과 식민지

---

[98] 이에 대해서는 朝鮮軍司令部, 『朝鮮軍歷史』 4, 10~13쪽 참조. 오늘날 일본은 '침략'이라는 단어를 빼고 '제2차 산동출병'이라고 한다.

사이의 규정과 역규정 과정에서 쌍방향으로 작동하였다. 그리고 쌍방향의 소통을 자극하는 요소에는 재만조선인 독립군의 활동도 있었다. 제국의 통치기관 사이의 관계와 차원이 다른 측면에서의 역규정이다. 항일운동이 일본의 제국운영 전략에 어떤 영향을 미치는가를 발견할 수 있는 사례 가운데 하나라고 말할 수 있다.

조선군은 3·1운동 이후부터 1931년 만주사변을 일으킬 때까지 재만조선인 문제의 근본적 해결방안을 전쟁이라는 군사적 수단에서 찾았다. 1920년의 간도침략은 조선군, 더 나아가 육군 수뇌부의 감춰진 생각의 일단이 표출된 사건이었다. 그렇지만 조선군은 이후 그 방안을 공공연하게 주장하고 관철시키려 하지 않았다. 1920년대에는 일본정부의 외교 기조가 워싱턴체제의 유지에 있는데다, 조선군 자신이 전쟁을 지속적으로 주장하고 내세울 만한 위상이 아니었기 때문이다. 그리고 만몽문제를 해결하는 핵심적인 군사력은 뤼순과 다롄에 있던 관동군이었으며, 조선군은 이를 보조하는 부대였기 때문이다. 그런데 1925년 미쓰야협정과 「치안유지법」이 봉천성과 동만주 지역 등지에서 시행되어 상당한 효과를 거두기는 했지만 재만조선인의 치안 문제가 근본적으로 해결되지 않았다. 때문에 전쟁을 통해 이런 문제를 근본적으로 해결해야 한다는 입장을 조선군 스스로 철회한 적이 없었다. 조선군이 만주침략에 적극적이었던 내재적 배경의 일부가 여기에 있었다. 뿐만 아니라 1920년대 중반을 경과하며 국제정세 또한 군사적 충동을 자극하고 있었다. 군사가 외교를 무시하거나 압도할 수 있는 정세가 조성되어 갔던 것이다. 달리 말하면 조선군이 독단 월경을 선택할 수 있는 분위기가 조성되어 갔던 것이다. 그래서 '제3부 제1장'에서는 조선군 제19, 20사단이 관동군의 만주침략 때 어떻게 움직였는지부터 살펴보겠다.

제3부
15년전쟁에 나선 조선군

제1장
조선군, 일상적 전시동원체제의 핵심

1. 조선군, 식민지 조선 통치에 전면 재등판

1) 조선군의 연속된 만주침략

'제2부 제3장 제3절'에서 확인할 수 있듯이 3·1운동을 탄압한 조선군에게는 엄청난 변화가 있었다. 일본정부는 식민지 지배의 근간인 헌병경찰제를 폐지하고 보통경찰제를 도입하였고, 조선군사령부와 진해요항부에서 파견한 무관이 조선총독부 관방에 상주하던 제도를 폐지하였다. 민간인 신분인 조선총독이 조선군의 출동을 명령할 수 있었던 병력출동명령권을 폐지하고 병력출동요청권으로 바꾸었다. 또한 일본정부는 조선군이 통치의 전면에 나서는 부담을 줄이는 대신 국방의 임무에 더 충실하도록 조치하였다. 3·1운동과 같은 일이 다시 되풀이되지 않도록 초동 진압을 강화하는 한편, 군비를 축소하는 국제사회의 분위기를 피하는 방편의 하나로, 제19, 20사단의 편성을 완료하는 시점에 맞추어 고정원제를 유지하였다. 일본정부는 이를 통해 조선의 치안을 유지하는 '수비'를 촘촘히 하는 한편, 국경수비를 강화하면서 중국 문제를 비롯해 국경 밖의 문제에도 신경을 집중할 수 있었다. 1920년 조선군의 간도침략이나 1928년 제남침략은 1910년대에 볼 수 없었던 조선군의 행동이었다. 물론 이 시기 조선군의 침략행위는 군대만의 일시적인 움직임에 머물렀다.

그렇지만 1931년 9월 관동군이 주도한 만주침략 때부터 출동의 형식과 내용이 달라지기 시작하였다. 역사가 사이에서는 이때부터 1945년 8월 일본이 패전할 때까지의 침략전쟁사를 일관되게 조망하려는 의도에서 '15년전쟁'이란 용어를 사용하고 있다. 필자도 조선군의 움직임을 조망하고 식민지 지배와 침략의 역사를 연속적으로 이해해야 한다는 뜻에서 만주침략, 중일전쟁, 아시아태평양전쟁으로 이어진 전쟁을 하나로 묶어 '15년전쟁'이라 말할 수 있다고 본다. 그래서 이제부터 '15년전쟁'의 시작점인 만주침략의 배경에 대해 살펴보자.

1920년대 후반 들어 일본 육군은 만주와 몽골을 확보하는 문제가 대소작전을 풀어가는 핵심고리라고 간주하기 시작하였다.[1] 경제개발5개년 계획을 성공적으로 추진하고 있던 소련이 1929년 중동로사건 때 중국과 싸워 승리할 정도로 군사력을 강화하고 있었기 때문이다. 하얼빈 중심의 북만주를 거점으로 소련의 사회주의 사상이 만주 일대에 퍼지고 있어 식민지 조선에까지 영향을 줄 수 있었다. 일본 육군의 입장, 특히 중견장교들은 소련의 동향을 고려할 때 만주를 점령하여 거점을 확보해야 한다고 보았다. 또한 장쭤린의 아들로 만주의 지배자인 장쉐량(張學良)이 1928년 12월 삼민주의를 준수하고 국민정부에 복종하겠다고 '역치(易置)'를 선언하는 등 만주의 중국인 사이에 민족주의 열기가 높아갔다. 이렇듯 만주 지역의 정세가 만주의 군벌세력을 국민정부로부터 떼어내 일본의 세력권으로 삼으려는 일본 육군의 의도와는 다른 방향으로 흘러가고 있었다.

더구나 일본정부가 해군함정의 군축 문제를 논의한 1930년 4월의 런던해군군축회의에서 일본 해군의 대형 순양함을 미국 함정의 60%, 전체 함정 비율에서 미국의 70%로 제한하는 데 합의함에 따라 일본사회

---

1 일본군이 만주를 침략한 배경에 대해서는 藤原彰 著, 嚴秀鉉 譯, 1994, 『日本軍事史』, 時事日本語社, 195~199쪽을 정리하였다.

에 큰 논란이 일었다. 런던조약을 둘러싼 일본사회의 논쟁은 우익 세력이 발언권을 강화해 가는 중요한 계기였다. 본국에서 런던조약 합의에 반대하는 여론이 들끓고 있을 즈음인 1931년 9월 관동군과 조선군은 만주를 침략하였다. 때문에 만주침략은 일본사회에서 군축을 지지하는 분위기를 일축하였다. 군부가 주도하는 군국주의화 경향이 노골화되는 시작점으로 작용하였다. 또 조선군이 관동군의 만주침략에 보조를 맞추었다는 사실은 일본사회의 새로운 흐름에 조선군이 선두주자였음을 의미한다. 이제 만주침략 과정에서 조선군의 움직임을 정리해 보자.

관동군이 만주를 침략하기 이전 일본 육군은 만몽 문제를 어떻게 해결하려 했을까. 1931년 4월 시점에 참모본부는 중국 중앙정부의 주권을 인정하는 친일정권을 수립하는 방안, 중국 중앙정부로부터 분리 독립시키는 방안, 무력점령이란 방안을 가지고 고민하였다. 시간이 흐를수록 일본 육군 내에서는 과장급인 대좌와 중좌를 중심으로 세 번째 방안이 우위를 차지해 갔다. 식민지를 관리하던 조선군과 관동군 지휘부도 마찬가지였다.[2] 조선총독 우가키 가즈시게(1931.6~1936.8)도 군사점령에 찬동하였다.

9월 18일 관동군이 만주를 침략하였다.[3] 19일 오전 5시 관동군은 조선군의 출동을 요청하였다. 이에 하야시 센주로(林銑十郎) 조선군 사령관은 오전 7시 30분에 혼성 1개 여단과 비행 2개 중대를 관동군에 보내기

---

2 조선군과 관동군의 중견 장교를 중심으로 만주침략을 둘러싼 협력적 움직임에 대해서는 서민교, 2002, 「만주사변기 조선주둔 일본군의 역할과 활동」, 『한국민족운동사연구』 32, 205~211쪽 참조.
3 만주침략 당시 조선군의 동향은 조선군 사령관인 林銑十郎가 쓴 자료를 정리하였다. 林銑十郎, 高橋正衛 解說, 1996, 『滿洲事件日誌』, みすず書房, 5~23쪽.

로 하고 제20사단장에게 출동을 지시하였다. 천황의 승인이나 지시도 없이 조선군 사령관 스스로 '독단전행(獨斷專行)'을 한 것이다. 명령을 받은 제20사단장은 산하의 보병 제39여단사령부를 중심으로 보병 제77, 78연대, 기병 제28연대의 1개 중대, 야포병 제27연대의 2개 대대, 공병 제20대대의 1개 중대, 전투와 정찰을 각각 담당할 2개 비행 중대, 통신반으로 혼성 제39여단을 편성하고 펑텐으로 출동하도록 지시하였다.[4] 또한 조선군 사령관은 9월 19일 오후 12시 20분 나남의 제19사단장에게도 일부 병력을 동만주로 출동시켜 중요 지점을 점령하도록 명령하였다.[5] 조선군은 펑텐과 동만주 두 방향으로 동시에 부대를 출동시켜 관동군의 만주침략에 가담하려 했던 것이다.

그런데 일본정부는 재정지출 승인과 천황의 명령이 필요하다며, 현 상태를 유지하자는 불확대방침을 결정하였다. 이에 참모총장은 19일 오후 2시 5분 "뜻밖의 명령", 곧 출병 정지를 명령하였다.[6] 이미 펑텐을 향해 세 그룹으로 나누어 집결지에서 출발한 조선군은 신의주, 평양, 용산 병영에 각각 대기할 수밖에 없었다. 다만, 그날 정찰과 전투 임무를 수행할 비행 중대 1개씩을 펑텐으로 보내 관동군에 합류하도록 하였다.

9월 21일 오전 10시 50분, 조선군 사령관은 관동군으로부터 조선군의 증병을 요청하는 전문을 받았다. 관동군의 주력이 독단으로 남만주철도 연선 밖에 있는 장쉐량 동북군대를 공격하며 북쪽으로 침략하려고

---

4 朝鮮軍司令部, 1936.4, 『朝鮮軍歷史』 5, 9~10쪽; 步兵第78聯隊史編纂委員會, 『步兵第78聯隊史(朝22部隊)』, 47~52쪽.

5 제19사단은 9월 20일 오전 10시경까지 간도침략의 준비를 완료하였다.

6 林銑十郎, 高橋正衛 解說, 『滿洲事件日誌』, 9쪽.

하니, 조선군이 관동군 대신에 남만주 지역의 경비를 맡아달라는 요청이 었다. 이에 조선군 사령관은 "중대한 결심을 하고, 신의주에 특명을 기다리고 있는 보병 제39여단의 월강을 명령"하였다.[7] 혼성 제39여단은 오후 1시 20분 출발하는 열차로 압록강을 건넜다. 조선군이 대륙침략의 선봉에 선 것이다.

하지만 조선군은 동만주 지역 방향으로 침략하려는 계획을 행동으로 옮기지 못하였다. 1931년 9월 20일 출동 준비를 완료한 제19사단도 이 기회에 간도를 점령할 의도가 있었지만, "간도 불안의 정도가 일부의 소타(燒打)" 정도에 불과하여 "이유 박약"하였기 때문이다.[8] 또한 창춘 방면을 침략한 관동군이 예상과 달리 장쉐량 군대의 저항을 강하게 받지 않고 있어 제19사단의 출동 효과가 크지 않았다. 더구나 우가키 조선총독도 후자와 같은 이유만으로 간도를 침략한다면 "이유 박약"하다며 간도침략을 반대하였다.[9] 9월 22일 참모본부도 군사작전을 일단락 짓고 외교 교섭에 치중해야 할 시점이니 부대를 엄격히 통제하도록 조선군에 명령하였다.[10] 결국 조선군으로서는 남만주철도선 주변에 관동군이 출동하는 행위에 대해 그나마 자위행동의 연장이라고 억지스러운 명분을 내세우며 그들의 안전을 위해 후방을 지켜야 한다고 자신의 침략행위를 정당화할 수 있었지만, 남만주철도선 밖에 주둔하고 있는 장쉐량의 길림군(吉林軍)을 공격하는 관동군의 침략행동에 호응하여

---

7   林銑十郎, 高橋正衛 解說, 『滿洲事件日誌』, 18쪽.
8   林銑十郎, 高橋正衛 解說, 『滿洲事件日誌』, 18쪽.
9   林銑十郎, 高橋正衛 解說, 『滿洲事件日誌』, 20쪽.
10 朴廷鎬, 2013, 「滿洲事變における朝鮮軍の獨斷越境過程の再檢討」, 北岡伸一 編, 『國際環境の變容と政軍關係』, 中央公論社, 130쪽.

적극적으로 움직일 수 없었으므로 독단월경한 명분이 취약할 수밖에 없었다. 그러므로 하야시 센지로 조선군 사령관으로서는 조선군이 펑톈 방향으로 출동하도록 지시한 행위를 관동군을 도와야 했다며 독단월경의 대의명분을 내세워 천황의 통수권을 간범(干犯)한 데 따른 정치적 부담을 덜 수 있었다. 하지만 동만주 지역을 침략하는 행위는 독단월경의 명분이 더욱 취약할 수밖에 없어 그에 따른 정치적 부담을 온전히 떠안아야 하는 상황이었다.[11] 이에 조선군 사령관은 동만주 지역을 침략하려는 제19사단의 출동을 취소하였다.

9월 22일, 일본정부는 천황의 특명도 기다리지 않고 압록강을 독단으로 월경한 조선군의 행동을 인정하였다. 일본 육군 수뇌부가 "조선군 사령관의 조치가 대권을 간범한 행위가 아니었다"고 결론을 내리고 밀어붙인 결과였다. 일본 육군 수뇌부의 주장은 이랬다.[12] 장쉐량 군대의 "책동"에 대응하기 위해 관동군이 창춘 부근으로 이동함에 따라 펑톈 부근이 "배병박약(配兵薄弱)하게 되어 지극히 위험한 상태"에 빠졌고, 이에 따라 북상하는 관동군이 고립될 우려가 있었다. 한편, 조선군은 압록강을 건너지 않고 천황의 특명을 기다리던 중, 관동군이 조선군에게 출병을 요청하자 신속히 월강함과 동시에 참모총장에게 보고하였다. 조선군의 이러한 선택은 일선 전선에 근무하는 지휘부가 능동적이고 공격적으로 대응하여 "일본군의 진가"를 보여 준 창조적인 선택이었다. 육군 수뇌부가 조선군의 독단적인 월경을 합법화시켜 준 것이다. 이후 하야시 사령관은 '월경장군'이라 불렸다.

---

11 朴廷鎬, 2013, 위의 글, 122~123쪽.
12 稻葉正夫, 1972, 「朝鮮軍の獨斷越境問題經緯」, 『軍事史學』 7-4, 56~57쪽.

일본정부와 육군 수뇌부의 해석은 제동장치 없이 군국주의화로 치닫고 있는 일제의 모습을 여실히 보여 준다. 독단월경에 대한 새로운 평가는 이후 일본군의 행동에 큰 영향을 주었다. 복종을 어겨 구속되기보다 공격정신과 일치하여 결과만 좋으면 된다는 방향으로 일본군의 선택지점이 옮겨갔기 때문이다.[13]

관동군과 함께 만주를 침략한 혼성 제39여단은 북쪽의 치치하얼(齊齊哈爾)에서 남쪽의 진저우(錦州)까지 철도 연선에서 장쉐량의 군대와 싸웠다. 제19사단 소속 부대를 중심으로 1931년 12월 28일 편성된 혼성 제38여단도 진저우와 그 남쪽 일대에서 제20사단의 지휘를 받으며 중국을 침략하였다.[14] 조선군 소속 중국 침략부대가 진저우 일대까지 침략 범위를 넓힘에 따라 이를 지휘할 지휘부가 필요하였다. 이에 육군은 제20사단사령부를 비롯한 사단의 주력을 12월경 진저우로 동원하여 침략을 지휘하였다. 혼성 제39여단은 제8사단과 교대하고 1932년 4월 26일 평양으로 돌아왔다.[15] 제20사단사령부도 4월 28일 용산병영으로 귀대하였다.[16] 혼성 제38여단은 펑텐-산하이관 사이의 경봉선을 경비했고, 이후에도 북만주의 둔화, 어무, 닝안 등지에서 반만항일무장투쟁 세력들을 탄압하다 1932년 10월 조선으로 돌아왔다.[17] 이 사이 조선군의 현황을

---

13 심호섭, 2011, 「근대 일본 육군의 '獨斷專行'과 만주사변」, 『만주연구』 12, '제3장' 참조.
14 혼성 제38여단은 보병 제73, 76연대의 일부 병력 이외에 기병 제27연대, 포병 제25연대의 1개 대대, 공병 제19연대의 1개 중대, 통신대로 구성되었다.
15 『每日申報』, 1932.4.21.
16 『每日申報』, 1932.4.28. 조선총독부는 5월 5일 경복궁 경회루에서 성대한 개선축하회를 가질 계획을 세웠고, 3월부터 그날까지 집마다 국기와 제등을 게양하는 한편, 학생들을 동원하여 환영기 행렬 행사를 계획하였다. 『東亞日報』, 1932.5.3.

〈표 3-1-1〉 1931, 1932년경 조선군 현황

사령부	사령관						
	참모장						
	참모부	부관부	경리부	군의부	수의부	법무부	사령부附	1931년 8월 철도국촉탁, 총독부어용괘, 포그라니치니 주재
								1932년 4월 철도국촉탁, 총독부어용괘, 체신국항공관, 포그라니치니 주재

※ 위 표의 사령부附 열은 두 개의 행으로 구성됨.

제19사단	사단장
	참모장
	보병 제37여단(보병 제73, 74연대), 보병 제38여단(보병 제75, 76연대), 기병 제27연대, 야포병 제25연대, 공병 제19대대, 나남위수병원, 함흥위수병원, 회령위수병원

제20사단	사단장
	참모장
	보병 제39여단(보병 제77, 78연대), 보병 제40여단(보병 제79, 80연대), 기병 제28연대, 야포병 제26연대, 마산중포병대대, 공병 제20대대, 비행 제6연대, 용산위수병원, 평양위수병원, 대구위수병원

기타부대	진해만요새사령부, 영흥만요새사령부, 조선육군창고, 조선위수형무소, 조선보병대, 조선헌병대(사령관, 경성헌병대, 대구헌병대, 평양헌병대, 함흥헌병대, 나남헌병대), 육군병기본창(陸軍兵器本廠) 평양출장소, 육군조병창(陸軍造兵廠) 평양병기제조소, 축성부(築城部) 진해만지부, 육군운수부(陸軍運輸部) 부산출장소, 군마보충부(軍馬補充部) 웅기지부

비고: 평양병기제조소는 1922년 오사카조병창 산하의 조선병기제조소로 신설되면서 출발하였다. 탄환을 만드는 공장이었다. 砲兵沿革史刊行會 編著, 1974, 『砲兵沿革史』 1, 119쪽.

출처: 朝鮮軍司令部, 1936.4, 『朝鮮軍歷史』 5, 229~232쪽.

정리하면 〈표 3-1-1〉과 같다.

앞서 〈그림 2-3-3〉에서 제시한 1928년 6월 시점의 조선군 현황과 비교할 때, 체신국항공관을 사령부에 두는 조치를 제외하면 만주를 침략하고 돌아왔다고 해서 조선군의 편제에 특별한 변화가 있지 않았다. 오히려 1930년대 전반기 조선군의 변화는 이후에 나타났다고 볼 수 있다. 이제 그 변화를 추적해 보겠다.

17　步兵第76聯隊記念誌編纂委員會, 『步兵第76聯隊祕錄-激動の25年』, 8~10쪽.

제1장　조선군, 일상적 전시동원체제의 핵심　279

만주를 침략한 제20사단이 귀대했지만 제19사단은 1932년 4월 일부 병력으로 간도임시파견대를 편성하였다.[18] 일본의 처지에서 보면 1932년에 들어서면서 동만주 지역 정세가 급속히 바뀌어 갔기 때문이다. 당시 동만주 지역에 거주하는 조선인은 일제의 만주 점령에 항거하여 총을 들고 일어나 유격대를 조직하고 무장투쟁을 벌이기 시작하였다. 동만주 지역에서 결성되기 시작한 중국공산당 소속의 유격대는 조선인 대원이 대부분이었다. 만주 지역에 거주하는 조선인의 60% 이상이 동만주 지역에 거주하고 있는 현실을 고려할 때, 이곳의 안정은 만주국의 통치뿐만 아니라 조선의 통치에도 커다란 영향을 미쳤다.

이에 조선군 사령관은 1932년 4월 12일 제19사단장에게 간도임시파견대를 편성하도록 명령하였다. 파견대는 보병 제75연대 본부를 중심으로 보병 제74, 75연대에서 각각 제3대대, 경원국경수비대의 1개 중대, 보병포 2대, 기병 2개 소대, 야포병 2개 중대, 산포병 2개 소대, 공병 2개 소대, 무선전신반, 위생반 1개, 정찰용 비행기 4대로 편성되었다.[19] 간도임시파견대의 주력은 1933년 6월 조선으로 원대 복귀하였다.

이번 간도임시파견대도 1920년 경신참변 때의 임시파견대와 마찬가지로 잔인하였다. 가령 1932년 음력 8월 7일 새벽 연길현 유정촌을 포위

---

18 간도임시파견대와 비슷한 시기인 7월 보병 제78연대는 일부 병력을 압록강 건너 동변도 방면으로 보내 항일무장투쟁 세력을 탄압하다 11월 18일 용산병영으로 귀대하였다. 『東亞日報』, 1932.11.20.

19 東京75會事務局, 『步兵第75聯隊小史』, 5쪽. 만주침략부터 1932년 6월 초까지 혼성 제38, 39여단과 간도임시파견대 소속 일본군 전사자는 130명, 부상자는 257명이었다. 전사자가 부상자보다 1/2 이상인 경우는 청일전쟁, 러일전쟁 그리고 세계 전쟁사에서도 보기 드문 희생이었다. 일본은 이러한 희생을 조선군이 용감하게 백병전과 육탄전을 마다하지 않은 결과라고 치장하였다. 『每日申報』, 1932.6.16.

한 간도임시파견대는 마을을 향해 3대의 기관총을 배치한 다음 마을에 불을 지르고 무차별 사격을 하였다. 심지어 불 속을 뛰쳐나오는 어린이와 72살 난 할머니를 창으로 찔러 불 속에 집어넣기도 하였다. 모두 22명의 아까운 목숨이 유명을 달리한 이때의 사건을 '해란강대학살사건'이라 한다. 제노사이드는 일본군의 결정적인 특징임이 또 한 번 확인된 것이다.

잔인한 간도임시파견대가 출동하자, 1932년 4월 민생단이란 친일·반공·자치단체를 조직한 박석윤, 전성호 등은 파견대를 환영하자는 선전문을 제작하여 비행기에서 살포하였다. 그것으로도 부족해 전성호 등은 "황군(皇軍) 출동을 진심으로 이해"시키기 위해 세 개의 순회 강연대까지 조직하였다.[20] 민생단의 친일활동에 분노한 동만주 지역 조선인은 민생단원을 공개적으로 처형하는 등 강력하게 반발하였다. 이렇게 되자 일제로서는 민생단이 오히려 치안을 불안정하게 하는 요인을 제공하고 있다고 보게 되었다. 마침내 민생단은 1932년 7월 사무실을 폐쇄할 수밖에 없었다.[21]

이처럼 일본정부는 만주를 침략하여 만주국을 세웠지만 동만주 지역을 중심으로 만주의 치안을 완전히 장악하고 있지 못하였다. 그럼에도 그 책임은 관동군과 만주국군이 담당하고 조선군은 한 발 물러섰다. 대신에 국경경비를 강화하였다. 1935년 4월 현재 6개 국경수비대 정원은 2,226명이었다.[22] 1926년에 비해 200명 가까이 더 늘어난 것이다. 더구

---

20 『間島申報』, 1932.4.12.
21 민생단의 역사와 반민생단투쟁에 관해서는 신주백, 1999, 앞의 책, 364~411쪽 참조.
22 「昭和10年 4月 27日 國境守備隊配置變更に關する件」, 『密受大日記 第1號 7冊の內 昭和10年』 중 '別表'.

〈그림 3-1-1〉 용산병영에 있는 만주침략 전사자 충혼비와 제막식 기사
(『매일신보』 1935.11.13)

출처: 신주백·김천수 편, 2019, 『사진과 지도, 도면으로 본 용산기지의 역사 1(1906~1945)』, 선인, 288~289쪽.

나 조선군은 국경수비대를 훈춘 지역에 파견하여 상주하며 소련군의 움직임에 대비해야 했으므로 병력이 더 필요했을 것이다.

그런데 경원국경수비대는 훈춘파견대로 계속 근무하다 1936년 6월 훈춘주둔보병대로 확대 개편되었다.[23] 두 달 뒤인 8월 시점에 훈춘주둔 보병대의 배치현황을 지도에 표시하면 〈그림 3-1-2〉와 같다. 이에 따라 육군 수뇌부는 두만강과 압록강을 수비하는 조선군의 국경수비대를 6개에서 5개로 줄였다. 〈그림 3-1-3〉에 표기된 1936년 8월 시점의 '조선육군 제(諸)부대 배치요도'에 따르면 제19사단 소속인 보병 제75연대의 국경수비대가 없다. 제20사단의 국경수비대는 2개 그대로였지만, 제19사단의 국경수비대가 4개에서 3개로 줄어든 것이다.[24]

---

23 步兵第76聯隊記念誌編纂委員會, 『步兵第76聯隊祕錄 - 激動의 25年』, 9~11쪽.
24 「部隊配置要圖提出の件」, 『密大日記 第4冊 共8冊 昭和11年』.

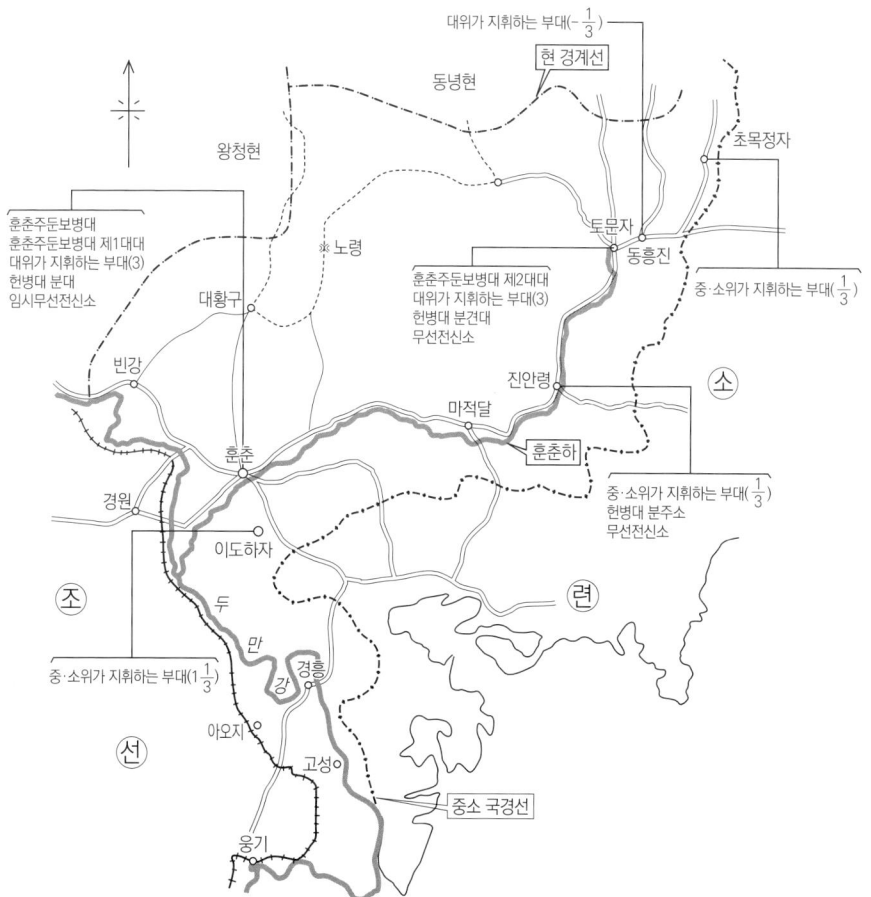

〈그림 3-1-2〉 중국 훈춘지역 조선군 훈춘주둔보병대(1936.8)

출처: 「部隊配置要圖提出の件」, 『密大日記 第4冊 共8冊 昭和11年』.

　　훈춘주둔보병대가 길림성 훈춘현에서만 행동하는 부대였지만, 만주국에 상주하는 조선군 부대였으므로, 관동군과 조선군 사이에 그 부대에 대한 지휘관계를 정리할 필요가 있었다. 조선군과 관동군은 훈춘주둔보병대에 대한 지휘 관계를 다음과 같은 「각서」로 정리하였다.

각서

1. 관동군 사령관은 아래와 같은 건에 관하여 훈춘주둔보병대장을 구처(區處)하고 동시에 이를 조선군 사령관에게 통첩한다.
   1) 만주국 군대 및 동(同)국(國) 국경감시대 등 지도하는 건
   2) 일만(日滿) 양국 경무기관 지도에 관한 건
   3) 지방 치안유지상 필요한 지방 여러 기관, 단체 등의 지도에 관한 건
2. 관동군 사령관은 전항 기재 이외의 사항에 대하여 훈춘주둔보병대를 구처하려고 할 때는 그때마다 조선군 사령관과 협의한다.
3. 조선군 사령관은 제1항 기재 이외의 사항에 대하여 훈춘주둔보병대장을 직접 지휘한다. 단, 제19사단장으로 하여금 지휘하게 할 사항을 제외한다.

위 각서를 명에 따라 양군 참모장 사이에 협정하고 각 1부를 보관한다.

1936년 6월 15일

관동군 참모장 이타가키 세이시로(板垣征四郎)
조선군 참모장 사에다 요시시게(佐枝義重)[25]

---

25 「琿春駐屯步兵隊編成に際し關東軍との協定事項に關する件」, 『陸滿密綴 7.1~7.13 昭和11年』.

조선군이 처음으로 동만주에 군대를 상주시킨 것이다. 일본이 중일전쟁을 일으킨 지 한 달 뒤인 1937년 8월, 훈춘주둔보병대는 책임자인 소장 이하 1,469명의 병력과 144두의 마필(馬匹)이 배속되어 있었다.[26] 여기에는 제20사단의 보병 제77, 78연대 소속 국경수비대 일부까지 전속 배치되었다.[27] 일본 육군은 한 개 현 단위의 치안을 담당하는 부대로는 상당히 큰 보병대를 편성한 것이다. 조선과 인접하면서도 소련과 국경을 마주하고 있어 취한 조치일 것이다. 일본의 만주침략 이후 소련과 일본 사이의 전쟁을 예견하는 사람이 많았을 정도로 두 나라는 서로를 의식하고 있었다.[28] 이와 같은 이유에서 취해진 또 다른 군사적 조치가 〈그림 3-1-3〉에서 확인할 수 있듯이, 1936년 8월 함경북도 나진에 요새사령부[29] 그리고 회령에 있는 비행 제9연대에 소장이 책임자인 제2비행단사령부를 설치한 움직임이었다.[30]

---

26 「琿春駐屯隊編制改編槪況ノ件」, 『陸機密大日記 第1冊 2/2 昭和12年』.

27 「琿春駐屯步兵隊編成完結ノ件(朝鮮軍)」, 『密大日記 第2冊 昭和12年』.

28 훈춘주둔보병대는 1938년 9월 보병 제87연대로 편성되어 관동군 소속으로 바뀌었고, 이후 산포병 제25연대와 보병 제88연대까지 합쳐 훈춘주둔대로 바뀌었다. 이어 훈춘주둔대는 1942년 5월 편성 명령에 따라 제71사단으로 확대 재편되었다(步兵第76聯隊記念誌編纂委員會, 『步兵第76聯隊祕錄-激動の25年』, 11쪽).

29 나진요새는 처음 건설된 1936년까지만 해도 영구 축성이 고려된 요새가 아니었다. 그래서 이동성을 고려한 야전 화포를 주로 배치하였다. 요새로서의 건축이 본격적으로 고려된 때는 1939년 7월이며, 1941년 8월 영구 축성의 대부분을 건설하였고, 1943년 3월에 가서야 최종 완성되었다. 나진요새는 세 방면, 곧 나진항을 지키는 나진항 방면, 웅기항을 지키는 웅기항 방면, 육상에서의 공격에 대비한 장고봉 방면에 분산 배치하는 구성이었다. '본토결전'을 추진하기 시작한 1945년 2월 이후 위력 있는 중포(重砲)는 모두 본토로 옮겨짐에 따라 요새의 방위력은 크게 약화되었다. 그런 가운데서도 소련군과 교전하였고 그들에게 무장해제를 당하였다. 砲兵沿革史刊行會 編著, 『砲兵沿革史』 1, 227쪽.

30 『동아일보』, 1936.8.15; 「部隊新設竝編制改正實施ノ件」, 『密大日記 第1冊 共8冊 昭

<그림 3-1-3> 조선군 배치도(국경수비대 및 훈춘주둔보병대 포함)(1936.8)

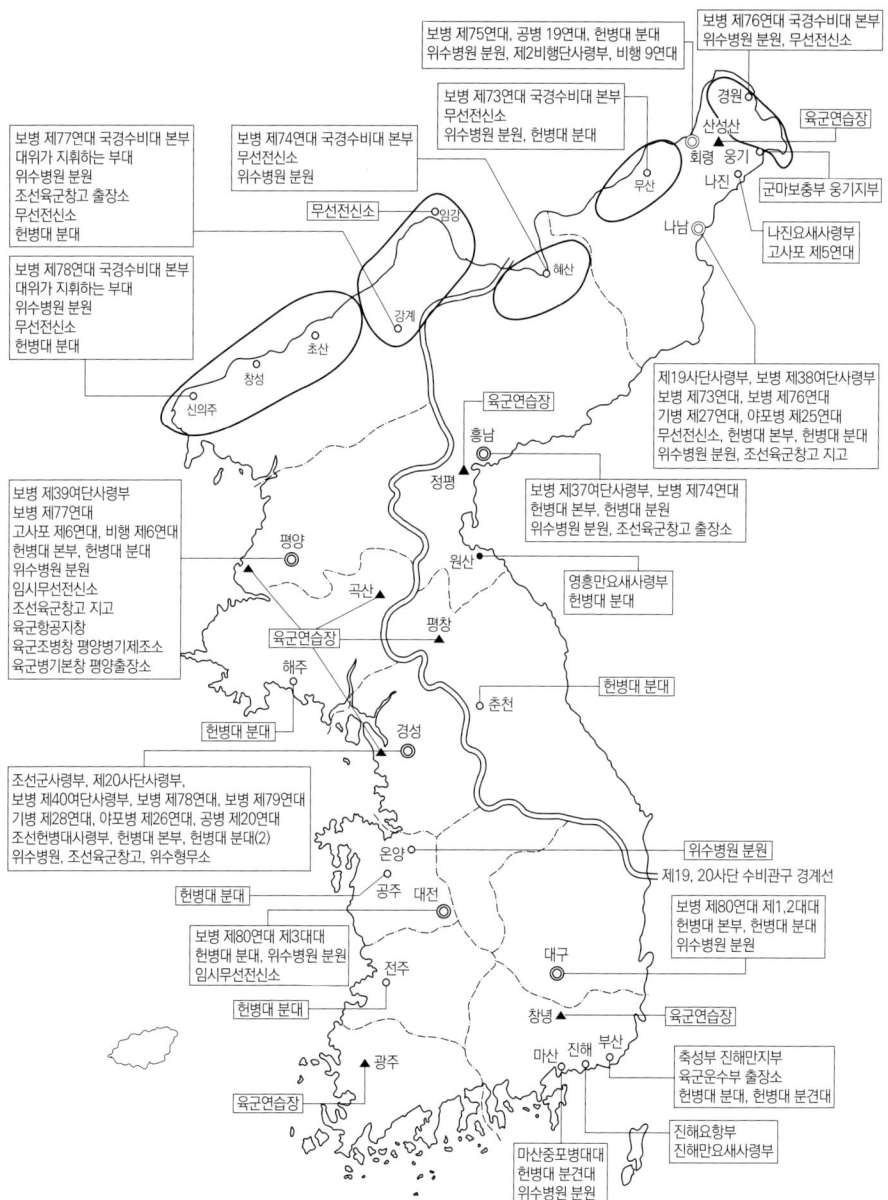

출처: 「部隊配置要圖提出の件」, 『密大日記 第4冊 共8冊 昭和11年』.

조선군사령부는 마찬가지 이유에서 1938년 4월 국경수비대의 편제를 크게 바꾸었다. 보병 제76연대가 담당하는 수비대를 제외한 나머지 5개 수비대를 모두 동만주 지역의 훈춘에 주둔하고 있는 보병대로 개편하고, 보병 제76연대의 국경수비대만 262명으로 늘려 남겨두기로 한 것이다.[31] 보병 제76연대 국경수비대는 두만강을 사이에 두고 소련과 직접 국경을 접하고 있어 그대로 두기로 결정했을 것이다. 나머지 수비대를 모두 훈춘의 보병대로 재편하는 이유도 소련과의 군사적 충돌을 예견한 조치일 것이다.

조선군사령부가 이렇듯 국경수비대를 사실상 해체한 조치나 다름없이 크게 축소한 데는 1930년대 초반과 다른 만주국의 치안상황을 고려했을 것이다. 조선에서의 항일운동이 사실상 잠복기에 들어갔듯이, 1930년대 후반으로 갈수록 만주 지역의 항일무장투쟁 세력도 북만주 일대를 제외하면 일본의 지배질서에 위협적이지 않았다. 오히려 토비라고 불리는 마적 집단뿐 아니라 항일무장투쟁 세력은 관도군과 만주국의 치안숙정공작으로 생존 자체를 우려할 만한 상황에 몰리고 있었다.

2) 지배정책에 다시 관여하기 시작하는 조선군

조선군은 관동군과 함께 만주를 침략하고 만주국의 안정을 위해 항일무장투쟁 세력을 탄압하는 데 앞장서는 한편, 식민지 조선에서 침략전

和11年』.

31 「昭和13年5月12日 國境守備隊之に伴ふ部隊を含む編制改正の概況の件」, 『陸滿機密大日記 第3冊 2/3 昭和13年』.

쟁을 옹호하고 미화하는 분위기를 능동적으로 만들어 갔다. 그 첫 번째 주요 조치가 만주침략의 와중인 1931년 12월 참모부, 부관부, 경리부 소속 참모 일부가 겸직하는 애국부를 설치한 일이었다. 여러 부서원을 모아 만든 조직이었으므로 조선군 참모장이 책임자가 되어 사업을 추진하였다. 그리고 사업의 중대성이나 확장성을 고려한 조선군사령부는 예비역 기병중좌를 촉탁으로 두고 업무를 전담하도록 하였다.[32]

애국부는 각종 애국운동을 원조하고 출동 장병 및 부상병을 원호하는 활동을 벌이는 등 후방에서의 전쟁 후원활동에 공개적으로 나서기 위해 만든 조직이었다. 애국부의 활동 가운데 신문 등에서 특히 많이 취급한 기사는 헌금운동이었다. 헌금운동은 1932년 1월 본토에서 헌납한 애국기가 조선 상공을 거쳐 만주로 날아간 장면을 목격한 일이 계기였다.[33] 이에 자극을 받은 식민지 조선의 일본인들은 1932년 2월부터 헌금운동을 벌여 3월 상순경 '애국 제1조선호'를 헌납하였다.[34] 애국부는 비행기 이외에도 기관총이나 고사기관총도 헌납받았다.[35] 물론 애국부는 총기를 구입하기 위해서만 헌금운동을 벌이지 않았다. 방공헌금, 국방헌금, 방공기재비헌금, 애국헌금, 위문금 등 다양한 종류의 애국헌금운동을 운영하였고, 동아일보사, 매일신보사를 비롯해 언론사에서 헌금하는 데 편의를 제공한다는 명목으로 위탁 업무를 보게 하는 등 다양한 헌금 방법을 시도하였다.[36] 헌금운동에 따라 1938년 4월에 400만 원을 넘어

---

32 이상 애국부에 대해서는 朝鮮軍司令部, 『朝鮮軍歷史』 5, 80쪽 참조.
33 朝鮮軍司令部, 『朝鮮軍歷史』 5, 81쪽.
34 朝鮮軍司令部, 『朝鮮軍歷史』 5, 81쪽; 『每日申報』, 1932.2.11.
35 『每日申報』, 1933.6.18, 8.24.
36 『每日申報』, 1934.1.21, 12.8, 12.19, 1937.7.30; 『동아일보』, 1937.9.19, 9.25.

서더니 그해 말에 이르면 헌금액이 500만 원을 넘었다.[37] 1년에 100만 원도 모금하기 쉽지 않았는데 1938년에 이르면 8개월 만에 100만 원을 모금할 수 있었던 데는 총동원운동이 전개되고 중일전쟁에서 일본군이 연승한 데 따른 승전 분위기의 고조와 연관이 있었을 것이다. 식민지 조선의 일본인사회가 침략전쟁을 축하할 일로 간주하며 기뻐했음을 간접적으로 시사한다고 하겠다.

애국부를 중심으로 전개된 조선군의 헌금운동 등은 군대가 다시 대중 앞에 직접 나타나고 지배정책에 조금씩 관여하기 시작하는 신호였다. 1931년 5월에 열린 제2회 조선자원조사위원회도 같은 흐름에 있는 동향이었다. 1930년 6월 조선총독부가 주최한 제1회 위원회는 자원현황을 조사하는 데 불과했지만, 제2회 위원회는 전시를 대비한 통제와 배급 그리고 보충계획에 관해 논의하였다.[38] 조선총독부는 이때부터 자원을 조사하는 사항에 대해 논의하는 데 그치지 않고 총동원계획을 수립하는 데 필요한 사항을 심의하는 데 목적을 둔 위원회를 운영하였다.

실제 제2회 위원회 때 본국 정부의 자원국 촉탁인 육군 보병 소좌도 참석하였다.[39] 이는 육군성에서 1930년 가을 「육군군수공업동원계획」을 대신하여 총동원계획의 일환으로 「육군군수동원계획령」을 입안하고자 검토에 들어간 움직임과도 밀접한 연관이 있었다.[40] 1935년 9월 조

---

37 『每日申報』, 1938.5.6, 12.30.
38 김혜수, 1994, 「1930년대 조선에서의 '(극비) 잠정 총동원계획기간 계획' 실시」, 『연구논총』, 56쪽, 60쪽.
39 『每日申報』, 1931.5.16. 자원국은 총력전체제에 대응하고자 총동원계획을 수립하는 기구였다. 식민지 조선에서는 그 역할을 조선총독부가 담당하였다.

선총독부청사에서 열린 제3회 위원회 때는 조선군사령부, 진해요항부, 평양병기제조소와 함께 본국의 육군성과 해군성 관계자도 '특별 출석'하였다.[41] 조선군도 이후 매년 자원조사계획을 수립하였다.[42] 1937년 6월 조선군은 "총동원 업무를 위해" 참모와 서기 1명씩을 조선총독부 촉탁에 임명하도록 정무총감에게 요구하였다.[43]

조선군의 관심 영역은 군수동원 쪽만이 아니라 인력동원 쪽으로도 확대되어 갔다. 일본정부는 1938년 4월 조선인을 대상으로 육군특별지원병제도를 실시하겠다고 칙령으로 선포하였다. 조선인 병역 문제에 대한 이러한 결정은 어느 날 갑자기 즉흥적으로 취해진 조치가 아니었다.[44] 다음 '제2장'에서 상세히 보겠지만, 조선군은 1932년부터 신중하고 심각하게 병역 문제에 대해 극비리에 연구를 거듭해 온 결과, 1937년 6월 육군 중앙에 특별지원병제도에 관한 찬성 의견을 제출했고, 조선총독부는 이를 받아 1938년에 매우 빠른 속도로 구체화하였다.

조선통치의 영역에 공개적이고 직접적으로 다시 나서기 시작한 조선군의 새로운 흐름은 1937년 7월 일본이 중국 본토를 침략하면서 새로운

40　防衛省防衛硏修所戰史室, 1979, 『陸軍軍戰備』, 朝雲新聞社, 135쪽. 육군성은 「육군군수동원계획령」을 1933년 5월 제정하였다. 참고로 군수동원이란 군수공업 동원의 틀을 모든 산업 분야로 확대한 조치로 각 행정부서에서 분담하여 실행해야 할 정책이었다.

41　『朝鮮中央日報』, 1935.9.12.

42　「昭和10年度朝鮮軍需資源調査計畫の件」, 『密受大日記 第4號 7冊の內 昭和10年』.

43　「朝鮮軍司令部職員囑託の件」, 『密大日記 第2冊 昭和10年』. 해군은 육군보다 기민하게 움직여 이 공문을 작성하기 이전인 6월 21일자로 조선총독부 촉탁을 발령하였다.

44　이하 자세한 내용은 「朝鮮人志願兵制度に關する件」, 『密大日記 第2冊 昭和11年』 참조.

전기를 맞이하였다. 식민지 조선사회가 중일전쟁을 뒷받침하는 일상적 전시동원체제로 급속히 재편되는 과정에서 조선군이 전면에 등장했기 때문이다. 이제 중일전쟁, 아시아태평양전쟁으로 확대되는 전쟁의 와중에 개편된 조선군의 모습을 정리하고 총동원정책에서의 역할을 중심으로 살펴보겠다.

2. 중일전쟁 및 아시아태평양전쟁과 군수동원

1) 군비충실계획과 조선군 개편

1937년 7월 7일 일본이 루거우차오사건을 일으켜 중국 본토를 침략하였다. 이에 조선군은 즉각 두 가지 방향에서 반응하였다. 하나는, 본국과 대륙을 잇는 수송 및 병참 업무에 필요한 조치를 즉각 취하였다. 유수(留守) 제20사단장으로 하여금 임시철도선구사령관 및 임시정차장사령관을 임명하고 중국전선에 투입될 병력의 이송과 이들에 대한 급양, 병마(兵馬) 관리 등을 처리하게 하였다. 9월 7일에는 보다 체계적이고 효율적으로 병참 및 수송업무를 감당하기 위해 조선군임시병참사령부를 편성하고 부산, 대구, 대전, 천안, 신막, 평양, 정주에 지부를 두어 급양 및 수송업무에 차질이 없도록 하였다.[45] 다른 하나는 예하 부대를 중국침략

---

45 김윤미 편역, 2021, 「내지 동원부대 제1차 선내 철도수송 및 병참 업무 실시상보의 건(1937.10.2)」, 「내지 동원부대 제3차 선내 철도수송에 따른 병참 업무 실시상보의 건(1937.11.20)」, 『한반도주둔일본군 사료총서 ⑥-중일전쟁과 한반도 병참기지화』,

의 현장에 투입하도록 조치하였다. 여기서는 후자의 움직임을 중심으로 살펴보겠다.

중일전쟁을 일으킨 일본 육군은 7월 11일에 관동군 일부와 함께 조선군의 제20사단을 산서성 북부와 하북성 일대의 화북전선으로 응급 동원 명령을 내렸다. 이에 보병 제40여단장을 책임자로 하는 혼성여단의 일원으로 편성된 보병 제78, 79연대와 야포병 제26연대 등은 16일에 용산병영을 출발하였다. 제20사단 주력은 톈진에 배치되었다. 보병 제79연대의 경우 중국에 도착한 이후 북지나주둔군사령관의 예하로 편입되어 침략전쟁을 수행하였다.

침략부대에는 조선인도 가담하였다. 산서성에서 부대를 직접 지휘하며 중국국민당군과 싸워 승리함으로써 이름을 날린 김석원 소좌가 대표적이다. 1939년 2월에 귀국하여 훈장을 받은 그는, 1938년 성남중·고등학교의 전신인 원석(元錫)학원을 세워 친일교육에 종사하였다. 1940년대에 이 학교의 교련이나 군대식 규율은 인근에 있던 경성공립공업학교 학생들로서도 이해하기 힘들 정도로 엄격하고 강도 높았다고 한다.[46] 또한 김석원은 전국을 돌아다니며 조선인들이 성전(聖戰)에 적극 참여하여 지원병에도 지원하고 후원사업에도 동참하자고 호소하는 등 국방사상을 보급하는 활동도 벌였다.[47]

중국침략에 가담한 제20사단은 1939년 12월 용산병영으로 돌아왔다.[48] 그 사이 식민지 조선에 남아 있던 제20사단 병력은 유수부대를

역사공간, 19~23쪽, 62~63쪽, 100~109쪽.
46 관련한 내용은 이영희, 1988, 『歷程: 나의 청년시대』, 창작과비평사 참조.
47 『東亞日報』, 1940.1.7.
48 步兵第78聯隊史編纂委員會, 『步兵第78聯隊史(朝22部隊)』, 57쪽, 81쪽; 步兵第79聯

편성하였다. 이 부대들은 침략부대를 지원하며 조선을 방위할 부대였다. 제20사단 예하의 침략부대들도 마찬가지였다. 가령 용산병영에 남은 보병 제78연대의 일부는 1938년 12월 보충대를 편성하였다(〈부표 2〉 조선군과 육군성 부대 현황 참조).[49]

그런데 중일전쟁 이후 조선군의 변화를 고려할 때 유수사단과 보충대를 편성하는 정도는 작은 개편에 불과하였다. 중일전쟁 이후부터 1944년 말까지 개편된 조선군의 움직임은 크게 두 가지 방향에서 정리할 수 있다. 하나는, 새로 편성된 부대를 포함해 전쟁 상황에 따라 전체 조선군의 체계가 바뀌어 간 측면을 볼 필요가 있다. 다른 하나는, 전쟁이 확대되고 장기화됨에 따라 식민지 조선에서도 거기에 대응하는 일상적 전시동원체제가 꾸려졌는데, 여기에 대응할 지휘부, 곧 사령부의 변화를 볼 필요가 있다. 전자가 수직적인 편제의 변화에 주목한다면, 후자는 식민지 조선에 있는 일본군 최고 지휘부의 변화에 주목한다고 보면 되겠다.

후자의 변화는 다음 '2) 총동원정책과 조선군사령부의 확대'에서 살펴보기로 하고, 여기서는 조선군 전체의 편제 변화를 살펴보겠다. 먼저 간략하게라도 일본 육군 전체의 전쟁계획, 달리 말하면 군비충실계획(軍備充實計劃)을 살펴볼 필요가 있다. 이 시기 조선군의 기본 편제가 개편된 1차적인 이유는 식민지 조선의 상황 또는 지배정책보다는 일본군의 전체 전쟁전략과 관련되었기 때문이다.

1930년대 후반에서 1940년대 초반 조선군의 개편은 기본적으로

隊史編輯委員會事務局, 『步兵第79聯隊史』, 105~106쪽, 110쪽.
49　步兵第78聯隊史編纂委員會, 『步兵第78聯隊史(朝22部隊)』, 89쪽. 1939년 7월 육군은 보충대를 중심으로 보병 제237연대를 편성하였다.

1936년 육군 참모본부에서 작성한 「군비충실계획대강(1936.12.3)」의 연장선상에 있었다.⁵⁰ 오늘날까지도 이 대강은 참모본부가 1937년부터 1942년까지 6년에 걸쳐 일본군 전력을 바꾸려 한 계획의 기본지침으로 활용했다는 점에서 '본격적 군비충실계획'을 처음으로 입안한 정책이었다고 알려져 있다.⁵¹

계획대강의 핵심은 평시편제를 전면 개정하고, 항공방공역량을 최대한 빨리 끌어올려 소련의 국방력 강화에 대응하는 데 있었다. 참모본부가 구상한 평시편제의 개정 방향은 2개의 여단에 4개의 연대로 구성된 보병사단의 4단위제를 3단위제로 바꾸어 전략단위를 증설하는 데 있었다. 3단위제란 3개의 보병연대에 보병단사령부 1개를 두는 편제를 말한다.⁵² 참모본부는 새로운 전략단위를 1939년 4월부터 개편하여 1942년까지 40개 사단을 편성할 계획이었다. 또한 항공역량을 급속히 강화하기 위해 1936년 8월 항공병단사령부를 창설하는 작업부터 개편을 시작하였다. 이에 따라 군사령관과 사단장의 예하에 있는 비행부대의 지휘는 항공병단장이 담당하였다.⁵³ 앞서 언급한 회령의 제2비행단사령부 설치는 이에 따른 조치였다. 또한 참모본부는 1939년 가을경까지 만주에 55개, 조선에 11개의 비행중대 등을 배치할 계획이었다.

50　防衛廳防衛研修所戰史室, 『陸軍軍戰備』, 148~152쪽. 물론 군비충실계획은 이후 중국 본토 침략, 유럽에서의 제2차 세계대전 발발, 소련군의 계속된 전략증강과 일소 군사갈등, 아시아태평양에서의 제2차 세계대전 발발이란 극적인 정세의 조성으로 수정되거나 실행이 늦춰졌다. 그런데도 이 시기 조선군의 변화를 이해하는 기본은 이때의 군비충실계획이었다.

51　防衛廳防衛研修所戰史室, 『陸軍軍戰備』, 147쪽.

52　防衛廳防衛研修所戰史室, 『陸軍軍戰備』, 148쪽.

53　防衛廳防衛研修所戰史室, 『陸軍軍戰備』, 214쪽.

계획대강에 따라 조선군과 관련하여 구체화한 내용을 보면, 육군은 나진중포병연대를 새로 만들었다. 제19, 20사단 소속 기병 제27, 28연대는 군비의 추세와 그에 대응하는 군사전략을 수행하기 위해 1940년 수색 제19, 20연대로 개편되었다.[54] 보병연대의 구성도 바꾸어 기관총대에서 보병포(步兵砲)를 분리하여 기관총 중대 3개, 보병포대 1개를 편성하고, 고사포연대, 공병 연대, 치중병 연대는 중대 숫자를 늘렸다.[55]

육군성 참모본부는 항공방공을 중시하여 1938년 2월 '항공병단장'을 '항공병단 사령관'으로 바꾸고, 사령관에게 '군사령관'의 지위를 부여하였다. 6월에 사단사령부와 유사한 위상을 갖는 비행집단사령부를 제도화하였다. 그리고 육군항공총감부를 창설하였고, 육군사관학교의 분교로 육군항공사관학교를 독립시켰다.[56] 일련의 조치들은 육군 내에서 항공부대를 반독립화(半獨立化)한 군사정책의 결과였다.[57]

그러나 군사력을 급속히 강화하려는 조치가 계획대강에서 의도한 대로 진행되지 못하였다. 가장 큰 문제는 예산이 부족하여 우선 순위를 두어야 하는데 있었다. 일본정부로서는 소련과 긴장관계가 지속되는 데다 자신이 일으킨 아시아태평양전쟁에 군사력을 가장 집중해야 하였다. 이에 비해 식민지 조선은 당장 싸워서 지켜야 할 전투현장이라기보다는 '아시아태평양전쟁의 병참기지'면서 군사작전의 측면에서 볼 때 북방전

---

54 군전력의 자동차화, 기계화에 따라 기병부대를 수색대 등으로 개편하는 흐름은 세계적인 추세였다. 조선군은 1940년 5월에 수색대로 명칭을 바꾸고, 11월에 조직을 개편하였다.

55 防衛廳防衛研修所戰史室, 『陸軍軍戰備』, 246~247쪽.

56 防衛廳防衛研修所戰史室, 『陸軍軍戰備』, 214~215쪽.

57 일본군처럼 육군항공부대의 독립화 경향은 제2차 세계대전이 끝난 후 각국에서 '공군'의 창설로 이어졌다.

선의 상황에 대비하는 곳이었다.⁵⁸ 참모본부가 보기에 아시아태평양전선의 전투 현장이나 대소작전을 담당하는 관동군이 있는 만주에 새로운 사단을 설치하는 일이 1939년에 제30사단을 한반도에 신설하는 조치보다 더 급했다. 더구나 참모본부는 국방력을 강화하고 있는 소련을 상대하려면 1943년까지 전시병력만 90개 사단에 300개 비행중대가 필요하다고 분석하였다. 지상병력만 놓고 보아도 계획대강 때 책정한 40개 사단보다 두 배가 넘는 군대가 필요하다고 판단한 것이다. 참모본부는 1936년 계획을 수정할 수밖에 없었다.

육군이 「군비충실계획대강」을 수정할 수밖에 없었던 직접적인 이유는 예산 부족보다 1939년 5~9월 사이에 몽골 초원지대에서 벌어진 노몬한전투(할힌골전투) 때 소련군에게 크게 패배한 데 있었다. 이에 따라 참모본부는 "대소 필승 전략의 완정(完整)을 제1의(義)"로 하는 「갱개(更改)군비충실계획」을 만들었다.⁵⁹ 1936년의 계획대강을 수정 보완한 갱신계획에 따르면 1940년부터 1944년까지 65개 사단을 편성하고 항공 및 기갑부대를 '비약적으로 확충'할 계획이었다. 제30사단의 신설과 그에 필요한 제19, 20사단의 편제를 바꾸는 작업은 사실상 이즈음부터 본격화하였다. 참모본부는 이행하지 못하고 있던 제30사단의 창설을 1941년 이후 추진한다고 착수 순서를 확정하는 등 전략단위의 재편 계획을 수립하였다. 또한 만주에 항공 병력의 주력을 배치한다는 계획에 따라 항공방공병력의 확충에 가장 중점을 두기로 하였다.⁶⁰

---

58 大江志乃夫 編, 1988, 『支那事變大東亞戰爭間 動員槪史』, 不二出版, 228쪽.
59 大江志乃夫 編, 『支那事變大東亞戰爭間 動員槪史』, 75쪽.
60 防衛廳防衛硏修所戰史室, 『陸軍軍戰備』, 266~267쪽.

이에 따라 식민지 조선의 비행부대는 만주에 설치된 항공병단에 편합(編合)되어 관동군 사령관의 지휘를 받게 되었다.[61] 항공병단사령부 산하 제2비행집단사령부(회령)에는 비행 제6(평양), 9(회령), 39(함흥), 65(함흥)전대(戰隊)를 두었다. 제2항공지구사령부(회령)에는 제26(회령), 30(회령), 37(평양)비행장대대와 제2항공교육대(평양)를 두었다.[62] 이즈음부터 조선군 편성표에서 식민지 조선에 있던 일본군 항공부대가 빠지게 된다. 또한 육군은 사단 구성의 3단위제를 시행하고 2개의 여단사령부를 폐지하는 대신 1개의 보병단사령부를 신설하였다.[63] 제19, 20사단의 경우 1942년 9월 3단위제로 개편되었다. 보병 제74, 77연대는 각각 제19, 20사단 소속이었지만, 이때부터 제30사단이 편성될 때까지 조선군사령부 직속으로 바뀌었다. 개편 착수가 연기되고 있던 제30사단도 1943년 5월 제5사단의 1개 연대까지 편입하여 임시 편성을 하도록 지시받

---

61 防衛廳防衛研修所戰史室, 『陸軍軍戰備』, 248쪽.

62 大江志乃夫 編, 『支那事變大東亞戰爭間 動員槪史』, 99쪽. 본문의 항공부대와 관련하여 '〈부표 2〉 조선군과 육군성 부대 현황'과 다르다. 〈부표 2〉는 1938년 편성 당시의 현황이고, 본문의 편성은 1939년 6월 이후부터 1941년 사이의 변화. 필자가 인용한 자료에 따르면, 1939년 6월 시점에 육군항공부대는 항공병단사령부(1개, 도쿄)-비행집단사령부(3개)-비행단사령부(8개)-비행전대(36개)가 있었다. 비행전대는 전투에 몰두한다는 취지에 따라 '비행연대'에서 비행장부대를 분리하고 개편한 결과였다.
편합이란 편제표상 두 개 이상의 부대들 사이에 지휘관계를 규정하고 새로운 부대를 조직하는 경우를 말한다.

63 이하 육군 전체의 변화 기조와 조선군의 변화는 防衛廳防衛研修所戰史室, 『陸軍軍戰備』, 267~268쪽, 287~288쪽, 327쪽, 361쪽, 376쪽 참조.
첨언하자면, 일본군은 관동군으로 항공 전력을 집중하면서 충칭 등지에 대한 공습을 1942년부터 실시하지 않았다. 이에 따라 충칭의 대한민국임시정부와 한국광복군은 이전에 비해 여유롭게 활동할 수 있었다. 이에 대해서는 한국독립운동사연구소 편, 2021, 『한국광복군의 일상과 기억』, 선인에 수록된 신주백과 조건의 글 참조.

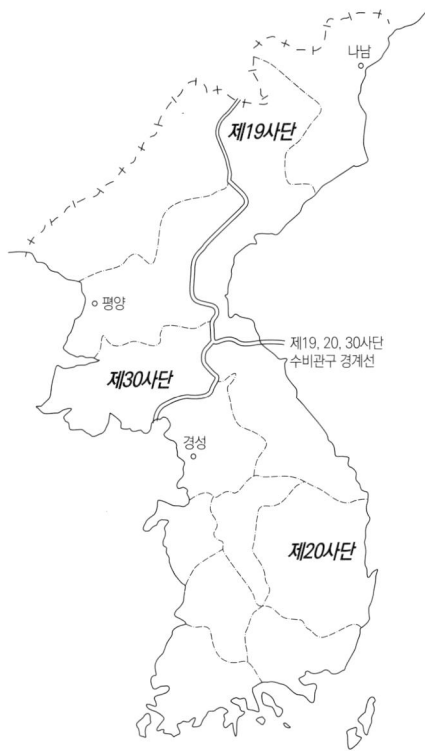

〈그림 3-1-4〉 1943년 조선군 수비관구

출처: 大江志乃夫 編, 1988, 『支那事變大東亞戰間 動員槪史』, 不二出版, '附表 第5 其 /2'.

았다.[64] 3개 사단 체제로 개편됨에 따라 사단 단위의 수비관구가 변경되었다. 이를 표시하면 〈그림 3-1-4〉와 같다. 다만, 뒤에서 자세히 보겠지만 사관구제는 1943년 6월 폐지되었다.

조선군은 부대의 존재 자체를 식별하기 어렵게 하여 '비닉(秘匿)'을 강화하고자 1940년 9월에 제정된 세칙에 따라 부대장의 성을 따라 부르

---

64 제30사단은 평시편제상 1만 3,000명 정도의 병력으로 구성되었다.

는 방식 대신에 '지명+통칭호'를 사용하였다.[65] 뒤의 〈표 3-1-2〉에서 알 수 있듯이 제19보병단사령부는 조선의 '조(朝)'를 붙여 '조 제1부대'라 하였다. 일련번호가 붙은 통칭호는 제19사단의 경우 1~19까지, 제20사단의 경우 21~39까지, 제30사단의 경우 제41~59까지 사용할 수 있게 하였으며, 사단 소속이 아닌 부대는 71부터 사용하였다. 또한 육군은 본토에 3개의 '군사령부'를 신설함에 따라 '사관구(師管區)' 위에 '군관구(軍管區)'를 설정하였다. 식민지 조선에서도 관구는 제19, 20사단의 사관구만 있었는데, 일본 육군은 그 상위에 조선군사령부의 독립된 군관구를 설정한 것이다. 군관구제의 실시는 사단장의 지위에도 변화를 일으켰다. 그때까지 사단장은 '천황에 직예'했지만 새로운 제도에서는 "군사령관에 직예하고 군사령관의 처지를 받아 군사에 관한 제건(諸件)을 통리(統理)"하는 존재로 바뀌었다. 조선군 사령관이 군기, 교육, 내무 등까지도 제19, 20사단장을 지휘할 수 있는 실질적인 통합권이 생긴 것이다.[66] 더구나 참모본부는 1943년 6월 조선군 예하 사단의 사관구제도를 폐지하였다.[67] 재조일본인 재향군인을 소집하고 말과 자동차를 동원하는 데 있어 강력한 통제력이 필요했기 때문이다.[68] 여기에 더하여 조선인 학도지

---

[65] 통칭호 사용은 1937년 9월부터 일본 바깥에 있는 부대의 경우는 부대장의 성을 따라 부르는 방식으로 시작되었다. 가령 상하이에 파견된 어떤 부대를 부를 때 부대장의 성을 이용하여 山室부대라고 불렀다. 「通稱號の沿革槪要 昭和20年11月15日 日本陸軍省」, 『通稱號に關する綴 昭和20年9月21日』.

[66] 조선군 사령관의 사단 통솔에 문제가 있다는 지적은 여러 차례 있었다. 이에 대한 시사는 「朝鮮軍司令部條例の解釋に關する件」, 『密大日記 第1冊 共8冊 昭和11年』 참조.

[67] 「昭和18年 勅令第551號 朝鮮ニ於ケル師管ノ廢止ニ伴フ陸軍軍醫部令外二勅令中改正ノ件(1943.6.30)」. 육군은 동시에 조선군 예하 사단사령부의 군의부도 함께 폐지하였다.

[68] 大江志乃夫 編, 『支那事變大東亞戰爭間 動員槪史』, 229쪽.

원병의 징병이 그해 시작되고, 이듬해부터 조선인 징병제가 시행될 예정이어서 일본정부의 입장에서는 동원 소집에 관해 군사령부의 새로운 지도력이 더더욱 필요한 시점이었다. 이에 따라 취해진 사관구 폐지 결정은 조선군사령부에 동원 업무를 집중하는 개편을 동반했는데, 특히 병사부를 확대 개편하는 조치와도 연동되어 있음을 다음 '2) 총동원정책과 조선군사령부의 확대'에서 확인할 수 있겠다.

군비충실계획안과 그것의 수정안에 따라 1939년 들어 본격화한 조선군의 개편은 1943년에 이르러 제30사단의 창설로 일단락된다고 볼 수 있다. 조선군의 개편은 후순위로 밀렸지만, 1940년에 계획된 평시편제상 조선군의 편제를 정리하면 〈표 3-1-2〉와 같다.

〈표 3-1-2〉에 관한 지금까지의 설명에 추가할 사항은, 우선 제19사단과 제20, 30사단 사이에 사단의 기본 편제가 조금 달랐다. 제19사단에만 포병단사령부가 있었던 것이다. 소련과 국경을 직접 맞대고 있는 사단이라는 현실과 무관하지 않았을 것이다. 또한 사단의 편제에 들어와 있지 않은 부대들, 달리 말하면 조선군 사령관이 직접 지휘하는 부대에는 요새를 지키는 부대인 중포병연대나 비행장을 지키는 고사포대가 있었다. 부산요새사령부도 1942년 7월 진해만요새사령부를 부산으로 옮길 때 군사력을 보강하며 바꾼 이름이다.

〈표 3-1-2〉에 없는 기관으로 군수 무기를 생산·보관하는 조직도 있었다. 인천제조소는 1939년에 착수하여 이듬해 준공되었다. 인천제조소는 소총, 권총을 주로 제작하는 무기공장이었다. 제조소의 상급기관은 1940년 12월 공식 편성된 인천조병창이었다. 1941년 5월 문을 연 인천조병창에는 조선병기제조소에서 이름 바꾼 평양병기제조소 그리고 조병창을 세울 때 함께 설립한 인천제조소가 있었다.[69] 또한 육군은 1940년

〈표 3-1-2〉 1940년 평시편제상 계획된 조선군 개편 방향과 통칭호

부대				위수지	통칭호
조선군사령부				경성	조선군사령부
제19사단	제19사단사령부			나남	나남사단사령부
	제19보병단	제9보병단사령부			조선제1부대
		보병 제73연대		회령	조선제2부대
		보병 제75연대		나남	조선제3부대
		보병 제76연대			조선제4부대
	제19사단 전차대				조선제5부대
	수색 제19연대				조선제6부대
	제19포병단	제19포병단사령부			조선제7부대 본부
		산포병 제25연대			조선제8부대
		야전중포병 제15연대		회령	조선제9부대
	공병 제19연대				조선제10부대
	제19사단 통신대			나남	조선제11부대
	치중병 제19연대				조선제12부대
제20사단	제20사단사령부			경성	경성사단사령부
	제20보병단	제20보병단사령부			조선제21부대
		보병 제78연대			조선제22부대
		보병 제79연대			조선제23부대
		보병 제80연대	연대	대구	조선제24부대
			제3대대	대전	조선제24부대
	수색 제20연대				조선제25부대
	야포병 제26연대				조선제26부대
	공병 제20연대			경성	조선제27부대
	제20사단 통신대				조선제29부대
	치중병 제20연대				조선제30부대
제30사단	제30사단사령부			평양	평양사단
	제30보병단	제30보병단사령부			조선제41부대 본부
		보병 제41연대			조선제42부대
		보병 제74연대		함흥	조선제43부대
		보병 제77연대			조선제44부대
	제30사단 전차대			평양	조선제45부대
	수색 제30연대				조선제46부대
	야포병 제30연대				조선제47부대

부대		위수지	통칭호
제30사단	공병 제30연대	평양	조선제48부대
	제30사단 통신대		조선제49부대
	치중병 제30연대		조선제50부대
	제30사단 제독훈련소		조선제51부대
나진중포병연대		나진	조선제71부대
마산중포병연대		마산	조선제72부대
고사포 제5연대		회령	조선제73부대
고사포 제6연대		평양	조선제74부대
독립공병 제23연대		경성	조선제28부대
조선군교육대		평양	
부산요새사령부		부산	부산요새사령부
나진요새사령부		나진	나진요새사령부
영흥만요새사령부		원산	영흥만요새사령부

비고: - '1940년 7월 10일 軍令陸乙 제19호'로 문서 근거를 밝히고 있다.
 - '출처 1'에는 조선군교육대, '출처 2'에는 제30사단 제독훈련소로 나온다.
출처: 1. 防衛廳防衛硏修所戰史室, 1979,『陸軍軍戰備』, 朝雲新聞社, 附表第4その1.
 2.「朝鮮軍隷下固有(通稱號)部隊號表」,『平時における固有(通稱號)部隊號表 昭和28年8月10日』.

병기본부를 신설하고 산하에 있는 병기지창을 병기보급창으로 바꾸었다. 이에 따라 평양보급창에는 평양출장소, 겸이포분창이 있었다.[70]

그런데 아시아태평양전쟁에서 일본군이 연합군에 계속 밀리는 상황은 조선군 소속 부대의 존재에 큰 변화를 주었다. 1943년 제20사단은 뉴기아전선으로 이동하여 3월에 제18군 전투서열에 편입되었다. 1944년 4월 임시동원된 제30사단은 필리핀 민다나오섬으로 이동하여 8월에 제35군 전투서열에 편입되어 미군과 싸웠다. 5월에 유수 제20사

---

69 砲兵沿革史刊行會 編著,『砲兵沿革史』1, 121쪽. 인천조병창에 근무한 조선인의 근무환경과 삶에 대해서는 이상의 면담 및 해제, 2019,『일제의 강제동원과 인천육군조병창 사람들』, 국사편찬위원회 참조.

70 砲兵沿革史刊行會 編著,『砲兵沿革史』1, 128~129쪽.

〈표 3-1-3〉 1943, 1944년 조선군 유수부대 등의 현황

	유수 제19사단		유수 제20사단		유수 제30사단	
부대	보병 제73연대 보충대	나남	보병 제78연대 보충대	용산	보병 제41연대 보충대	평양
	보병 제75연대 보충대	회령	보병 제79연대 보충대		보병 제74연대 보충대	함흥
	보병 제76연대 보충대		보병 제80연대 보충대	대구	보병 제77연대 보충대	
	산포병 제25연대 보충대		공병 제20연대 보충대		공병 제30연대 보충대	
	공병 제19연대 보충대	나남	수색 제20연대 보충대		전차 제30연대 보충대	
	전차 제19연대 보충대		전차 제20연대 보충대	용산	수색 제30연대 보충대	평양
	수색 제19연대 보충대		야포병 제26연대 보충대		야포병 제30연대 보충대	
	야전중포병 제15연대 보충대(甲)		제42경비사령부		제41경비사령부	
			경성육군병원		평양 제1육군병원	
	나남육군병원		대구육군병원	대구	평양 제2육군병원	
	회령육군병원	회령			함흥육군병원	함흥

비고: '〈부표 3〉 1944년 시점의 조선군과 육군성 부대 현황'도 비교하며 참조.

단을 중심으로 경성에서 임시동원된 제49사단은 버마전선의 제33군 전투서열에 편입되어 영국군 등과 싸웠다. 11월에 임시동원된 제19사단은 필리핀 루손섬에서 제14방면군의 전투서열에 편입되어 미군과 싸웠다. 1944년 말에 이르면 식민지 조선에는 결국 유수부대가 남게 된 것이다. 이를 정리하면 〈표 3-1-3〉과 같다.

이처럼 1944년 말경에 이르면 한반도 주둔 일본군은 전쟁을 감당할 전력이라고 보기에 민망한 수준이었다. 실질적으로 조선을 책임진 일본군은 특설경비대와 요새부대의 약간 명뿐이었기 때문이다. 그렇다고 식민지 조선에 있던 재조일본인 가운데 재향군인을 소집하여 조선군의 전력 공백을 메우기에는 "조선에서 치교상(治敎上) 적당하지 않으므로" 부족한 인원은 대부분 일본 본토에서 충당할 수밖에 없었다.[71]

71　大江志乃夫 編, 『支那事變大東亞戰爭間 動員槪史』, 229쪽. 이 시점의 조선군은 '〈부

하지만 1944년 말에 들어서면 상황이 급변하여 한반도의 북부와 남부에서 소련 및 미군을 각각 상대해야 하는 군사작전의 필요성이 대두하였다. 일본군의 대응에 관해서는 '제4부 제1장'에서 상세히 살펴보기로 하고, 지금부터는 총동원체제 하에서 조선군사령부가 어떻게 대응해 갔는지를 살펴보겠다.

2) 총동원정책과 조선군사령부의 확대

1938년 시점에 조선군사령부는 작전상 식민지 조선에서 다음과 같은 중대한 사명을 담당해야 한다고 보았다.

1) 본토와 대륙을 이어주는 하늘과 육지의 대동맥을 완성하고 자연적이거나 인위적인 장애물에 대해 조금도 어렵게 생각하지 말고 활용하는 데 힘쓰도록 한다.
2) 인적, 물적 자원을 풍부하게 하고 작전군의 조성을 용이하게 함과 동시에 모든 군의 보충 보급에 가급적 협력하도록 한다.[72]

이렇듯 조선군은 식민지 조선이 본국과 대륙을 잇는 항로, 철도, 항만, 통신의 '대동맥'이자 '병참기지'로서의 역할에 충실해야 한다는 입장이었다.

표 3) 1944년 시점의 조선군과 육군성 부대 현황' 참조.
72 김윤미 편역, 「조선군 제시설 희망 요강의 건(1938.11.20)」, 『한반도주둔일본군 사료총서 ⑥-중일전쟁과 한반도 병참기지화』, 213쪽.

그렇다고 조선군이 병력증강을 요구한 것은 아니었다. 조선군사령부는 2개 사단을 기본 골자로 네 가지를 보완하면 군비에 충실할 수 있다는 입장이었다. 첫째, 군사령부의 강화였다. 조선총독부에 기획부를 설치하는 방안도 적절한 대응이라고 보았으며, 보다 더 근본적인 조치로 「관동군근무령(1932.6)」에 근거하여 만주국에 주둔한 모든 부대를 일괄 지휘하는 관동군 사령관처럼 조선군 사령관도 조선에 있는 모든 부대를 지휘해야 한다고 제기하였다.[73] 둘째, 제19, 20사단을 조선군에 '편합'하여 모든 분야에서 통일되고 신속하며 강력한 지휘계통을 확립할 필요성을 강조하였다. '제4부'에서 보겠지만 조선군사령부의 기대는 1945년에 가서야 어느 정도 실현된다. 셋째, 조선군에 병사부와 민병부를 설치하여 병력자원의 동원 및 관리 업무에 충실할 필요성을 강조하였다. 이는 병무부 또는 병사부와 보도부의 설치로 구체화하였다. 넷째, 피복, 양말 지창의 설치와 육군창고를 더욱 확대할 필요를 제기하였다. 장차 동해에서의 해상수송이 위험해질 것에 대비해야 한다는 주장인 것이다.[74] 결국 군 편제와 관련해서는 세 번째 사항이 구체화되었다고 볼 수 있겠다. 이제부터 살펴보겠다.

조선군 개편은 전시총동원체제에 개입하여 군수동원을 효과적으로 확보하는 방향에서 조선군사령부 참모조직의 확대로 이어졌다. 이 기간 조선군사령부에는 1938년 신문반, 1939년 신문반을 확장한 보도반에 이어 이를 더 확대한 보도부, 1940년 자원반, 1941년 병무부가 각각 설

---

73 「勤務令制定の件」, 『昭和7年 滿密大日記14冊の內 其8』. 이후 근무령은 여러 차례 개정되었지만 이 규정은 바뀌지 않았다.

74 김윤미 편역, 「조선군 제시설 희망 요강의 건(1938.11.20)」, 『한반도주둔일본군 사료총서 ⑥-중일전쟁과 한반도 병참기지화』, 242~251쪽.

치되었다. 조선총독부는 1943년 병무부의 업무를 보도부와 병사부로 분리하면서 조선군사령부에 병사부를 두었다. 물론 이 모든 개편은 '획기적 군비충실계획 확립'과 밀접히 연동되어 있었다.[75] 조선군은 이를 통해 조선총독부가 기획하는 총동원정책의 완성도를 높이는 데 동참하면서 군수동원계획도 마련하였다. 두 가지 측면에서 조선군의 개편을 이해하면 대륙병참의 전진기지이자 후방지원기지면서 소련군과 직접 대면하고 있던 식민지 조선에서 일상적 전시동원체제가 자리를 잡아가는 과정을 이해하는 데 도움이 될 뿐 아니라, 조선군과 조선총독부, 조선군과 총동원의 관계를 더 분명하게 이해할 수 있을 것이다.

주지하듯이 총동원체제란 최초의 총력전이었던 제1차 세계대전을 계기로 전방과 후방 또는 군인과 민간인을 구분하지 않고 전쟁에 모든 국가 역량을 투입한다는 사상을 구현한 체제를 말한다. 총력전을 벌이기 위한 동원 대상은 사람과 물자로 크게 구분할 수 있다. 물자는 생산과 분배 그리고 소비의 영역만이 아니라 물자를 운반하는 교통 및 수송까지를 포함한다. 더 나아가 사람과 물자를 동원하기 위해서는 금융과 재정이 뒷받침되어야 가능하다. 심지어 선전과 정보의 영역도 동원 대상에 포함한다. 총동원이란 매우 광범위한 범주인 것이다. 조선군사령부의 확대와 보강도 이렇듯 총동원의 광범위한 특징을 반영하여 물자, 사람, 선전의 측면에서 이루어졌다.

---

75 조선에 대한 식민지 지배정책만이 아니라 군비확충계획과 연관지어 군사령부가 개편되었다는 측면을 더 중요시한 사례는 조선군 병사부장회의(1939.8.22~23)가 처음 열렸을 때 조선군 참모장의 발언에서 확인할 수 있다. 그는 병사부를 신설한 이유로 "금번 획기적 군비충실계획 확립하고 조선인 중에서도 다량의 특별지원병을 채용하여 국방의 중책분담을 기도"하기 위해서라고 밝혔다. 「鮮內兵事部長會議書類提出ノ件」, 『密大日記 第2冊 昭和14年』.

그럼 먼저 물자와 관련한 조선군사령부의 움직임을 살펴보자. 일본정부는 1930년부터 '참정총동원기간계획'을 설정함으로써 처음으로 총동원계획을 세운 이래 매년 총동원계획을 수립하였다. 하지만 이때부터 200여 품목이 넘는 물자를 동원할 계획을 체계적이고 세밀하게 짰던 것은 아니다. 육군도 1930년 들어 「육군군수공업동원계획」 대신에 「육군군수동원계획령」을 제정하려 움직였고, 1933년에 이를 제정하고 1934년부터 군수동원에 적용하기 시작하였다.

이에 따라 조선군도 1934년부터 자원조사계획을 작성하고 군수동원계획령에 따라 군수물자를 파악하고 확보하기 위해 움직였다.[76] 조선군의 군수동원계획은 본토에 있는 참모본부의 동원계획의 일부였고, 조선총독부와 밀접한 연계를 고려하는 세밀한 자체 계획까지는 아니었다. 조선총독부도 앞서 살펴본 조선자원조사위원회를 1935년까지 세 차례 개최하고 계획을 입안하는 수준이었다. 조선군도 위원회가 주최하는 회의에 참여했지만 소수였고 여러 참가 조직의 하나에 불과하였다. 이 시기 본국 정부의 총동원 업무를 담당하고 있던 자원국과 식민지 조선, 타이완, 관토슈의 통치기관 사이에 소통은 1930년 10월부터 어용괘를 통해 이루어졌다.[77] 때문에 총동원 업무와 관련해서는 조선자원조사위원회에서조차 군과 총독부의 관계가 정보교환과 의견전달 수준에서 크게 벗어났다고 보기 어려웠다. 그렇다고 중앙정부의 자원국이 동원계획을 짜는 데 적확하게 진두지휘할 여유도 없었다. 자원국 자체가 완전히 정돈된

---

[76] 「昭和9年度朝鮮軍資源調査計畫の件」, 『陸機密大日記 第1冊 1/2 昭和9年』; 「朝鮮軍司令部軍需動員計畫令提出の件」, 『陸機密大日記 第1冊 1/2 昭和9年』.

[77] 「內地外帝國領域に於ける總動員業務の爲軍部との連絡に關する件」, 『永存書類甲輯 第2類 昭和5年』.

조직이 아니었기 때문이다.

그러나 앞서 보았듯이 육군은 1936년 12월 「군비충실계획대강」을 입안하고 1937년부터 본격적인 군비확충을 시행하였다. 조선군도 이에 맞추어 움직였다. 더구나 1937년 중일전쟁을 일으킨 일본으로서는 총력전을 벌여야 하는 상황이었다. 군과 총독부로서는 지금까지의 협력관계 정도로는 계획을 실현하기도 어려웠고 작전부대에서 급속히 증가하는 실제적인 수요를 감당하기는 더더욱 불가능하였다. 이에 일본정부는 '국가총동원법'을 발동했고, 식민지 조선에서도 이듬해 5월부터 적용하기 시작하였다. 육군성은 중일전쟁 이후부터 1938년 4월경까지의 군수동원계획을 제1차 계획이라 불렀고, 이후부터 해마다 실시한 군수동원을 2차, 3차로 일련번호를 붙여 불렀다. 조선군도 여기에 맞추어 자신이 실시한 군수동원에 번호를 붙였다.[78]

조선군사령부는 군비충실계획을 구체화하는 방안으로 조선총독부와의 회의체를 만들었다. 1937년 2월 중순에 열린 '군수동원연락회의'에 조선 내에서 조선군 소속이든 해군이나 육군직할부대든 군수동원을 실시하고 있는 부대의 주임자, 총독부의 각 국 및 과의 주임자가 참가하였다. 회의 참가자들은 군수동원 실시를 원활하게 하기 위한 방안을 모색했다고 한다. 2월 하순에는 조선총독부에서 조선군사령부 담당자, 육군창고 주임자, 조선총독부 관계자 및 관계 있는 각 도의 주임자가 모여 '제1회 협의회'를 열고 조리한 소고기를 대량으로 제조할 준비를 하기로

---

78 예: 「第2次軍需動員實施狀況の件」, 『陸支機密大日記 第3冊 2/2 共7冊 第7號の2 昭和13年』; 「支那事變朝鮮軍軍需動員第2次實施要領の件」, 『陸支機密大日記 第3冊 1/2 共7冊 第7號 昭和13年』.

합의하였다.[79] 여기에서 말하는 협의회는 1938년 신문에서 보도하는 군수동원조선협의회와 같은 회의체일 것이다.

군수동원조선협의회는 조선군 참모장이 주재하고 각 부대 관계자 외에도 조선총독부의 과장, 조선식산은행과 조선은행, 각 지방 상공회의소 관계자 등이 참가하였다.[80] 협의회는 1개월에 2회가 열릴 수도 있는 등 필요에 따라 용산병영이나 조선총독부에서 열렸다. 이즈음부터 조선군사령부를 비롯해 식민지 조선에 있던 일본군은 본국에서 제공하지 않는 군수물자에 대해 조선총독부와 협의하고, 조선총독부의 하급 행정기관을 통해 민간으로부터 확보했을 것이다.

그런데 중일전쟁이 장기화하고 소련과의 전쟁도 대비해야 하는 조선군으로서는 조선총독부와 회의체 수준의 협력관계를 유지한 채 전선에서 실질적으로 수요되는 막대한 군수물자를 신속하게 확보하기는 쉽지 않았을 것이다. 그래서였을까. 1939년 7월 조선군사령부는 전례 없는 행동을 취하였다. 참모장과 참모를 4일에 열릴 예정인 조선총독부 정례 국장회의에 예고 없이 보내, 회의 직전 1시간 동안 각 부분에 걸쳐 조선군의 희망과 요망을 설명하였다.[81] 처음 있는 조선군사령부의 파격적인 행동은 때마침 각 부와 국의 의견을 받아 내년도 예산을 편성하고 있던 조선총독부의 움직임에 대응하여 조선군의 요구를 여러 분야에 걸쳐 구체적으로 반영하기 위한 행동이자 압력이었다.

조선군과 조선총독부의 관계는 전쟁의 시간이 흘러갈수록 총동원체

---

79 「軍需動員實施ニ關スル件」,『陸支機密大日記 第1冊 2/3 共7冊 第2號 昭和13年』.
80 『每日申報』, 1939.3.8, 8.30, 8.31; 1941.6.13.
81 『每日申報』, 1939.7.5.

제와 군수동원체제를 유지하고 강화해 가야 하므로 더욱 밀접할 수밖에 없었다. 1939년 11월 조선총독부에서 총독관방에 임시로 설치한 기획부는 이러한 현실을 시스템으로 반영한 기구였다.

조선총독부가 기획부를 신설할 때까지 국가총동원계획의 설정과 추진은 해당 국 또는 과에서 분담해 왔다. 이를 종합하는 사무는 문서과에서 부대(附帶) 업무로 담당해 오다 총독관방에 '특별히 설치'한 자원과[82]에서 핵심 업무로 취급하며 담당하였다. 하지만 물자의 공급이 점점 원활하지 않는 데다 전쟁의 확대와 장기화로 여러 동원계획 사무가 급증해 갔다. 더구나 자원과는 생산력확충계획에 관한 업무까지 담당하고 있었다. 여기에다 물자의 할당과 확보에 관한 업무는 자원과에서 담당하는 대신, 물자의 분배와 조정 업무를 식산국 임시물자조정과에서 담당함으로써 지극히 밀접한 사무를 신속하고 원활하게 처리하는 데 지장이 초래되고 있었다.[83] 이에 따른 불편함을 해소하자는 말은 1938년에도 이미 제기되고 있었는데, 1939년 들어 상황이 해소될 기미를 보이지 않자 조선총독부는 두 조직을 통합하고 확충하기로 결정하였다. 그것이 기획부였다.

기획부는 식민지 조선에서 늘어나는 국가총동원계획에 관한 종합사무에 대응하고 물자의 배급과 조정 업무를 원활하게 처리하고자 임시로 꾸려진 조직이었다. 3개 과로 출범한 기획부에는 이사관 1인과 함께 사무관도 7인이나 배정되었다.[84] 이사관은 기획부장으로 육해군 장관이

---

82 宮田節子 編·解說, 『十五年戰爭極祕資料集 15-朝鮮軍槪要史』, 91쪽.

83 「朝鮮總督府企畵部臨時設置制」, 『樞密院審査報告 昭和十四年』.

84 1940년 7월 1일자로 국가총동원 업무를 조사하고 자료를 정비하기 위해 제4과가 신설되었다. 『每日申報』, 1940.6.7.

었다. 사무관은 조선총독의 요청으로 육해군성에서 추천하는 좌관 및 위관급 장교였다. 조선총독부 측은 국가총동원의 목적이 유사시에 국방전력을 가장 유효하게 발휘하기 위함이며, 이를 위한 총동원계획과 생산력확충계획을 수립할 때부터 군의 필요와 분리할 수 없다는 이유를 들었다. 육해군 측은 군사작전과 밀접하게 연계를 맺을 필요가 있어 기획부에 군인을 파견하였다.

조선총독부 측은 기획부의 사무 내용으로 다음 두 가지를 들었다.

1. 국가총동원계획의 설정 및 수행의 종합에 관한 사항 중 간접 군수, 관청 수요 중 교통, 항만 등 군에 관계 깊은 사항 및 일반 민간 수요 중 특히 군에 관계 깊은 사항
2. 생산력확충계획의 설정 및 수행의 종합에 관한 사항 중 석유 및 그 대용품, 철도차량, 선박, 자동차 등 군에 관계 깊은 사항[85]

조선총독부가 주도하여 두 계획을 구체적으로 구상할 때부터 조선군

기획부는 1941년 확충되었다가 이듬해 행정간소화방침에 따라 후생국과 함께 폐지되고, 11월에 신설된 총무국의 기획실에서 그 역할을 담당하였다. 『每日申報』, 1942. 11.1. 기획실은 심의실 업무의 전부와 기획부 계획과 업무의 대부분을 담당하였다.

[85] 「朝鮮總督府企劃部臨時設置制ヲ定ム」, 『公文類聚 第63編 昭和14年 第41卷 官職37 官制37(朝鮮總督9)』. 조선군은 대동맥으로서의 기능을 제대로 수행하기 위해 철도와 항만 시설의 군사적 역할에 관해 지대한 관심을 갖고 있었다. 그리하여 1942년까지 경부선, 경의선, 경원선, 함경선, 만포선을 개량하고, 主港으로서 부산, 진해, 마산, 여수와 補助港으로서 목포, 인천의 항만 시설을 충분히 준비하여 남해안의 모든 항만에서 매일 군용 55열차로 조선과 만주국의 국경을 넘을 수 있도록 정비할 계획이었다. 김윤미 편역, 「국방상 중요한 조선 철도 항만 능력 강화에 관한 건(1939.9.29)」, 『한반도주둔일본군 사료총서 ⑥-중일전쟁과 한반도 병참기지화』, 275~281쪽.

의 협력이 필요한 분야와 방향을 언급한 것이다. 조선군의 입장에서 말하면 기획부의 상근 직원으로 참모가 근무하면서 조선통치에 구체적으로 개입하여 정책을 직접 기획하고 입안할 수 있게 처음으로 제도적인 보장을 받은 것이다.

사실 조선군사령부는 1932년 4월부터 자원관계 업무를 담당한 좌관급 장교를 사령부에 상시 배치하였다. 배치된 장교는 조선총독부의 총동원 업무를 보충하였다. 조선군사령부는 1936년 3월 사령부 편성 내에 '총동원 업무'로 복무해야 한다고 명시하였다. 이즈음 이하라 준지로(井原潤次郎) 포병 소좌를 자원 담당 주임 장교로 임명하였다. 1937년 4월 이하라 포병 중좌는 자원 담당 주임 장교로서 사령부의 '참모'이자 '조선총독부 어용괘(御用掛)'를 겸임하였다.[86] 조선군사령부가 조선총독부에 파견한 참모가 상주할 수 있게 된 것이다. 이에 해군 측에서도 해군성 군무국에 근무하고 있던 중좌를 '특파'하여 조선총독부 식산국 촉탁으로 근무하게 하였다.[87]

그럼에도 조선군은 금방 끝날 줄 알았던 중일전쟁이 1939년을 지나며 장기화 국면으로 가면서 시스템을 바꾸지 않는 한 늘어나는 동원 업무를 감당하기 쉽지 않았을 것이다. 이에 조선군과 진해요항부는 조선총

---

86 이상은 宮田節子 編·解說, 『十五年戰爭極祕資料集 15-朝鮮軍槪要史』, 102~103쪽 사이 '표' 참조. 그런데 또 다른 자료에는 1937년 7월 이하라 중좌와 사령부 소속 서기 담당 1명이 조선총독부 촉탁이 되었다는 내용도 있다. 「總動員業務の爲朝鮮軍司令部職員を朝鮮總督府囑託となす件」, 『密大日記 第2冊 昭和12年』. 또 다른 자료에 따르면, 조선군사령부는 도미타 나오스케(富田直亮) 소좌가 육군성으로 전출되어 결원이 발생하자, 1938년 4월 1일 자원과 촉탁으로 근무하고 있던 이하라 포병 중좌를 어용괘까지 겸임하도록 지시하였다(『每日申報』, 1938.4.3).

87 宮田節子 編·解說, 『十五年戰爭極祕資料集 15-朝鮮軍槪要史』, 92쪽.

독부와의 협조적인 관계를 맺으면서 군수동원과 총동원 업무를 처리하기 위해 동원 업무 기구를 확대하였다. 조선군사령부는 1940년 3월 사령부, 참모부에 반장과 일반주임, 산업주임, 물자주임이 있는 자원반을 신설하였다. 자원반이 처리해야 할 주요 업무는 다음과 같았다.

1. 선내(鮮內) 군수동원 업무 통일에 관한 사항
2. 군사령부 담임 군수동원 대강에 관한 사항
3. 선내 총동원에 관한 사항
4. 선내 군수관계 산업의 배양 확충 이용에 관한 사항
5. 선내 군수관계 자원의 조사에 관한 사항
6. 조선군수동원협의회에 관한 사항
7. 조선 군수공장 정신동원지도관에 관한 사항
8. 이상의 사항에 관하여 군 내외에 대한 통보 연락에 관한 사항[88]

식민지 조선에서 총동원과 군수동원에 관해 조선군이 감당해야 할 사항을 종합적으로 처리하는 임무를 자원반이 맡았다면, 진해요항부에서 감당해야 할 위와 같은 업무는 1940년 6월 어용괘에서 승격해 신설

---

88 「朝鮮軍參謀部資源班編成に關する件」, 『密大日記 第6冊 昭和15年』. 조선군참모부가 작성한 「자원반복무요령(1940.2.26)」의 일부다. 자원반의 주요 업무 가운데 '제4항'은 「조선군수산업지도요령(1940.6.16)」에 의해 뒷받침되었다. 요령에 따르면, 조선군은 광업 및 이와 관련한 군수원재료 공업, 화학공업, 기계공업, 농업과 목축업 및 이에 따른 가공공업을 식민지 조선에 진흥해야 할 중점 군수산업으로 선정하였다. 중공업은 경성, 인천, 평양, 신의주를 포함해 서부 지역에, 경공업은 남부조선 지역에 육성하도록 할 계획이었다. 김윤미 편역, 「조선 군수산업지도요령에 관한 건(1940.6.16)」, 『한반도주둔일본군 사료총서 ⑥-중일전쟁과 한반도 병참기지화』, 320쪽.

한 '경성재근(在勤)무관부'가 담당하였다. 해군 경성무관부는 총동원체제 하에서 군수물자의 획득, 후원금 배부, 보급품 분배 등에 노력하고자 신설되었다.[89]

1930년대 후반 들어 조선의 육군과 해군이 어용괘 또는 자원반과 무관부를 신설한 선택은 1919년 3·1운동 이후 관제를 개정함에 따라 조선총독을 직접 보좌하던 무관부가 폐지된 이후 부활한 제도다. 조선총독부에 상설적인 연계망을 두고 있지 않았던 조선군으로서는 새로운 전기를 마련할 수 있는 발판을 갖게 된 것이다. 다만, 그때처럼 소장을 조선총독부에 파견하지 않고 계급을 낮추어 위관급 또는 좌관급을 파견하였다. 이는 총독의 정무적 판단까지도 조언하는 위치에 있던 장관과 달리, 매우 복잡하고 광범위하며 다양한 실무를 기민하고 효과적으로 처리하여 총동원과 군수동원의 실질적 연계성을 확보하려는 의도였기 때문일 것이다.

그런데 물자동원은 총독부와 군에서 비용을 지급하여 해결하는 방식만 있지 않았다. 말 그대로 동원이었으니, 물자의 생산량과 품목선정 그리고 공급의 측면도 통제함을 의미하였다. 따라서 사람들의 동의 또는 강요된 침묵의 과정을 거칠 수밖에 없었다. 조선군과 조선총독부로서는 이 과정이 자연스럽고 자발적이라면 더 효율적이고 안정적으로 물자를 동원할 수 있다고 보았을 것이다. 총동원체제에 자발적으로 참여하는 조선인을 기대하는 일본제국주의로서는 조선인을 동원체제에 끌어들이기 위해 여러 정책을 실시하였다. 그 대표적인 보기가 국민정신총동원운동

---

89 『동아일보』, 1940.6.15. 6월 16일부터 업무를 시작하였다. 언론에서는 통상 해군무관부라 호명하였다.

일 것이다.

　조선총독부는 조선인들을 전시동원체제로 끌어들이기 위해 1938년 7월에 반관단체(半官團體)인 국민정신총동원조선연맹을 결성하였고, 1940년 10월에 이 연맹을 국민총력조선연맹으로 개편하며 황국신민화 운동을 본격화하였다. 여기에 조선군도 적극 참가하였다. 가령 1940년 7월부터 1942년 5월까지 국민총력조선연맹의 사무국 총장은 제20사단장(1936.12~1938.12)으로 중일전쟁 때 중국침략을 지휘한 가와기시 분자부로(川岸文三郎)였다. 1941년 11월에 열린 제2회 이사회에는 가와기시 이외에도 조선군의 보도부장과 보도부 주임부원, 조선헌병대 고급부원이 이사로 참가하였다.[90] 조선군은 이사를 맡는 데 그치지 않고 실무추진 부서인 조선연맹 사무국의 보도부(輔導部), 사상부, 훈련부, 선전부에 조선군 보도부(報道部) 장교가, 농림부에는 조선군 경리부에서 파견된 장교들이 실무자로 참여하였다.

　조선연맹의 최하위 조직은 애국반이었다. 조선총독부는 애국반에 보통의 조선인을 편입시켜 동원 조직화하는 과정에서 침략전쟁의 당위성을 홍보하고 자발적인 호응을 끌어내기 위해 다양한 선전활동을 벌였다. 조선군도 여기에 맞추어 대중과의 간접 접촉 방식에서 벗어나 직접 접촉하거나 불특정 다수의 대중을 향해 공개적으로 자신들의 입장을 내세웠다. 조선군사령부가 보기에 중일전쟁 자체가 무력전일 뿐만 아니라 경제전이자 사상전의 성격을 갖는 총력전이었기 때문이다.

　조선군사령부는 이를 위해 1937년 10월에 신문반, 11월에 국방사상보급부를 각각 설치하였다. 전자는 민심을 지도하고 여론을 환기하는 데

90　『每日申報』, 1941.11.27.

목적이 있었으며, 후자는 신문반과 협조하면서 군대와 군부가 관여하는 학교와 단체 등에 국방사상을 적극적으로 보급하는 일이 주된 목적이었다. 조선군사령부는 선전을 통해 인적, 물적 동원의 정당성을 확보하는 한편에서 여론을 통제하기 위해 1938년 1월 신문반을 보도반으로 확대 개편했다가,[91] 10월에 보도반을 해체하고 소장을 책임자로 한 보도부를 새로 편성하였다.[92]

보도부의 편성은 민간과의 직접 접촉을 강화하고 군의 입장을 선전하기 위한 활동, 달리 말하면 '접충지도부문(接衝指導部門)'을 확충하고 강화해야 한다고 육군성에서 강조한 맥락과 깊은 관계가 있었다.[93] 그에 따라 부장은 조선군 참모부가 아니라 조선군 사령관에게 직접 예속하며 보도선전의 계획과 실시, 군부 내외 보도 선전기관과의 연결 지도, 검열 취재와 여론 관찰의 임무를 맡았다. 보도부가 구체적으로 무슨 일을 하려고 하는지는 7명의 부원이 각각 담당한 업무 분담표를 보면 알 수 있다. 이를 정리하면 〈표 3-1-4〉와 같다.

〈표 3-1-4〉에 나오는 보도부의 업무를 보면 다양한 매체와 접촉하여 언로를 지도 관리하는 일이 핵심 임무임을 쉽게 추측할 수 있다. 업무의 분장이라는 측면에서 크게 나누어 보면, 이러한 업무는 소좌 이상의 군인들에게 주어진 임무였고, 오늘날 한국군의 군무원에 해당하는 촉탁과 통역관, 달리 말하면 군인 신분이 아닌 부원에게는 이들의 업무를 보좌하거

---

91 『每日申報』, 1938.1.18.
92 보도부는 부장 이외에 7명의 부원과 4명의 서무로 출발하였다. 조선군 보도부는 조건, 2010, 「중일전쟁기(1937~1940) "조선군사령부보도부(朝鮮軍司令部報道部)"의 설치와 조직구성」, 『한일민족문제연구』 19 참조.
93 『每日申報』, 1939.9.28.

〈표 3-1-4〉 보도부원의 분장 업무

계급 또는 신분	업무
대좌(겸직, 참모)	선전에 관한 계획, 전반적 발표의 통제 및 지도
소좌(겸직)	일반 정보의 모집 및 전달, 부내(部內) 선전기관과의 연락 및 지도, 국방단체의 선전 업무에 관한 지도
소좌	검열취체에 관한 사항, 방자(邦字)신문 잡지의 지도, 방자신문 발표안의 작제(作製) 발표, 영화·방송 최물(催物) 등의 지도, 여론 관찰, 관계 관청 부외(部外) 기관과의 연락 및 지도, 일반단체 선전 업무에 관한 지도
소좌	조선인 단체 및 그 여론에 관한 조사 및 지도, 언문(諺文) 신문잡지의 지도, 언문 발표안의 제작 및 발표, 서무
통역관(겸직)	소련 정보의 모집 및 전달, 사진 및 정보도의 제작 배포
촉탁	자지(字紙)(러시아어신문 추측-인용자)의 관찰, 대소방송, 대소선전문의 제작 및 발표, 출판물 도서의 모집, 정리, 보관, 선전자료의 제작 배포
촉탁(겸직)	영화의 보관 배포, 영사(映寫) 기재(器材)의 수집보관, 애국부 관계 선전자료의 모집 및 제작

출처:「朝鮮軍報道部業務編成等ニ關スル規定報告ノ件」,『密大日記 第1冊 昭和13年』.

나 소련의 동향에 관한 정보 수집 및 선전과 관련한 업무가 주어졌다.[94]

당시 보도부는 식민지 조선에서 소련 관련 정보를 관리하고 통제하는 최고의 지휘부였다. 심지어 소련군 병사를 활용해 역선전을 벌이는 활동도 전개하였다.[95] 다만, 담당하는 부원들이 군인이 아니고 군무원 신분의 촉탁이었다는 점과 업무분장의 관계를 고려할 때 소련 관련 정보의 취급은 그들의 제1순위 업무가 아니었다. 실제로 이후 보도부 내에서 소련 관련 정보를 취급하는 업무의 비중은 점차 약해졌다.

---

94 조선군사령부가 소련에 관한 정보를 취급한 내용과 움직임에 관해서는 김인수, 2007,「1930년대 후반 조선주둔일본군의 대(對)소련, 대(對)조선 정보사상전」,『한국문학연구』32 참조.

95 「投降蘇連兵と思想犯受刑者との座談會效果概況の件」,『陸支受大日記(密)第69號 2/2 昭和14年自11月1日至11月10日』;「投降蘇連兵を利用したる宣傳效果概況の件」,『密大日記 第6冊 昭和14年』.

〈표 3-1-4〉에 나오는 업무분장과 관련해 눈에 띄는 또 한 가지는, 언론매체를 활용한 보도부의 활동이 일본인과 조선인을 구분했다는 점이다. 언어 문제 때문일 것이다. 그래서 유일한 조선인 장교인 정훈(鄭勳) 소좌가 조선어 언론 매체를 담당하고 한글로 조선군의 입장을 알렸다. 그는 〈표 3-1-4〉에 나와 있듯이 '조선인 단체 및 그 여론에 관한 조사 및 지도', '언문 신문잡지의 지도' 등을 담당하였다. 동시에 「몰아귀일(沒我歸一)의 정신은 국민생활의 본원(本源)」이라는 주제로 신문에 기고하는 등 직접 선전활동에도 참가하였다.[96] 물론 일본인 보도부원이 작성한 원고를 한글로 번역한 경우는 있었다.[97]

보도부의 임무와 부원들의 활동을 좀 더 들여다보면, 한마디로 말해 보도부는 장기전에 대비하는 '접충지도'를 목적으로 온갖 미디어 수단을 통제하고 식민지 조선의 언로를 특정한 방향으로 이끌어 가려고 하였다. 일본군의 고유한 특징인 정보조작을 통해 전쟁의 실상을 국민에게 제대로 알리지 않는 활약도 조선군 보도부라고 예외일 리는 없었다.[98] 조선군은 육군의 전쟁전략에 따라 식민지 조선사회를 상대로 전쟁여론을 일방적으로 지도 통제하겠다는 의지를 1938년도 조직 개편 때부터 적극 드러낸 것이다.

실제 조선군사령부의 보도부는 조선총독부의 외곽 단체 기능을 하

---

96 『每日申報』, 1938.12.27. 1940년 8월 한글신문이 폐간되었으니 그의 활동반경은 조정되었겠지만, 『매일신보』 등이 한글로 발행되었으므로 부서 내에서 여전히 중요한 역할을 수행했을 것이다.

97 예:「蒼空制壓은 急務 倉茂朝鮮軍報道部長 談」,『每日新報』, 1940.9.28.

98 정보조작을 통해 전쟁의 진실을 숨기고 왜곡한 명료한 사례는 하종문, 2003, 「군국주의 일본의 전시동원」, 『역사비평』 62, 150~152쪽 참조.

는 관변단체와 협력하여 시국인식과 국방사상을 강력하게 보급하기 위한 강연회, 영화 상영회, 전시회 등을 적극적으로 기획하면서 전쟁여론을 일원화하고 군민일치(軍民一致)를 달성하고자 하였다. 가령 조선군사령부는 1939년 8월 국민정신총동원조선연맹과 공동 주최로 장고봉사건을 기념하는 기념식을 거행한 데 이어 일본군이 패배하지 않고 승리했다는 강연회와 영화 상영회를 경성의 부민관에서 열었다.[99] 소련에서 하산호전투라고 말하는 이 사건은 1938년 7~8월 사이에 두만강 하구의 조선, 소련, 만주국의 국경에서 벌어진 일본군과 소련군의 전투인데, 일본군이 패배한 싸움이었다. 그런데도 보도부는 이 사건에서 승리한 듯이 분위기를 조장하여 전쟁여론을 호도하고자 이듬해 『장고봉사건』이란 책자를 발행하고 강연회와 기념식을 거행하는 한편, 부원들을 동원하여 사건을 잊지 말고 사상보국(思想報國)에 매진하자고 선동하였다.[100]

조선군사령부 보도부는 단독으로 행사를 기획하여 대중과 직접 대면하는 방식으로 전쟁여론을 특정 방향으로 유도하려고 시도한 경우도 있었다. 가령 조선군사령부는 1938년 11월 중국을 침략한 일본군이 무한 일대를 점령하자 중일전쟁에서 마치 승리한 듯이 기뻐하고 있던 일본인 사회에 '전쟁은 지금부터'이니 승리한 듯이 기분에 취하지 말라는 의도에서 강연반을 조직하여 전국을 순회하며 강연회를 개최하였다.[101] 다른 한편에서는 1937년 12월경부터 이듬해 2월까지 일본군이 자행한 남경

---

99 『每日申報』, 1939.8.11.

100 『每日申報』, 1939.3.9, 3.10, 7.29, 8.5, 8.8, 8.10, 8.11, 8.16, 8.13; 1941.8.13, 11.3; 『동아일보』, 1939.7.29.

101 『釜山日報』, 1938.11.6.

대학살과 같은 만행에 관한 보도를 철저히 통제하였다.

대중과의 접촉면이라는 측면에서 보도부가 가장 즐겨 활용했던 방식은 신문과 방송을 통해 담화를 발표하는 형식이었다. 보도부는 1939년 9월 4일부터 3일간 식민지 조선에서 처음으로 실시한 '본격적인 방공훈련'과 관련하여 '국민방공훈련의 실적에 대하여 여러 가지 결점을 지적'하는 담화를 발표하였다.[102] 가령 훈련 도중인데 오락적 음악이 가정이나 접객업자의 집에서 흘러 나오는 경우, 등불을 끄고서 영화관이나 오락기관으로 달아나는 경우 등을 들어 방공훈련의 근본정신을 훼손하는 행위라고 지적하였다.[103] 보도부 부원이 직접 신문에 기고하거나 방송에 출연하여 대담하는 일은 매우 빈번하였다. 전쟁동원과 관련한 중요한 정책, 예를 들어 특별지원병제도나 징병제도와 관련하여 조선인을 동원해야 할 경우는 반드시 보도부원들이 언론에 등장하였다.[104] 전쟁동원과

---

102 『每日申報』, 1939.9.7.

103 조선총독부는 4일부터 3일간의 훈련을 제1기로 구분하고, 7일 새벽부터 조선군사령부가 주관하는 제2기 훈련을 실시하였다. 제2기 훈련부터는 조선군 사령관이 통제하여 항공방공훈련을 실시하였다. 조선군은 이를 '군방공'이라고도 하였다. 그래서 식민지 조선에서 처음으로 국민방공과 군방공이 결합한 훈련이 실시되었다.
당시 조선총독부와 조선군사령부는 식민지 조선에서의 방공체계를 가다듬는 방침의 하나로 조선 전체를 북부 조선 지구, 중부 조선 지구, 남부 조선 지구로 구분하였다. 항공방공훈련은 중부 조선 지구에서 있었다. 이번 군방공훈련은 지상수비대의 움직임이나 공중전을 군에서 직접 실시하므로 헌병대에서 교통을 통제하는 등 방공법이 제정된 이래 식민지 조선에서 "처음 실시하는 본격적 실전적 방공훈련"이었다. 『동아일보』, 1939.9.1; 『每日申報』, 1939.9.7.

104 「半島婦人에게 告함 一死報國할 女子의 敎養이 母性愛의 眞正한 發揮이다-朝鮮軍報道部 蒲勳」, 『每日新報』, 1939.7.4; 「半島婦人에게 告함 子弟의 將來를 생각하거든 어서 志願兵으로 내보내라-朝鮮軍報道部 蒲勳」, 『每日新報』, 1939.7.5; 「徵兵制度實施와 軍人精神-崇古한 國體에 淵源-朝鮮軍報道部陸軍大佐 厚地 兼彦」, 『每日新報』, 1942.5.21.

관련해 어쩔 수 없게라도 협력하는 분위기를 조성하기 위해 발언하거나 기고하는 경우,[105] 전쟁상황을 호도하는 발언도 자주 등장하였다.[106]

조선군사령부는 조선인사회의 전쟁동원과 관련하여 물자동원 분야를 자원반에서, 사상동원 영역을 보도부에서 각각 전담하도록 신설했다면, 사람 동원을 책임지기 위해 1941년 7월 병무부를 신설하였다. 조선군사령부는 사람 동원 가운데 특히 병력자원으로서 조선인을 총동원하는 데 관심을 집중하였다. 조선인을 병력자원으로 동원하기 위한 육군성과 조선군의 움직임은 1938년 2월 육군특별지원병제도의 공포를 계기로 시작되어 1943년 학병제, 1944년 징병제 실시로 이어졌다.

병무부는 다음과 같은 업무를 담당하였다.

1. 소모(召募)에 관한 사항

2. 재향군인에 관한 사항

3. 국방사상에 관한 사항

4. 학교에 있어서의 교련에 관한 사항

5. 군사원호와 직업보도에 관한 사항[107]

---

[105] 「軍防空과 協力一致-防衛偉力發揮하라 朝鮮軍倉茂報道部長談話發表」, 『每日新報』 1941.10.12;「荷役增强戰에 必勝-運航能率昂揚에 萬全다하라-倉茂朝鮮軍報道部長談」, 『每日新報』, 1943.2.11;「敵이 틈타는 思想謀略戰 精神을 바짝 차리라 어떤 艱難이라도 참고 견디자 中川大尉 放送」, 『每日新報』, 1943.10.12;「作戰은 軍을 信賴 總後는 補給에 盡力-長屋朝鮮軍報道部長談」, 『每日新報』, 1944.10.18; 朝鮮軍報道部 陸軍少佐 蒲勳, 「半島民衆と國體觀念-特に戰時下の國民生活に就て」, 『삼천리』 13-4, 1941; 朝鮮軍報道部 陸軍小佐 蒲勳, 「三國同盟과 半島靑年의 覺悟」, 『삼천리』 12-10, 1940.

[106] 「共榮圈內道義國家로 比國의 生誕을 祝福 長屋朝鮮軍報道部長談話」, 『每日新報』, 1943.10.15.

육군은 위와 같은 업무를 담당하는 병무부를 군 및 사단 사령부에 설치하고, 소장 계급의 책임자인 부장은 군사령관이나 사단장의 직접 지휘를 받도록 하였다.[108] 쉽게 말해 병무부는 연대구사령부에 있는 병사부 업무를 총괄하는 역할을 담당했다고 볼 수 있다.

조선군은 1939년 8월 19사단 사관구 내에 나남과 함흥, 제20사단 사관구 내에 경성, 평양, 대구, 광주에 각각 병사부를 설치하였다. 본토의 병사부가 연대의 관할구역을 경계로 설치되어 연대구가 곧 병사구였다면, 조선에서의 병사구는 도별 행정구역에 따라 설치되어 연대구라고는 말하지 않았다. 이때 황해도와 평안도는 평양병사구, 강원도와 충청북도와 경기도는 경성병사구, 충청남도와 전라도는 광주병사구, 경상도는 부산병사구에 속하였다.

병사구의 구분은 사단의 수비관구와 일치했다는 점에서 볼 때 강원도가 제20사단 소속 경성병사구에 포함된 점이 눈에 띈다.[109] 왜냐하면 이전까지만 해도 강원도는 제19사단의 사관구에 속한 지역이었기 때문이다. 앞서도 보았듯이 1936년과 1939년에 수립된 육군의 군비계획에 따라 군비를 충실하게 확장한다는 방침에서 확정한 방안, 곧 4단위제에서 3단위제로 전략단위를 개편하기로 결정하면서 평안도와 황해도를 사관구로 하는 제30사단을 창설한다는 계획이 있었다. 병사구 구역은 이러한 변화와 연동된 설정이었을 것이다.

출범 당시 6개의 병사부는 다음과 같은 업무를 처리하였다.

---

107 「昭和16年 勅令第790號 陸軍兵務部令」.
108 「陸軍兵務部令ヲ定ム」, 『公文類聚 第65編 昭和16年 第13卷 官職10 官制10(陸軍省)』.
109 『동아일보』, 1939.7.16.

1. 징병 및 소모(召募)에 관한 사항
2. 재향군인[장관(將官) 및 각 부 장관을 제외]의 복역 및 소집에 관한 사항
3. 재향장교단에 관한 사항
4. 재향군인회에 관한 사항
5. 전(前) 각호에 게재된 것 외에 육군대신이 정한 병사에 관한 사항[110]

    1939년 8월 시점에서 위의 병사부 업무와 앞서 언급한 1941년 7월 시점에서 병무부의 업무를 비교해 보면, 국방사상 보급과 학교교련 그리고 군사원호와 직업보도에 관한 업무가 추가된 점을 볼 때 병무부 신설이 단순히 병사부들을 통괄 지휘하는 부서를 하나 늘리는 편제개정이 아니었음을 알 수 있다. 병사부 업무에 추가된 국방사상 보급과 군사원호 및 직업보도에 관한 사항은 보도부 업무였다. 결국 식민지 조선에서 병무부는 보도부와 병사부의 업무에 신규 업무까지 합친 기능을 수행했다고 볼 수 있다.

    그런데 육군성으로서는 조선인 징병제를 실시하지 않고 있는데 '징병'에 관한 업무를 처리하기 위해 새삼 조선에 병사구를 설치한 이유가 있었을 것이다. 이는 병사부령에는 구체적으로 명시하고 있지 않지만 이미 식민지 조선에서 실시하고 있던 육군특별지원병제의 확대 등 조선적인 이유가 있었기 때문이라고 보아야 할 것이다. 실제 조선군사령부는 병사부 신설을 기회로 동원 업무, 조선인 특별지원병 관계 업무 및 장차 보도 업무와의 연계를 밀접히 하는 데 주요한 목적을 두고 병사부 설치

---

110 「陸軍兵務部令ヲ定ム」, 『公文類聚 第65編 昭和16年 第13卷 官職10 官制10(陸軍省)』.

이후 첫 번째 병사부장회의를 1939년 8월 22, 23일 용산병영에서 열기도 하였다.[111] 회의 목적을 놓고 볼 때 조선군사령부는 1941년 조선에 병무부를 설치하는 제도화 이전에 이미 병사부 업무에 보도부에서 담당할 업무와 같은 일을 해야 한다는 점을 예견했다고 볼 수 있겠다. 그래서 조선군 사령관도 8월회의 「고사(告辭)」에서 병사부의 신설이 식민지 조선에서 "육군 군정 시설에 일대 전기"를 마련한 조치라고 언급하였다. 조선군 참모장도 회의 서두에 병사부 신설이 '획기적 군비충실계획을 확립'하는 조치의 하나라고 연설하였다.[112]

병사부는 칙령에 따라 사단장에 예속되었다. 타이완의 병사부가 대만군 사령관에 예속된다는 방침과 달리 조선의 6개 병사부가 조선군 사령관에 예속한다고 명시하지 않은 것이다. 그래서였는지 모르겠지만 칙령을 공포하기 이전에 '병사부의 예속관계'에 관한 '지급(至急)' 논의가 조선군사령부와 육군성 총무부 사이에 있었던 것으로 보인다.[113] 이후 진행된 경과를 놓고 보면 칙령상으로는 그리 결정했지만 병사부장회의를 조선군사령부가 통괄한 움직임으로 보아 운영의 묘를 살린 것은 아닐까 한다. 군사령관이 '조선 방위' 이외의 영역에서까지 사단 자체를 신속하고 강력하게 지휘해 가는 권한을 확대하고 있던 추세가 반영된 결과이기도 할 것이다. 그래서 조선군사령부는 7월 14일에 두 사단의 관계자를 용산병영으로 불러 병사부 신설에 관한 '간담회'를 열고 6개의 병사구를

---

111 「鮮內兵事部長會議書類提出の件」, 『密大日記 第2冊 昭和14年』.

112 「鮮內兵事部長會議書類提出の件」, 『密大日記 第2冊 昭和14年』.

113 「兵事部の隸屬關係に關する件」, 『密大日記 第1冊 昭和14年』. 조선군 참모장이 육군성 총무부장에게 '至急 內報'한 문서다. 하지만 남아 있는 문건에 자세한 언급이 없어 내용까지 확인할 수 없었다.

확정하였고, 조선군 보도부는 병사부 신설을 발표하면서 이와 관련한 내용을 언급하고 '조선군사령부 통괄'이라고 발표할 수 있었을 것이다.[114] 이어 8월에 앞서 언급한 1939년 8월 첫 번째 병사부장회의가 용산병영에서 열린 것이다.

그런데 일본정부는 1942년 5월 식민지 조선에서 1944년부터 징병제를 실시하겠다고 공포하였다. 1943년 3월 제국의회를 통과한 '병역법' 개정안이 공포되면서 8월 1일부터 제도상으로는 식민지 조선인을 대상으로 하는 징병제가 실시되었다. 이에 따라 조선총독부나 조선군 모두에게 징병 업무가 폭주할 수밖에 없었다.

조선군사령부는 이에 대한 대책의 하나로 1943년 8월 2일에 병무부의 기능을 병사부와 보도부로 분리하고 국방사상과 보국(輔國) 업무는 보도부에서 담당하도록 하였다.[115] 조선군사령부는 식민지 조선에서만 취해진 조치에 따라 병사부의 기능을 대폭 확대 강화하고자 인원을 늘

---

[114] 『동아일보』, 1939.7.16. 필자가 '통괄'이란 표현에 주목하는 이유는, 조선군 사령관은 예하의 제19, 20사단장을 「조선군사령부조례」 제1조에서 말하는 '통솔'한다는 규정에 근거하여 제대로 통솔하지 못했기 때문이다. 1924년 5월 육군 중앙부에서 '內示'한 이후 제한받았기 때문이다. 그래서 군사령관은 '조선 방위'와 관계된 일이 아니면 「사단사령부조례」와 충돌하지 않고는 사단장을 통솔할 수 없었다. 가령 군기, 교육, 내무 등과 관련한 일은 군사령부에서 계획한 대로 사단 및 조선에 있는 부대들을 통솔하기 쉽지 않았다. 이에 대한 시사는 「朝鮮軍司令部條例ノ解釋ニ關スル件」, 『密大日記 第1冊 共8冊 昭和11年』 참조.
1931년 이후 조선군 사령관의 권한보다 관동군 사령관의 권한이 훨씬 강하였다. 관동군 사령관과 관동군사령부가 만주국에서 부대를 운영하는 전권을 장악하고 있음은 1932년 6월 제정된 이래 꾸준히 바뀌어 간 「관동군근무령」에서 확인할 수 있다. 가령 근무령에는 '군'과 '사단'을 관동군 사령관에 '隷'한다고 명확히 규정되어 있다.

[115] 『每日新報』, 1943.8.3.

리는 한편, 제1, 2과를 설치하였다.[116] 지방의 병사부도 1도1병사부원칙에 따라 6개에서 13개 도에 하나씩 모두 13개로 늘렸다.

　병사부의 역할을 강화하는 조치는 동시에 사단장 대신 조선군사령부에서 사단 소속 부대를 직접 지휘할 수 있는 조치로 이어졌다. 이를 위해 육군은 1943년 6월 30일 식민지 조선에서 사단의 수비구역제도를 폐지하였다.

　이처럼 조선군사령부는 중일전쟁 이후 군사작전 분야보다는 군정(軍政) 관련 총동원 업무가 더 폭주하면서 마치 머리만 커지고 몸통은 왜소해지는 형세와 비슷해지는 지휘부로 바뀌어갔다. 왜냐하면 1944년 말로 가면서 예하 부대는 전쟁터로 동원되는 대신 남아 있는 전력을 유수부 대체제로 전환했지 전력을 거의 보충하지 못했기 때문이다. 이에 비해 식민지 조선은 여전히 전투 현장이 아니였던 데다 대륙병참기지로서의 자기 역할에 더욱 충실하도록 요구받고 있었기 때문이다. 이처럼 상반된 흐름은 조선군사령부 예하 부대의 전력이 약해져 온 반면에, 군사기획과 정무기획 방면에서 사령부 자체의 역할이 급속히 확대되는 방향으로 나타났던 것이다. 조선군사령부의 군정 기능이 확대된 변화는 '제4부 제1장'의 〈그림 4-1-2〉에서 볼 수 있듯이 1940년대 들어 군사령부의 제2청사를 신축하고 공간 기능을 재조정한 움직임에서 상징적으로 확인할 수 있다.

---

116 「陸軍兵事部令中改正ノ件(1943.3.27)」, 『昭和18年 勅令第226號 陸軍兵事部令中改正ノ件』.

제2장
병력동원의 제도화와 신체의 군사화

1. 병력동원 제도의 현황과 시행

1) 특별지원병제, 징병제로 가는 과도기 제도

식민지 조선에서 조선인을 대상으로 무장과 관련한 훈련을 실시하고 그들에게 총을 쥐여 주게 한다는 육군특별지원병제와 징병제는 중일전쟁 및 아시아태평양전쟁 상황과 밀접히 연관되어 있었다. 두 전쟁은 총력전이었다. 일본인만으로 대륙의 중국인을 상대하고, 연합국을 상대하기는 힘겨웠다. 많은 조선인 민족운동가들조차 물질적으로 국제적으로 고립된 일본이 결국에는 패전할 것으로 전망할 정도였다. 일본이 그것을 넘어서려고 찾은 해법이 식민지에서의 징용과 징병 등 사람을 동원하는 한편, 전쟁물자를 조달하는 조치였다.

사실 제국주의가 식민지에서 식민지인들에게 군사경험을 축적시켜 준다는 사실 자체는 의미가 매우 크다. 왜냐하면 제국주의로부터 전투방식과 군사기술을 배운 식민지인이 자신을 향해 언제든지 그것을 활용할 수 있다는 불신을 잠재워야 가능한 일이었기 때문이다. 식민지인들에게 일부의 자치권력을 넘겨준 영국조차 식민지인만으로 구성된 군대를 편성했지만, 인도인으로만 구성된 부대의 지휘권을 놓지 않았을 뿐 아니라 영국군의 정식 편제에 편입한 적도 없었다.

그런데 일본인은 그들이 가장 믿을 수 없었던 식민지 조선인을 대상으로 징병을 고려하고 군사교육을 실시하였다. 일본은 징병제를 시행하면서도 인도인만의 부대를 편성한 영국과 달리 징병한 조선인을 일본군 부대에 약간 명씩 배치해 흩트려 놓았다. 자신들만의 대처방안을 찾은 것이다. 그런데 일본의 조선인에 대한 징병제는 식민지 조선인을 믿어서 였을까. 아니었다. 그만큼 전쟁 상황이 기대와 달리 계속 불리해져 갔기 때문이다.

더구나 일본인만으로 구성된 양질의 군대를 편성하기에는 징병 인력이 절대적인 한계치에 다다르고 있었다. 가령 일본 육해군 총병력은 1937년 107만 명으로 100만 명을 넘은 이후, 1940년 150만 명으로 급증하였다.[1] 이에 따라 1940년에 이르면 징병적령기에 있는 일본인 청년 2명 가운데 1명이 현역으로 징집될 정도였다.[2] 양질의 병력을 확보할 수 있는 한계치를 넘어선 징병을 시행하고 있었던 것이다. 아시아태평양전쟁은 전선을 급속히 확장하여 지금까지 전쟁했던 국가보다 더 강력한 국가와 매우 광범위한 전선에서 싸워야 하는 전쟁이어서 많은 병력을 동원해야 했지만, 현실은 한계치를 더욱 악화시켰다. 그렇다고 중국에서 막힌 전선이 작전대로 뚫리지도 않았다. 그래서 병력 수요는 계속 늘어나 1941년 240만 명, 1942년 280만 명, 1943년 358만 명, 1944년 539만 명, 1945년 8월 826만 명까지 팽창하였다. 중일전쟁을 일으킨 8년 동안 연평균 100만 명씩 병력이 늘어난 것이다.

전체 인구 가운데 11%에 해당하는 사람, 그중에서도 특정한 연령대의 남성을 대거 동원한 현실은 또 다른 현실을 만들었다. 이는 남성의 근력을 이용해 노동해야 하는 탄광, 토목, 조선과 같은 산업 분야에서 노동력의 부족을 초래하였다. 일본이 조선인 징용을 급속히 늘리면서 강제성

---

1   일본군 병력 변화와 관련한 통계는 山田朗, 1997, 『軍備擴張の近代史』, 吉川弘文館, 167쪽 인용.
2   山田朗, 1997, 위의 책, 171쪽.

을 강화한 이유도 여기에 있다. 마찬가지로 일본이 조선인과 대만인을 상대로 징병제를 실시할 수밖에 없었던 이유의 하나도 일본인 징병의 한계치를 메우려는 대응이었다.

그렇다고 즉각 징병제를 시행할 수도 없었다. 과도기적인 조치를 거치며 검증할 사항이 많았기 때문이다. 일본정부는 식민지 조선에서 징병제를 시행하기 이전에 조선인이 징병령의 대상이 아니었으므로 '특별'한 지원병제인 육군특별지원병제라는 제도를 우선 시행하기로 1937년 12월 24일 각의에서 결정하였다. 조선총독부는 이를 받아 1938년 2월 22일 칙령 제95호로「육군특별지원병령」을 공포하였다.

이때까지의 과정을 언뜻 보면 육군특별지원병제는 중일전쟁 직후 6개월 만에 매우 전격적으로 실시된 듯한 인상이다. 하지만 그렇지 않았다. 조선군은 "1932년부터" 조선인 징병 문제에 대해 '신중'하고 '심각'하게 연구해 왔다.[3] 그러던 중인 1937년 6월, 중일전쟁을 일으키기 직전에 육군 중앙에서 이 문제에 관한 조선군의 의견을 제출해 달라는 요망을 받았다. 이에 조선군사령부는 7월 2일자로「조선인지원병제도에 관한 의견[1937.6 조제(調製)]」이란 제목의 문서를 육군 중앙에 제출하였다. 여기에서 조선군사령부는 조선에서 병역 문제를 해결하기 위해 "시험적 제도로 조선인 장정을 지원에 의해 현역에 복무하도록 하는 제도를 창정(創定)"함이 적당하다고 인정하는 의견서를 제출하였다."[4]

---

3 이하 육군특별지원병제도의 공포 과정까지는「朝鮮人志願兵制度に關する件」,『密大日記 第2冊 昭和12年』을 정리하였다. 특별지원병제도와 실시 상황에 대해서는 미야다 세츠코 지음, 이형랑 옮김, 1997,『朝鮮民衆과 '皇民化'政策』, 一潮閣의 '제2장 제1절 지원병제도의 전개와 그 의미' 참조.

4 「朝鮮人志願兵制度に關する件」의 '별책 제2'의 자료다.

조선총독부는 조선군의 의견을 받아 매우 적극적으로 움직였던 것 같다. 1937년 11월 조선군과 연락하며 「조선인지원병제도실시요령」을 작성하는 한편, 12월 말까지 필요한 법령을 제정하고 개정하는 데 멈추지 않고 거기에 필요한 경비를 1938년도 예산에 반영했기 때문이다. 그사이 조선총독부는 조선군사령부나 중앙정부의 의도를 파악하고 의견을 제시하는 데 주저하지 않았다. 8개 항의 실시요령에 따르면, 조선총독부는 수업 연한 6년 이상의 학교를 졸업한 만 17세에서 만 20세 미만의 신체 건강하고 사상견고하며 품행방정하여 황국신민으로서의 자각이 철저한 사람을 선발하고 1938년부터 제도를 시행할 계획이었다. 이에 따라 식민지 조선에서 육군특별지원병제도가 "급속하게 구체화"되었다.[5]

조선군사령부도 1937년 11월 24일 육군 중앙에 세 가지 의견, 곧 특별지원병제도가 조선통치에 미치는 효과, 조선총독부에 요구해야 할 구체적인 조건 그리고 여러 이해관계에 대한 대책과 장래 전망 등을 제출하였다.[6] 조선군사령부는 특별지원병제도를 시행함으로써 "내선일여 일시동인의 구체화"로 나아가는 효과를 거둘 뿐 아니라 제대 후 이들을 "조선인 청장년층의 중견적 존재"로 활용할 수 있다고 보았다. 또 제도를 성공적으로 실현하기 위해 조선총독부에 지원병훈련소의 설치를 비롯해 교육제도와 교육내용의 개선을 요구해야 한다고 보았다. 마지막으로 헌병보조원제와 간도특설대[7]의 경험으로 볼 때 조선인의 병사로서의 자

---

5 「朝鮮人志願兵制度に關する件」의 '별책 제3'의 자료다.

6 「朝鮮人志願兵制度に關する件」의 '별책 제1'의 자료다.

7 간도특설대에 관해서는 신주백, 2002, 「만주국군(滿洲國軍) 속의 조선인(朝鮮人) 장교(將校)와 한국군(韓國軍)」, 『역사문제연구소』 9, 110~115쪽 참조.

질은 그다지 우려할 만한 사항이 아니지만, 야전사단에 배치할 조선인 병사가 1할이 넘지 않게 하여 전력(戰力)이 저하되지 않도록 해야 한다는 의견을 제시하였다. 이때 징병된 조선인만의 부대는 내선일여에 맞지 않은 제도이므로 편성해서는 안 된다는 의견을 제시하였다. 조선군의 표현 그대로만 살펴보면, 영국처럼 인도인으로 구성된 부대는 황국신민화의 취지에 맞지 않다는 뜻이다.

조선총독부는 조선군의 지원을 받아 1938년 4월 육군병지원자훈련소를 설치한다는 규정을 공포하였고, 일본육군성도 「육군특별지원병령시행규칙」도 공포하였다. 4월에 훈련소에 입소한 첫 특별지원병은 6개월간 훈련을 받았다. 이후 조선군은 제2차 전형검사를 실시하고 보병 200명, 치중병 특무병 100명, 고사포병 100명 총 400명에게 병종을 주었다. 이들은 12월에 다른 일본병사와 함께 부대를 배치받았다.[8]

특별지원병제도에 입각해 시행한 또 다른 제도가 흔히 말하는 학도지원병제도다.[9] 학병제도는 1943년 10월 20일 육군성령 제48호로 실시된 「육군특별지원병임시채용규칙」에 따라 입영이 연기된 전문학교 및 대학교급 조선인 재학생과 졸업생도 특별간부로 입대하는 제도였다. 규칙에 따라 만 21세 이상의 조선인은 1943년 12월 12~20일 사이에 징병검사를 받고 이듬해 1월 20일 입영하였다. 매우 서둘러 진행된 경과에서 시사받을 수 있듯이 일본군으로서는 전황이 급박했던 것이다.

1938년부터 1943년까지 시행된 육군특별지원병제도에 따라 일본군

---

8   宮田節子 編·解說, 『十五年戰爭極祕資料集 15-朝鮮軍槪要史』, 77~79쪽.
9   자세한 내용은 강덕상 지음, 정다운 옮김, 2016, 『일제 강점기 말 조선 학도병의 자화상』, 선인 참조.

〈표 3-2-1〉 육군특별지원병 징집 일람표

	연도	현역병	제1보충병	계1	계2
특별지원병	1938	300	100	400	16,830
	1939	250	350	600	
	1940	900	2,100	3,000	
	1941	1,000	2,000	3,000	
	1942	2,250	2,250	4,500	
	1943	3,200	2,130	5,330	
특별지원병(학도동원)	1943	3,457	436	3,893	3,893

출처: 宮田節子 編·解說, 1989, 『十五年戰爭極祕資料集 15-朝鮮軍槪要史』, 不二出版, 83쪽.

에 입대한 조선인의 현황을 정리하면 〈표 3-2-1〉과 같다.

특별지원병은 6년간 모두 13회 모집하였다. 제13회째 입소자는 1944년 4월 20일 수료하였다.[10] 이때까지 입대를 위해 지원한 사람은 802,047명인 점[11]을 고려하면 입소율은 2.1%가량 되었다. 매우 낮은 비율이다. 조선총독부가 지원자를 최대한 늘려 정치 효과를 극대화하려 했으며, 일본군이 아주 조심스럽게 접근했음을 시사하는 대목이기도 하다.

특별지원병제도 시행 첫해 지원자는 3,000여 명도 넘지 않았는데, 1943년에 이르러 30만 명이 넘을 정도로 늘어났다. 지원자 수가 100배 이상 늘어난 데는 이 제도가 실패할 때 미칠 파장을 우려하여 조선총독부가 지역별로 지원자를 할당하는 등 압박하며 정책을 집행했기 때문이다. 다른 한편에서는 지원자 가족의 생계를 지원해 주는 등 유인책을 썼던 정책과도 연관이 있었다. 또 황국신민화정책이 지속되면서 여기에

---

10 『每日新報』, 1944.4.21.

11 친일반민족행위진상규명위원회, 2014, 『친일반민족행위진상규명 보고서 III-3』, 508쪽. 변은진이 작성한 부분을 인용하였다.

동조하였거나 독립에 대한 희망을 포기하거나 전향하는 사람도 늘어 갔다. 실제 일본으로부터 자작의 작위를 받은 윤덕영은 국민정신총동원 조선연맹 고문 자격으로 지원병들에게 체력과 정신력을 더욱 향상해 "조국 일본을 위해 반도청년의 의기를 중외(中外)에 과시하고 인류의 행복, 세계의 평화에 공헌"하기를 "절망(切望)"한다고 부추겼다.[12] 1940년도 지원자 7만 9,600여 명 가운데 110명이나 혈서지원서를 제출할 정도로 분위기가 바뀌어 갔다.

그런데 1940년 지원자는 대부분 키에 비해 근육이 발달하지 못하고 몸무게가 좋지 않은 사람들이었다. 여기에 해당하는 사람들은 대부분 소작농 자제였다. 이는 가난을 피하기 위해 입대한 청년이 많아 지원병 숫자가 늘어났음을 시사하는 대목이다. 그리고 1940년도 지원자 가운데 중학교 졸업생은 192명에 불과하였다. 경제력이 중류층 이상인 집안의 청년은 일본을 위해 목숨을 내놓지 않았다. 황국신민화정책의 한계를 명확히 확인할 수 있는 대목이다. 조선총독부는 통계가 말해 주는 이러한 경향을 극복하고자 국민총력조선연맹의 애국반 모임 때마다 중류층 자제의 특별지원병 지원 문제를 꺼내고 독려하였다. 특별지원병이 많이 나온 학교에 표창을 주고, 지원자가 적게 나온 학교의 책임자에게는 책임을 묻는다는 차원에서 인사 때 상당히 고려하겠다고 대놓고 협박하였다.

하지만 특별지원병에 신청하는 사람들과 관련한 문제점은 조선총독부가 마음을 먹는다고 뚝딱 해결될 수 있는 사안이 아니었다. 더구나 내무반에서 절대 다수의 일본인 병사와 같이 생활하는 군대의 특성상 일본식 관습을 익혀야 하고, 부대생활과 전투행위에 필요한 최소한의 일본

---

12 『總動員』 11, 1939.

어도 습득해야 했다. 일본정부는 1938년 「육군특별지원병령」의 공포와 동시에 이렇게 필요한 점을 학교교육을 통해 채워내기 위해 '제3차 조선교육령'을 공포하였다.

언어 이외에도 체격과 위생 그리고 충성심의 문제는 징병제로 가는 길목에서 꼭 해결해야 하는 사항이었다. 하지만 특별지원병제도는 극히 소수의 사람만을 선정하는 방식이었으니 이러한 문제점을 극복한 사람들만 선정하면 되었다. 그래서 지원병훈련소에서 훈련을 마치고 일본군에 입대한 특별지원병은 제도 시행 5년차인 1942년부터 위생병을 제외한 모든 병종에 배치되었다. 1943년부터는 조선과 만주뿐 아니라 일본군이 침략한 모든 군관구에 배치되었다. 학도동원된 사람들은 보병, 기병, 공병, 야산포병, 치중병, 방공병 5개 병종에만 입대하였다. 이들은 제2보충병 판정을 받아도 현역으로 입대하여 조선, 중국 본토 그리고 일본의 군관구에 배치되었다.[13]

2) 징병제 시행

그런데 조선군사령부는 특별지원병제도를 구상하는 단계인 1937년 시점만 해도 식민지 조선에 완전한 병역법 적용은 "수십 년 후로 상정"하고 여기에 이르는 "과도적 방법으로 지원병제도를 채용"하자고 말하였다.[14] 하지만 일본정부는 1942년 5월 8일 식민지 조선에서 1944년부터

---

13 宮田節子 編·解說, 『十五年戰爭極祕資料集 15-朝鮮軍槪要史』, 77~78쪽의 '第7表 其の2'.
14 「朝鮮人志願兵制度に關する件」, 『密大日記 第2冊 昭和12年』. '冊別 第 1'의 자료 가운데 언급된 내용이다.

징병제를 시행하기로 결정하고 9일에 이를 공표하였다. 이에 조선총독부도 11일에 '징병제시행준비위원회'에 관한 규정을 발표하였다. 수십 년 후에나 시행될 수 있다고 예측한 당사자들이 4년 정도 만에 징병제를 시행하겠다고 발표한 이유는 급박한 전황 때문이었다. 그럼에도 일본정부는 징병제 시행을 발표하면서 그 사실을 인정할 수 없었다. 조선군과 조선총독부가 징병제를 시행하겠다며 이유로 내세운 네 가지는 다음과 같다.

1. 내선일체의 실천에 철저한 점
2. 지원병제도의 실천 양호한 점
3. 반도동포의 열망에 응한 점
4. 흥아지도자의 지위 부여 보증[15]

일본정부는 1942년까지 조선인 약 49만 1,000명이 특별지원병에 지원했을 정도로 "국방 제일선의 중책을 담당하기에 충분한 자질을 갖추어" 왔음이 "객관적으로 인정되기에" 이르렀다고 조선인에 대한 신뢰감을 단순하지만 구체적인 통계를 갖고 제시하였다. 그러면서 "조선동포에 대해 대동아공영권 건설의 중핵적 지도자로서 활동할 지위가 주어진 일이 보증되었다"며 미래에 대한 신뢰와 조선인을 유인하는 미끼를 던졌다. 여기에 더하여 일본정부는 조선인이 '열망'해서 징병제를 실시한다고 진실을 호도하였다.[16]

---

15 朝鮮軍事普及協會 編纂, 朝鮮軍報道部 監修, 1942, 『朝鮮徵兵準備讀本』, 朝鮮圖書出版株式會社, 64~83쪽.
16 朝鮮軍事普及協會 編纂, 朝鮮軍報道部 監修, 『朝鮮徵兵準備讀本』, 69쪽, 72쪽, 82쪽.

징병제를 시행하기 위한 준비는 1942년 5월 11일 조선총독부에서 징병제도시행준비위원회를 설치하고 다음 날 제1회 위원회를 열면서 시작되었다.[17] 조선총독부는 9월 「조선기류령」을 제정하여 조선인의 이동을 정확히 파악하여 통제하고, 10월에 「조선청년특별연성령」을 발표하여 예비병사에 대한 정신적·신체적 교육을 실시하기 위한 제도를 마련하였다. 이듬해 2월 20일 일본 중의원과 귀족원은 징병령을 개정하여 호적법 또는 조선민사령의 호적조항을 적용받게 하는 법령을 8월 1일부터 시행하기로 가결하였다.[18] 8월 1일 이날은 메이지천황이 1894년 청을 상대로 선전의 '조칙'을 발표한 날이었다. 당시 일본정부가 침략전쟁을 어떻게 기념하고 기억하며 전쟁 분위기를 조성했는가를 여실히 보여주는 대목이라고 볼 수 있다.

식민지 조선에서 징병제 시행은 조선군과 조선총독부가 협력하며 책임을 지고 추진해야 할 사안이었다. 특히 조선총독부의 행정 준비가 매우 많이 필요하였다. 그중에서도 가장 서둘러야 할 일이 호적정리였다. 징병 대상자를 선정하고 그들의 신원을 다양하게 파악할 수 있는 정보를 우선 모아야 했기 때문이다. 조선총독부 자신도 징병검사를 원활히 진행하기 위해 당면한 주요 사항으로 호적의 정비, 조선청년특별연성의 취지와 운용상의 주의, 학교 및 청년훈련소에서 교련교육 강화를 들었다.[19] 조선총독부는 1942년 10월 1일부터 호적정리를 시작하였다. 이를 위해 인구 5,000명에 1인의 비율로 호적 사무를 담당할 담임서기

---

17 『每日新報』, 1942.5.13.

18 「兵役法中ヲ改正ス」, 『公文類聚 第67編 昭和18年 第95卷 軍事一 陸軍 海軍』.

19 三浦洋 編, 朝鮮軍報道部 監修, 1943, 『朝鮮徵兵讀本』, 朝鮮圖書出版株式會社, 196~206쪽. 두 번째와 세 번째 내용은 다음 '제3장'에서 언급하겠다.

2,600여 명을 배치하였다. 구체적으로 보면 경성 30명, 평양 12명, 부산 10명, 인천, 청진, 대구 각 7명, 나머지 부(府)에 각 3명, 읍과 면에 각 1명(흥남읍 4명)을 배치할 계획이었다.[20]

조선군도 조선총독부의 움직임에 보조를 맞추며 징병제를 구체적으로 추진하고자 징병제 자체의 당위성을 조선사회에 설명하고 설득하여 협조를 얻어내야 했다. 앞서 살펴본 조선군 보도부나 병사부의 보도선전 활동이 여기에 해당된다고 하겠다. 특히 징병제 실시가 대중의 자발적 각성의 결과가 아니고 전쟁 상황에 따라 급작스럽게 추진된 중요한 정책이니 위로부터 여론을 조성할 필요도 있었다. 이에 조선군은 1943년 2월 17일부터 3일간 본토의 각 군관구, 관동군, 북지나파견군의 관계자 60여 명을 모아 징병연구회라는 이름의 회의를 개최하였다. 회의에서는 조선인 징병대상자 연령대가 갖는 특질, 조선의 습관, 징병제 준비사항 등에 관해 조선군의 생각을 전달하고 정보를 공유하였다.[21] 자신의 관할구로 입대한 조선인 장병을 어떻게 관리하고 감독해야 할지에 관해 미리 정보를 공유했다고도 말할 수 있겠다. 또한 조선군은 제38회 육군기념일이 다가오는 1943년 3월 17일에도 경성제국대학 총장을 비롯해 조선사회의 교육지도자 300여 명과 조선군 사령관을 비롯한 참모진, 도지사, 학무국장, 경성부윤 등까지 참석한 가운데 시국간담회를 용산병영의 해행사(偕行社)에서 열었다. 조선총독부와 조선군이 보기에 참석자들은 국방선에 서서 제2진, 제3진을 양성하여 송출하는 "성직(聖職)"을 담당한 사람들이었다.[22]

---

20 『每日新報』, 1942.9.7.
21 三浦洋 編, 朝鮮軍報道部 監修, 『朝鮮徵兵讀本』, 202쪽.

조선군은 여론을 일방적으로 호도하는 한편으로 조선인 징병 업무를 착착 진행하였다. 조선군사령부가 정리한 6단계 과정을 압축하여 정리하면 다음과 같다.

1. 부윤, 읍면장은 장정 인원 등을 조사하여 1월 10일까지 표로 작성 병사부장에게 제출
2. 병사부장은 수검 참여 인원 결정
3. 징병검사 준비: 읍면장은 장정의 명부 등을 병사관 및 부윤을 거쳐 병사부장에게 제출, 병사부장은 검사 날짜 등을 결정하여 병사관을 거쳐 읍면장에게 통지, 부윤 및 읍면장은 본인에게 통지
4. 징병검사 실시
5. 정리징병서(整理徵兵署)를 개설하고 징집 순서를 결정하고 징병 종결 처분을 함. 이때 1) 본적지 징병검사는 본적지에서 징병 종결 처분함. 2) 재류지 징병검사는 재류지에서 징병 종결 처분함. 3) 재류지 신체검사, 기류지 신체검사, 특별 신체검사는 본적지에서 징병 종결 처분함.
6. 현역병 입영[23]

현역병으로 입영할지 여부의 판정은 다음과 같은 병역 종류에 따라 달랐다.

---

22 三浦洋 編, 朝鮮軍報道部 監修, 『朝鮮徵兵讀本』, 205~207쪽.
23 朝鮮軍司令部 編, 1944, 『徵兵事務摘要』, 朝鮮行政學會, 195~196쪽.

1. 상비병역: 현역 – 육군은 2년, 해군은 3년

　　　　　예비역 – 육군은 15년 4개월, 해군은 12년
2. 보충병역: 제1보충병역 – 17년 4개월(현역에 적합한 자 중 소요의

　　　　　인원이 이에 복무)

　　　　　제2보충병역 – 17년 4개월(현역에 적합한 자 중 현역병

　　　　　또는 제1보충역병으로 징집되지 않은 자 이에 복무)
3. 국민병역: 제1, 2국민병역[24]

이때 조선군은 직위에 따라 〈표 3-2-2〉와 같은 절차와 임무를 구분하고 업무를 처리하였다.

제1차 징병검사는 1944년 4월 1일부터 광주, 대전, 평양, 함흥의 병사부에서 시작하여 8월 20일 대구 병사구 관할지역인 경상북도 영덕군에서의 마지막 검사로 끝났다.[25] 1923년 12월 2일부터 1924년 12월 1일 사이에 태어난 만 20세의 조선인 청년이 징병검사 대상이었다. 제2차 징병검사는 1945년 1월 15일부터 4월 말경까지 실시될 예정이었는데, 조선군은 제1차 징병검사 때와 비교해 다섯 가지 사항을 개정하여 절차를 간소화하려고 했다. 그중 하나가 원칙적으로 하루에 징병검사를 끝낸다는 방침이었다. 다만, 불가피한 경우 하루 반나절로 하며 직장과 가까운 곳에서 기류지 검사를 할 수 있게 하였다.[26]

두 차례 있었던 징병검사 결과 『조선군개요사(朝鮮軍槪要史)』에 나오

24　朝鮮軍司令部 編, 『徵兵事務摘要』, 1쪽.
25　『每日新報』, 1944.3.19, 8.25.
26　『每日新報』, 1945.11.30.

〈표 3-2-2〉 조선에서 징병 업무 계통 일람표

징병관 종류 및 계통	총리 징병관	→ 군관구 징병관	→ 병사구 징병관 → 병사구 연합징병관
관	육군대신 및 내무대신	조선군 사령관 및 조선총독	육군 병사부장 및 병사관
			육군 병사부장 및 부윤, 구장(區長, 병사관을 포함하는 경우 있음)
업무	전국 징병 사무를 통괄	군사령관을 수좌(首座)로 하고 군관구 내에서 징병 사무를 통괄	육군 병사부장을 수좌로 하고 징병사무를 집행한다.
			육군 병사부장을 수좌라 하고 징집순서의 결정에 관하여 사무를 집행한다.
적요			한 징모구 내에 3명 이상의 병사구 징병관이 있을 때는 당해 징모구의 병사구 징병관은 징집순서의 결정에 관한 사무를 행하지 않는다.
참조 조규(條規)	령 111-5	령 111-6	령 49, 50, 111-7
비고	본 표 외 부속기관으로서 군관구 징병의관(徵兵醫官, 조선군군의부장), 병사구 징모의관(군사령관 임명하는 군의 소좌 또는 대위), 병사구 징병부의관[군사령관이 임명하는 군의 위관(尉官)], 사무원 등 있음.		

비고: 1945년 2월 '징병관'과 관련한 규정은 조선군이 제17방면군과 조선군관구로 개편되고 5개의 사관구가 설치되면서 바뀌었다. 자세한 내용은 '제4부 제1장'에서 다루겠다.
출처: 朝鮮軍司令部 編, 1944, 『徵兵事務摘要』, 朝鮮行政學會, 197쪽.

는 '제8-10표'에 따르면, 1944년에 육군 44,997명, 해군 10,000명 모두 54,997명이 현역병으로 입대하였다. 1945년에는 육군 46,000명, 해군 10,000명 모두 56,000명이 현역병으로 입대하였다. 그런데 '제8-10표'의 '비고'란에는 '남방군 및 제14방면군'(1944) 또는 '외지'(1945)에서 징병된 장병을 통계에 포함하지 않는다고 밝히고 있다. 육해군 합쳐 조선인은 최소 11만 997명 이상이 현역으로 징병되었음을 말한다. 이에 관해서는 '제4부 제2장'에서 다시 언급하겠다.

징병된 조선인은 육군의 경우 1944년도 현역병의 배당구분표(제9표)에 나오는 병과(兵科)를 보면, 과반수가 넘는 29,388명이 보병이었고, 이어 고사포병(4,190명), 치중병(輜重兵, 2,030명), 산포병(1,430명) 순으로 위생병을 제외한 14개 병종에, 해군의 경우는 6개의 병종에 배치되었다. 조선인 육군 병사가 이렇게 다양한 병종을 받은 결과는 이미 1942년도 육군특별지원병 때부터 확대된 결과의 연장선상에 있었다고 할 수 있다. 그들은 일본군이 침략한 모든 전선에 배치되었다. 1944년 조선인 현역병 배당구분표에 따르면 45.3%(20,370명)가량이 만주와 중국 본토, 곧 관동군과 지나파견군에 배치되었다.[27] 다음으로 일본 본토에 18.3%(8,245명), 남방군에 17%(7,647명) 정도가 배치되었다. 조선군에는 3.5%(1,585명)에 불과한 사람만 배치되었다. 결국 일본 육군은 1944년도 조선인 징병자에 대해 과반이 훨씬 넘는 62.3%(28,017명)의 조선인 병사를 직접 전투가 벌어지고 있는 전선에 투입하였다.[28] 조선인을 믿을 수 없으면서도 총알받이로 써먹은 것이다. 이처럼 1944년, 1945년에 실시된 조선인 징병으로 최소 11만 명이 넘는 조선인 청년이 전쟁터로 보내졌다.

　조선인 현역병을 확보하기 위해 조선총독부는 호적정리와 황국신민화교육에 크게 집중하며 징병제 업무를 처리하였다. 조선군사령부는 예비병사로서의 신체 및 건강 상태와 관련된 정보 그리고 이들에 대한 사전 군사교육에 관심을 집중하며 예비전력의 극대화를 추구하였다. 이제부터 그 경과와 현황을 살펴보겠다.

27　이 '표'에는 육군 현역병 징병이 45,000명으로 나온다. 이에 맞추어 계산하였다.
28　1945년도 조선인 징병자의 부대 배치는 1944년도와 확연히 달랐을 것이다. 필리핀까지 미군에게 내준 상황에서 해상운송의 어려움 때문에 징병자를 태평양 지역의 부대에 배치하기가 쉽지 않았을 것이기 때문이다. 더구나 전투병력보다는 노동력 동원 차원에서 징병된 조선인이 훨씬 많았던 현실까지 고려해야 한다. 자세한 내용은 '제4부 제3장'에서 살펴보겠다.

2. 전력(戰力)으로서 신체관과 국방체육교육의 도입

1) 조선인의 체격과 새로운 신체관

조선인 청년을 병력자원으로 직접 활용해야 할 조선군으로서는 징병제를 시행하는 데 따른 기본적인 걱정거리가 있었다. 조선군은 조선인 청년들의 정신 자세는 차치하고 건강 상태에 대해서조차 신뢰할 만한 기초적인 통계를 갖고 있지 않았다. 때문에 조선인 청년의 위생상태, 신체조건을 우선 확인하는 일이 급하였다. 이는 조선인을 믿느냐 불신하느냐보다 부대의 운영 문제이자 야전 전력(戰力)의 강화 문제였다.

사실 조선총독부는 그때까지 조선인 전체를 대상으로 체력과 체격을 구체적으로 조사하고 분석한 일이 없었다. 중일전쟁이 일어난 이듬해인 1938년, 조선총독부는 청년단 소속으로 만 15세부터 만 20세까지의 일본인과 조선인을 대상으로 학교의 신체검사 규정에 따라 조사하였다. 각 청년단에 의뢰하여 조사한 통계이기 때문에 정확하지 않을 가능성이 높지만 전체적인 경향을 파악하는 데에는 지장이 없을 것이다. 조사 대상자 2만 2,975명에 대한 분석결과를 조선인 취학자와 비교하여 정리하면 〈표 3-2-3〉과 같다.

〈표 3-2-3〉에 따르면 조선인 취학자는 청년단 소속 청소년과 비교할 때 키와 가슴둘레에서 앞섰다. 특히 키에서 차이가 났다. 하지만 몸무게는 나이를 먹을수록 청년단 소속 청소년이 취학자에 비해 뒤떨어지다가 같아졌다. 만 20세로 150cm 이상의 신체 강건한 청년이 현역 입영 대상자였다는 점을 고려한다면, 조선총독부와 조선군의 입장은 조선인

<표 3-2-3> 청년단과 조선인 취학자의 체위 비교(1938)

연령(만)	키(cm)		몸무게(kg)		가슴둘레(cm)	
	청년단	취학자	청년단	취학자	청년단	취학자
15	145.9	149.8	40.2	39.9	72.3	73.1
16	151.6	153.6	45.1	44.5	76.8	75.8
17	157.1	157.5	49.4	48.3	78.8	78.6
18	160.1	160.5	51.9	52.5	80.8	81.6
19	160.9	162.8	54.3	55.1	82.6	83.6
20	161.7	164.7	56.8	56.8	84.9	84.9

출처: 學務局社會敎育課, 1939, 「半島靑年體位の現勢」, 『朝鮮』 291, 42~43쪽.

취학자를 당장 징집해도 외형상 문제 삼을 일이 없었다.

1938년 육군특별지원병제도에 따라 입소한 전기와 후기 특별지원병 406명을 대상으로 조사한 자료에 따르면 이들의 평균 몸무게는 〈표 3-2-4〉와 같이 바뀌어 갔다.

1938년도 전기생은 6개월간의 훈련이 끝난 후 1.59kg, 후기생은 4.24kg이 늘었다.[29] 규칙적인 생활과 운동 그리고 일정량의 식사와 금연 때문에 몸무게가 늘어났을 것이다. 또한 전기생의 89.6%, 후기생의 91.6%가 기생충이 있었는데, 이를 구제하며 체질을 개선하는 등 위생관리를 철저히 한 결과였다.[30] 육군특별지원병은 만 17세부터 만 20세까지 지원할 수 있다고 규정되어 있었지만, 1938년도 훈련생이 평균 20.63세였으므로 〈표 3-2-3〉에 있는 만 20세 청년 단원 또는 취학자보다 더 좋은 체격이었다. 훈련 기간에 잘 관리한다면 일본군이 우려하

---

29 여러 이유가 있었겠지만, 1938년도 전기생과 후기생의 증가 격차는 조선군이 훈련생 통제(관리)를 점차 세련되게 했던 사정도 원인의 하나였을 것이다.

30 朝鮮總督府陸軍志願者訓練所, 1939, 「志願兵訓練所より見たる半島靑年の體力」, 『朝鮮』 291, 26~27쪽.

〈표 3-2-4〉 특별지원병의 평균 몸무게 변화 추이

전기	1938년 6월	1938년 7월	1938년 8월	1938년 9월	1938년 10월	1938년 11월
평균 몸무게(kg)	59.93	59.50	60.72	61.84	61.55	61.52
후기	1938년 12월	1939년 1월	1939년 2월	1939년 3월	1939년 4월	1939년 5월
평균 몸무게(kg)	59.55	59.69	60.14	62.08	62.47	63.79

비고: 1938년도 전기생은 훈련소에서 12월 7일 수료식이 있었다. 후기생은 12월 15일 입소하였다.
출처: 朝鮮總督府陸軍志願者訓練所, 1939, 「志願兵訓練所より見たる半島青年の體力」, 『朝鮮』 291, 25쪽.

는 특별지원병의 체격은 그다지 문제될 여지가 없음을 시사한다.[31] 즉, 적절한 관리는 곧 체력과 전투력 향상으로 이어질 수 있었다. 특별지원병의 확충은 이러한 결과와도 무관하지 않았을 것이다.

이처럼 체격에 대한 조선총독부의 조사는 크게 우려할 만한 사항은 아니었다. 문제는 체력과 위생관리였다. 사실 조선총독부의 학교체육은 1927년에 개정된 '학교체조 교수요목'에 따라 체조, 교련, 경기와 유희로 이루어졌다.[32] 이 기조는 1938년 3월 제3차 조선교육령의 개정에 따라 개정된 교수요목에서도 이어졌다. 그런데 새로 개정된 교수요목에는 1937년 10월 조선총독부가 고안한 황국신민 체조를 학교체육에 제도적으로 도입하겠다는 내용이 명시되었다.[33] 이는 "국민 체위의 향상은 국운 발전의 원동력이다"는 관점에 입각하여,[34] 조선총독부 스스로 황국신민화 교육과정에 조선인의 정신적 개조와 심신단련을 명분으로 내세운 체육정책을 접목하여 일본인화하려는 의도를 명확히 했다고 볼

---

31 체력을 알 수 있는 통계를 보지 못하였다.
32 『朝鮮總督府官報』號外, 1927.4.1.
33 『朝鮮總督府官報』3358, 1938.3.30. 조선총독부 훈령 제8호다.
34 八木信雄, 1939, 「學制改革と義務教育の問題」, 『今日の朝鮮問題講座』3, 34쪽. 야기 노부오(八木信雄)는 조선총독부 학무과장이었다.

수 있다.³⁵ 달리 말하면 조선총독부로서는 조선인이라는 '인적 자원'을 관리한다는 차원에서 총력전에 상응하는 양질의 체력과 정신력을 향상시킬 필요가 있었다. 1938년부터 시행된 육군특별지원병제도를 뒷받침하기 위해서라도 필요한 조치였을 것이다. 하지만 조선총독부의 체육정책은 여전히 경기와 유희 그리고 체조 중심이었다. 특히 조선인을 대상으로 하는 중등교육과 고등교육에서 교련교육을 실시하고 있지 않은 현실을 고려할 때 당연한 정책 방향이었다.

그런데 1939년 들어 전력으로서 조선인의 체력 관리가 필요하다는 주장이 공식적으로 제기되었다.³⁶ 조선총독부의 시학관인 다카마쓰(高松又輔)도 체육의 목표를 "'전력 증강'의 일점에 집중"해야 한다고 하며 강력한 체육정책을 수립하자고 주장하였다.³⁷ 조선총독부의 사무관인 도모토(堂本敏雄) 역시 국민 복지, 국민 교육, 국방, 산업의 관점에서 국민 체력을 향상시키기 위한 방책을 제시하는 가운데 국방체육을 확립하기 위해 흥미 본위, 개인 본위, 기록 본위의 운동경기 대신에 단체행동을 중심으로 한 체육운동을 수립해야 하며, 행군력, 지구력, 부담력, 도약력, 투척력 등 "전력의 증진"을 도모해야 한다고 주장하였다.³⁸ 전력 증진 항목들은 병사 개개인의 전투력과 밀접한 관련이 있는 사항이었는데, 조선총

---

35 朝鮮總督府, 1940, 『施政30年史』, 729~793쪽. 1937년 10월 8일 발행한 「皇國臣民體操趣意書」를 참조할 것.
36 니시오는 1939년 3월 18일 조선체육협회가 주최한 '국방과 체육에 관한 좌담회'가 시작이라고 주장한다(西尾達雄, 2003, 『日本植民地下朝鮮における學校體育政策』, 明石書店, 464쪽).
37 高松又輔, 1939, 「戰力增强の體育」, 『朝鮮』 291, 34쪽.
38 堂本敏雄, 1939, 「四觀點より觀たる時局下國民體力向上の問題」, 『朝鮮』 291, 66쪽. 다카마쓰도 같은 의견을 제시하였다.

독부와 조선군 관계자들이 보기에 조선인은 이러한 항목에서 능력이 크게 부족했던 것이다. 도모토 사무관의 주장대로 학교체육이 바뀐다면 기존의 체육교육과는 크게 다른 방향에서 교육이 이루어질 수밖에 없는 것인데, 그의 주장은 실제 1942년부터 구체화해 갔다.

하지만 체육활동의 강화만으로 이런 약점이 해결될 수 없었다. 조선인의 보건위생 문제도 병행하여 해결해 갈 필요가 있었다. 가령 앞서 언급한 훈련생들의 건강 상태를 보면 말라리아, 위통, 각기병, 화류병에 걸린 사람이 많았다. 그중에서도 특히 말라리아에 걸린 사람들이 많아 조선군 관계자들조차 놀랐다.[39] 결국 조선군사령부는 조선의 인적 자원이 풍부한 데도 "질에서는 열악하다"고 진단하였다.[40]

조선군사령부는 이를 타개하기 위해 한반도 전체에 걸쳐 예방 차원에서 생활을 쇄신하고 조선인의 체력을 향상하는 일이 급무라고 보았다. 그러면서 학무국과 경무국에 분산된 보건 업무를 통일하고 확충하기 위해 국(局) 차원의 새로운 부서를 만들 필요가 있다고 주장하였다. 또 조선인의 생활을 과학적으로 조사하고 연구해야 하며, 위생교육을 강화하고 보건위생 시설을 확충해야 한다고 보았다.[41] 뒤에서 확인되겠지만, 조선군사령부의 주장은 1941년 11월 후생국 설치로 이어졌다.

그렇다고 조선군사령부가 1939년부터 청소년을 즉시 전력으로 활용하기 위한 사회교육을 실시한 것은 아니다. 여전히 학교체육은 경기와 유희 중심으로 이루어지고 있었다. 미나미 지로 조선총독이 통치과제로

39　朝鮮總督府陸軍志願者訓練所, 「志願兵訓練所より見たる半島青年の體力」, 29쪽.
40　「朝鮮軍諸施設希望要綱の件」, 『密大日記 第4冊 昭和14年』. 조선군사령부가 1938년 11월 20일에 작성한 문서다.
41　「朝鮮軍諸施設希望要綱の件」, 『密大日記 第4冊 昭和14年』.

내세우고 있던 내선일체를 달성하는 방편으로 정신적 측면을 더 강조하였다. 오노 로쿠이치로(大野綠一郞) 정무총감은 전쟁이 "무력전에 병행하여 장기 건설의 단계로 이행했다"[42]고 발언했지만 후방, 그것도 식민지의 병력자원까지 동원해야 할 만큼 중일전쟁에서 일본군이 처한 전황이 당장 급박하지도 않았다.

2) 강제된 건강의 제도적 준비

그러나 새로운 신체관을 학교교육에 적용하는 문제는 오래지 않아 당면한 문제로 다가왔다. 1941년 12월 일본군이 말레이반도와 하와이 진주만을 공격하면서 전선이 더욱 확대되었기 때문이다. 더구나 1940년대 들어 중국과의 전쟁은 일본군 수뇌부의 예상과 달리 점점 수렁에 빠지는 형국이었다. 소련과의 전쟁도 준비해야 하였다. 이런 상황에서 일본정부는 1942년 5월 식민지 조선에서 징병제를 시행하겠다고 발표하였다. 이즈음부터 조선총독부와 조선군은 학교교육과 사회교육에서 조선인 청소년을 즉시 전력으로 활용하기 위해 교련교육 이외에 전력으로서 체력을 강화할 체육정책을 현실화하기 시작하였다.

미래의 예비병사인 청소년의 체력 문제를 전력의 측면에서 접근하는 움직임은 1942년경부터 본격화하였다. 조선군과 조선총독부가 이 문제를 현실의 문제로 파악하는 데는 1942년 3월 1일부터 만 18세(1923.3.2~1924.3.1), 만 19세(1922.3.2~1923.3.1)에 해당하는 6만여 명의 조선인 남자[43]

---

42 『文敎の朝鮮』, 1939.1, 5쪽.
43 中澤太郞, 1942, 「專門學校學徒に對する體位鍊成案」, 『朝鮮』 323, 24쪽.

를 대상으로 실시한 체력검사가 중요한 참고자료였다. 왜냐하면 조선군과 조선총독부는 "지원병제도의 확충 혹은 산업 노무 동원"할 때 또는 다른 분야에서 어느 만큼 적재적소에 동원할 수 있는지를 판단하기 위해 조선인 청년의 신체 상황에 관한 확실한 자료가 필요했기 때문이다.[44] 더구나 전쟁 상황이 불리해지고 있는데 제국 전체 인구에서 24% 정도를 차지하는 조선인이란 '인적 자원'을 방치할 수 없었다. 그래서 조선총독부와 조선군은 70여 만 원의 예산을 들여, 270개 반에 의사 800여 명과 보조원 3,000여 명을 동원하여 전국에서 10일 동안 조선청년체력검사를 실시하였다. 그 결과의 평균치를 정리하면 〈표 3-2-5〉와 같다.

조사대상자의 키, 가슴둘레, 몸무게를 보면 농촌 지역보다 도시 지역 거주자의 체격이 더 양호하였다. 결과만 놓고 보면 영양 상태와 위생 환경이 농촌 지역에 비해 도시 지역이 더 좋았을 가능성이 많다. 그 이유는 알 수 없지만 일본인보다도 조선인의 체격이 더 좋았다. 따라서 신체적

〈표 3-2-5〉 조선청년체력검사 결과

지역/체격	연령(만)	키(cm)	몸무게(kg)	가슴둘레(cm)
부(府)	18	161.3	54.3	83.7
	19	162.6	55.7	84.7
군(郡)	18	158.9	53.7	83
	19	161.7	54.3	83.7
일본(참고)	18	159	51.6	80.1
	19	161	53.2	81.4

비고: - 경성부는 통계가 정확하지 않아 빠졌다.
- 전체 평균: 만 18세 159.3cm, 만 19세 161.8cm.
출처: 岡久雄, 1942, 「朝鮮青年體力檢查를 終へ테」, 『朝鮮』 324, 45쪽.

---

44 岡久雄, 1942, 「朝鮮青年體力檢查를 終へ테」, 『朝鮮』 324, 43쪽. 오카는 후생국 보건과장이었다.

인 조건만 놓고 보면 조선인을 징병해도 좋은 조사결과라고 볼 수 있다. 1938년 통계인 〈표 3-2-3〉에서 분석한 내용과 같은 결론이다. 결핵과 성병을 보면, 도시와 농촌 거주 검사자의 0.95%와 0.62%가 결핵을 앓았다. 성병에 걸린 사람은 만 18세의 0.19%(도시)와 0.07%(농촌), 만 19세의 0.45%(도시)와 0.11%(농촌)였다.[45]

체력검사는 체격 조건만 조사하지 않았다. 학력, 일본어 이해 정도 그리고 결혼 여부까지 조사하였다. 만 19세 조선인 가운데 중등학교 졸업 이상의 학력을 가진 사람은 2.4%였으며, 소학교 졸업자는 27%, 미취학자는 55.1%였다. 만 18세의 학력도 이와 유사하여 중등학교 졸업자는 2.2%, 소학교 졸업자는 31.5%, 미취학자는 50%였다. 점차 학력이 좋아지고 있는 경향을 띠는 가운데 일본어 이해 상황을 보면, 자유롭게 회의가 가능한 만 19세는 24.7%, 만 18세는 28.6% 차지했고, 자기 의사를 표현할 수 있는 만 19세는 20.5%, 만 18세는 22%에 이르렀다. 일본어를 완전히 이해하지 못하는 만 19세는 54.8%, 만 18세는 49.4%였는데, 미취학자의 비율과 상당히 일치하였다.[46] 이는 조선인 청년을 대상으로 특별지원병제도를 확대하고, 징병제를 시행해도 지장이 없을 정도의 학력과 일본어 이해력을 갖춘 사람이 많다는 의미다. 기혼한 사람도 만 19세는 36%, 만 18세는 25.1%로 높은 비중을 차지하고 있었지만 줄어들고 있는 추세였다.[47] 징병제를 강행해도 사회적 부담이 점차 줄어들 가능성을 보인 경향이라고 볼 수 있다.

---

45   岡久雄, 「朝鮮靑年體力檢査を終へて」, 45쪽.
46   岡久雄, 「朝鮮靑年體力檢査を終へて」, 46~47쪽.
47   岡久雄, 「朝鮮靑年體力檢査を終へて」, 48쪽.

그런데 이번 체력검사는 조선인 예비병사들의 체위와 체력을 종합적으로 측정했다는 점에서만이 아니라 짧은 준비기간인 데도 모든 행정기관과 애국반이 총력을 기울여 검사대상자를 동원함으로써 행정적으로도 성공적이었다고 조선군과 조선총독부 스스로 자평하였다. 당시 「실천요강」에 따르면 체력검사 해당자에게는 부윤, 군수, 도사(島司), 경찰서장이 연명한 고지서가 본인 앞으로 보내졌고, 동거하고 있는 호주와 고용주는 해당자를 출두시킬 의무가 있었다. 고지서를 받지 못한 사람 또는 발송조차 되지 않은 사람은 경찰서장, 애국반장 등이 전달하였다. 검사기간에는 여행도 자제해야 했고, 여행 등을 떠난 사람에게는 고용주나 호주 또는 동거인 호주를 통해 3월 1일까지 돌아오도록 통지하였다.[48] 이에 따라 연령 해당자의 83.2% 정도가 출석했고, 고지를 받은 사람 가운데 97%가 출석하였다.[49] 상당히 높은 출석률로 최소한 일본의 통치력이 흔들림 없이 관철되고 있었음을 시사하는 대목이다.

이처럼 1942년도 체력검사는 징병제 시행에 대비하여 대상자에게 통지하고 동원하는 데 필요한 행정체계와 운영을 점검하고 경험할 수 있게 한 기회였다. 예행연습이었다고 말할 수 있다. 또 조선총독부가 '지원병제도의 확충' 등을 공식적인 이유의 하나로 내세웠지만, 사실 일본 정부와 조선총독부, 조선군에게는 식민지 조선에서 징병제를 시행할 수 있는지를 시험하고 점검하는 기회였다. 실제 조선군사령부는 체력검사가 끝난 후 종합적인 검토를 거쳐 징병검사가 가능하다는 판단을 육군중앙에 자세히 보고하였다."[50] 그래서 1942년 3월에 실시된 조선청년체

---

48 『大阪每日新聞(朝鮮版)』, 1942.1.27.
49 岡久雄, 「朝鮮靑年體力檢査を終へて」, 44쪽.

력검사는 사실상 '예비징병검사'였다고 말할 수 있다.

조선군과 조선총독부는 조선인 청년의 건강과 위생 문제를 담당할 기구를 신설하였다. 특히 새로운 조치는 체육 관련 조직을 재편하고 기본방침을 확정하는 방향에서 이루어졌다. 이때 가장 주목되는 조치가 조선총독부에 후생국을 신설한 일이었다. 조선총독부는 1941년 11월 "조선에서 시국에 긴요한 대책의 원활한 수행"을 해 후생국을 새로 만들었다. 후생국은 "인적 자원 내지 그 생활에 관한 행정의 통일 강화를 도모하기 위해 내무국 및 경무국에 분담된 해당 사무를 통합"하여 만든 조직으로 산하에 보건과, 위생과, 사회과, 노무과를 두었다.[51] 다시 말하자면 후생국은 1942년부터 더욱 강력하게 추진해야 할 해외 동원과 국민총력전에 필요한 보건위생과 체력증진을 위해 그리고 이에 따른 시설을 확충하고 기구를 정비하기 위해 설치되었다.[52] 이는 조선군사령부가 1938년 11월 "조선총독부 내에 국민보건에 관한 업무를 통괄 강화하기 위해 새로운 1국(局)을 신설할" 필요가 있다고 제출한 의견을 구체화한 것으로 볼 수도 있다.[53] 물론 반드시 조선군이 요구했기에 신설되었다고 말하기는 어렵겠지만, 후생국의 설치는 1939년에 설치한 기획부를 이

---

50 「朝鮮人志願兵徵兵ノ梗概」. 이 문서는 1946년 일본 본토에 복귀한 조선군관구사령부의 징병 담당 참모가 작성하였다. '제4부 제2장'에서 많이 참조하겠다.

51 「朝鮮總督府官制中ヲ改正シ○朝鮮總督府調査官ノ特別任用ニ關スル件ヲ定メ○大正二年勅令第二百六十二號任用分限又ハ官等ノ初敍陸敍ノ規定」,『公文類聚 第65編 昭和16年 第48卷 官職45 官制45』.

52 일본정부는 1938년 1월 후생성을 신설하였다. 후생성은 국민 체력을 국가에서 직접 관리한다는 목적을 실현하는 기구였다. 藤野豊, 2000,『強制された健康』, 吉川弘文館, 21~24쪽.

53 「朝鮮軍諸施設希望要綱の件」,『密大日記 第4冊 昭和14年』. '기타'의 첫 번째 항목이 '1. 위생'이었다.

시기에 더욱 확장한 조치와 더불어, 조선총독부의 지배정책에서 조선군이 어떤 위상을 차지하고 있었는가를 보여 주는 사례다.

조선총독부는 조선인 청소년을 즉시 전력화하기 위한 또 다른 방안의 하나로 기존의 체육단체를 통폐합하였다. 그 과정을 간략히 짚어보면, 1919년 결성된 조선체육협회는 조선인만의 체육기구인 조선체육회(1920)를 1938년에 흡수하였고, 1941년에 학생 스포츠를 관장하던 조선학생체육총연맹도 흡수하였다. 이렇듯 조선총독부 학무국장이 당연직 회장인 조선체육협회는 1941년에 국방국가체제에 적응할 수 있도록 조선의 체육을 지도·통제하는 데 목적을 두고, 모든 체육 기관을 망라하여 단일한 기구로 일원화한 단체였다.[54] 여기에서 한발 더 나아간 조선총독부는 1942년 2월 14일 조선 체육계의 대표 단체인 조선체육협회를 해체하고 조선체육진흥회를 발족하였다. 그리고 후생국이 설치되자 학무국 사회체육과 대신 후생국 보건과에서 이 단체를 담당하였다.[55]

조선체육진흥회는 "경기 본위의 체육으로부터 전력증강 국방체육" 내지는 "전시(戰時)체육"으로 체육정책을 전환하여 "국민정신의 작흥과 국민 체위의 향상을 꾀한다"는 데 목표를 두었다. 단체의 총재는 정무총감, 회장은 후생국장, 총무부장은 보건과장이 당연직으로 각각 맡았으며, 조선에 있던 육해군의 간부, 대학과 전문학교 및 국민총력조선연맹의 관계자가 지도부에 각각 참여하였다. 지방진흥회의 책임자는 각 행정단위의 기관장인 도지사, 부윤, 군수, 도사, 읍면장이 맡았다.[56]

---

54 『京城日報』, 1941.2.28, 8.2, 10.10.
55 손환, 2003, 「일제하 朝鮮體育協會의 활동에 관한 연구」, 『한국체육학회지』 42-6.
56 『大阪每日新聞(朝鮮版)』, 1942.1.13, 1.30.

한편 조선총독부 학무국은 학교체육 관련 업무를 전담하였다. 1938년 4월 조선학교체육진흥회를 조직하고, "학무행정과 표리일체"로 "학교체육에서 운동, 훈련과 학교 위생" 방면을 진흥하기 위해 결성하였다. 진흥회의 회장은 학무국장이고, 본부 역시 학무국에 두었다.[57] 조선총독부에서 철저하게 통제하고 관리하겠다는 의지를 제도화한 것이다.

조선총독부는 기구를 개편하고 정돈하는 한편에서 전시체육을 강화하였다. 뒤에서 다시 자세히 살펴보겠지만 후생국과 조선체육진흥회는 전시체육을 추진하기 위한 기본 지침으로 1942년 3월에「일반국민체육지도요강」, 4월에「학교체육진흥요강」을 각각 제정하였다.[58] 이어 체육대회를 일원적으로 통제하고자 6월에「학도체육대회통제요강」, 7월 2일에「일반체육대회통제요강」을 각각 제정하였다.[59] 또한 모든 학생이 선수(選手) 관념을 갖도록 하려는 의도에서 경기 본위의 소수 선수주의를 폐지하고 전교생이 경기에 참여하는 가운데 대표를 선발하는 방식을 취하였다.[60] 조선총독부는 이러한 방식이 학교에서 질적으로 신체를 단련하는 방향이라고 평가하였다.[61] 학교체육의 지도목표를 건병건민(健兵健民)의 연성으로 대체하여 학교체육의 군사화 경향을 본격적으로 추진한 것이다.

그런데 조선총독부는 조선인 청소년의 체위와 체력을 국방 차원에서

---

57 『大阪每日新聞(朝鮮版)』, 1942.4.16.

58 『大阪每日新聞(朝鮮版)』, 1942.3.18, 4.16.

59 『大阪每日新聞(朝鮮版)』, 1942.6.28, 7.4.

60 1941년에 이미 비슷한 대안이 제기되었다(柳樂達見, 1941,「臨戰態勢下に於ける朝鮮靑少年學徒の體育に就て」,『朝鮮』318).

61 『大阪每日新聞(朝鮮版)』, 1942.5.10.

직접 관리하려는 접근방식을 체육교육 이외의 분야에서도 실시하였다. 상급학교 진학시험 때 조선인 청소년의 체력과 체위를 보존하는 문제가 그 보기다. 1942년 3월 경성광산전문학교 지원자 626명의 체력검사가 있었다. 이때 달리기, 던지기, 멀리뛰기, 높이뛰기, 운반하기를 심사하여 264명만 합격하였다. 한 종목이라도 불합격한 사람은 입학할 수 없었다.[62] 체력검사가 입학 여부를 결정하는 중요한 과정이었던 것이다.

학생의 체력검사 점수와 더불어 면접의 비중도 해가 갈수록 더 높아졌다. 학무국은 1943년도 중등학교와 대학 및 전문학교 입시에서 교과서 이외의 교재에서 출제할 수 없도록 필기시험 과목을 통제하였다. 면접관의 질문내용까지 강력히 통제하였다. 학무국은 "모든 총후(銃後)의 전장"에서 인적 자원을 배양하고 확보하기 위해 학생을 입시 지옥에서 벗어나게 할 필요가 있다고 간주했기 때문이다.[63] 하지만 실상은 필기시험에 대한 부담이 학생을 근로동원하는데 방해되지 않기 위한 조치였다.

그러면서도 학무국은 1939년에 필기시험 과목이 폐지된 일본 본토와 달리 조선에서는 이를 완전히 없애지 못하였다. 조선인 황국신민화의 핵심인 일본어 능력과 일본 정신에 대한 이해를 향상시켜야 했기 때문이다. 또한 체력검사만으로 상급학교 진학을 결정한다면 더 많은 조선인 학생이 상급학교에 진학할 가능성이 높았기 때문이다. 조선총독부는 그렇게 되면 지배민족으로서 일본인의 우월함이 식민지 조선에서 흔들릴

---

62 中澤太郎, 1942, 「專門學校學徒に對する體位鍊成案」, 『朝鮮』 323, 25쪽.
63 『大阪每日新聞(朝鮮版)』, 1942.12.24, 12.26, 12.31. 국민학교 입시는 1944년에 폐지되었다. 중학교 입학시험은 구두시험에 중점을 두었다. 산수의 응용 문제를 출제하지 않기로 하였다[『大阪每日新聞(朝鮮版)』, 1943.10.28, 1944.2.3].

지도 모른다고 우려하였다.[64]

조선인의 체력을 향상하고 신체를 규격화하려는 체육정책은 신체의 형식을 군사적으로 획일화하려는 시도로도 이어졌다. 조선총독부 학무국은 1942년 제1학기 때부터 통일된 제복을 제정하여 중등학교 남학생에게 국방색 교복에 학생모 대신 전투모를 착용하게 하였다. 심지어 남학생은 각반을 차고 등교하였다. 이들에게 총만 쥐어 준다면 곧바로 싸울 수 있는 병사가 되도록 한 것이다. 조선총독부 입장에서 획일화된 제복은 학생의 일상 활동과 보건을 통제하고 관리하는 데 편리하였다.[65] 이는 조선총독부와 조선군이 제복을 통해서도 학생의 신체와 사상을 규제하려고 했음을 말해 준다.

조선총독부는 국방의 관점에서 교련교육도 더욱 강화하였다. 교련교육은 학생의 실전적 국방 능력을 양성하는 데 중점을 두었고, 대학과 전문학교의 학생에게 예비장교로서의 지휘법과 야외연습도 실시하는 방향으로 추진되었다. 활공(滑空)교육도 추가하고, 배속 장교가 없는 학교의 교련은 군사교육 차원에서 사열도 실시하려고 하였다.[66] 이에 관한 자세한 내용이 「조선총독부 제령 제15호 육군 현역 장교의 배속을 받는 학교의 교련 교수요목의 개정(朝鮮總督府 訓令 第15號 陸軍現役將校ニ配屬ヲ受ケタル學校ノ敎鍊敎授要目ノ改正(1942.5.23)」이다.[67] 심지어 일본 유학을 꿈꾸는 학생은 군사훈련을 마쳤음을 증명해야 그것이 가능하였다.

64　西尾達雄,『日本植民地下朝鮮における學校體育政策』, 468쪽.
65　『大阪每日新聞(朝鮮版)』, 1942.3.19, 3.20.
66　『大阪每日新聞(朝鮮版)』, 1942.5.7.
67　『朝鮮總督府官報』 4593, 1942.5.23.

3) 체육교육의 군사교육화와 교육생의 예비 전력화

1942년 들어 조선 체육교육에서는 지금까지 유지되어 오던 체육교육의 4대 요소 가운데 하나인 유희와 경기의 요소가 사라졌다. 대신에 군사적 성격이 강한 집단경기와 교련교육을 강조하는 흐름이 점차 강하게 형성되어 갔다. 이러한 흐름의 전환점이 된 새로운 체육정책의 기본 방침은 1942년 3월 조선총독부가 제정한 다음과 같은 내용의 「일반국민체육지도요강」이었다.

1) 자유주의, 개인주의, 올림픽 지상주의의 구(舊) 체육 관념을 일소한다.
2) 우리들의 신체는 유사생명봉환(有事生命奉還)의 날에 대비하여 단련을 게을리하지 않는다.
3) 심신일여(心身一如)의 훈련
4) 일부 소수자에 국한되지 않게 보편적인 체육을 실시하고 체력의 향상을 꾀한다.
5) 한서(寒暑)를 구분하지 않고 끊임없이 실시한다.
6) 1일 운동량은 대략 군사용의 운동을 적어도 1시간을 행한다.
7) 남녀를 불문하고 국가가 요구하는 일정 표준의 체력 획득과 유지에 노력한다.
8) 남자가 필요한 체력은 다음과 같다.
   민첩성, 지구력, 현수력(懸垂力), 도약력, 투척력
9) 여자는 건전한 모체의 육성을 주안으로 하여 지구성, 강인성의 함양에 노력한다.

10) 건전한 모체의 육성을 위해 여자체육에 일층 힘을 기울인다.
11) 체육운동경기는 체력증진, 덕성함양의 효과와 함께 건전한 후생운동으로서 위안·오락이며 국민에게 명랑성을 주는 것이지만, 이 효과를 기대할 수 있는 농도는 종목에 따라 다르기 때문에 성별, 연령, 체질, 때, 장소를 고려하여 이것의 적정한 선택 실시를 잘못하지 않도록 할 것
12) 국민체육운동의 효과는 지도의 여하에 의한 경우가 많아 종래 자유방침의 경향을 시정한다.
13) 항상 창의공부(創意工夫)를 가(加)하는 우수한 체육설비의 정비, 충실에 노력함과 동시에 근로봉사에 의한 체육설비의 시설을 꾀한다.
14) 일반 국민 대중에 대한 체육운동 기술과 정신 및 도달할 수 있는 체력표준의 시범으로써 우수자를 연마하고 우수한 지도자의 획득에 노력하여 양, 질에서 건전한 발달을 꾀한다.
15) 단련에는 반드시 위생적 고려를 필수조건으로 한다.
16) 체육비는 국방비라는 관념에 입각하여 필요한 경비를 충당한다.[68]

조선총독부와 조선군이 지향하는 지도요강의 핵심은 선수 중심주의에서 참가자 보편주의로, 개인주의에서 집단주의로, 체육정책의 기본 방향을 바꾸려는 데 있었다. 이때 전환하는 과정에서 들어가는 비용은 모두 국방비라는 관점을 투영하였다. 조선총독부와 조선군은 국방이라는 절대적 입장에서 국민 모두의 평균 체력을 향상하겠다는 의도를 지도요

---

68 『大阪每日新聞(朝鮮版)』, 1942.3.18.

강에서 명확히 한 것이다.

조선총독부 학무국은 4월에 위의 지도요강을 토대로 「학교체육진흥요강」을 제정하였다.

1) 심신일체의 수련에 의해 성전(聖戰) 관철의 종합 전력의 증강을 꾀한다.
2) 학교체육의 내용을 일신 정비하여 진정 황국신민 연성을 목적으로 한다.
3) 학교체육의 목표를 지구(持久) 종합 체력의 양성에 둔다.
4) 학교교육에 의한 몰아(沒我), 헌신, 협화의 정신을 강력하게 심는다.
5) 운동체육은 교직원, 학생, 생도아동이 함께할 일환이 되어야 하며, 종래처럼 애호자만이 전유할 수 없다.
6) 운동체육 종목은 새로운 체육 이념에 기초하여 선정한다.
7) 경기대회는 승패를 다투지 않고 의의 있는 것을 선택한다.
8) 선수제도는 폐지, 전교 체육으로 하며 그 가운데 우수한 사람을 출장시킬 것
9) 대회 등의 개최에 관한 구체적 방침은 별도로 통첩한다.
10) 위생양호체육과 단련체육은 혼연일체로서 건강과 연성에 매진한다.
11) 양호는 건강 습성의 도야다.
12) 여자체육은 고학년이라도 등한시 하지 않고 전반적으로 행하는 덕성·정조의 함양에 뜻을 둘 것[69]

---

69 『大阪每日新聞(朝鮮版)』, 1942.4.16.

새로운 학교체육은 학교 구성원 모두가 참여하는 운동이어야 한다는 점에서 집단주의를 지향하였다. 선수제도를 폐지하고 일반 학생 사이에서 선발한 선수로 팀을 구성하고, 승리에 방점을 두어 승패에 연연하기보다 거기에 구애받지 않고 경기에 임함으로써 참가자 보편주의를 지향하였다. 이렇게 되면 체육 종목은 일반 경기보다도 국방 단련에 더 비중을 두고 단체 종목 위주로 선정할 수밖에 없다.

그런데 학무국은 「학교체육진흥요강」의 '제9항'에서 시사받을 수 있듯이 체육대회에 관한 구체적인 방침을 아직 확정하지 않았다. 후생국과 조선체육진흥회 그리고 학무국은 「학교체육진흥요강」을 발표한 이후 얼마 지나지 않아 학생과 일반인 체육대회에 대한 통제 방침을 발표하였다. 6월 26일에 발표한 「학도체육대회통제요강」[70]과 7월 2일에 발표한 「일반체육대회통제요강」[71]이 바로 그것이다. 두 통제요강을 정리하면 다음과 같다.

1) 학생
① 조선 학도체육대회의 개최 횟수: 동종의 학교별 전체적 체육대회는 각 종목을 종합한 대회로서 연 1회, 단 단일종목의 대회도 실정에 따라 연 1회는 인정한다. 또한 운동 종목별 전선적(全鮮的) 체육대회(예를 들어 전선 학생 육상 경기 대회)가 특별히 필요하다고 인정하는 경우는 전선적 체육대회 이외에 연 1회, 지방적 대학·고전(高專) 연합대회는 연 1회를 원칙으로 인정한다.

---

70 『大阪每日新聞(朝鮮版)』, 1942.6.28.
71 『大阪每日新聞(朝鮮版)』, 1942.7.4.

② 학도체육대회의 주최자에 관한 방침: 조선신궁대회를 제외한 전선적 대회는 학무국 학교체육진흥회의 주최로 하는 것을 원칙으로 한다.

③ 선외(鮮外)에서 개최된 체육대회 참가에 대한 방침: 메이지진구(明治神宮) 대회와 같은 국가적 대회 또는 학무국으로부터 통첩받은 전국대회를 제외하고 조선 밖에서 개최된 대회에는 특별한 사정이 있는 경우에 한해 학무국의 승인을 얻어 참가할 수 있다.

④ 일반 체육대회 참가에 관한 방침: 단체, 개인을 묻지 않고 학무국이 승인하는 대회에 한하여 해당 학교장의 허가를 얻어 참가할 수 있다.

⑤ 학무국의 승인: 신궁대회를 제외하고 각지 대회 또는 2도(道) 이상의 대회에 학도를 참가시킬 경우는 학무국의 승인을 요한다.

2) 일반인

① 조선체육진흥회 주최에 의한 대회: 종합대회는 원칙적으로 조선보국봉찬국민체육대회만, 또한 운동 종목별 대회는 연 1회 이것을 인정한다. 기타 필요하다고 인정하는 대회는 참가 단체가 전선(全鮮)에 있는 경우에 한하여 개최할 수 있다.

② 대회 주최자에 관한 방침: 원칙적으로 관할 체육진흥회의 주최로 하지만 …

③ 선외 파견: 위와 같음.

④ 학생의 참가: 위와 같음.

조선총독부는 이처럼 체육대회에 대한 일원적 통제를 강화하였다.

학생체육대회는 교육과정별로 다시 세세한 규정을 두었을 것이다. 가령 학무국은 1942년 7월 15일 중고등학교의 체육대회 실시요강을 결정하였다.[72] 그러면서 동시에 체육대회를 통해 황국신민화정책도 강화하려고 시도하였다. 이는 '일본적 성격'이 짙은 체육행사를 강조하며 "신사(神社)·신사(神祠)의 제례를 중심"으로 "신앙과 일체되는 행정적인" 체육행사를 치르려 한 데서 시사받을 수 있다.[73] 실제 경기도는 강한 육체, 건강한 정신으로 대동아전쟁을 완수하겠다고 경성신사(京城神社)에서 맹세하고, 9월 5일과 6일에 걸쳐 경기도체육진흥회와 경기도학교체육진흥회가 공동 주최하는 제1회 경성신사봉찬체육대회를 열었다. 대회는 9월 24일부터 진행되는 조선신궁봉찬체육대회의 경기도 대표를 선발하는 대회를 겸하여 열린 체육행사였다.[74] 황해도에서는 9월 5일 해주에서 도 대표를 선발하는 제2회 해주신사봉찬체육대회를 열었는데 마찬가지의 형식과 내용으로 열었다.[75]

각 도 예선을 거쳐 선발된 선수들은 9월 24일부터 4일간 열리는 추계 조선신궁봉찬체육대회에 참가하였다. 이 대회는 오늘날 한국으로 따지면 전국체육대회에 중등부를 포함한 체육행사였다. 당시 경기종목을 보면 육상, 탁구, 야구(연식·경식), 농구, 배구, 축구, 정구(연식·경식), 럭비, 유도, 검도, 격투, 궁도, 총검술, 사격, 스모, 국방경기, 집단체조, 체조, 등행(登行), 송구, 자전차, 중량거(重量擧), 마술, 조정 그리고 기타 공개경기의 25개 종목이 있었다.[76] 이 가운데 국방경기, 총검술은 체육행사의

---

72 『每日新報』, 1942.7.17.
73 『大阪每日新聞(朝鮮版)』, 1942.7.8.
74 『大阪每日新聞(朝鮮版)』, 1942.9.6.
75 『大阪每日新聞(朝鮮版)』, 1942.9.11.

군사적 성격을 여실히 보여 주는 경기종목이라고 할 수 있다.

그런데 조선신궁봉찬체육대회 참가자격은 9월 10일과 11일 이틀간 중등학교 이상의 학교에 재학 중인 만 15세 이상 만 25세 이하의 남자로 체력장 검정에 합격한 사람으로 제한되었다.[77] 체육대회를 기초체력의 검증과 연계하는 체육정책을 시행한 것이다.

하지만 당시의 교육 현실을 고려하면 체력장 검정을 받은 조선인 학생은 소수였을 것이다. 1942년 3월의 체력장 검정을 제외하고 조선인 청소년이 체력장 검정을 받았다는 자료를 확인할 수 없었다. 조선총독부의 행정력이 수십만 명의 조선인 청소년을 대상으로 특정기간에 일제히 체력을 측정한 경우가 없었음을 고려할 때 관련 자료는 없을 것이다. 체육시설도 태부족하였으므로 현실적으로도 불가능하였다. 예를 들어 수류탄 던지기, 수영 등 전시체육에 맞는 체력장 검정을 할 시설과 공간을 갖춘 곳은 그리 많지 않았다. 조선총독부와 조선군은 일본 본토에서처럼 「국민체력법(1940)」을 식민지 조선에서 실시할 여력이 없었다.

그렇다고 조선총독부와 조선군이 미래의 병사이자 노동력으로서 조선인 청소년이란 '인적 자원'의 체격과 체력 문제를 수수방관하지만은 않았다. 거기에다 1944년에 징병검사가 예정되어 있었으므로 조선인의 체력과 체위를 향상하려는 정책 자체를 포기할 수 없었다. 그리하면 스스로 전력(戰力) 강화를 포기하는 행위이기 때문이다.

그래서 조선총독부와 조선군이 제정한 방침이 1943년 5월에 발표한 「조선에서 결전하 일반국민체육실시요강」이다. 이번 실시요강은 이전

---

76 『大阪每日新聞(朝鮮版)』, 1942.8.5.

77 『大阪每日新聞(朝鮮版)』, 1942.8.5.

의 체육방침과는 달랐다. 당시 모든 정책을 지배하는 핵심 단어이자 정책방향을 제시하는 용어인 '결전체제'에 즉시 대응해야 했기 때문이다. 1943년의 실시요강은 국민체육의 목표를 오로지 전력을 증강하는 데 두었다. 조선총독부와 조선군은 이를 '중점주의' 체육정책이라는 말로 포장하였다. 실시요강은 일반 무도(武道)를 제외하고 다음과 같은 종목에 중점을 두었다.[78]

> 남자 체력장 검정 종목: 체조, 행군, 육상전기(陸上戰技), 수영, 스모(相撲), 총검도, 사격, 해양훈련
> 항공훈련, 기갑훈련, 기도(騎道, 승마), 설상운동(雪上運動), 빙상운동
> 여자 체력장 검정 종목: 체조, 행군, 육상전기, 수영, 구기, 설상운동, 빙상운동

결전체제에 어울리는 '결전체육'의 강조는, 보건위생의 측면과 정신적 요소를 강조했던 1942년 방침과 확실히 달랐다. 검정 종목만 보면 학교체육은 체력 관련 분야의 군사기초교육이었다. 체육교육이란 이름으로 예비병력을 양성하는 국방체육을 노골적으로 드러낸 것이다.

그렇지만 조선총독부와 조선군은 이것조차 제대로 시행하지 못하였다. 우선 미군이 1944년 6월 사이판을 점령했고 10월에 필리핀에 상륙하는 등 전쟁 상황이 급박했기 때문이다. 이는 일본 본토에서 미군과의 싸움을 준비해야만 하는 상황이 가까운 현실로 다가오고 있음을 의

---

78   朝鮮總督府, 1943, 「戰時學徒體育訓練實施要綱」, 『文敎の朝鮮』 211, 19~20쪽.

미하였다. 새로운 전황은 당장 싸울 수 있는 대규모 신규 병력을 요구하였다. 다음 '제3장'에서 언급할 다양한 군사교육기관, 특히 '청년훈련소 별과 합동훈련소'와 군무예비훈련소가 이즈음부터 본격적으로 운영된 이유의 하나도 이러한 전쟁 상황과 깊은 연관이 있었다. 사실 이러한 군사교육기관은 예비징병 대상자들을 상대로 노무교육, 언어교육, 기초군사교육을 담당했지만, 시간이 갈수록 직접적인 군사훈련의 비중을 높일 수밖에 없었다.

새로운 전황은 학생에 대한 체육정책에도 많은 영향을 미쳤다. 조선총독부는 1944년 6월 30일자로 「결전비상조치에 따른 학도근로동원에 의거한 교련 실시요령」에서 노동력 동원의 목적에 방해받지 않는 한도 내에서 때와 장소 등을 고려하여 군사훈련을 실시하라고 지시할 정도였다.[79] 학생을 노동력으로 동원하는 생산 제일주의에 따라 1주일에 3시간씩 실시하던 교련교육도 제대로 실행할 수 없는 형편이었으니 학교에서 체육교육을 실시할 여력은 더더욱 없었다.

그런데도 조선총독부는 조선인의 체력을 관리하고 통제하기 위한 정책을 입안하였다. 1945년 3월 24일 연 1회씩 신체검사를 한다는 「조선체력령」을 발표하였다.[80] 이어 부령(府令) 제92호로 「조선체력령시행규칙(1945.4.28)」을 제정하고, 5월 1일부터 이 법령을 시행한다고 부령 제93호에 명시하였다.[81] 체력검사표에 따르면 시력, 키, 몸무게 등과 함께 질병 상황을 점검하는 항목 이외에 교육 정도[미취학·국민학교(중퇴·졸

79　朝鮮總督府, 1944, 「戰時學徒體育訓練實施要綱」, 『文敎の朝鮮』 226, 54~55쪽.
80　『朝鮮總督府官報』 5438, 1945.3.24.
81　『朝鮮總督府官報』 5467, 1945.4.28.

업)·중등학교 이상 졸], 국어 해부(解否)(상·중·하), 생계 상황(갑·을·병·정) 그리고 생활 상황까지 파악하는 항목이 있었다. 조선총독부는 오키나와가 무너지고 있을 만큼 불리한 전황 속에서도 체력검사라는 이름으로 조선인의 기초적인 생활조건까지 파악하여 통제하고 관리하기 위해 몸부림쳤던 것이다.

하지만 그러한 몸부림은 몸부림으로 끝날 수밖에 없었다. 조선총독부는 1942년 이후 국방체육을 강조하며 조선인 전반의 체력을 관리하겠다고 했지만 체력검사를 위한 시설을 특별히 늘릴 여유가 없었다. 더구나 1945년 4월 미군이 오키나와에 상륙했고, 5월 중순에는 오키나와전에서 일본군의 패전이 명확해졌다. 이런 상황에서 전체 조선인의 체력을 관리한다는 정책을 시행하는 움직임 자체가 전혀 현실성이 없었다. '제4부 제2, 3장'에서 확인할 수 있듯이, 조선군과 조선총독부는 미군이 제주도와 한반도의 서남해안에 상륙할 것이라고 예상하고 있었으므로 1945년 들어 '뿌리뽑기동원'의 하나인 대규모 병사노무동원을 실시하는 한편, 국민의용대와 학도대를 서둘러 조직하고 결사항전에 대비하려고 하였다. 이는 1944년 들어 이미 실종된 체육정책을 1945년에 계속 시행하려는 시도 자체가 조선인에 대한 최후의 쥐어짜기이자 관료적 형식주의의 극치를 보여 주는 정책일 뿐이었음을 말해 준다.

이처럼 조선총독부와 조선군은 1942년도 체육정책을 통해 조선인 개개인의 건강과 신체를 직접 강제로 관리하려 하였다. 그들은 학교 교련의 강화, 체력장 검정과 체육대회를 통한 직접적인 통제뿐만 아니라 시험과 복장 그리고 조선청년특별연성소를 통한 간접적인 통제까지 폭넓게 시도하였다. 이때부터 식민지 조선에서의 체육교육은 유희와 경기를 중심으로 한 교육에서 정신교육 차원을 넘어 교련과 집단적 육체단련을 중심으로 국방교육의 색채가 짙어져 갔다. 그러한 색채는 1943년에 "전력증강의 일점에 집중"하기로 하면서,[82] 또 1944년에는 '중점주의' 체육정책의 실시에서 더욱 뚜렷해져 갔다.[83] 조선총독부와 조선군이 체육의 군사화 경향을 강화해 갈수록 심신단련과 유희의 체육이란 의미보다 군사훈련의 일환이자 국방교육이라는 의미가 더 부각되어 갔다. 이는 조선총독부와 조선군이 시간이 갈수록 조선인의 신체를 더욱 직접적이고 폭력적으로 상대했다는 뜻이기도 하다.

청년과 학생은 부족한 노동력을 메우기 위해 1945년 8월이 가까워 올수록 노무 동원되는 날이 많아졌다.[84] 학교교육은 실종되어 갔고, 학생들에 대한 국방체육은 무리한 체육정책이 되어 갔다. 통년(通年)동원이 일상화되는 1944년에 들어서면 학생 군사교련조차 제대로 할 수 없는 형편이었다. 이러한 처지는 각종 군사훈련기관에서 교육받고 있던 조선인 청년도 마찬가지였다. 결국 일본제국주의가 패전한다는 전망이 현실로 다가올수록 전쟁에 복무할 수 있는 균질화된 신체를 강제적으로 대량생산하려던 조선총독부와 조선군의 의도는 스스로의 약점으로 인해 한계에 다다를 수밖에 없었다. 달리 말하면 1944년과 1945년의 시점에서 학교에 다니지 않는 청년과 학생을 대상으로 한 체육정책은 신체단련과 정신수양을 위한 체육이란 의미가 완전히 실종되었고, 오로지 국방

---

82 朝鮮總督府, 1943.6,「戰時學徒體育訓練實施要綱」,『文敎の朝鮮』211, 18~19쪽.

83 『大阪每日新聞(朝鮮版)』, 1943.4.28.

84 1940년대 들어 학생에 대한 노동력 동원의 구체적 실상은 신주백, 2001,「日帝의 敎育政策과 學生의 勤勞動員(1943~1945)」,『歷史敎育』78, '제3장'; 전성현, 2015,「전시체제기 학교 隊조직의 변화와 집단 노동력 동원-조선총독부의 학생동원정책을 중심으로」,『石堂論叢』62 참조.

체육이란 껍떼기 지향만 남는 상황에 직면하였다. 하지만 조선총독부와 조선군은 결국에는 이것조차 자기 한계로 인해 제대로 실행할 수 없었다.[85]

---

[85] 1942년부터 본격화한 체육의 군사화 경향은 1970년대 상급학교 진학을 위한 체력장에서 다시 부활한다. 식민지 잔재라고도 말할 수 있는 이것이 바로 체력장 종목의 하나였던 '수류탄 던지기'다. 필자도 대학입시 때 20점 만점의 체력장시험에서 경험한 종목의 하나였다. 1970년대 유신체제가 일상적 군사동원체제이기도 했다는 사실과 무관하지 않은 체육정책이자 식민지 지배의 산물이다. 1937년 이후부터 1945년까지의 전시동원체제와 유신체제, 더 넓게 말하면 박정희 정권과의 연속성을 확인할 수 있는 대목이다.

제3장
예비군사교육, 징병으로 가는 출입문

1. 예비군사교육의 목적과 연성기관들

　　일본의 지배권역에서 가장 확실한 병력자원과 노무자원은 식민지 조선에 있었다. 일본정부는 1942년 2월 「조선인 노무자 활용에 관한 방책(2.13)」을 결정하였다. 이때부터 모집보다는 '관알선(官斡旋)'이란 동원방식이 본격화하였다. 이어 5월에 1944년부터 식민지 조선에서 징병제를 실시하겠다고 밝혔다. 물론 그보다 2개월 전인 3월에 '제2장'에서 살펴보았듯이 조선총독부와 조선군이 나서서 조선청년체력검사를 실시하였다.[1] 조선총독부와 조선군은 '예비 징병검사'였던 조선청년체력검사 이후 조선에서 징병검사를 실시할 수 있다고 결론을 내렸다.

　　하지만 징병제를 선언했다고 해서 징병을 실시할 수 있는 것은 아니었다. 조선군이 보기에 조선인을 징병하는 데 근본적으로 부족한 점이 있었다. 일본어, 곧 국어를 이해하는 조선인의 능력이 문제였다. 주지하듯이, 군대에서 언어 문제는 일상의 내무생활에서부터 적과 싸우는 전투에 이르기까지 가장 기본적인 조건이었다. 조선총독부는 1944년 징병검사를 받은 조선인 청년 222,295명 가운데 미취학자가 102,954명이었으며, 그 가운데 일본어를 '불해(不解)'하는 사람이 41,827명이라고 파악하였다.[2] 국민학교 초등과 중퇴자(42,285명)나 미취학자 가운데 '국어해(國語解)'라고 판정할 수 있는 사람이 군대생활을 하기에 충분하게 일본어를 이해하고 있다고 쉽게 인정하기도 어려웠다. 조선총독부가 1946년부

1　자세한 것은 岡久雄, 「朝鮮青年體力檢查を終へて」 참조.
2　水野直樹 編, 1998, 『戰時期 植民地統治資料』 4, 柏書房, 212~213쪽.

터 예정에도 없던 국민학교 의무교육제도를 서둘러 실시하려는 이유도 여기에 있었다.

더구나 일본정부는 천황에 대한 조선인 청년의 충성도를 신뢰할 수 없었다. 특히 백병전(白兵戰)을 기본으로 하는 일본 육군의 전투방식은 황국신민의 자세가 투철한 병사만이 육탄돌격전 때 목숨을 내놓을 각오를 할 수 있었다. 물론 육군특별지원병제, 헌병보조원제, 간도특설대 등을 시행하여 조선인 청년의 자질을 검증했으므로 어떤 점이 부족한지 일본정부도 잘 알고 있었다. 그런데도 징병제를 시행하겠다고 발표한 이후에도 조선인의 충성심에 대한 불신은 육군성 병무국장의 다음과 같은 발언에서 확인할 수 있다.

조선인의 사상 성격의 약점은 방종부패(放縱不覇)하여 내지인처럼 일관된 조국(肇國)의 본의(本義)를 기조(基調)로 하는 도의관(道義觀) 결여(缺如)하고 정신적(精神的) 의거(依據)를 갖지 않고 있어 그 교육지도의 기조를 적절히 정신요소의 함양, 특히 황민 및 황군의식의 투철에 두어야 한다. 즉, 민족적 대립관을 근저로부터 불식하고 국가 관념, 특히 충군애국의 정신을 계몽배양하여 확고(確固)한 일본인적(日本人的) 신념(信念)을 파악(把握)하도록 함과 동시에 건군(建軍)의 본의(本義), 특히 황군(皇軍) 군기(軍紀)의 진수(眞髓)를 이해(理解)시켜 군인 된 자질을 완성시키는 데 전폭(全幅)의 노력을 기울어야 한다.[3]

---

3 「陸密 第2848號 朝鮮出身兵取扱敎育ノ參考資料送付ニ關スル件陸軍一般へ通牒(1943.8.14.)」,『陸密綴 昭和18年』, 484쪽. 이 자료는 이미 1939년 관련 부대에 배포된 문서다. 병무국장의 발언은 1943년 8월 사단참모장 등의 회동 때 연설한 요지다. 「朝鮮出身兵取扱敎育ノ參考」라는 문서는 육군특별지원병에 대한 교육 경험 등을 정

이렇듯 일본정부는 조선인에 대한 불신을 해소하는 방안의 하나로 천황을 향한 충성심을 기르는 정신교육의 강화를 제시하였다. 조선군과 조선총독부가 1942년 12월부터 조선인을 상대로 처음 실시한 특별연성 교육 때 일본어교육과 정신교육에 중점을 둔 이유 중 하나가 여기에 있었다.

그러면서도 조선군과 조선총독부는 일본 본토에서 필요한 양질의 우수한 청년 노동자를 양성할 필요가 있었다. 조선청년특별연성소를 개설한 목적의 하나가 여기에 있었던 것이다. 조선총독부는 연성소의 네 가지 목적 가운데 하나로 "근로에 의하여 총후봉공(銃後奉公)의 성과를 거두기 위해 근로에 적응할 자질의 연성(鍊成)", 곧 근로작업을 명시하였다.[4]

그런데 일본군은 1942년 8월부터 6개월 동안 치열하게 벌어진 과달카날섬 공방전에서 패배하였다. 이즈음부터 일본군은 태평양전선에서 미군에 조금씩 밀리기 시작했다. 위기의식을 느낀 일본정부는 거국일치하여 결전체제를 부동의 체제로 확립하여 대응하고자 하였다.[5] 고이소 구니아키(小磯國昭) 조선총독(1942.5~1944.7)은 1943년 조선총독부 시무식에서 도의조선(道義朝鮮)을 확립하기 위해 3대 시정의 하나로 수양과 연성을 철저히 실천하자고 제안하였다.[6] 조선군과 조선총독부는 이미

리하여 육군특별지원병이 입대한 부대에서 교육용으로 참고하도록 작성된 자료다. 문서의 성격상 일본 육군성에서 계속 보강하여 축적한 자료로 보이는데, 독립단 대장 이상의 간부장교만 보관하도록 규정되어 있었다. 물론 복사도 금지되었다.

4 朝鮮總督府學務局鍊成課, 1943.2,「徵兵制の實施と朝鮮青年の特別鍊成」,『文敎の朝鮮』209, 28쪽.

5 朝鮮總督府學務局鍊成課, 1943.2,「修養鍊成の徹底的實踐要綱」,『文敎の朝鮮』209, 8쪽.

6 水野直樹 編, 2001,「昭和18年御用始める於ける總督訓示(1943.1.4)」,『朝鮮總督府諭

1942년 5월에 학교와 청년훈련소에서 군사훈련을 강화하겠다고 결정해 놓고 있었는데,[7] 전쟁 상황이 방침을 수정할 수밖에 없게 한 것이다. 여기에 더하여 1943년 9월 삼국동맹의 한 축인 이탈리아가 연합국에 항복함에 따라 일본정부는 '절대국방권'을 설정하며 대응해야 하였다.

조선군과 조선총독부는 징병준비에다, 밀리는 전쟁 상황과 노동력 부족이란 이중고에 대응하는 방책의 하나로 징집대상자에 대한 체계적인 군사교육, 노무교육을 동시에 강화하려는 계획을 수립하였다. 1943년에 청년훈련소와 조선청년특별연성소를 더 늘렸다. 또 1944년, 1945년에 '청년훈련소 별과'와 군무예비훈련소 그리고 청년훈련소와 청년훈련소 별과에서 선발된 청년을 훈련하는 '합동훈련소'를 설치하였다.

조선군과 조선총독부는 이 교육기관들을 연성기관이라 부르면서 크게 두 부류로 유형화하였다. 조선총독부가 1945년에 작성한 「징병준비훈련계획요강(徵兵準備訓練計劃要綱)」에 따르면 연성기관을 일반과 특수로 나누었다.[8] 약 22만 명의 조선인 징병 적령자들은 일반연성기관인 학교, 청년학교, 청년학교 별과(別科), 청년특별연성소에서 교육을 받았다. 또 1945년도 현역 징집 대상자 전원을 교육 정도에 따라 교육기간을 정하고 전숙제(全宿制)로 입영을 준비하는 훈련기관으로 특수연성기관이 있었다. 여기에는 중견청년수련소, 군무예비훈련소, 사업장 장정합동훈

告·訓示集成』5, 綠蔭書房, 181~182쪽.

7 「甲委員會打合決定事項(1942.4.24, 4.28)」, 『大野綠一郎關係文書』. 회의 내용은 5월 1일 조선군 참모장과 협의하여 정리되었다.

8 연성기관을 일반과 특수로 구분하는 분류방식은 1944년까지도 확인되지 않는다. 또한 매우 광범위하게 설치되고 운영된 '조선청년훈련소 별과 합동훈련소'는 1945년도 분류표에 없었다.

련소가 있었다.

이 기관들을 교육훈련 과목에 따라 분류해 보면, '특수'연성기관은 노무교육, 곧 교육 대상자들을 노동력으로 동원하는 훈련을 기본적으로 실시하지 않았다. 이러한 점에서 일반연성기관으로 분류된 '청년학교 별과'도 마찬가지였다. 오로지 군사훈련이 주된 목적이었다. 또한 일반과 특수로 분류하는 연성기관 가운데 군사교육과 관련해 마지막 꼭짓점에는 청년학교 별과와 군무예비훈련소가 있었다. 갑종 판정을 받은 조선인 청년이 두 연성기관 가운데 한 곳에서 교육을 받으면 이후 징집되었.

그럼 이제부터 예비군사교육을 일반연성기관과 특수연성기관으로 나누어 살펴보겠다. 다만, 학교도 일반연성기관에 속하지만, 다음 '제2절'과의 연계성을 고려하여 중등교육과 고등교육에서의 교련에 대해서는 별도의 '제3절'에서 살펴보겠다.

2. 일반연성기관의 예비군사교육

1) 청년학교의 청년훈련소

조선에서 청년훈련소는 1929년에 창설되었다. 청년훈련소는 조선총독부가 1940년 6년제 국민학교에 공립청년훈련소를 설치하도록 명시하면서부터 본격적으로 확대되었다. 규정에 따르면, 청년훈련소 입소 대상자는 국민학교 초등과에 재학 중이거나 수료하고 상급학교에 진학하지 않은 13세에서 22세 사이의 조선인과 일본인 청년이었다. 이들은 조선청년단 산하 청년부 제1반에 소속되었다.[9] 자료에 따르면, 1942년 4월 현재 1,743개 공립청년훈련소에 소속된 조선인은 81,216명이었고, 수료한 사람이 2,377명이었다. 사립청년훈련소에 재학 중인 조선인은 8,674명이었고, 조선인 수료생은 103명이었다.[10] 1944년 현재 1943년과 비교해 302개소나 늘어 2,534개의 청년훈련소에 21만여 명의 생도가 가입했으며, 국민학교 초등과 수료자로 청년훈련소에 가입한 사람이 69%나 되었다. 조선총독부는 1945년까지 청년훈련소 2,728개소를 설치하여 국민학교 초등과가 있는 모든 곳에 두려고 계획하였다.[11]

애초 청년훈련소에 대한 가입률이 그다지 높지 않았던 이유는 의무제가 아니었기 때문이다. 그래서 조선총독부 학무국은 1943년부터 청년훈련소를 청년학교로 승격하여 학력을 인정받게 할 계산이었다.[12] 또 3년간 매년 328개씩 신설하여 1945년에는 국민학교 졸업자 가운데 상급학교에 진학하지 못한 사람의 1/2을 수용함으로써 거의 의무화를 달성할 계획이었다.[13] 하지만 예산과 훈련 담당자 부족 등으로 조선총독부가 계획한 만큼 성과를 거두지 못했다. 그런데도 조선총독부가 1944년부터 건병육성(建兵育成)의 기초를 마련한다는 목표 아래 입소 대상자의 입소를 "거의 의무화"하면서부터 입소자가 급속히 늘어났다.[14]

---

9   朝鮮總督府情報課, 1944, 『鍊成する朝鮮』, 736쪽.

10 1944, 『朝鮮年鑑(昭和19年版)』, 京城日報社, 460~461쪽. 참고로 말하자면, 일본인 재학생은 2,167명, 수료생은 759명이었다.

11 辛珠柏 編, 1993, 「第86回 帝國議會說明資料(1944): 學務局關係」, 『日帝下支配政策史資料集』 2, 高麗書林, 640~641쪽; 『每日新報』, 1944.2.13.

12 『大阪每日新聞(朝鮮版)』, 1942.8.13; 『每日新報』, 1942.12.16.

13 『每日新報』, 1943.1.13, 8.18.

14 『每日新報』, 1944.2.13.

학무국의 계획은 1945년 부령 제46호 「청년학교규정(3.31)」의 제정으로 마무리되었다. 규정은 청년학교의 목적이 "군사적 기초훈련을 실시"하고 "심신을 단련하며 직업 및 실생활에 수요되는 지식 기능을 배운다"고 명시하였다. 군사훈련을 첫 번째 목적으로 내건 것이다.[15] 군사훈련만이 아니라 실업 및 공민 교육까지 병행해 오던 기존의 청년훈련소 운영 방향이 군사훈련을 중시하는 쪽으로 확실히 바뀐 것이다. 이로써 청년학교는 의무제로 바뀌었다.

조선총독부는 청년학교를 2년 과정의 보통과와 4년 과정의 본과로 나누어 운영할 계획이었다. 그렇다고 조선총독부가 재정을 충분히 확보하고 「청년학교규정」을 제정했다고 볼 수는 없다. 1945년 3월 시점이면 패전에 직면한 일본은 모든 물자가 부족한 게 현실이었기 때문이다. 조선총독부는 이러한 상황에서 청년훈련소를 정규교육과정으로 간주하고 학력을 인정하는 유인책과 함께 강제성의 법적 근거를 마련하여 병력자원을 안정적으로 양성할 심산이었다. 사실 청년훈련소에서는 군사교육을 받지 않아도 되었으므로 "청소년을 많이 사용하는 관청이며 은행, 회사에서 일을 시키는 데 장해가 된다"고 하여 직장이 있는 청년 훈련 대상자가 입소를 꺼렸다.[16] 조선청년특별연성소의 경우를 볼 때 입소에 주저하는 현상은 이후에도 나타났다.

그러나 1943년부터 징병제에 맞게 청년훈련소를 개조하려는 조선총

---

15 『朝鮮總督府官報』5444, 1945.3.31. 1938년 3월 31일에 발표된 「청년훈련소규정」의 제1조는 훈련의 목적이 "청년에 대한 국체 관념을 명징하게 하고 황국신민된 자질을 향상하며 상호 신뢰협력으로써 단결을 견고하게 함과 함께 심신을 단련하고 직업 및 실제 생활에 수요되는 지식 기능을 배우"는 데 있다고 나온다(『朝鮮總督府官報』3359, 1938.3.31). 군사훈련에 관한 언급은 전혀 없다.
16 『每日新報』, 1941.1.28. 제20사단 후지다(藤田) 대좌의 발언이다.

독부의 계획이 본격화한 이후는 입소를 주저하는 사람이 많이 줄어들었을 것이다.[17] 실제 조선군 평양병사부는 기초훈련이 제일이라며 1943년 8월부터 2개월간 사열을 실시했고, 부산병사부도 11월 들어 전투교련을 중심으로 사열하였다.[18] 평안남도 학무과는 1944년에 사격, 총검술, 행군에 중점을 둔 청년교육을 실시하였다.[19] 경성에서는 1944년 9월 '제2회 철도청년훈련소'가 열려 '중앙 교통 종사원 양성소 생도 연합 연습'이 실시되었다.[20] 이러한 사례들은 조선군의 지도 아래 청년훈련소의 교육내용이 군사교육을 강화하는 방향으로 흘러가고, 사업장별로 청년훈련소를 설치하는 흐름을 보여 준다.

2) 조선청년특별연성소

조선청년특별연성소는 1942년 10월에 제정된 제령 제33호 「조선청년특별연성령(10.1)」에 근거하여 12월 1일부터 설치된 새로운 연성기관이다. 조선청년특별연성소는 "장래 군무(軍務)에 복무할 경우 필요한 자질의 연성"과 "근로에 적응할 소질의 연성"을 목적으로 내세운 기관이었다.[21] 연성소에는 조선에 거주하는 만 17세부터 만 21세 미만의 조선인 청년남자로 국민학교 초등과를 수료하지 않은 사람 가운데 도지사가

17　『大阪每日新聞(朝鮮版)』, 1942.8.13.

18　『大阪每日新聞(朝鮮版)』, 1943.10.28, 10.6. 1943년도 청년훈련소 사열은 3~4명의 군인이 각지에 파견되어 8, 9월에 집중적으로 실시되었다(『每日新報』, 1943.8.29).

19　『大阪每日新聞(朝鮮版)』, 1944.7.8.

20　『大阪每日新聞(朝鮮版)』, 1944.9.22.

21　『朝鮮總督府官報』 號外(1942.10.1), 「朝鮮靑年特別鍊成令(10.1)」의 제1조 내용이다.

지정한 사람이 입소할 수 있었다. 국민학교 초등과를 나오지 않은 사람에게 연성소 입소는 사실상 의무였다. 「청년훈련소규정」에는 1년 동안 훈육·학과에 400시간, 교련 및 근로에 200시간 합쳐 600시간의 교육을 받아야 한다고 나온다.

제1차 연도 훈련은 1942년 12월 1일부터 전국에서 일제히 시작되었다. 1923년 12월 2일부터 1924년 12월 1일 사이에 출생한 사람이 대상이었다. 이들은 1944년도 징병검사 대상자였다. 훈련의 목적이 어디에 있었는지를 바로 알 수 있는 대목이다. 1942년 12월 1일부터 30,000여 명이 721개 연성소에서 훈련을 받도록 할 계획이었다.[22] 연성소가 있는 학교는 교직원 5명을 연성소의 강사로 겸임시켰다.

제1차 연도 교육시간은 규정과 달리 500시간 이내였다. 훈련생은 표준적으로 하루에 3시간씩 1주일에 4회 총 12시간 교육을 받았다. 교육 대상자 가운데는 산업현장에서 일하는 사람도 있었다. 이들은 업무시간의 빈틈을 이용해 훈련할 수밖에 없었으므로 도시 지역의 경우 대부분 야간에 훈련하였다. 심지어 연성기간 동안 임금을 받지 못하여 훈련받기를 꺼리는 사람도 있었다.[23] 때문에 도시 지역 연성소와 작업장 사이에 갈등이 일어날 수밖에 없었다. 이에 비해 농촌 지역 훈련은 주간을 선호하였다.[24] 결과적으로 산간벽지나 농촌 지역의 훈련 성적이 도시 지역에 비해 더 양호하였다.[25] 제1차 연도 수료식은 1943년 9월 30일에 있었다.

---

22 『每日新報』, 1942.10.26, 11.14, 11.20.
23 이에 대한 시사는 『每日新報』 1943.4.8 참조.
24 朝鮮總督府學務局鍊成課, 1943.2, 「徵兵制の實施と朝鮮靑年の特別鍊成」, 『文敎の朝鮮』 209, 31~32쪽.
25 『每日新報』, 1943.4.1. 이하라 준지로(井原潤次郎) 조선군 참모장의 발언이다.

성적이 불량하다고 판정받은 사람은 다시 연성소에 입소해야만 하였다.[26]

애초 제2차 연도 훈련은 1943년 10월부터 실시될 예정이었다. 그런데 조선총독부와 조선군이 나서서 훈련에 좀 더 박차를 가하기로 하였다. 계획을 6개월 앞당겨 4월 1일부터로 훈련을 시작한 것이다.[27]

조선군과 조선총독부는 1943년 6월부터 9월 사이에 제1, 2차 연도 훈련대상자 10만 3,000여 명의 일본어 습득과 교련에 중점을 두고 사열하였다.[28] 당시 입소한 사람들은 일본어를 배우고 일본식 생활양식을 습득하는 교육을 받았다. 군사교련과 근로활동도 매번 하루에 3시간씩 실시하였다. 이때 『국어교본』이 임시교재로 사용되었다. 이렇게 훈육과 일본어 습득에 중점을 둔 훈련의 기본적인 의도는 다음 내용에서 확인할 수 있다.

> … 훈육, 학과, 근로, 교련의 근본적 인지도 정신은 '교육에 관한 칙어'의 가르치심을 받들어 국체의 본의를 선명하고 황국신민도에 투철하자는 것이다. 또 황국군인의 본질을 파악하고 병역의 숭고한 책무의 영예로운 사명을 이해시켜 진충보국(盡忠輔國)의 정신을 함양하는 것이다. 이밖에 기율을 존중케 하여 명령에는 절대 복종하는 미풍을 기르고 또 국민예법정신을 길러주자는 것도 큰 지도정신이다.[29]

---

26 『每日新報』, 1943.9.28, 10.9.

27 『每日新報』, 1943.1.25.

28 『每日新報』, 1943.6.26. 사열지휘관은 각 도 학무과장이었다(『每日新報』, 1943.7.24).

29 『每日新報』, 1942.12.2.

제1, 2차 연도 교육은 일본군 병사가 되기 위한 마음을 갖추도록 하는 한편, 입영에 필요한 군사기초교육을 실시했던 것이다.[30]

조선총독부는 1944년도 징병 적령자에 해당하는 조선인 남자를 가능한 한 많이 훈련시키기 위해 시설을 크게 확대하여 1943년도까지 공사립 합쳐 1,953개소를 설치하였다. 대략 11만 명 정도의 조선인 남자가 훈련을 받을 수 있는 시설이었다. 1944년도 징병검사 대상자 가운데 미취학자와 국민학교 초등과를 중퇴한 사람이 145,239명이었으니 근접한 수치다. 시설을 급속히 늘려 군사훈련을 확대하려는 움직임은 1944년에도 공사립 합쳐 2,721개소의 연성소를 설치하는 것으로 이어졌다.[31] 조선총독부는 1945년에도 특별연성소 2,923개소를 설치하고 12만 명의 훈련생에게 600시간 이상의 연성을 실시할 계획이었다.[32]

조선청년특별연성소는 식민지 조선에 거주하는 조선인 남자를 대상으로 한 훈련기관이었다. 그러므로 해외에 거주하는 6만여 명의 청년에 대한 교육이 방치될 소지가 있었다. 조선총독부는 일본 본토의 경우 중앙협화회에 훈련 책임을 일임했고, 50만 엔의 예산을 들여 만주에 합숙소 20개, 산숙소(散宿所) 20개소를 각각 설치하였다.[33] 중국의 화베이와 지린에도 연성소를 설치하였다.[34]

---

30 辛珠柏 編, 「第86回 帝國議會說明資料(1944): 學務局關係」, 『日帝下支配政策史資料集』 2, 644쪽.

31 「昭和20年4月23日 內務大臣請議朝鮮總督府軍務豫備訓練所官制中改定ノ件」, 『公文類聚 第69編 昭和20年 第28卷 官職22 官制22(朝鮮總督府1)』.

32 「昭和20年4月23日 內務大臣請議朝鮮總督府軍務豫備訓練所官制中改定ノ件」, 『公文類聚 第69編 昭和20年 第28卷 官職22 官制22(朝鮮總督府1)』.

33 『每日新報』, 1943.5.7; 『大阪每日新聞(朝鮮版)』, 1943.10.23.

34 『每日新報』, 1943.1.12, 1944.9.27.

3) 청년훈련소 별과

식민지 조선의 청년들이 청년훈련소와 조선청년특별연성소에서 군사훈련을 받았지만, 조선총독부와 조선군이 보기에 훈련을 받지 않는 사람이 존재하는 사각지대가 있었다. 국민학교 초등과(尋常小學校) 이상을 수료한 청년 가운데 징병 때까지 "완전히 방치"된 사람이 많다고 판단한 것이다.[35] 이들은 상급학교에 진학하지도 않았고 청년훈련소나 조선청년특별연성소에 입소하지도 않았다. 조선군이나 조선총독부가 보기에 이들은 징병에 관한 인식이 불철저할 뿐 아니라 일본어 능력도 자연스럽게 감퇴할 수밖에 없었다.[36]

조선군과 조선총독부는 청년훈련소에 별과(別科)를 설치하여 이들을 훈련하고 문제를 해결하려고 하였다. 별과는 부·읍·면에 1개소씩 그리고 부(府)에 따라 1개소 이상씩 설치되도록 하였다. 조선군과 조선총독부는 청년훈련소가 없는 면(面)의 경우 조선청년특별연성소에 이를 설치하였다. 별과에서 훈련을 받아야 하는 사람은 1943년 12월 1일부터 1944년 11월 30일까지 만 20세에 해당하는 청년, 곧 1923년 12월 2일부터 1924년 12월 1일까지 출생한 청년들이었다.[37] 조선군과 조선총독부는 늘어나는 훈련 대상자를 감당하기 위해 청년훈련소를 증

---

35 『大阪每日新聞(朝鮮版)』, 1943.8.15.
36 辛珠柏 編, 「第86回 帝國議會說明資料(1944) : 學務局關係」, 『日帝下支配政策史資料集』 2, 647쪽.
37 「昭和19年4月13日 內務大臣請朝鮮總督府軍務豫備訓練所官制制定ノ件」, 『公文類聚 第68編 昭和19年 第23卷 官職23 官制23(朝鮮總督府2)』. 부속자료로 첨부된 「靑年訓練所別科設置要領」의 일부다.

설함과 동시에 도(道)의 정식예산으로 별과도 배정하여 설치하였다.[38]

청년훈련소 별과의 교육은 조선청년특별연성소와 마찬가지로 국어와 교련에 중점을 두었다. 교육시간은 조선청년특별연성소의 1/2에 불과하였다. 1944년 1월부터 12월까지 1년 동안 수신·공민·보통과(課) 합쳐 150시간, 교련 150시간이었다. 수신 교재는 조선총독부에서 발행한 『특집 청년교본』(1944)이었다.[39]

조선총독부는 전쟁 상황 때문에 병력이 필요할 때 신속히 동원하기 위한 사전조치로 별과의 교육시간을 1944년 6월까지 단축할 수 있게 규정하였다. 제1차 조선인 징병제 실시를 고려한 조치일 것이다. 조선청년특별연성소의 교육시간과 비교하면, 교련은 50시간 짧았다. 나머지 교육시간도 250시간이나 줄어들었다. 조선총독부와 조선군은 별과 입소자가 국민학교 초등과 이상이어서 일본어 해독 능력에 큰 문제가 없을 것으로 보았다. 더구나 청년훈련소 별과의 교육은 조선청년특별연성소의 교육과 달리 의무제가 아니어서 법적 강제력을 행사하기가 쉽지 않았다.[40]

그런데 청년훈련소 별과의 설치는 전국적으로 일반화하기 이전인 1943년에 함흥부에서 이미 설치하여 운영한 경험이 있었다. 함흥부는 "국민학교 초등과 이상의 수료자"를 상대로 8월 1일 별과를 개설하고 징병적령자에게 입소를 장려하였다. 11일에는 함흥부윤(咸興府尹)이 관청,

---

38 『大阪每日新聞(朝鮮版)』, 1944.2.26.
39 『特輯 靑年敎本』은 원래 前篇과 後篇으로 구분되어 출판되었는데, 필자가 확보한 책은 합본이다.
40 辛珠柏 編, 「第86回 帝國議會說明資料(1944): 學務局關係」, 『日帝下支配政策史資料集』 2, 647쪽; 『大阪每日新聞(朝鮮版)』, 1944.2.26.

사업장, 공장, 회사, 상점주에게 징병적령자가 별과에 입소할 수 있도록 편의를 제공해 달라고 요청하였다.[41]

조선총독부는 1944년에 별과를 전국에 설치했으며, 1945년 들어 청년훈련소처럼 징병적령자를 대상으로 징병준비훈련을 1년간 300시간 이상 실시할 계획이었다.[42]

3. 일반연성기관인 학교에서의 군사교육

과달카날전투가 끝나갈 무렵인 1943년 2월 17일, 일본 추밀원 본회의에서는 「조선교육령개정안요강」을 통과시켰다.[43] 개정된 요강의 핵심은 "군 간부요원의 충족 및 노무동원계획의 수요에 부응하기" 위한 '임시조치'로 수업 연한을 단축한 조치였다.[44] 대학 본과와 고등학교, 전문학교는 6개월씩, 대학 예과는 3년에서 2년으로, 중등학교는 5년에서 4년으로 수업 연한이 줄어들면서 졸업도 빨라졌다. 경성제국대학은 9월 20일, 숙명여자전문학교는 25일, 이화여자전문학교는 26일, 연희전문학

41　『大阪每日新聞(朝鮮版)』, 1943.8.15. 첫 교재『國語敎本』이후『鍊成敎本』이란 정식 교재가 출판되었다(『每日新報』, 1943.5.14).

42　「昭和20年4月23日 內務大臣請議朝鮮總督府軍務豫備訓練所官制中改定ノ件」,『公文類聚 第69編 昭和20年 第28卷 官職22 官制22(朝鮮總督府1)』.

43　자세한 것은『文敎の朝鮮』210(1943.4), 11~12쪽 참조.

44　「昭和16年勅令第924號大學學部等ノ在學年限又ハ修業年限ノ臨時短縮ニ關スル件中改正ノ件(1943.2.17)」,『公文類聚』2A-12-類2770(MF659). 추밀원 관계 문서다. 문서번호: 樞D00899100.

교와 보성전문학교는 27일에 각각 졸업식을 예정하였다.⁴⁵

새로운 조치에 따라 군사교련은 체조, 무도와 함께 체련과에 포함되었다. 모든 학년이 1주일에 3시간씩 군사교련을 받아야 했다.⁴⁶ 중학교 체련과는 "신체를 단련하고 정신을 연마하여 건전불요의 심신을 육성하고 국방 능력의 향상에 힘써 헌신봉공의 실천력을 증진"하는 데 목적이 있었다.⁴⁷ 심신을 단련해야 하는 중요한 목적이 '국방 능력 향상'에 있었던 것이다. 앞서 '제2장'에서 살펴보았듯이 1942년부터 뚜렷하게 나타난 체육의 군사화 경향이 그대로 반영된 개정이라고 볼 수 있다. 흔히 이를 '제4차 조선교육령'이라고 한다.

"학원의 결전체제"를 '확립'했다고 판단한 일본정부는 생산활동과 군사훈련에 조선인 학생을 적극적으로 동원하기 위해 「학도전시동원체제확립요강(1943.7)」을 확정하였다.⁴⁸ 여기에서 일본정부는 유사시 즉각 대응할 수 있는 태세를 확립하기 위해 학교교련을 철저히 강화하고, 학생들로 하여금 장차 "군무에 대비하여 국방 능력의 증강을 도모함과 동시에, 필요에 따라 직접 국토방위에 전면적으로 협력"하도록 하고자 학교총력대(學校總力隊)라는 학생군사조직을 결성하기로 결정하였다.⁴⁹ 학

---

45 『每日新報』, 1943.9.16. 이밖에 중요한 특징은 辛珠柏, 2001, 「日帝의 敎育政策과 學生의 勤勞動員(1943~1945)」, 『역사교육』 78, 78~81쪽 참조.

46 中島信一, 1943.4, 「改正中等學校制度의 指導精神」, 『文敎の朝鮮』 210, 20쪽. 中島信一은 조선총독부 교학관이었다.

47 1943.4, 「朝鮮總督府令 第58號 中學校規程(1943.3.27)」, 『文敎の朝鮮』 210, 24쪽.

48 『每日新報』, 1943.1.17.

49 1943.9, 「學徒戰時動員體制確立要綱ニ關スル件通牒」, 『文敎の朝鮮』 214, 5쪽. 학교총력대는 중등과정과 고등과정의 모든 학교에서 곧바로 결성된 것 같지는 않다. 왜냐하면 학교총력대가 제대로 작동했다면 1945년 學徒隊가 결성될 때 그대로 전환시키기만 하면 되었는데 그렇지 않았기 때문이다.

생을 상황에 따라 전쟁터로 내몰 수도 있게 방침을 개정한 것이다. 정무총감의 통첩 형식으로 전달된 요강을 통해 조선군과 조선총독부가 학교를 "병영"으로 간주하고, 미래의 일본군 장교를 양성하는 "예비사관학교", "군무예비훈련소" 정도로 생각하고 있음을 확인할 수 있다.[50]

그렇지만 일본정부의 계획대로 군사훈련을 진행할 수 있을만큼 전쟁상황이 녹록지 않았다. 1943년 들어서도 상황이 악화되었고 스스로 설정한 '절대국방권'마저 흔들렸다. 이에 일본정부는 1944년 들어「학도동원비상조치요강」과「학도동원비상조치요강에 따른 학도동원비상실시요강(1944.3.18)」을 확정하고 조선총독부에도 이를 통첩하였다. 비상조치요강의 핵심 내용은 학생을 4개월 정도 노무 동원하기로 한 데 있었다. 학생은 근로현장을 교실로 간주하고, 작업을 교재로 알며, 동원이 곧 교육이고 근로라는 "연성관"을 강요받았다.[51] 말의 성찬에 불과한 논리로 사실상 통년동원원칙(通年動員原則)을 적용한 것이다. 학교교육을 포기하고 학생을 노동자원으로 취급한 것이다.

학생 근로 동원의 강화는 학생군사훈련을 다시 조정하게 하였다. 조선총독부 학무국은 조선군과 협의하여「결전비상조치에 따른 학도근로동원에 의거한 교련 실시요령(1944.6.30)」을 확정하였다.[52] 새로운 지침은 동원기간 중 동원지의 적절한 장소를 골라 군사교관이 훈련의 형식과 내용을 결정할 수 있게 하였다. 사열과 검정에 관해서도 일본정부가 제정한「학교교련사열급(及)검정에 관한 임시특례(1944.5.28)」 조치가

---

50 『每日新報』, 1943.7.21. 近藤英男, 1944.4,「朝鮮に於ける學園非常態勢について(下)」,『朝鮮』, 347, 39쪽. 당시 近藤英男은 朝鮮總督府 視學官이었다.

51 近藤英男, 1944.7,「學徒勤勞動員의 要義」,『文敎の朝鮮』224, 11쪽.

52 1944.9,『文敎の朝鮮』226, 54~55쪽.

7월 3일자로 내려왔다. 이에 따르면 훈련교관이 동원지에서 적절히 대응하여 사열과 검정 문제를 처리하게 되었다.[53] 생산제일주의에 일반 학교교육은 차치하고 학생군사교육조차 제대로 실시할 수 없을 만큼 식민지 조선의 생산력 증강 문제가 다급했던 것이다. 결국 한 주에 3시간씩 해야 하는 군사교련도 시간이 줄어들거나 아예 못하는 상황에 직면하게 되었다.

이후 「학도근로령시행세칙(1944.10.30)」에 따라 통년동원 방침은 더욱 보편화하였다. 중학교 상급생과 대학생의 수업과 군사교련도 사실상 정지되었다. 경성공립공업학교에 재학 중이던 리영희는 당시 상황을 다음과 같이 회고하였다.

> 학교의 수업은 3학년 말(1944년-인용자)로 사실상 중단되고, 4학년부터는 '전시학도동원령'으로 아예 군관계의 노동에 징발되어 나날을 보내게 됐어. 전 조선의 중학교 3학년 이상은 그뒤 다시는 학교에 돌아갈 수 없게 되었고, 1945년 8월 15일에 전쟁이 끝날 때까지 온갖 종류의 노동으로 날을 보냈지.[54]

1945년 들어서도 전황은 일본에 더욱 불리해졌다. '제4부'에서 자세히 살펴보겠지만, 일본은 1945년 2월 '본토결전'을 벌이기로 결정하였다. 식민지 조선에서도 제주도 그리고 서남해안을 따라 군산부터 부산까지의

---

53 堤赳, 1944.9, 「學徒勤勞動員に伴ふ敎鍊實施の要領に就て」, 『文敎の朝鮮』 226, 11쪽. 당시 堤赳은 조선군 병무부 부원으로 육군대좌였다.
54 리영희, 2005, 『대화』, 한길사, 59쪽. 임헌영이 대담하였다.

해안가에 미군의 상륙에 대비하는 군사시설을 급속히 건설해 갔다.[55] 1945년 6월 말 미군이 오키나와를 완전히 점령하자 조선총독부는 「전시교육령(1945.7.1)」과 「조선교육령시행규칙(1945.7.1)」을 각각 공포하고, 학도대 편성을 서둘렀다.[56] 이제 노무 동원한 곳에서 별도의 시간과 장소를 내어 군사교련을 실시하라는 방침조차 철회하고 학교 단위로 군사조직을 만들도록 지시한 것이다.

학도대는 필요하면 즉각 출동하여 방공과 방위의 임무를 맡는 조직이었다. 본토결전 준비와 맞물려 설명한다면, 학도대원은 미군이 한반도에 상륙했을 때 척후, 전령, 전투, 교통선 복구, 부상병의 구호, 박격포와 전파탐지기의 조작 등을 자신의 전공과 교육정도에 따라 담당하게 되었다.[57] 조선총독부와 조선군은 1945년 7월 11일 식민지 조선의 대학 및 전문학교장 회의에서 7월 말까지 학도대를 결성하도록 지시하였다.[58] 조선군과 조선총독부는 도(道) 단위 학도대 대장인 도지사와 부대장인 내무부장을 중심으로 학도대 결성에 적극 나서도록 각 도에 지시하였다.

조선총독부와 조선군이 학생군사조직을 서둘러 결성하려 한 이유는 식민지 조선의 모든 사람으로 구성할 국민의용대(國民義勇隊)의 '중핵체'

---

55 군사시설에 관한 자세한 내용은 신주백, 2009, 「1945년 한반도 남서해안에서의 '본토결전' 준비와 부산, 여수의 일본군 시설지 현황」, 『군사』 70; 김윤미, 2015, 「일제시기 일본군의 대륙침략 전쟁과 부산의 군사기지화」, 부경대학교 대학원 박사학위논문 참조.

56 『朝鮮總督府官報』 號外, 1945.7.1.

57 『每日新報』, 1945.4.11.

58 『每日新報』, 1945.7.12.

가 학도대였기 때문이다.[59] 조선총독부는 국민의용대 편성을 위해 1945년 7월 10일 국민총력조선연맹을 해산하고 국민의용대조선총사령부(國民義勇隊朝鮮總司令部)를 결성하였다. 이에 따라 지방의 부·군 단위의 연맹도 모두 해산하였다. 가령 국민총력조선연맹, 경성부연맹 같은 경우 1945년 8월 1일에 해산하였다. 대신에 조선총독부는 각 도·부에 총사령부와 함께 직역대(職域隊)를 조직하였다.[60] 황해도에서는 1945년 7월 31일 학도대가 결성되었다. 그 산하에 중학교학도대, 국민학교학도대가 있었다.[61]

　식민지 조선의 모든 사람을 동원하여 국민의용대를 결성하고 미군의 한반도 상륙을 저지하려는 방침은 조선인을 총알받이로 이용하겠다는 의도에 불과하였다. 실제 1945년 4월부터 6월의 오키나와전투 당시 현지의 일본군과 주민은 상륙한 미군에 승리하기 위해 싸우지 않았다. 일본 대본영의 의도에 따라 미군에 최대한 피해를 많이 입히고, 더 나아가 도쿄 등 본토에 미군이 진주하는 시기를 최대한 늦추려는 데 전투의 목적이 있었다. 오키나와 주민은 희생양에 불과했던 것이다. 미군이 규슈나 관토 지역보다 먼저 한반도에 상륙을 시도했을 때 조선군이 기대하는 전투 목표는 승리보다는 오키나와전투 때와 비슷했을 것이다.

59　『每日新報』, 1945.7.26.

60　『每日新報』, 1945.7.11, 7.28, 8.2, 8.4, 8.6, 8.12, 8.13.

61　『每日新報』, 1945.8.2.

4. 군사훈련만 실시한 특수연성기관

1) 청년훈련소 별과 합동훈련소

조선군과 조선총독부는 1944년 들어 군사교육정책에 주목할 만한 변화를 주었다. 1943년에 징병적령자 모두에게 군사훈련을 시킨 성과를 바탕으로 더 높은 수준의 군사훈련을 실시할 대상자를 선발했기 때문이다. '청년훈련소 별과 합동훈련소'와 군무예비훈련소(軍務豫備訓練所) 입소 대상자가 여기에 해당한다.

두 연성기관은 읍면 단위의 청년훈련소 별과와 조선청년특별연성소에서 교육받은 징병적령자 가운데 신체검사에서 갑종 판정을 받은 사람을 대상으로 집중적인 군사교육을 실시하는 기관이었다.[62] 징병적령자를 대상으로 노무동원은 하지 않고 군사훈련만 하는 기관인 것이다. 다만, 합동훈련소는 청년훈련소 별과에서 훈련을 받은 사람, 군무예비훈련소는 조선청년특별연성소에서 군사교육을 받은 사람 가운데 갑종 판정자가 입소 대상이었다.

조선군과 조선총독부는 '청년훈련소 별과 합동훈련소'를 전기에 60개소, 후기에 60개소를 각각 설치하고 운영하였다. 예를 들어 경기도와 경성부는 전기와 후기에 각각 7곳과 3곳에 합동훈련소를 설치하

---

62 현역에 적당한 자는 현역병 또는 제1보충역(제1, 2乙種) 판정을 받은 사람이었다. 이들은 키 150cm 이상으로 신체 건강한 사람이었으며, 체격의 정도에 따라 甲種과 乙種(1, 2, 3)으로 구분되었다. 1944년도 징병검사자 가운데 甲이 33.5%, 1乙이 30%, 2乙이 16%, 3乙이 11.1%, 丙이 5.6%, 丁이 3.2%, 戊가 0.2%였다.

였다. 전기 군사교육은 1944년 7월 6일부터 8월 1일까지, 후기 군사교육은 8월 5일부터 31일까지 각각 27일 동안 합숙하며 실시되었다. 조선군사령부는 모든 합동훈련소에 다수의 장교와 하사관을 파견하여 교련 체조와 군대 내에서의 일상생활을 가르치는 등 직접 훈련을 관장하였다.[63] 입소자는 예비군사교육 차원에서 교련교육을 받은 것이 아니라 '병(兵)'으로서 군사훈련과 정신교육을 받았다고 볼 수 있다.

조선군과 조선총독부는 1945년에도 합동훈련소 대신 대략 1군에 1개 정도 되는 '예비훈련소'를 240개 설치하였다. 다음 '2) 군무예비훈련소'에서 확인할 수 있듯이 군무예비훈련소에서 예비 군사교육을 어느 정도 감당하는 쪽으로 운영 방향을 잡았기 때문일 것이다. 물론 1944년도의 합동훈련소와 다른 이름이고, '예비'훈련소와 같은 성격이지만 이름은 달리 불린 경우는 있어도 기본 취지는 합동훈련소와 같았다.

1945년도 징병적령자인 입소자들은 5월 1일부터 6월 29일까지, 7월 1일부터 30일까지 그리고 8월 1일부터 30일까지 각각 제1, 2, 3기로 나뉘어 예의작법과 군사교련을 받았다. 제1기는 국민학교를 졸업하지 못한 갑종 합격자, 제2, 3기는 국민학교를 졸업한 정도의 학력을 소지한 갑종 합격자가 입소자였다.[64] 예비훈련소는 주로 인근 지역의 국민학교에 설치되었으며, 강사는 해당 국민학교의 교원이 담당하였다.[65] 이 점은 조선군이 훈련을 관장한 '청년훈련소 별과 합동훈련소'와 달랐다.

---

63 『每日新報』, 1944.5.11, 5.12, 7.2, 7.4, 7.5, 7.7, 8.5. 별과 인원 가운데 갑종 판정자는 2만 4,000명 정도 된다.

64 『每日新報』, 1945.4.13.

65 '예비훈련소'의 운영은 여러 곳에서 확인할 수 있다(『每日新報』 1945.5.2, 6.19, 7.9, 7.15).

2) 군무예비훈련소

조선청년특별연성소는 통근제(通勤制)로 훈련하는 방식이었으므로 입영 준비훈련 가운데 가장 중요한 일본어 습득과 교육이 불철저할 수밖에 없었다. 조선총독부는 이 문제점을 해결하고자 1944년도 징병검사 결과 현역 징집이 예정되어 있거나 현역 징집 판정을 받은 사람을 대상으로 집중적인 군사훈련을 실시하기 위해 「군무예비훈련소 규정 및 동 훈련소생 훈련요령(4.21)」을,[66] 이튿날에 「군무예비훈련소 규정(4.22)」을 공포하였다.[67]

조선총독부가 직접 관장한 군무예비훈련소는 육군특별지원병훈련소로 사용된 경기도 양주와 평양의 제1, 2훈련소 그리고 경기도 시흥에 신축한 제3훈련소가 있었다.[68] 군무예비훈련소는 "황군 요원된 자질을 연성하는 곳"으로 훈련생을 제1, 2부로 나누어 교육하였다. 제1부 훈련생은 조선청년특별연성소를 수료한 사람, 제2부 훈련생은 국민학교 이상의 수료자로서 특히 장기훈련을 희망하는 지원자로 구성되었다. 조선총독부는 제2부의 훈련생을 제1부의 훈련조교로 키울 계산이었다.

제1부 훈련생은 매번 1,389명 또는 1,388명이었다. 조선총독부는 훈련소마다 1년에 8,333명 또는 8,334명을 배출함으로써, 매년 2만 5,000명 정도 육성할 예정이었다. 조선군과 조선총독부는 1944년도 징

---

66 『大阪每日新聞(朝鮮版)』, 1944.4.21.
67 『朝鮮總督府官報』號外, 1944.4.22.
68 이하 1944년도 군무예비훈련소에 관한 내용은 특별한 언급이 없는 한 「昭和19年 4月13日 內務大臣請朝鮮總督府軍務豫備訓練所官制制定ノ件」, 『公文類聚 第68編 昭和19年 第23卷 官職23 官制23(朝鮮總督府2)』을 참조하였다.

병적령자 22만여 명 가운데 현역 판정자가 5만여 명이고, 이들 중 2만 5,000여 명이 조선청년특별연성소 수료자로 예상하였다. 또한 조선총독부는 제2부의 훈련생을 한 기수에 166명 또는 167명씩 1년에 332명 또는 334명을 배출하여 세 훈련소에서 연간 1,000여 명씩 육성할 계획이었다.

군무예비훈련은 1944년 4월 1일부터 시흥의 제3훈련소에서, 양주와 평양의 제1, 2훈련소에서는 5월 1일부터 각각 시작되었다. 훈련생은 당초 예상한 2만 5,000여 명보다 훨씬 많은 3만 8,000여 명이었다. 조선총독부와 조선군은 대략 5만 명 정도 갑종 판정자가 나올 것으로 예상했는데, 7만 4,400여 명이 갑종 판정을 받았으므로 훈련생을 더 늘릴 수밖에 없었다.[69]

제1부의 훈련기간은 2개월 정도였는데, 조선군과 조선총독부는 1년에 6회씩 훈련소를 운영할 예정이었다. 다만, 조선총독부와 조선군은 1944년도 제1부 훈련소를 5월부터 시작하므로 한 기수에 40일씩 6회를 운영할 방침이었다. 제2부의 경우 6개월 정도의 훈련기간을 연 2회씩 운영할 계획이었으며, 1944년도 훈련을 7월부터 1회만 실시할 계획이었다. 1945년도 훈련생은 생도급비라는 명목으로 매월 수당 3엔과 식비 21엔을 받았으며, 생도여비도 1인당 27엔을 받을 수 있었다.

훈련 항목을 보면, 제1부는 훈육(수련, 공민), 보통학과(일본어에 중점을 둔 간이 역사, 지리, 수학 등), 술과(術科: 교련, 체조, 총검술), 내무훈련으로 짜였으며, 제2부는 훈육(수신, 공민), 보통학과(국어, 역사, 지리, 수학, 이과), 술

---

[69] 총검사자의 33.5%가 甲種을 받았다고 해서 이렇게 인원수를 계산하였다[辛珠柏 編, 「第86回 帝國議會說明資料(1944): 警務局關係」, 『日帝下支配政策史資料集』 3, 60쪽].

과(교련, 체조, 무도), 내무훈련으로 구성되었다. 제1, 2부 훈련생의 한 주 훈련시간은 총 61시간 가운데 훈육 4시간, 일본어 10시간을 비롯해 보통학과 20시간, 교련 10시간, 술과 15시간이 배정되었다. 훈련생은 아침 6시에 기상하여 밤 11시 30분 취침할 때까지 오전(9~12시)과 오후 (1~6시 30분)로 나누어 수업을 받았다.[70] 군무예비훈련소의 교과는 철저히 '일본인' 군인으로 거듭나게 하는 교육과 천황에 충성하며 '싸울 수 있는 병사'를 양성하기 위한 교육내용으로 짜여졌다.

1945년도 군무예비훈련소 제1기는 1월 21일에 입소했다. 1945년도 징병검사가 4월에서 1월로 앞당겨졌기 때문이다. 제2기 입소는 4월로 예정되었다. 이로 보아 제1기 입소자 훈련생은 70일짜리 훈련을 받았을 가능성이 크다.[71]

그런데 1944년과 달라진 점이 있었다.[72] 우선 제1부의 훈련생이 중등학교 재학자나 졸업자를 제외한 국민학교 취학자와 미취학자로 바뀌었다. 앞서 보았듯이, 1944년에는 국민학교 초등과를 수료한 이후 상급학교에 진학하지 않은 사람도 청년훈련소 별과에서 훈련을 받았다. 초등과 수료자와 미수료자 사이에 일본어 이해에 차이가 없었을 가능성이 크다. 거기에 비해 국민학교 졸업자와 미졸업자의 일본어 실력에 간극이 있어 이를 기준으로 나누는 방법이 더 효율적이라고 조선군과 조선총독부에서 판단했을 것이다. 이에 따라 1944년 같으면 '청년훈련소 별과 합

---

70 1945년도에는 9시 30분에 취침하였다.

71 『每日新報』, 1945.1.20.

72 「昭和20年4月23日 內務大臣請議朝鮮總督府軍務豫備訓練所官制中改定ノ件」, 『公文類聚 第69編 昭和20年 第28卷 官職22 官制22(朝鮮總督府1)』 가운데 1945년도 「朝鮮總督府軍務豫備訓練所要綱」을 인용하였다.

동훈련소'의 훈련 대상자도 입소했을 것이다. 더구나 급속하고 대규모로 전개된 본토결전 준비 때문에 훈련교육에 투입할 조선군 병력운영에 여력이 없었을 것이다.

둘째, 훈련기간이 모두 같지 않고 일본어 실력에 따라 기수별로 훈련기간이 조금씩 달랐다. 입소자에 따라 짧게는 21일에서부터 길게는 70일 동안 국어와 심신단련을 중심으로 훈련이 있었다. 훈련기간이 짧을수록 일본어 이해력이 높은 사람이었을 것이다. 다만, 주당 수업시간과 과목별 배분에는 1944년과 차이가 없었다. 이들은 훈련이 끝나면 입영 전까지 거주지의 특별연성소에서 보습교육도 받아야 했다.[73]

셋째, 제2부 훈련생의 수용인원에는 변화가 없었다. 하지만 조선총독부는 7회에 걸쳐 제1부 훈련생 46,360명을 훈련할 수 있을 것으로 예상하였다. 1944년도에 비해 입소자가 8,000여 명 더 늘어난 것이다.

이밖에 특수연성기관으로 중견청년수련소와 사업장장정합동훈련소가 있었다.[74] 중견청년수련소는 1945년 3월부터 10월 사이에 중학교 재학 이상의 학력을 가진 사람을 11기로 나누어 20일 정도 입소시켜 심신단련을 중심으로 운영된 기관이다.[75] 수련소는 충남 부여에 있었다.[76] 조

---

73 『每日新報』, 1945.2.7.

74 두 기관에 대한 설명은 「昭和20年4月23日 內務大臣請議朝鮮總督府軍務豫備訓練所官制中改定ノ件」, 『公文類聚 第69編 昭和20年 第28卷 官職22 官制22(朝鮮總督府1)』 가운데 1945년도 「朝鮮總督府軍務豫備訓練所要綱」을 인용하였다.

75 고등교육을 받은 사람들에 대한 군무예비훈련은 1943년에 시도하려고 했던 적이 있었다. 즉, 대학과 전문학교장 회의에서는 1944년도 졸업자를 대상으로 오전에 講義, 오후에 조선인 학생을 대상으로 한 군무예비훈련을 6개월간 실시하기로 결정한 적이 있었다(『大阪每日新聞(朝鮮版)』, 1943.10.26]. 정확한 이유는 모르겠지만, 고등교육자를 대상으로 한 군무예비훈련은 실시되지 않았다. 만약 실시하려고 했다면 조선총독부로서는 상당한 정치적 부담을 감당해야 했을 것이다. 더구나 1943년 10월

선군과 조선총독부는 식민지 조선에서 가장 고학력의 사람을 한 곳에 모아 예비간부 후보생 내지는 연성 지도자로 육성할 의도였을 것이다.

사업장장정합동훈련소는 합숙시설을 갖춘 사업장에 설치되어 1945년 4월부터 9월까지 세 차례로 나누어 직장에 다니는 국민학교 미취학자를 모아 집중 훈련하는 곳이었다. 훈련소는 국민학교에서 직접 파견된 지도원의 지도와 국민총력연맹이나 부·읍·면의 협력 아래 일본에 관한 이해력을 높이고 심신을 단련하는 교육을 실시하는 기관이었다. 훈련기간은 대개 2, 3개월이었다.

이처럼 조선군과 조선총독부가 추진한 예비군사교육은 일반연성기관과 특수연성기관으로 나누어 볼 수 있다. 여러 연성기관이 있었지만, 청년훈련소와 조선청년특별연성소와 같은 새로운 군사교육기관이 설치되고 교육 대상층이 좁혀지는 과정은 노무관리 차원의 교육을 배제하는 과정이었다. 동시에 정신수양교육을 중심으로 하는 군사교련으로부터 청년훈련소 별과 합동훈련소와 군무예비훈련소처럼 기초 군사훈련을 통해 병사로서의 자질을 기르는 쪽에 비중을 두는 교육이 강화되는 과정이었다. 대신에 현역 판정을 받지 못한 사람, 판정은 받았지만 현역 징병에서 탈락한 사람은 청년특별연성소를 통해 관리되다 1945년 들어 노동력으로 동원되었다. 다음 '제4부 제2장'에서 자세히 살펴보겠다.

학교교육 차원에서 진행된 군사교련은 1943년 제4차 조선교육령이 제정되면서 크게 바뀌었다. 학교는 예비사관학교이자 군무예비훈련소로 간주되었으며, 학생은 미래의 군사간부로 대접받았다. 하지만 조선군은

에 學兵制가 실시되었기 때문에 이러한 훈련방식은 그다지 현실적이지 않았다.
76 『每日新報』, 1945.2.7.

전황이 일본에 불리해져 가면서 학교의 위상과 학생들에게 부과된 임무에 부응할 만큼 원만하게 군사교육을 실시할 수 없었다. 특히, 1944년 하반기부터 통년동원이 일상화되면서 학생군사훈련은 사실상 정지되었다. 그럼에도 불구하고 1945년 7월부터 미군의 한반도 상륙에 대비하는 대책의 하나로 방위와 방공의 임무를 담당할 학도대가 편성되었다. 학교 조직을 군대로 재편성한 것이다. 1945년 7월 국민의용대를 편성한 조선총독부는 "자기 목숨 바치고 적의 목숨을 빼앗자"고 조선인들에게 요구할 정도였다.[77] 1945년 8월 두 차례의 원자폭탄 투하는 결과적으로 식민지 조선인의 대량 희생을 예방한 사건이었다고도 볼 수 있다. '원자폭탄의 역설'인 것이다.

그런데 일본군이 패전의 국면에 가까이 올수록 조선총독부는 청년층을 노동력으로 동원하는 정책을 더 밀어붙였다. 그럴수록 즉시 전력으로서의 신체를 실현하려는 조선총독부와 조선군의 이상(계획)은 일본군 병사로서의 육체적 자질을 함양하고 황국신민화한 정신적 요소를 체현하는 과정과 더욱 괴리되었다. 또한 군사교육을 위한 소집은 사실상 노동력의 소집이기도 하였다. 비록 총독부 당국이, 근로가 체위를 향상시키고 영양도 증진시킨다고 강하게 변명했지만,[78] 노동력 동원은 학생의 건강을 해친다고 우려하는 여론과 직면해야만 하였다. 조선인 청년에 대한 군사적 신체 만들기는 자기모순에 빠질 수밖에 없었다. 자기모순의 심화 과정은 조선인 청년 개개인 가운데 독립을 꿈꾸는 사람, 전쟁에 대해 염증을 느끼는 사람[염전사상(厭戰思想)] 그리고 내면적으로 황국신민에 대

77　『每日新報』, 1945.7.30.

78　『每日新報』, 1944.8.3.

한 회의를 품는 사람이 늘어나는 현상을 동반하였다. 조선군과 조선총독부가 조선인 병사 만들기 정책에 집중할수록 조선인 청년학생의 전쟁에 대한 환멸은 깊어질 수밖에 없었다. 그렇다고 전황에 대응하지 않을 수 없었던 조선군과 조선총독부로서는 예비전력을 육성하는 정책을 포기할 수도 없었다. 1945년 8월로 갈수록 그 정책의 필요성은 더욱 커졌으니, 이에 따른 모순의 폭과 깊이는 더욱 넓고 깊어질 수밖에 없었다.

제4부
제17방면군, 마지막 버티기와 패전

제1장
'본토결전'과 조선군의 대규모 개편

1. 본토결전과 조선군사령부의 분화

1944년 2월 도조 히데키(東條英機) 수상은 자신이 육군상과 참모총장을 겸임하면서 정치지도와 군사지도 양면에서 강력한 지도제체를 구축하고 전쟁을 독려하였다. 하지만 1944년 6월 일본 항공기동부대는 마리아나해전에서 미국 해군에 대패하여 괴멸 상태에 빠졌고, 7월에 마리아나제도의 사이판섬에 주둔하고 있던 일본군 수비대도 30,000여 명이나 '옥쇄'하였다. 일본군의 전략적 패배가 명확해지는 순간이었다. 일본군은 7월 들어 버마에서 인도로 진격하기 위한 침략전, 곧 임팔작전에서도 일본군 사망자만 30,000여 명이 나오면서 작전을 중지하였다. 유럽전선에서도 침략국은 몰락하고 있었다. 연합군이 6월에 노르망디상륙작전에 성공하였고, 그 여세를 몰아 8월 25일에 파리를 해방시켰던 것이다. 일본의 전쟁지도부로서는 전세에 밀리는 데다 외톨이 신세로 전락했기 때문에 위기감을 느끼지 않을 수 없었다.

도조 히데키 수상의 기대와 달리, 지도적 위치에 있는 일부 사람 사이에서 전황을 역전시킬 수 있다는 희망이 완전히 사라졌으며, '패전필지(敗戰必至)'라는 주장까지 제기되었다. 이런 주장을 대표하는 사람으로 고노에 후미마로(近衛文麿)를 들 수 있다. 그는 기도 고이치(木戶幸一)에게 보낸 문서에서 다음과 같이 주장하였다.

> 사이판전 이래 해군 당국은 연합함대가 이미 무력화되었다고 말하고, 육군당국은 또 전국(戰局) 전체로서 호전의 희망이 절대 없다고 말하는 데 일치하고 있다. 즉, 패전필지(敗戰必至)함은 육해군 당국이

함께 도달한 결론으로서, 다만 금일은 이것을 공공연하게 말할 용기가 없는 현상이다.[1]

고노에 후미마로의 고민은 일본 전쟁지도부의 모호한 책임성 문제와 연관이 있고, 승전은 거두기 어렵다고 말할 수 없는 분위기와도 연관된다고 하겠다. 아무튼 기도 고이치는 자신의 일기에서 육해군 통수부의 수뇌들이 이 사실을 솔직하게 확인하도록 하는 일이 '급무'라고 언급하였다. 일본의 일부 지도자는 이제 전쟁을 승리로 이끄는 데서 의미를 찾기보다 전쟁을 어떻게 마무리해야 하는가라는 종전방식에 초점을 맞추기 시작했던 것이다.

결전도 종전방식 가운데 하나였다. 1944년 7월의 내각 개편에서 결전방식을 지향한 흐름이 드러났다. 당시 내각은 육군대장 출신으로 조선총독을 역임한 고이소 구니아키가 수상에, 해군대장인 요나이 미쓰마사(米內光政)가 해군대신 겸 부수상격으로 입각하며 구성되었다. 고이소 내각은 1944년 8월 5일 수상, 외상, 육상, 해상, 참모총장, 군령부총장이 참가한 전쟁최고지도회의를 조직하였다. 전쟁최고지도회의는 8월 19일 채택한 「금후 채택할 전쟁지도대강(今後採ルヘキ戰爭指導大綱)」에서 명확히 전쟁을 계속한다는 방침을 결의하였다. '지도대강'에서는 전쟁의 필승을 확신하고 '황토'를 '호지'하여 끝까지 전쟁의 임무를 완수한다는 목표를 내걸고 철저항전을 모색하였다.[2] 이를 구체화한 작전이 첩1호작전(捷1號作戰)이다.[3] 이 작전은 남방군(南方軍)과 해군이 협동하여 필리핀

---

1 1968, 『近衛日記』, 共同通信社, 33쪽.

2 日本參謀本部 編著, 1979, 『敗戰の記錄』, 原書房, 56쪽.

방면에서 미군을 '격멸'하고 해상교통의 안전을 확보하는 데 있었다.

그런데 미군은 마리아나를 거점으로 9월 24일 일본 본토를 처음으로 공습하였다. 이때부터 미군은 자신이 원하는 시간과 장소에 마음대로 폭격하였다. 필리핀에서도 10월 20일 미군이 레이테섬에 상륙하였다. 일본 해군은 레이테섬해전에서 그나마 가지고 있던 항공모함을 모두 상실하였다. 미군은 1945년 1월 9일 필리핀 루손섬, 2월 3일 마닐라를 각각 점령하였다. 이제 미군의 진격 방향은 오키나와였다. 반면에 결전에서 승리하여 불리한 전황을 만회하거나 미군에게 일격을 가하려 했던 전쟁지도부의 작전은 실패로 돌아갔다.[4] 필리핀에서의 작전 실패는 중신과 황족 사이에 천황제라는 국체를 보존하기가 쉽지 않겠다는 위기의식을 심화시켰다.

그러나 천황과 국정의 주도권을 장악하고 있던 사람들은 미국에 한 방 먹여 전황을 역전시켜 보겠다는 작전의도를 포기하지 않았다. 1945년 1월 18일 최고전쟁지도회의에서는 "1억 필승을 확신하고 주적 미(米)의 침투를 파최(破摧)하고 끝까지 전쟁을 완수한다"고 하는 전쟁지도대강을 결정하였다.[5] 전쟁최고지도회의는 그 후속 조치로 본토결전을 차질 없이 준비하기 위해 「긴급시책조치요강(1.18)」과 「결전비상조치요강(1.25)」을 각각 제정하였다.[6]

대본영은 「제국육해군작전계획대강(1.20)」을 통해 본토의 전장화, 곧

3　防衛廳防衛研究所戰史室, 1975, 「捷1號作戰指導要領案(1944.7.18)」, 『大本營軍部〈9〉』, 朝雲新聞社, 62~64쪽.
4　1963, 『葛山鴻爪』, 小磯國昭自敍傳刊行會, 797쪽.
5　1972, 『終戰史錄』, 外務省, 194~195쪽.
6　日本參謀本部 編著, 『敗戰の記錄』, 220~227쪽.

'본토결전'의 준비를 본격화하였다. 새로운 작전계획은 오키나와를 제외한 황토(皇土)인 제국 본토를 중심으로 한 국방요역(國防要域)을 확보하여 본토를 유지하며 이를 위해 군비를 근본적으로 쇄신한다는 내용이었다.[7] 동시에 일본의 전쟁지도부는 오키나와의 일본군에게 새로운 작전계획을 성공시키기 위해 미군의 북상 속도를 늦추어 본토결전에 대비할 시간을 벌 수 있게 하는 임무를 주었다.[8] 물론 쇼와천황과 대본영조차 오키나와 주둔 제32군이 미군과 싸워 이길 것이라 보지 않았다.

육군은 3월 31일에 본토결전을 위한 지휘부로 제1, 2총군과 항공총군사령부를 편성하였다. 사실 일본의 전쟁지도부는 반격할 수 있는 전력, 특히 항공전력의 정비도 고려하는 등 계획상으로는 반격의 여지까지 아직은 포기하지 않았다.[9] 또 3월에 미군의 본토 상륙을 가을쯤으로 예상하여「결호(決號)작전준비요강」을 확정하고, 작전권역을 모두 7곳으로 나누어 본토결전 준비를 구체적으로 발동하였다.[10] 이를 지도에 표시

---

7 防衛廳防衛研究所戰史室, 1975,『大本營陸軍本部〈10〉』, 朝雲新聞社, 9~13쪽에서 재인용.

8 여기에 동원된 조선인에 대해서는 신주백, 2007,「한국근현대사와 오키나와-상흔과 기억의 연속과 단절」,『한국민족운동사연구』50 참조.

9 防衛廳防衛研究所戰史室,『大本營陸軍本部〈10〉』, 9~13쪽.

10 防衛廳防衛研究所戰史室, 1972,『本土決戰準備(2)-九州の防衛』, 朝雲新聞社, 236~253쪽.
   스즈키 간타로(鈴木貫太郎) 내각(1945.4.7~8.17)은 본토결전을 준비하며 오키나와전을 치르고 있었기 때문에 중국과의 종전공작에 그다지 적극적이지 않았다. 특히 전임 외상과 마찬가지로 도고 시게노리(東郷茂德) 외상도 육군 주전파의 입장과 달리 미국과의 화평을 실현하기 위한 공작에 더 관심이 있었기 때문에 적극적이지 않았다. 당시 육군 주전파는 독일이 연합국에 항복한 이후에도 중국국민당정부와 단독강화를 희망하고 있었다. 그들은 강화의 대가로 일본군을 남중국 방면에서 철수시켜 정전협정을 체결할 생각이었다. 더 나아가 중국국민당정부와 전면적인 단독 화평을

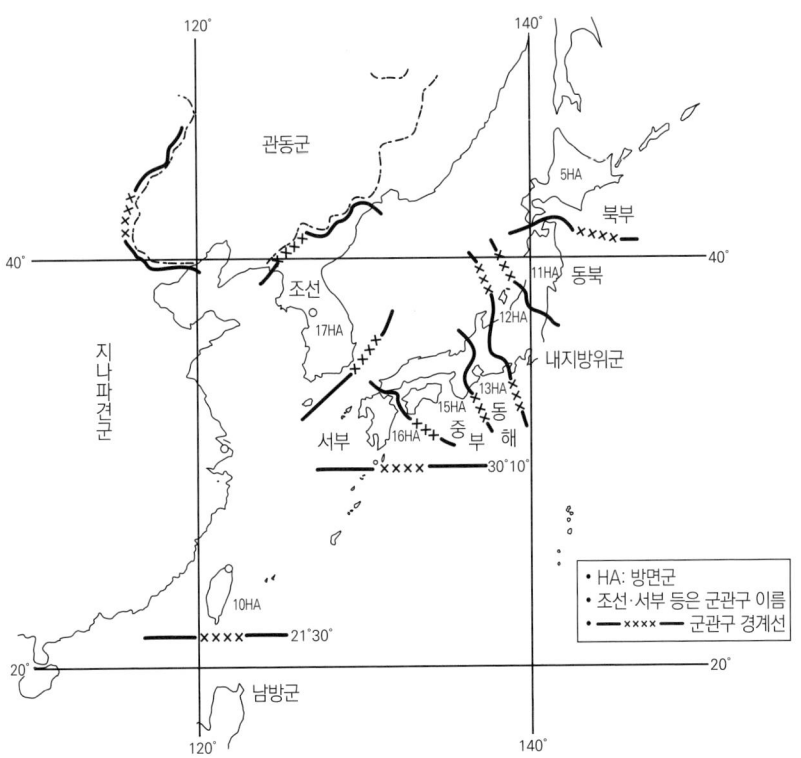

〈그림 4-1-1〉 본토결전의 작전지역 개관(1945.2.11)

출처: 防衛廳防衛研究所戰史室, 1975, 『大本營陸軍本部〈10〉』, 朝雲新聞社, 18쪽.

하면 〈그림 4-1-1〉과 같다.

다음 '제2절'에서 자세히 보겠지만, 대본영이 본토결전을 결정함에

유도할 계산이었다.

또 다른 이유도 있었다. 4월이 지나면서 오키나와전의 패색이 짙어갔고, 미국 공군과 해군은 하늘과 바다를 자유롭게 다녔다. 이로 인해 중국의 본토, 만주, 조선 그리고 일본으로 연결되는 방어고리가 약해지면서 중국 본토와 일본이 조선을 통해서만 겨우 연결되는 처지로 내몰렸다.

따라 식민지 조선의 조선군사령부는 제17방면군사령부와 조선군관구사령부로 확대 분화하였다. 또한 대본영은 본토와 주변의 영토나 근해로 진격해 오는 미군을 擊攘(격양)하는 결호작전(決號作戰)을 구상하여 〈그림 4-1-1〉처럼 본토를 결1호~6호 작전구역으로 나누었고, 식민지 조선에서의 대미작전을 결7호작전이라 불렀다.

2. 작전과 군정 조직의 분리와 대미작전 임무 추가

본토결전을 위해 대본영이 취한 첫 번째 쇄신조치는 1월 22일 주요 지역의 군대를 방면군(작전)과 군관구(軍管區, 군정)로 구분하는 통수조직의 개편이었다. 다만, 사령관과 참모장, 일부의 참모는 두 가지 임무를 원만하게 수행하기 위해 겸임하도록 하였다. 조선군도 2월 17일 조선군관구와 제17방면군으로 분리되었지만, 사령관과 참모장은 겸임이었다. 또 사령부 참모를 6명에서 12명으로 증원하고, 늘어난 인원을 작전, 방위, 선박, 통신, 연료, 병참 업무를 전담하는 데 배치하였다.[11] 통일적이고 원활한 지휘체계를 운영하기 위해 참모부장직도 신설하였다.

제17방면군은 적어도 두 가지 점에서 조선군과 크게 달랐다. 조선군이 방위와 교육, 병참을 주된 임무로 하는 교육부대였다면, 제17방면군은 작전부대였다.[12] 또한 조선군은 대소작전 준비가 고유한 임무였지만,

---

11 「軍令陸甲 第13號 方面軍司令部, 軍管區司令部臨時編成, 第321次復歸(復員)要領 (1945.1.22)」, 『軍令綴』3.

⟨그림 4-1-2⟩ 제17방면군사령부 및 조선군관구사령부 제1, 2청사와 애국부 청사
사진 정면의 건물과 우측 건물이 사령부 청사고, 정면의 제1청사 왼쪽에 있는 작은 건물이 애국부 청사였다. 1948년 미국 제7사단사령부로 쓰이던 건물로 당시 주한미군이 찍은 사진이지만, 외관의 원형은 전혀 변형이 없었다. 제2청사는 1941~1942년경에 완공되었다. 사진 상단의 강이 한강이다.

출처: 신주백·김천수 편, 2020, 『사진과 지도, 도면으로 본 용산기지의 역사 2(1945~1949)』, 선인, 308쪽 (미국 NARA에서 입수).

제17방면군은 2월 11일자 대본영의 결정에 따라 미군의 공격으로부터 식민지 조선을 확보하는 일이 주된 임무였다. 이에 따라 제17방면군은 북부 조선 지방의 함경도를 중심으로 병력을 집중배치하고 작전을 구상

---

12 일본군의 지휘계통은 대본영-총군-방면군(2개 군 이상)-군(2개 사단 이상)-사단-여단-연대-대대였다.

했던 이제까지와는 달리, 주로 제주도 등 남부 조선 지방에서 작전을 준비하였다. 대소작전의 경우는 관동군 총사령관의 '구처(區處)'를 받는다고 되어 있었다.[13] 대소작전에 관해 제17방면군 사령관이 직접 구상하고 계획을 짤 필요가 없는 것이다. 1945년 2월 급속하게 바꾼 새로운 지침, 곧 한반도에 주둔한 일본군의 주된 임무를 변경하고, 병력배치를 새롭게 한 조치는 1904년 3월 한국주차군이 편성된 이래 처음 있는 결정이었다.

군 지휘계통만 개편된 것이 아니었다. 식민지 조선에 있는 최고 지도부는 한반도에서의 본토결전에 대비하기 위해 전쟁지도부와 지도체계도 새롭게 짰다. 이들은 1945년 3월 28일 조선총독, 조선군관구 사령관 겸 제17방면군 사령관, 진해경비부 사령장관이 만나 협의체를 구성하였다. 세 사람은 조선에서의 막판 총동원을 위해 중앙-지방(각 사관구)-지구[도(道)의 지구사령관구] 연락위원회를 조직하고, 작전, 방위, 정보, 운수, 생산, 노무 등에 집중하기로 합의하였다.[14]

이렇게 급속히 지휘체계과 지도부를 개편하는 와중에 약간 다른 의견들이 제시되기도 하였다. 제17방면군이 조선에서 본토결전을 서둘러 대규모로 준비하는 도중에 조선의 최고 통치자들만이 아니라 대본영과 관동군에서도 조선의 전쟁지도부 구성 문제, 곧 조선총독과 조선군관구 사령관의 겸임 문제와 제17방면군의 관동군 예속 문제를 제기한 것이다.

전자의 문제는 아베 노부유키(阿部信行) 조선총독이 이미 1945년 초

---

13 防衛廳防衛研究所戰史室, 『大本營陸軍本部〈10〉』, 9~10쪽. 區處란 지휘예속상의 명령권은 없지만 특정 사항에 관해 지휘 지도를 위임받은 경우를 말한다.

14 「朝參電 第1847號(1945.3.20)」, 『機密作戰日誌(乙綴)』; 朝鮮軍殘務整理部, 「第17方面軍作戰準備史」(이하 '「第17方面軍作戰準備史」'로 줄임).

"이신일체(二身一體)" 차원에서 고려하고 있던 사항이었는데,[15] 대미작전 준비를 본격화하면서 공론화되었다. 즉, 5월 초 제17방면군 및 조선군관구의 참모부장인 스가이 도시마루(菅井斌麿) 대좌는 조선의 상황에 관한 보고서에서 제17방면군의 작전에 조선총독부가 강력하게 협력하고 있지만 "실행력은 충분하지 않다"고 평가하고, 조선군관구 사령관의 총독 겸임을 지지하였다.[16] 또한 5월 17일 경성에 도착한 가와베 도라시로(河邊虎四郎) 참모차장을 만난 아베 노부유키 조선총독도 무관 출신의 대물(大物), 곧 비중 있는 인물이 두 자리를 겸직하면서 작전지휘와 군관구 업무, 조선통치라는 세 가지 일을 강력히 처리해야 한다고 말하였다. 제17방면군 사령관도 중국 등을 출장 중이던 미야자키 슈이치(宮崎周一) 참모본부 제1부장을 만나 같은 의견을 피력하였다.[17] 당시 조선총독과 제17방면군 사령관이 생각하는 대물이란 1941년 11월부터 남방군 총사령관을 지내고 있던 데라우치 히사이치(寺内壽一),[18] 육군대신을 지냈고 1945년 3월부터 제2총군사령관이 된 하타 슌로쿠(畑俊六), 1944년 7월부터 육군참모총장을 맡고 있던 우메즈 요시지로(梅津美治郎) 정도의 인물이었다.

그러나 이 논의는 현실화되지 않았다. 작전 준비가 급박한 상황에서 책임자의 교체는 대본영과 내각으로서도 부담스러웠다. 그리고 겸임할

---

15 「井原潤次郎의 證言-朝鮮軍について(1966.10.13)」. 이하라는 제17방면군 참모장이었다.

16 防衛廳防衛研究所戰史室, 『大本營陸軍本部〈10〉』, 235쪽.

17 防衛廳防衛研究所戰史室, 『大本營陸軍本部〈10〉』, 228~229쪽. 그는 6월 25일부터 7월 2일까지 출장하였다.

18 데라우치 히사이치는 제3대 조선통감과 제1대 조선총독을 지낸 데라우치 마사다케의 아들이다.

만한 '대물'을 찾기도 쉽지 않았을 뿐만 아니라 대본영이 보기에 조선총독과 정무총감이 전쟁 준비에 적극적으로 협력하고 있어 군과 총독부 사이에 원만한 관계가 유지되고 있었기 때문이다.

뒤에서 더 자세히 살피겠지만, 후자 문제의 논점은 관동군이 계속 제기하는 현안이었다. 당시 관동군과 제17방면군은 상하관계가 아니었다. 뒤에서 다시 언급하겠지만, 대본영은 2월 11일자로 한반도의 북부지방에서 대소작전을 벌일 때 제17방면군이 관동군의 '구처'를 받는다고 결정하여 교통정리를 시도하였다. 하지만 대본영의 결정 이후에도 관동군과 제17방면군, 대본영 사이에 두 병단의 관계는 계속 논의된 것이다.

한반도에서 본토결전과 관련한 최고지도부를 구성하는 문제를 둘러싸고 일본군 고위층에서 여러 의견이 나왔지만, 제17방면군은 서둘러서 대규모 병비를 갖추어야 하는 현안이 앞에 놓여 있었다. 그래서 제17방면군은 4월 10일 기존의 유수 제19, 20, 30사단을 평양, 경성, 나남사관구(師管區)로 개편하고 대구와 광주에도 사관구를 신설하였다.[19] 같은 시기에 조선헌병대도 각 도(道)에 헌병대본부를 설치하는 등 기구와 인원을 대폭 늘렸다.[20] 이제 조선군관구사령부는 조선군사령부 시절과 달리 군인이 관구 조직을 통해 행정의 최하급 단위까지 공개적이고 구체적으

---

19 「軍令陸甲 第25號 在內地, 朝鮮留守師團司令部稱號變更, 師管區司令部臨時動員竝 第325次復歸要領(1945.2.9)」(『軍令綴』 4)에 따른 조치인데, 사관구사령부에는 地區 司令部, 補充隊, 警備隊, 特設警備隊, 特設警備工兵隊, 病院 등이 소속되었다. 사관구 담당 구역: 평양-평안도와 황해도, 나남-함경도, 경성-강원도, 경기도, 충청도, 광주-전라도(제주도 포함), 대구-경상도.

20 「軍令陸甲 第46號 憲兵司令部, 憲兵隊等臨時編成要領(1945.3.16)」, 「陸亞機密 第157號 憲兵司令部, 憲兵隊等臨時編成要領細則ノ件(1945.3.16)」, 『軍令綴』 14. 보조 헌병은 2,074명이 늘었다.

로 개입할 수 있게 되었다. 1910년대 헌병경찰제도보다 훨씬 광범위하고 규모 있게 민간행정에 개입할 수 있는 장치가 마련된 것이다.

조선총독부도 4월 17일 군관구, 사관구, 지구사령관구와의 원활한 연락과 협력을 전담할 서기관을 각 도(道)에 임명하기로 하였다.[21] 사관구 설치에 맞추어 4월 20일부터 조선의 방공구역도 북선(함경도), 서선(평안도), 중선(황해, 경기, 강원, 충청도), 남선(경상, 전라도)지구로 재편하였다. 지상방공은 조선총독부에서 담당하고, "방공은 즉 생산이다"라고 주장하는 조선군관구사령부에서 지원하는 체제였다.[22] 또한 같은 날 조선총독부는 본부 "행정의 철저한 간소화"를 달성하여 "행정면의 결전체제"를 "완성"하기로 결정하였다. 즉, 본부는 정책의 대강에 관해 종합하고 기획하며 통제하는 기관으로 기능하고 이를 위해 1실(實) 47과(課)에서 1실 36과로 조직을 축소하였다. 대신에 군수, 식량 생산 및 방위 등의 모든 사무는 제일선, 곧 지방 관계기관에 위임되었다. 이를 위해 고등관의 20%, 판임관의 50%인 400여 명을 지방으로 전출하였다. 더구나 조선총독부는 이를 전체적이고 효과적으로 지휘하여 군대의 작전과도 잘 결합할 수 있도록 전라남북도, 특히 제주도[23]에 "유력한 인재를 배치"할 계획이었다.[24] 전투현장에서 군대가 기동성 있는 대응조치를 마련할 수 있도록 민첩하고 효과적으로 지원하겠다는 조선총독부의 의도가 반영된 조직개편이다. 인재의 재배치는 뒤의 〈그림 4-1-3〉에서 확인할 수 있듯이, 제17방면군이 보기에 미군의 상륙이 가장 유력한 곳이 제주도

---

21 「築朝參電 第2848號(1945.4.20)」, 『機密作戰日誌(乙綴)』.
22 『每日新報』, 1945.4.18, 2.25.
23 당시 제주도는 행정구역상 전라남도에 속하였다.
24 「築朝參電 第2848號(1945.4.20)」, 『機密作戰日誌(乙綴)』; 『每日新報』, 1945.4.18.

와 군산이었고, 제주도에 인력과 물자를 공급하는 목포 일대의 방어가 가장 중요했던 현실과 깊은 연관이 있는 조치였다.

조선군과 조선총독부의 조직 개편은 1945년 시점에 이르러 군대 우위의 지배방식이 식민지 조선에서 전면적으로 관철되었음을 말해 준다. 또한 군대의 간섭이 조선인의 구체적이고 일상적인 영역에까지 직접적이고 광범위하게 이루어질 수 있는 동원체계가 강제적으로 작동되어 갔음을 의미한다.

3. 전력의 급속한 강화

1) 대미작전 전력의 급상승

대본영에서 본토결전을 준비하기 위해 취한 두 번째 쇄신조치는 2월 28일에 결정한 대규모 병비(兵備) 계획이었다. 대본영은 제1차로 제150, 160사단 등 18개의 '연안배비사단'을, 제2차로 4월 상순부터 제121사단 등 8개의 '결전사단' 등을, 제3차로 5월 하순부터 제320사단 등 11개의 '연안배비사단' 등을 각각 배치하여 150만여 명의 병력을 보강할 예정이었다.[25]

그런데 미군에 계속 밀리는 상황이 이어짐에 따라 식민지 조선에서

---

25   防衛廳防衛研究所戰史室, 『大本營陸軍本部〈10〉』, 23쪽. '연안배비사단'은 해안에 집중배치하는 사단이고, '결전사단'은 연안배비사단의 후방에 있으면서 미군이 상륙하는 지점에 신속하게 집중배치할 계획인 사단이다.

는 대미작전에 필요한 전력을 강화하는 '제1, 2, 3차 병비'가 계획대로 실행되지 않고 두 차례 수정, 보강되었다. 하나는 '결(決)7호작전' 준비고, 다른 하나는 애초 계획을 보강하여 6월부터 실행한 '제3차 병비' 계획이다.

그러면 결7호작전부터 살펴보자. 4월 1일 미군이 오키나와 본도(本島)에 상륙하고, 이어 규슈 등 서일본에 상륙할 가능성이 높아짐에 따라 일본군은 제주도의 수비를 강화할 필요가 더욱 커졌다. 대본영은 「결호(決號)작전준비요강」을 확정하고 3월 20일 각 군에 내시(內示)하였다. 그 중 제17방면군에는 '결7호작전 준비'가 하달되었다.[26] 결7호작전은 미군 2~5개 사단 규모가 1945년 8월 이후 제주도나 군산 방면 등지로 상륙할 수 있다고 예상하고 그 지점을 확보하여 집중 방어한다는 계획이었다. 또 기회가 주어진다면 미군 상륙부대를 향해 적극적인 공격도 감행하려는 계획이었다. 결7호작전은 많은 병력을 편성하고 신속하게 이동할 뿐 아니라 포병대를 증강하는 준비가 필수적인 작전이었다. 이와 관련한 배치 결과를 정리하면 다음과 같다.

* 제주도 배치 1: 제58군(4월 편성), 제96사단, 제111사단, 독립혼성 제108여단, 독립속사포 제32대대, 제1특설근무대
* 제주도 배치 2: 독립구포(獨立臼砲) 제23대대(만주에서) 제11통신중대, 분진포(噴進砲) 제1대대(중국에서) 독립야포병 제6연대(한반도에서)

---

26 4월 8일 '大陸指 第2438號'로 정식 지시가 있었다. 결호작전은 동중국해 주변에서 진행된 작전인 天號作戰과 함께 본토결전을 위해 계획한 양대 작전이었다.

* 남부지방 배치: A. 전라도-제150사단(광주), 160사단(군산)
　　　　　　　　B. 경남-제120사단(만주 → 대구), 제121사단(만주 → 대전)[27]

　대미작전을 준비하기 위해 제주도와 중부 조선 지방에서 대규모 전력을 신속하게 강화하는 조치는 부대를 신설하기보다 중국 본토와 만주에 있는 부대를 이동하는 방식이었다. 이는 대소작전보다 대미작전이 더 급하다고 보았기 때문이다. 당시까지만 해도 독일이 연합국에 항복한 5월 8일 이전이었음을 고려하면, 대본영으로서는 이렇게 판단했을 수 있다. 또한 한반도 북부에서 대소작전은 관동군이 대신할 수 있지만, 남부에서의 대미작전은 제17방면군만이 할 수 있었다. 그런데 '제3부 제1장'에서 보았듯이 1940년대 들어 조선군의 전력은 제대로 보강되지 않은 채 계속 약체화해 갔다. 제17방면군으로서는 대미작전을 수행하기 위해 갑자기 전력을 끌어올려야 하는 현실에 직면한 것이다. 그래서 대본영은 앞의 내용처럼 중국 전선과 일본 본토에서 병력을 이동하거나 신규 편성하는 동시에, 기존의 유수 제19, 20, 30사단과 특설경비부대를 사관구 부대로 재편성하였다['〈부표 5〉 특설경비부대 일람표(1945.8.15 조사)' 참조].

　항공과 해상 방면에서도 새로운 조치가 취해졌다. 대본영은 5월 하순 육지의 작전을 적극적으로 지원하기 위해 제5항공군을 중국으로부터 이동시켜 관동군의 작전구역인 함경도를 포함한 한반도에 배치하였다.[28]

27　「'本土作戰記錄' 第5券-第17方面軍(1946.1.10)」, 12~13쪽. 제12전차연대는 4월부터 蒙疆에서 제주도 대신 京城 부근에 배치되었다.

28　留守業務部, 「在朝鮮陸軍航空部隊行動槪況(1952.1.25)」. 제주도, 전남, 충북에는 배치하지 않았다.

8월 15일 당시 한반도에 있던 제5항공군은 7,254명이었다.[29] 또한 제17방면군사령부는 '대륙명령 제1302호(4.8)'에 따라 그동안 진해요항부에서 지휘하던 해군의 육상작전에 대한 지휘권을 가지고 왔고, 해군이 관할해 왔던 제주도를 제58군의 관할로 바꾸었다.[30]

이때까지의 긴급한 병비는 주요 지점에 부대를 배치하고 지휘부를 구성하며 전체적인 체계를 구체화하는 과정이었다면, 대본영이 6월부터 실행한 '제3차 병비'는 빈 부분을 찾아 메우는 부대배치였다. 이제 그 내용을 살펴보자.

제17방면군사령부는 6월 23일 오키나와 주둔 제32군 사령관이 자결함으로써 조직적 저항이 끝나고, 마리아나와 오키나와를 이륙한 B29 폭격기가 남부 조선 해안에 나타나 육상의 교통시설을 공격하거나 선박을 공격하면서 전력강화계획을 다시 수정하였다.[31] 제17방면군사령부는 월등한 항공력을 앞세운 미군이 제주도나 남부 조선 지방에 상륙할 날이 얼마 남지 않았다고 보았다. 이들이 우려한 또 하나는 미군의 조선 공격과 동시에 또는 비슷한 시기에 소련군이 만주와 조선을 공격하는 경우였다.[32]

---

29 宮田節子 編, 『十五年戰爭極秘資料集 15-朝鮮軍槪要史』, 197쪽 뒤의 '附表第8'. 육군 소속 비행장 현황은 각주 40) 참조.

30 「參電 第794號(1945.4.9)」, 『機密作戰日誌(乙綴)』. 조선 해군 시설: 航空基地-제주도, 迎日, 부산, 광주, 평택, 원산, 甕津, 진해(水上), 여수(水上), 海軍根據地-진해, 나진, 목포. 燃料倉-평택, 寺洞. 武官府-경성, 부산, 청진.

31 폭격 날짜와 지방. 7월 4일: 대전, 광주, 14일: 개성, 철원, 평강, 墨湖, 22일: 부산, 31일: 安州(평남), 8월 11일: 부산(『京城日報』, 1945.7.5, 7.15, 7.22, 8.1; 『每日新報』, 1945.8.13). 폭격받은 곳의 피해가 컸다는 보도는 없다. 그러나 대중은 큰 심리적 충격을 받았을 것이다. 특히 8월 11일에 있었던 부산 폭격은 시가지와 공장지대를 직접 겨냥한 첫 번째 폭격이었다.

32 第17方面軍, 「朝鮮ヲ中心トスル七月末頃ノ政勢判斷(1945.7.30)」, 『機密作戰日誌(乙綴)』.

제17방면군사령부는 '제3차 병비'에 기초하면서도 다음과 같은 부대를 남부지방의 해안과 제주도에 집중 보강하였다.

- 6월 신설: 독립혼성 제127여단(부산), 독립혼성 제39, 40연대(전남), 독립혼성산포병 제20연대, 박격포 제20, 21대대, 해상수송대대 2개, 해상근무대 10개, 통신작업대 2개
- 7월 신설: 독립야포병 제10연대, 박격포대대 2개, 독립공병대대 2개, 통신작업대 2개, 화물창
- 8월 신설: 박격포대대 2개, 독립야전중포병중대 1개, 독립야전고사포중대 2개, 독립전차중대 1개[33]

이처럼 제17방면군사령부는 미군의 한반도 상륙을 저지하기 위해 4, 5월에 이어 해안선에 병력을 더 많이 배치하는 가운데 포병 전력도 집중 보강하였다.[34] 4, 5월에 긴급 배치된 부대는 주로 중국 본토 등지에서 이동한 부대였는 데 비해, 6, 7월에 배치된 부대는 신설된 보병부대 등 전투부대였다. 그리고 군인이라기보다 육체노동자로 징병된 것이나 마찬가지인 조선인 병사노무부대가 대규모로 배치되어 각종 축성(築城)작업에 동원되었다. 이때 편성된 부대는 대부분 식민지 조선에 거주하는 재조일본인 재향군인과 조선인 징병 대상자로 부대원을 채웠다는 특징이 있다. 앞서 '제3부 제1장'에서 확인했듯이 '치교상' 재조일본인 동원에

---

33 「'本土作戰記錄' 第5券-第17方面軍(1946.1.10)」, 28~30쪽.
34 제17방면군이 대본영에 요청했다[「築朝參電 第3897號 第1部長へ(1945.5.1)」, 『機密作戰日誌(乙綴)』].

주저하던 대본영이 급속히 늘어나는 병력수요와 급박한 전황 때문에 이를 철회했다고 볼 수 있겠다.

특히 조선인 동원이 결정적이었다. 이즈음 제2기 징병검사에서 현역 또는 제1보충역 판정을 받은 조선인도 대거 입대하였기에 가능한 동원이었다. 더구나 더욱 급박해진 전황에 따라 신속한 축성작업과 폭주하는 수송 업무를 처리하기 위해 노무부대인 (특설)근무대와 병참수송대를 많이 신설한 움직임이 눈에 띈다('〈부표 4〉 1945년 8월 15일 시점 제17방면군 및 조선군관구 부대' 참조). 패전 직전 '몽땅동원', '뿌리뽑기동원'의 실체를 확인할 수 있는 대목이다.

그런데도 대본영과 제17방면군은 대미작전에 불안을 느꼈다. 그동안 가장 중점을 두고 진행한 진지구축작업을 7월 말까지 완성하기로 했음에도, 제주도의 진지구축은 계획의 60%밖에 도달하지 못하였다. 대본영은 제58군의 전력이 교육과 병사의 소질, 축성시설 등을 종합할 때 오키나와전투 당시의 전력보다 못하다고 진단하였다.[35] 이보다 더 심각한 곳이 남부 조선 지방이었다. 오키나와나 제주도에 비해 작전지역이 훨씬 넓었기 때문이다. 더구나 제17방면군은 미군의 상륙을 저지하려는 작전계획에서 가장 필요한 탄약과 대포가 많이 부족한 상태였다.[36]

---

35 5월 5일 제주도에서의 진지 구축작업을 점검한 대본영 참모 스기타 이치지(杉田一次) 대좌의 보고에 따르면, 제주도 방어의 주력인 제96사단 병력의 2/3가 40세 이상, 장교의 평균 연령이 48세였다(防衛廳防衛硏究所戰史室, 『大本營陸軍本部〈10〉』, 235쪽). 재향군인을 소집해야만 큰 규모의 부대를 편성할 수 있는 당시 일본군의 처지를 적나라하게 보여 주는 사례다. 제58군은 노쇠한 전투부대였다.

36 第17方面軍, 「方面軍ノ現況竝ニ企圖ノ槪要(1945.7.30)」, 『機密作戰日誌(乙綴)』. 6월 중순경 인천조병창에 학생 등 13,740명(그중 평양 4,036명)이 동원되었다. 인천조병창에 학생동원에 관한 자세한 내용은 이상의, 2016, 「아시아태평양전쟁기 일제의 인천조병창 운영과 조선인 학생동원」, 『인천학연구』 25, '제3, 4장' 참조. 동원의 일반

제17방면군은 최소 10개 사단을 배치해야 미군의 상륙을 저지하고 적극적으로 반격할 수 있다고 예상하였다.[37] 하지만 대본영도 제17방면군의 요구를 들어줄 형편이 아니었다. 일본 본토를 지키기 위해 규슈와 도쿄만에서의 결전 준비에 여념이 없었기 때문이다. 제17방면군은 미군이 상륙하면 경성에서 편성한 제121사단(대전)을 제주도로 파견하고 제120사단(대구)을 넓게 배치하여, 이때 생기는 공백을 메우고, 경성에서 제320사단을 편성하여 전주 지역에 배치한다는 복안을 마련하였다. 예상되는 미군의 상륙지점에 '결전사단'을 신속하게 투입하는 '결정적 배비(配備)' 방식이었다.

8월 초순 현재 대미작전에 대비한 제17방면군의 기본 배치는 〈그림 4-1-3〉과 같다.

〈그림 4-1-3〉에서도 확인할 수 있듯이, 일본은 제17방면군의 핵심 전력을 경성, 대구를 제외하면 남서해안을 따라 집중배치해 두었고, 특히 1년도 안 되는 기간에 제주도에도 1,000여 명에서 7만 5,000여 명으로 병력을 급속히 늘려 배치해 두었다. 오키나와전투 이후 남부 조선은 대본영에게 '본토결전'에서 매우 중요했던 것이다. 이상의 논의를 바탕으로 1945년 8월경 제17방명군과 조선군관구 소속 부대의 현황을 정리하면 '〈부표 4〉 1945년 8월 15일 시점 제17방면군 및 조선군관구 부대'에 나와 있는 대로다.

적 양상에 대해서는 구술자료집인 이상의 면담 및 해제, 『일제의 강제동원과 인천육군조병창 사람들』 참조. 조병창 확장 공사와 관련한 노동력 동원에 관해서는 조건, 2021, 「일제 말기 인천육군조병창의 지하화와 강제동원 피해」, 『한국근현대사연구』 98, '제4장' 참조.

37 第17方面軍, 「作戰準備促進ニ關スル方面軍ノ希望事項(1945.7.30)」, 『機密作戰日誌(乙綴)』. 당시 제17방면군의 예하 병력은 14만 명이었다.

〈그림 4-1-3〉 제17방면군 대미작전 배치도 개요

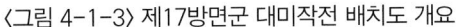

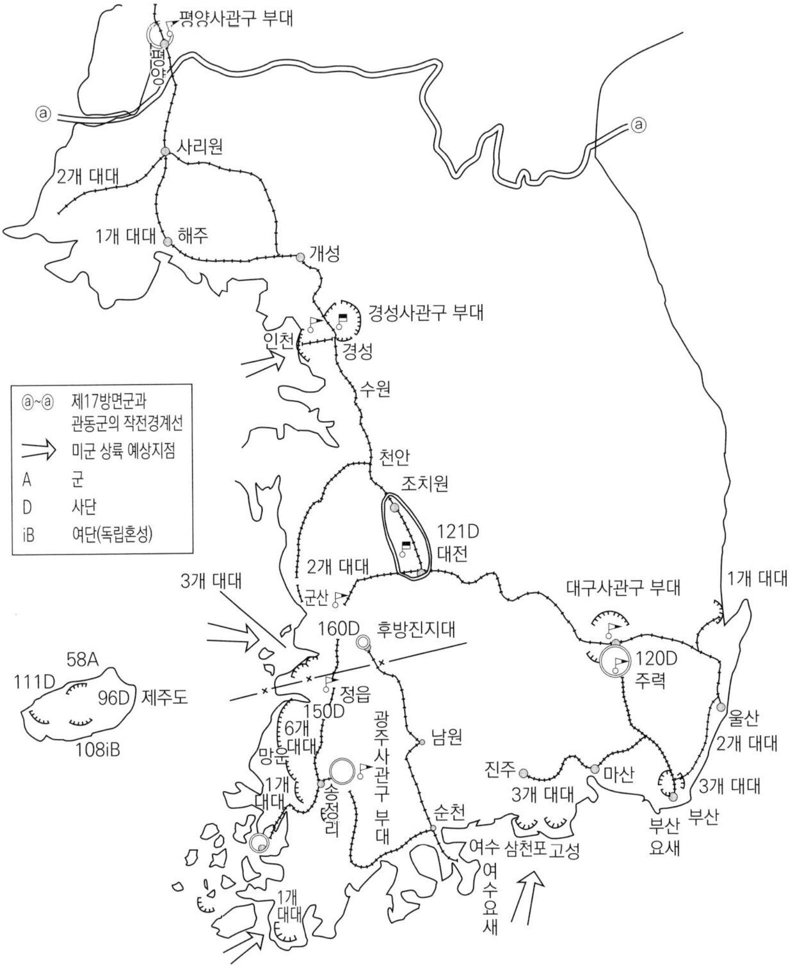

비고: 제17방면군과 관동군의 경계선은 필자가 표시한 것이다.
출처: 「第17方面軍作戰準備史」.

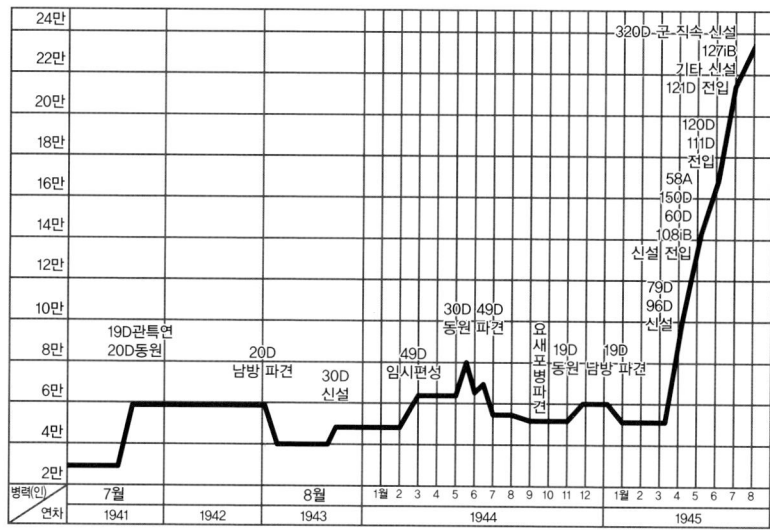

〈그림 4-1-4〉 식민지 조선에서 일본군 증가 현황

출처: 宮田節子 編, 1989, 『十五年戰爭極秘資料集 15-朝鮮軍槪要史』, 不二出版, 197쪽 다음에 있는 '附表第1'.

1944년까지 2개 또는 3개 사단체제였다가, 1945년 2월 이후 제1, 2, 3차 병비 계획에 따라 신설되거나 이동해 온 부대들로 한반도, 특히 중남부 조선에 얼마나 많은 일본군이 급속히 늘어났는지는 〈그림 4-1-4〉를 통해 확인할 수 있다.

그럼에도 일본군은 패전하였다. 패전 당시 제17방면군과 조선군관구에 소속된 부대의 현황을 모두 정리하기는 쉽지 않다. 마지막 사령관이었던 고즈키 요시오(上月良夫)는 일본으로 돌아가 쇼와천황에게 제출한 보고서에서 제17방면군과 조선군관구에 소속된 병력은 "지상에 군, 9개 사단, 5개 사관구, 2개 혼성여단과 3개 요새 및 항공 1개 군(제5항공군-인용자) 1개 사단을 골간으로 하고 사람 약 23만 명이다"라고 보고하였다.[38] 『조선군개요사(朝鮮軍概要史)』에 따르면,[39] 1945년 8월 15일 현

제1장 '본토결전'과 조선군의 대규모 개편 421

재 제17방면군과 조선군관구 소속 부대의 병력은 157,321명, 제주도의 제58군에 74,781명, 제17방면군 배속부대에 3,604명으로 모두 합하면 235,706명이었다. 고즈키 사령관의 보고와 비슷한 숫자다. 여기에 제5항공군 43,239명은 포함되어 있지 않다.[40] 결국 조선군관구 소속이든 소속이 아니든 식민지 조선에 있던 일본군 부대에는 철도부대, 선박부대, 비행장근무대를 비롯해 육군과 해군 소속 군사공항과 관련한 부대들도 있었고, 여기에 많은 인원이 동원되었으므로 몇 십만 명이 있었는지는 쉽게 단정하기 어렵다. 다만, 그 숫자가 지금까지 확인되지 않고 있을 뿐이다. 더구나 제34군을 비롯해 관동군 소속의 부대들이 북부 조선에 주둔하고 있다가 8·15패전에 직면했으니 제17방면군 사령관이자 조선군관구 사령관으로서는 한반도에 일본군이 얼마나 있었는지 정확히 파악하기 어려웠을 것이다. 실제 1964년 3월 일본 후생성 원호국이 작성한 1945년 8월 15일 시점에 일본군 현황을 보면, 5,472,400명 가운데 남부 조선에 200,200명, 북부 조선에 94,000명으로 합하여 294,200명이 있었다는 통계도 있다.[41]

---

38 「第17方面軍 朝鮮軍の終戰狀況上奏文(1945.12.5)」. 고즈키 사령관이 말한 '군'은 제58군을 말한다. 자신의 휘하에 독립된 '군'은 이것 하나였다.

39 宮田節子 編, 『十五年戰爭極秘資料集 15-朝鮮軍槪要史』, 197쪽 다음에 있는 '附表 第3-8'.

40 제5항공군은 중국 전선에 있다가 1945년 5월 경성으로 이전하였다. 조선에서 항공부대의 전력은 이때부터 본격화되었다고 볼 수 있다. 8·15해방 당시 한반도에 있던 육군비행장은 다음과 같다.
함경북도: 승량, 아오지, 회령, 청진, 회문, 길주. 함경남도: 함흥, 선덕, 연포. 평안북도: 신의주. 평안남도: 평양, 온정리. 황해도: 해주, 강포. 경성부: 경성, 경성신(오늘날 김포공항을 말함-인용자). 강원도: 강릉, 춘천, 평강. 충청남도: 도산, 조치원, 대전. 전라북도: 군산, 이리. 전라남도: 광주. 경상북도: 대구, 영천. 경상남도: 울산. 이상은 신주백·김천수 편, 2019, 앞의 책, 221쪽.

2) 북부 조선에서 관동군의 대소작전 준비와 전쟁

그런데 1945년 본토결전을 준비하는 시점에서 제17방면군과 관동군 사이에는 〈그림 4-1-3〉에 나오는 경계선(ⓐ~ⓐ)을 기준으로 서로의 관계를 설정하는 데 설왕설래가 있었다. 지휘관계 문제이므로 여기에서 다루어 보겠다.

1945년 5월 들어 제17방면군은 북부지방, 곧 평안도와 함경도에서의 대소·대미 작전 준비에 대해 이전만큼 적극적인 권한을 행사하지 않았다. 대신 관동군이 이 권한을 본격적으로 행사하기 시작하였다. 그런데 5월 8일 독일정부가 연합국에 공식 항복하였다. 이제 소련군으로서는 아시아태평양전쟁에 집중할 수 있는 여력을 확보하였다. 거기에다 1945년 2월 얄타회담에서 미국과 소련은 독일이 항복한 날로부터 3개월 이내에 소련군이 아시아태평양전쟁에 참전하기로 비밀리에 합의한 상태였다. 따라서 관동군이 한반도에서 대소작전 준비에 박차를 가하는 움직임은 당연하였다. 이때 관동군의 입장에서 꼭 정리해야 할 사안의 하나가 제17방면군과의 지휘관계였다.

1945년 5월 30일 대본영으로부터 하달된 대륙명령 제1339호 「만선방면 대소작전계획요령」은 제17방면군이 북부 조선 지방에서의 작전 권한을 관동군에 이양하는 데 큰 전환점이 된 결정문이었다. 새로운 방침에 따라 한반도의 중부와 남부 지방에서는 제17방면군이, 북부지방에서는 관동군 사령관이 각각 "침투하는 적"을 격퇴시키는 임무를 맡았다.[42]

---

41   森松俊夫 外山操, 『帝國陸軍編制總覽』 1, 131쪽.
42   「'本土作戰記錄' 第5卷-第17方面軍(1946.1.10)」, 37~38쪽.

〈그림 4-1-3〉에 표시된 경계선(ⓐ~ⓓ)이 이즈음부터 명확히 구분되기 시작한 두 부대의 작전경계를 나타낸다.

사실 조선군과 관동군의 동등한 관계에 균열이 일어나기 시작한 시점은 미군이 한반도를 공습하자 1941년 여름에 체결한 「조선군·관동군·관동방위군 방위에 관한 협정」을 1944년 9월에 일부 개정하면부터였다. 협정에 따르면 대소작전이 생기면 제19사단, 독립혼성 제101연대 및 나진요새는 관동군 사령관의 예하로 편입하고, 함경북도는 관동군의 작전지역으로 한다고 합의하였기 때문이다. 또 관동군 사령관은 함경북도 지역 내에 있는 조선군 예하부대에 대한 교육훈련의 문제 그리고 함경북도에서의 정보, 통신, 축성, 병참에 관해 조선군 사령관을 '구처'할 수 있다고 합의하였기 때문이다.[43]

그런데 2월 6일자 대본영의 지시에는 제17방면군이 관동군 총사령관의 '구처'를 받아 대소작전을 준비한다고 되어 있지만, "작전준비의 중점을 남선 지방(제주도를 포함)으로 전환하고, 내공(來攻)하는 적을 격멸하여 조선을 확보한다"는 내용도 있었다.[44] 또 제17방면군을 지원해야 하는 남부 조선의 조선군관구 소속 부대들도 대미작전에 주력할 수밖에 없었다. 그러므로 사실상 북부 조선 지방인 함경도와 평안도에서 대소작전을 준비하는 과제는 관동군의 몫이었다.

관동군이 북부 조선 지방에서 대소작전을 준비하기 시작한 때는 3월경부터였다. 하지만 부족한 병력을 배치하는 등 전력을 적극적으로 보강하기 시작한 시점은 중국에서 제59사단과 제137사단이 이동하는 등 제

---

43 「'本土作戰記錄' 第5券−第17方面軍(1946.1.10)」, 6~7쪽.
44 防衛廳防衛研究所戰史室, 『大本營陸軍本部〈10〉』, 15쪽.

34군이 함흥 일대에 주둔한 6월경부터였다. 또 제79사단, 독립혼성 제101연대, 나진요새 등은 관동군 예하의 제3군에 편입되어 주로 함경북도에서 소련군의 공격에 대비하였다. 특히 제34군의 임무는 함경북도를 방어하는 나남사관구사령부와 함께 함경남도와 평안도 일대에서 소련군의 남하를 저지하는 데 있었다. 이를 통해 함흥 일대로 상륙한 소련군이 경성과 평양 방면으로 진출하지 못하게 하는 데 있었다. 이러한 상황을 지도에 표시하면 〈그림 4-1-5〉와 같다. 그렇지만 패전 당시 제34군은 보충병으로 대거 채워진 2만여 명에 불과한 빈약한 부대였다.[45]

한반도의 북부 조선 지방에서 대소작전 준비는 관동군 소속 제34군이 담당했지만, 준비를 구체화하는 과정에서 관동군 총사령관은 불편하였다. 〈그림 4-1-3〉의 평안남도와 함경남도를 가로지르는 경계선(ⓐ~ⓐ)은 제34군과 제17방면군의 작전을 책임지는 경계선이었다. 조선군관구사령부는 경계선과 무관하게 한반도에서 전개하는 두 작전부대의 군사작전을 지원하는 임무를 맡았다. 그런데 제17방면군과 조선군관구는 '이위일체(二位一體)'여서 조선군관구 사령관의 구처를 받는 과정이 바로 제17방면군 사령관의 동의를 받는 과정이기도 하였다. 관동군 소속인 제34군이 대본영 직속인 제17방면군 책임자의 지휘를 받는 모양새인 것이다. 더구나 조선총독부조차 대미작전을 준비하는 데 온 신경을 집중하고 움직였으므로 대소작전을 전담해야 하는 제34군으로서는 불편할 수밖에 없었을 것이다.[46] 예를 들어 1945년 5월경부터 제79사단과 나남사관구의 병사 1,500여 명이 관동군의 지시에 따라 함경북도 회령(會寧) 부근의 축성

---

45 第34軍137師團,「朝鮮北部地方の狀況」.

46 「築朝參電 第2801號(1945.4.19)」,『機密作戰日誌(乙綴)』.

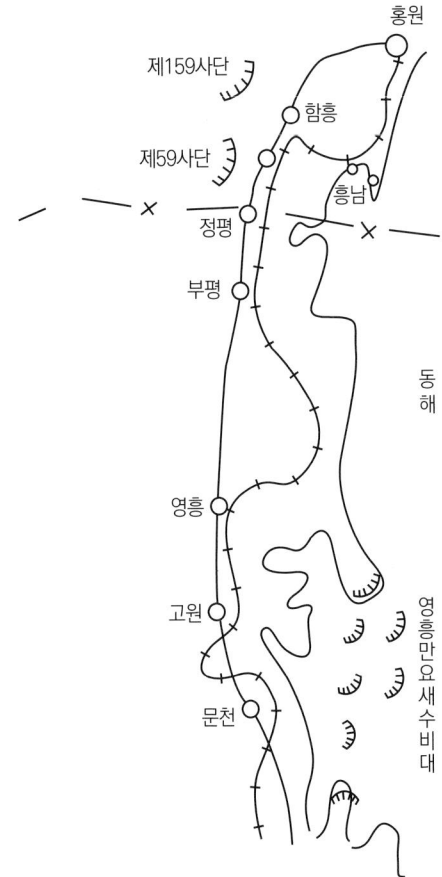

〈그림 4-1-5〉 관동군 소속 제34군 방어 배비도

출처: 第34軍137師團, 「朝鮮北部地方の狀況」.

작업에 동원되었다. 이때 조선군관구사령부는 조선인 1,500여 명을 동원하였고 축성에 필요한 자재도 공급하였다.[47] 이 모든 과정은 관동군이 직

---

47 「第17方面軍作戰準備史」.

접 지휘하여 진행되지 않고 조선군관구사령부와 조선총독부를 거쳐야만 하는 번거로운, 그래서 신속한 배치와 작업을 방해하는 것이었다.

더구나 관동군은 1945년 3월 하순경이면 소련의 항공병력과 전차부대가 시베리아 지방으로 이동하는 등 소련군이 급속히 늘어나 7월이면 만주와 조선을 공격하기에 충분한 병력을 갖출 것으로 예상하였다.[48] 그래서 관동군은 대소작전 준비를 위해 북지나방면군과 제17방면군까지를 하나로 엮는 통수조직으로 제3총군(總軍)을 조직하여 자신의 예하에 두고자 하였다. 하지만 대본영은 1945년 3월 31일 오키나와와 홋카이도를 제외한 본토 전 지역을 육군에서 총괄하는 지휘부로 제1, 2총군을 편성하도록 명령을 내렸다. 또 제2총군과 제17방면군 사이의 작전경계를 〈그림 4-1-1〉에서 확인할 수 있듯이 조선해협으로 결정하였다.

그런데도 제17방면군과 관동군의 관계는 대본영 등에서 계속 논의되었다. 예를 들어 대륙출장을 떠난 가와베 도라시로 참모차장이 5월 16, 17일 두 병단의 사령관을 만났을 때, 관동군 총사령관은 북부 조선지방인 함경남북도와 평안남북도를 관동군의 예하에 넣고 싶어 했던 반면, 제17방면군 사령관은 이에 동의하지 않은 채 대미작전에 중점을 두면서 조선군관구 사령관으로서 조선 전체를 관할하고 싶다는 의견을 제시하였다.[49] 현지 야전지휘부 사이에 현격한 의견 차이가 있는 가운데, 대본영은 제17방면군을 관동군의 예하로 편입하기로 결정하고 최고원

---

48 3월 당시 일본군이 파악한 소련군의 동향은 「築朝參電 第3036號(1945.4.24)」, 『機密作戰日誌(乙綴)』 참조. 소련이 시베리아 지역으로 병력을 이동시킨 근거는 1945년 2월의 얄타협정에 따른 행동이다.

49 防衛廳防衛硏究所戰史室, 『大本營陸軍本部〈10〉』, 229쪽.

수인 쇼와천황에게 재가를 요청하였다. 그러나 쇼와천황은 5월 9일 대본영의 기대와 달리 조선은 일본 내지이지만 만주는 외국이라는 국토 관계를 이유로 이를 거부하였다.[50] 황실이 조선을 '내지'로 간주하는 영토 관념을 드러낸 것이다. 쇼와천황의 결정은 본국의 어떤 부분과 비교하여 내지 관념을 드러낸 황실만의 영토의식인데, 한국병합으로부터 35년이 다 된 1945년 8월까지도 식민지 조선에 대한 내지 관념이 견고하게 남아 있었음을 보여 준다.

결국 대본영은 앞서 인용한 '대륙명령 제1339호(5.30)'를 통해 제17방면군이 중부 조선 지방과 남부 조선 지방을 방위하고, 관동군이 북부 조선 지방에서 대소작전과 함께 대미작전도 준비하며 필요한 사항에 대해 조선군관구에 소속된 부대를 지휘할 수 있도록 하였다. 제17방면군은 대미작전에 더 전념할 수 있게 된 반면, 관동군은 제17방면군을 예하에 포함시키지 못한 채 오히려 대미작전의 임무까지 부담하게 된 것이다. 다만, 관동군으로서는 「만선방면 대소작전계획요령」, 즉 조선과 만주 방면에 대한 대소작전 요령을 계기로 소련군이 공격해 오고 있지 않은 상황에서도 북부 조선 지방에 예하부대를 배치하고 이와 관련된 일상적인 필요사항을 조선군관구 사령관에게 명령할 수 있게 되었다. 또한 제3총군의 결성 문제를 마무리하는 방침이기도 하였다. 즉, 제3총군 결성 문제는 6월 들어서도 여전히 논의되고 있었는데, 육군성이 대미작전을 중시하고 있었기 때문에 중앙의 대세가 아니었다. 더구나 육군성은 오키나와에서의 패전이 확실해지는 상황이라 관동군도 대미작전에 사

---

50 防衛廳防衛研究所戰史室, 『大本營陸軍本部〈10〉』, 225쪽.

용할 생각까지 갖고 있었다.[51]

앞서도 언급했듯이, 실제 대본영은 8월 9일 소련군이 공격을 시작하자 제17방면군을 관동군 예하에 들어가도록 즉각 지시하였다. 제17방면군은 관동군의 지시에 따라 대미작전을 위해 제주도로 이동할 준비를 하고 있던 제120사단을 평양으로 이동시키려 하였다.[52] 그렇게 의견이 분분하던 제17방면군과 관동군의 지휘관계가 일순간에 정리되었다.

그런데 대본영은 이러한 지시를 내림과 동시에 관동군에 작전임무를 바꾸도록 지시하였다. 대본영은 "황토 조선을 보위"하도록 지시하였다.[53] 관동군의 본래 작전계획인 만주의 통화(通化), 린장(臨江) 등 동변도 일대와 압록강 연안 그리고 북부지방의 산악지대를 최후 방어선으로 한다는 방침을 무시한 것이다. 대본영은 외지를 버리더라도 황토인 내지 조선을 지키는 일이 더 중요했기에 당연한 조치라 생각했을 것이다. 이는 본토결전에서 반드시 확보해야 할 지역이 '황토'며, 「제국육해군작전계획대강(1.20)」에서 오키나와처럼 황토의 보위지역이 아닌 곳을 방기한다는 대본영의 작전방침에도 충실한 조치였다. 그렇지만 대본영의 지시는 전투현장의 긴박한 현실과 동떨어진 조치였으며, 백두산 일대에 튼튼한 저항 진지를 구축할 계획까지 갖고 있던 관동군의 애초

---

51 防衛廳防衛研究所戰史室, 『大本營陸軍本部〈10〉』, 361쪽. 오키나와전투 때 제32군 사령부에서 6월 19일자로 통일적 지휘를 스스로 포기하고, 제32군의 사령관이 자결한 6월 23일부터 일본군의 조직적 저항은 없었다.

52 「'本土作戰記錄' 第5券-第17方面軍(1946.1.10)」, 39~40쪽.

53 防衛廳防衛研究所戰史室, 1969, 『關東軍〈2〉』, 朝雲新聞社, 397쪽.

계획과도 맞지 않았으므로 관동군사령부로부터 묵살당하였다.[54] 전쟁의 막판에 최고 지휘부의 지시가 야전사령부에서 통하지 않은 것이다.

이처럼 제17방면군의 예속 문제는 한반도라는 하나의 정치공간에서 대소작전과 대미작전이란 다른 임무를 부여받은 병단이 각자의 작전을 준비해야 하는 상황에서 대두할 수밖에 없는 측면도 있었다. 지휘권 문제는 대본영과 관동군 사이에 의견대립만 심화시키는 결과를 초래했는데, 소련군의 공격이라는 결정적 상황에서 양자 사이의 미묘한 균열이 드러난 것이다.

아무튼 소련군은 만주에 진입하고 두만강을 건넜다. 8월 10일 경흥을 점령한 소련군은 11일 웅기(현재의 선봉), 12일 제19사단사령부가 있었고 나남사관구사령부가 있던 나남을 차지하였다. 13일에는 가장 치열한 전투가 벌어진 청진상륙작전을 시도하여 16일에서야 점령하였다. 8월 15일, 일본의 쇼와천황이 항복을 선언했지만, 그 이후에도 전투가 이어진 것이다. 이때까지의 전투경과를 지도에 표시하면 〈그림 4-1-6〉과 같다. 심지어 천황의 항복 소식을 듣지 못하고 산악지대로 이동한 나남의 일부 부대는 18일까지 소련군과 싸웠던 데 비해, 나진의 일본군 부대는 소련 공군의 폭격 직후 일본인 문관도 모르게 철수해 버렸다. 대신 싸운 사람들은 배우지 못해 보충병으로 빠졌다가 동원된 조선인 병사 등이었다.[55] 결사항전의 한계를 보여 주는 단면이다.

소련군과 일본군 사이의 전투는 8월 20일 중지되었다. 이때까지 소

54　防衛廳防衛研究所戰史室,『關東軍〈2〉』, 398쪽.

55　高崎宗司, 2002,『植民地朝鮮の日本人』, 岩波書店, 188쪽(출처: 田村吉雄 編, 1953,『秘錄 大東亞戰史 朝鮮篇』, 富士書員苑, 9~10쪽.).

<그림 4-1-6> 소련군에 저항하는 나남사관구 부대 작전 경과 요약도

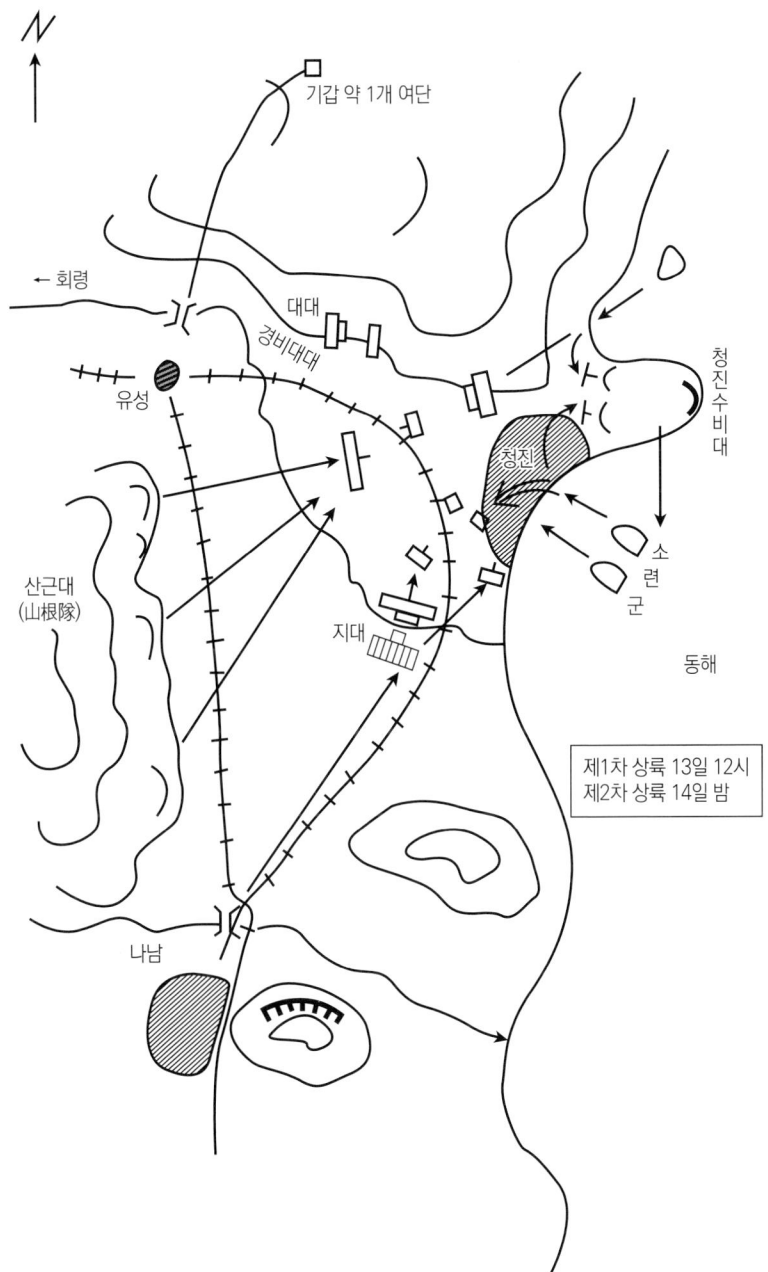

출처: 第34軍137師團, 「朝鮮北部地方の狀況」.

련군은 북한에서만 1,963명의 사상자를 냈다.[56] 북한으로 진격한 소련 제1극동방면군 소속 제25군사령부는 26일 평양에 도착하였다. 38도선 이북의 일본군은 8월에 세 지역으로 나뉘어 소련군과 각각 정전협정을 체결하였다.[57] '제3장'에서 자세히 살피겠지만 이에 비해 38도선 이남의 제17방면군은 서울에서 9월 9일 미 육군 제24군단장과 항복문서에 조인하였다.

---

56 기광서, 1998, 「1940년대 전반 소련군 88독립보병여단 내 김일성 그룹의 동향」, 『역사와현실』, 28, 276쪽.
57 第34軍137師團, 「朝鮮北部地方の狀況」.

제2장
징병제와 인력의 '뿌리뽑기동원'

1. 1945년 병력동원의 특징

　노무동원을 목적으로 하는 병력동원은 1945년 징병의 특징이다. 제2차 징병검사가 실시되고 있던 와중에도 뿌리뽑기동원은 현역 징병과도 맞물려 신속하면서도 대규모 징병을 준비하는 작업을 전제로 진행되었다. 제17방면군사령부는 이를 위해 병사부를 2개 과에서 3개 과로 확대하였다. 1943년에 개정한 병사부령을 폐지하고 4월 6일자로 병사부령을 개정하여 다음과 같이 업무 분장을 실시하였다.

　제1조 제1과에서는 다음과 같은 업무를 관장한다.
　　1. 징병 및 소집에 관한 사항
　　2. 재향군인(장관을 제외)의 복역 및 소집에 관한 사항
　제2조 제2과에서는 다음과 같은 업무를 관장한다.
　　1. 조선에 본적을 가진 부대 편입 중의 군인, 군속 사망자의 공보 및 유골의 교부, 위령제 등 유수 업무에 관한 사항
　　2. 재향군인(장관을 제외)의 은급(恩級), 사금(賜金), 부조금 및 상전(賞典)에 관한 사항
　　3. 군인원호에 관한 사항
　　4. 직업 보도(輔導)에 관한 사항
　제3조 제3과에서는 다음과 같은 업무를 관장한다.
　　1. 재향장교단에 관한 사항
　　2. 재항군인회에 관한 사항
　　3. 국방사상 보급에 관한 사항

4. 학교교련에 관한 사항

5. 청년학교에 관한 사항

6. 육군부(陸軍部) 외의 단체에 관한 사항[1]

병사부의 확장은 5개 사관구로 확대한 개편과 맞물려 있었다. 병사부를 관리하는 책임이 조선군 사령관에게 있던 1944년도와 달리 조선군관구 사령관이나 사단장에게 있지 않고 사관구 사령관에게 주어졌기 때문이다. 사관구 사령관은 각도에 신설된 13개의 병사부를 지휘하며 제2기 현역 징병만이 아니라 대규모 뿌리뽑기동원을 책임졌다. 제1과의 징병 업무와 구분하여, 학생과 청년학교생들의 예비군사교육과 동원은 제3과에서 전담한 조치도 눈에 띈다. 특히 '제3부 제3장'에서 살펴본 예비군사교육을 1년 내내 원만하면서도 대규모로 실시하기 위해 전담 부서를 새롭게 설치한 점이 눈에 띈다. 징병 업무와 예비군사교육 업무 둘 다 매우 광범위하므로 업무를 분리하면서 각각에 효율적으로 집중하기 위한 조치였다고 추론할 수 있다.

징병 업무를 대폭 확장한 조선군관구사령부에서 징병 주임참모를 역임한 요시다 도시쿠마(吉田俊隈)는 "학도지원병을 포함하여 약 2만의 지원병과 약 40만의 징병"이 있었다고 귀국 후 본국에 보고하였다.[2] 그의 주장에 가장 근접한 통계로는 1955년 일본 입국관리국에서 조사한 〈표 4-2-1〉과 같은 통계가 있다.

---

1 「朝鮮に在る陸軍兵事部業務分掌規程の通定む」, 『陸支普 陸達綴 臣第29684部隊新潟隊 昭和20年度』.

2 吉田俊隈, 「朝鮮軍歷史 別冊 朝鮮人 志願兵 徵兵の梗概」, 22쪽. 요시다 참모가 말하는 지원병이란 학병을 포함해 육군특별지원병을 가리킨다.

〈표 4-2-1〉 아시아태평양전쟁에 동원된 조선인 군인·군속(1955 조사)

	군인	군속	계
육군	186,980	70,424	257,404
해군	22,299	84,483	106,782
계	209,279	154,907	364,186

비고: - 일본 인양원호국(引揚援護局)에서 조사한 통계다.
      - 제2차 세계대전 이전 전사공보(戰死公報)에 실린 사람은 포함되지 않았다.
출처:「第2次大戰に動員された朝鮮人の軍人,軍屬について(1955.6.17)」.

〈표 4-2-1〉에서 시사받을 수 있듯이, 요시다 참모가 말하는 '40만 징병'에는 군인만이 아니라 군속도 포함된 것이다. 또 〈표 4-2-1〉에 나오는 약 36만 4,000여 명에는 전사자, 병사자, 행방불명자가 포함되어 있지 않다.

'제3부 제2장'에서 보았듯이, 현역 징병자는 11만 명이 조금 넘었다. 그런데 〈표 4-2-1〉과 비교했을 때 11만 명과는 25만 명가량 통계에 차이가 난다. 병과를 받은 전투병력으로 징병되었거나 매우 급박하고 혼란스러운 상황이었으니 미처 통계에 반영하지 못한 경우가 있었을 것이다. 가령 8월 1일에 1,040명이 진해해병단에 입대하였고,[3] 8월 9일 소련군이 대일작전을 개시한 날 만주 각지에 있는 관동군 부대에 입대한 사람도 있었다.[4]

1945년도 징병자는 용산, 나남, 광주, 대구, 평양의 사관구 부대에 입소하여 2주를 대기한 경우에도 제식훈련 이외에 특별한 훈련을 받지 않

---

3 「朝鮮籍舊海軍軍人軍屬員數調(1962.1.16)」.

4 이병주, 원봉재, 김선희가 그런 경우다[이병주, 원봉재는『시베리아 억류 조선인 포로의 기억』1(일제강점하강제동원진상규명위원회, 2007) 참조하고, 김선희는「김선희 증언 (2007.12.4)」(일제강점하강제동원진상규명위원회 중회의실에서) 참조].

왔다. 오히려 이런 경우가 예외적인 사례였으며, 1945년 일본의 패전이 가까워질수록 각 사관구의 보충병 부대에 입소해서부터 앞으로 배치될 부대로 이동을 시작하기까지의 기간이 짧아졌다. 심지어 보충병 부대에 입소한 날 저녁에 기차를 타고 근무지 부대로 이동한 경우도 있었다.[5] 그만큼 전황이 급박했고 막판 밀어내기 동원을 했다는 방증이다.

제1기 징병검사자 가운데 1944년에 현역병으로 입대하지 못한 사람은 1945년 2월에 편성명령이 하달된 부대, 예를 들어 5개 사관구 소속의 경비대대(20개), 제150사단, 제160사단, 4월에 편성명령이 하달된 독립고사포 제46대대, 독립기관포 제20, 21중대 등에 배치되었다. 또한 5개 사관구와 제17방면군, 제58군에는 모두 합쳐 특설경비대대와 특설경비공병대가 수십 개 있었는데, 비록 1945년 이전에 편성명령이 하달된 부대라 할지라도 조선인 병사의 수가 70%를 넘었다['〈부표 5〉 특설경비부대 일람표(1945.8.15 조사)' 참조].[6]

제2차 연도 징병검사에 따라 1945년에 소집된 현역병은 전선이 본토로 좁혀지고 한반도에서도 본토결전을 준비해야 하는 사정 등이 있어 일본보다는 주로 조선과 중국 지역에 배치되었다. 예를 들어 1945년 5월 23일자 '영갑(令甲) 제84호'에 따라 조선군관구에서 임시동원한 인원이 3만 7,000여 명의 병력이었으니 대단히 많은 부대가 편성되었다. 확인 가능한 대로 이를 정리하면 〈표 4-2-2〉와 같다. 〈표 4-2-2〉에서 밝히고 있는 동원 인원은 33,458명이다.

---

5 이러한 사례는 일제강점하강제동원진상규명위원회에서 채록한 『갑자·을축생은 군인에 가야 한다』(2006); 『시베리아 억류 조선인 포로의 기억』에서 확인할 수 있다.

6 『朝鮮軍官區編成人員表』; 『第17方面軍編成人員表』; 『第58軍編成人員表』.

〈표 4-2-2〉 임시동원 부대와 편제상 조선인 병사 수(1945.5.23)

부대명(제17방면군 소속)	편제정원 (조선인)	부대명(제58군 소속)	편제정원 (조선인)
제320사단	11,847(9,286)	제12포병사령부	125(96)
독립혼성 제127여단	6,326(5,180)	독립산포병 제20연대	2,781(2,460)
독립혼성 제39, 40연대	각 3,442(2,811) = (5,622)	박격포 제29대대	1,407(1,230)
독립야포병 제10연대	1,862(1,564)	독립공병 제126, 127대대	각 891(770) = (1,540)
독립공병 제125, 128, 129, 130, 131대대	각 891(770) = (3,850)		
박격포 제30대대	14,07(1,230)		
제86, 87, 88 89, 90독립통신작업대	각 302(280) = (1,400)		

비고: '표'에 참고한 자료에는 1945년 6월부터 편성된 부대에 관해서는 나오지 않는다.
출처: 『第17方面軍編成人員表』; 『第58軍編成人員表』.

해군은 중국 지역에 극히 소수를 배치하였고 대부분의 병사를 조선의 남부지방과 일본 본토에 집중배치하였다.[7] 주요 배치 지역은 1944년과 1945년의 전황의 차이 그리고 1945년 한반도에서 본토결전을 준비해야 하는 사정 등으로 시기에 따라 조금 달랐다. 즉, 1944년도 해군병력 동원의 주요한 방식이었던 특별지원병은 주로 일본 본토에 배치되었는데, 해군특별지원병 13,256명 가운데 7,107명이 일본 본토 여러 곳에 분산배치되었다. 38도선 이남에 4,626명, 이북에 482명이 배치되었다. 이에 비해 1945년도 해군 징병자는 한반도의 남부 조선 지방에 중점배치되었다. 해군 현역병 9,174명 가운데 8,610명이 진해해군기지 등

---

7 「昭和27年11月25日調 朝鮮出身者調査表(軍人の部)」 가운데 1952년 1월 25일자로 조사한 「朝鮮出身者調査表(軍人の部'集計表')」를 참조하였다.

38도선 이남 지역에, 86명이 이북 지역에 배치되었다. 일본 본토에는 478명만 배치되었다.

그렇다면 요시다 참모가 말하는 40만여 명에서 최소 11만여 명의 현역 입대자를 제외한 29만여 명을 어떻게 설명해야 하는가. 29만여 명에는 군속도 포함되어 있으므로 모두 군인으로 징병되었다고 볼 수 없다. 또한 〈표 3-2-1〉의 통계에는 16,830명의 육군특별지원병, 3,893명의 임시채용특별지원병인 학도병 그리고 13,256명의 해군특별지원병이 군인에 포함되어 있는데, 이들과 1944년도, 1945년도 현역병 11만여 명을 합치더라도 현역 입대자는 14만 4,000여 명밖에 되지 않는다. 그렇다면 〈표 4-2-1〉에 나오는 '군인' 합계의 통계를 따른다 하더라도 나머지 6만 5,000여 명의 군인을 어떻게 설명해야 하는가.

징병검사에서 갑종 또는 을1종 판정을 받은 사람 가운데 일본어 능력을 인정받은 일부 사람을 중심으로 현역 징집이 실시되었다는 현실을 고려할 때,[8] 29만여 명에 포함된 군인 또는 6만 5,000여 명의 군인은 그 이외의 사람이다. 이들은 대부분 을1종 또는 을2종의 판정을 받아 제1보충병에 편입되었다.

하지만 제1보충병이 6만 5,000여 명에 불과했다고 단정할 수도 없다. 가령 1945년 4월 7일자로 조선군관구 참모장이 선박사령부 참모장에게 보낸 전보문에 따르면, 조선인 병사를 실어나를 수 있는 배를 수배해 달라고 하면서 인솔자를 포함하여 37,720명이라고 사람 수를 밝히고 있다.[9]

---

[8] 1944년도 징병검사자 가운데 30%가 갑종 판정을 받았고, 그 가운데 일본어 이해자는 60%였다.

[9] 「築朝參電 第2264號(4. 7)」, 『機密作戰日誌(乙綴)』.

뒤에 다시 언급하겠지만 이들은 4월 중하순경에 각종 근무대, 농경(農耕) 근무대, 자활요원(自活要員) 등 노무부대원으로 일본에 징병되었지 전투부대원으로 징병되지 않았다.[10] 부대 생활이 징용자와 하등 다를 것이 없었던 이들은 제1보충병 판정을 받고 입대한 사람이었다.

제1보충병은 일본만이 아니라 한반도에도 대규모 동원되었다. 1945년 8월 현재 제주도를 제외한 제17방면군의 부대편제를 보면, 야전부대, 요새부대, 군관구와 사관구 부대 이외에 야전근무대, 특설근무대, 특설경비부대 등이 있었다. 뒤의 세 부대에는 불완전한 통계에도 불구하고 최소 2만 명 이상의 보충병이 있었다.[11] 1945년 5월 10일 편성되어 제주도에 있던 제1특설근무대의 경우 5,000명 이상의 조선인 보충병이 있었다.[12] 그럼에도 1945년 4월을 전후하여 임시로 편성된 대규모 동원까지 6만 5,000여 명에 포함하더라도 매우 많은 병사노무동원이 있었다는 인상을 말해줄지언정 정확한 수치라고 볼 수 없다.

요시다 참모는 병사노무동원의 양상에 대해 제1차 징병검사 이후 현역으로 입영한 사람을 제외하고, "대부분은 보충병으로 재향(在鄕)에서 대기하고 있었으나 본토의 병비공화(兵備鞏化)에 수반하여 차례대로 각 근무대, 현지 자활요원으로 소집되기에 이르렀다"고 회고하였다.[13] 여기서 말하는 각 근무대는 한반도와 일본, 만주에 배치되었지만, 현지 자활

---

10 예를 들어 일본 愛知縣의 農耕勤務隊에 관한 사례가 여기에 해당된다. 당시를 기억하려는 사람들의 노력으로 매우 풍부한 실증과 증언이 취합되어 기록화되었다. 雨宮剛 編著, 2012, 『もう一つの强制連行 謎の農耕勤務隊-地元からの檢證』, 株式會社キンコー.

11 「朝鮮に於ける戰爭準備(1946.2)」의 '附表4: 朝鮮軍部隊一覽表(除濟州道)'.

12 「朝鮮に於ける戰爭準備(1946.2)」의 '附表3: 濟州道部隊一覽表'.

13 吉田俊隈, 「朝鮮軍歷史 別冊 朝鮮人 志願兵 徵兵の梗槪」, 21쪽.

요원은 아이치현의 사례에서처럼 일본 본토에만 배치된 노무부대를 의미한다. 전투병력으로 징병 대상자를 동원하는 데 그치지 않고 애초부터 노동력으로 활용하기 위해 징병한 사람들이 1945년 들어 매우 많았음을 시사하는 발언이다.

그러면 노동력으로 동원할 제1보충병을 편성하여 만든 노무동원부대 가운데 한반도에 주둔했던 부대를 중심으로 대본영의 지시에 따라 다양하게 임시로 편성된 부대에 대해 가능한 한 살펴보겠다.

2. 병사노무동원의 실상과 함의

제1보충병의 징병은 특정 부대를 편성하기 위해 한 시기에 집중적이고 대규모로 동원하는 양상이었다. 조선군관구사령부는 대규모 병사노무동원을 안정적이고 기동력 있게 실행하기 위해 5월 16일자 '칙령 제300호'로 징병사무를 군관구사령부, 사관구사령부, 지구사령부(병사구)에서 직접 처리하도록 개정하였다.[14] 특히 사관구사령부의 지휘 아래 도별로 있는 병사구에서 징병 업무를 신속히 처리할 계산이었다. 병사노무동원의 양상을 확인할 수 있는 문건을 중심으로 일지를 정리하면 다음과 같다.

1. 동(動) 제53호(1944.12.5) 특설육상근무중대 10, 수상근무중대 5 가운데 육상중대 6(105~110), 수상중대 2(109, 110) 임시동원, 조

---

14 防衛廳防衛研究所戰史室, 『陸軍軍戰備』, 488쪽.

선 배치.

2. 영갑(令甲) 제1호(1945.1.4) 특설경비부대의 편성명령에 따라 '명(命) 제1230호'에 입각하여 대대(갑) 5, 대대(을) 4, 특설경비중대 4, 특설경비공병대 5 임시편성, 조선 배치.

3. 영갑(令甲) 제16호(1945.1.30) 농경근무대 5 임시편성, 일본 배치.

4. 영갑(令甲) 제37호(1945.3.3) 야전근무대의 본부 9, 육(수)상근무중대 53(15) 임시편성, 조선(제36~39야전근무대)과 일본 배치.

5. 영(令甲) 제42호(1945.3.16) 특설근무대의 본부 1, 중대 10 임시편성 제주도 배치.

6. ?(1945.5.23) 육상근무 제210~219중대 임시편성, 조선과 일본 배치.

7. ?(?) 특설건축근무 제101, 103중대 임시편성 조선 배치.[15]

이상의 문서도 현실을 모두 반영하지는 못했을 것이다. 가령 3월 3일자 명령에 따라 시행된 일본으로의 대규모 임시동원 때 편성명령서로 확인할 수 없는 자활요원 10,220명이 있었던 경우를 보면 알 수 있다.

위에서 언급한 특별경비부대는 지역의 군사시설 등을 경비하는 임무를 맡았으며, 근무대는 각종 군사시설을 경비하고, 진지구축과 화물수송, 비행장·도로·항만 등을 건설하며 대미작전과 대소작전 준비가 진행되는 모든 곳에 동원된 부대였다. 또한 자활요원과 농경근무대는 일본

---

15 사례 1~5: 防衛廳防衛硏究所戰史室, 『陸軍軍戰備』, 450쪽, 465쪽, 471쪽, 478~479쪽. 사례 6~7: 『昭和20年10月28日調整 陸軍部隊調査表』, 173쪽, 181~182쪽. 7번 사례인 특설건축대의 실상을 확인하지 못하였다. 사례 6~7의 '?'는 문서 구분과 날짜를 명확히 알 수 없어서 필자가 임의로 표기한 것이다.

본토를 방어하는 데 최대의 장애요인 가운데 하나였던 기본적인 식량 문제와 특공용 비행기 연료 문제를 군 스스로 해결하려는 의도에서 결성된 부대였다.[16] 물론 농경근무대와 자활요원도 상황에 따라 토목공사에 동원되기도 하였다.

그렇다면 위의 문서에 언급된 부대 중 조선에 배치된 부대에 조선인은 얼마나 있었을까? 위의 인용문에 언급된 순서대로 대규모 병사노무 동원 사례를 정리하면서 동원 숫자와 정황을 고찰해 보자.

첫째, 특설육상 및 수상근무중대에 대해 살펴보자.

대본영은 부대를 편성하여 중국, 조선, 일본으로 이어지는 군수품 수송라인에 배치하고 물자를 신속하면서도 확실하게 수송할 계획이었다. 그래서 사상을 신뢰할 수 있고 일본어를 이해할 능력이 있는 조선인 제1보충병 6,565명을 선발하여 특설근무대를 편성하려고 하였다.[17]

한반도에 배치된 경우만 보면, 특설육상근무 제105~110중대는 1944년 12월 경성에서 편성되어 부산, 목포, 제주도에 배치되었다. 8·15해방 당시 조선인이 823명가량 있었다. 각 중대는 300명 전후의 병력으로 편성되었는데, 특이한 점은 중대원 가운데 일본인이 과반수를 넘었다는 사실이다.[18] 또한 특설수상근무 제109, 110중대도 부산에 배치되었는데 8·15 당시 620명의 중대원 가운데 조선인이 몇 명이었는지 알 수 없지만, 특설육상근무중대와 큰 차이가 없었을 것이다.[19] 나머지는

---

16 防衛廳防衛研修所戰史室, 『陸軍軍戰備』, 471쪽.

17 「陸亞機密 第679號 昭和19年度動第53號, 特臨編第44號ニ關スル特別規定ノ件達(1944.12.5)」, 『軍令綴』 2.

18 留守業務部第3課, 『資料通報(B) 第108號 南鮮部隊概況表(1952.3.31)』.

19 「朝鮮に於ける戰爭準備(1946.2)」의 '附表4: 朝鮮軍部隊一覽表(除濟州道)'.

일본 본토의 동부군(도쿄), 중부군(오사카), 서부군(후쿠오카) 등지에 배속되었다.[20]

그런데 '편성인원표'를 보면 이들 중대에 근무하던 조선인의 신분은 '고(용)인 공원(工員)'으로 분류된 '군속'이었다.[21] 뒤에서 언급할 야전근무대 소속의 조선인은 '병과' 가운데 하나인 '병'(兵)으로 분류되어 있어 '군인' 신분이었다.

둘째, 특설경비부대에 대해 살펴보자.

특설경비부대는 항만, 요새, 연안, 도서(島嶼), 요지를 경비하고 비행장 및 도시 복구를 기본 임무로 하는 부대였다. 하지만 실제로는 본토결전에 대비하여 진지구축에 필요한 다양한 노동에도 동원되었다.

부대 현황을 보면, 대본영의 1월 4일자 지시는 대대 9개, 경비중대 4개, 경비공병대 5개였지만, 이를 전후로 편성된 특설경비부대도 있었다. 8·15해방 당시 한반도 전체에 있었던 특설경비부대는 대대와 중대를 구분하지 않고 모두 44개였다.[22] 편성 당시는 일본인 기간요원과 재향군인 출신의 일본인이 많았을지 모르지만, 8·15해방 당시 38도선 이남에 주둔하고 있던 특별경비대와 특설경비공병대의 부대장을 제외한 부대원 13,531명이 모두 조선인으로 구성되었다.[23] 제17방면군 소속

---

20 『南方 朝鮮(南鮮)方面陸上部隊略歷(第4, 5回追錄)』, 364, 267쪽; 「張逸淳陳述書」. 장일순은 중부군 관할인 福井縣의 加藤部隊에서 중국으로부터 들어온 콩을 배에서 창고로 날랐는데, 자신이 "군인이라기보다는 노무자였으며", 일본군이 "아주 혹독하게 일을 시켰"다고 증언하였다.

21 『朝鮮軍官區編成人員表』.

22 宮田節子 編·解說, 『十五年戰爭極祕資料集 15-朝鮮軍槪要史』의 '附表15: 特設警備部隊一覽表' 참조.

23 留守業務部第3課, 『資料通報(B) 第108號 南鮮部隊槪況表(1952.3.31)』에서 특별경

4개, 부산요새 4개, 여수요새 1개,²⁴ 제58군 2개, 경성사관구 8개, 광주사관구 1개가 바로 이 경우다.²⁵ 좀 더 구체적인 예를 들어보면, 1943년 8월 13일 제주도에 편성된 특설경비 제405중대, 1944년 10월 10일 여수에 편성된 제408특설경비공병대는 8·15해방을 제주도에서 맞았는데, 일본인 대장을 제외한 126명과 924명의 부대원 전원이 조선인이었다.²⁶ 38도선 이북 지역에 있던 나남사관구, 평양사관구, 나진요새, 영흥만요새 소속 20여 개 부대 역시 사정이 특별히 다르지 않았을 것이다 ['〈부표 5〉 특설경비부대 일람표(1945.8.15 조사)' 참조].

셋째, 농경근무대와 자활요원에 대해 살펴보자.

대본영이 1월 30일자로 5개의 농경근무대를 결성하려 했던 중요한 이유는 일본 본토 경비의 최대 애로사항인 식량 문제를 군 스스로 자활

비부대의 조선인 숫자를 합산한 것이다.

24 여수요새는 1942년 1월 건설에 착공되어 4월에 완공되었고, 11월에 準戰備를 실시하였다. 砲兵沿革史刊行會 編著, 『砲兵沿革史』 1, 228쪽. 여수요새사령부의 설립 날짜는 명확하지 않지만, 사령관에 관한 첫 기록은 1942년 8월 多田勇夫 대좌다. 취임 날짜는 정확히 알기 어렵지만 그가 초대 사령관이었던 것만은 분명하다. 사령부 산하에 여수요새중포병연대, 여수요새방공대, 여수육군병원이 있었다. 森松俊夫 外山 操, 『帝國陸軍編制總覽』 2, 752쪽. 또 다른 자료에는 1944년 말 사령부 예하에 중포병연대, 고사포대, 특설경비 제405, 406, 407중대, 제408특설경비공병대, 여수육군병원이 있었으며, 1945년 들어 특설경비대는 제주도로 동원되었다. 朝鮮所在重砲兵聯隊史編纂委員會, 1998, 『馬山 永興灣 羅津 麗水 重砲兵聯隊史』, セイコー産業株式會社, 286쪽.

25 편성표상으로 보면, 대구사관구에도 특설경비 제409, 463대대와 제402중대가 있었으며, 제463대대의 550명 가운데 440명, 제409대대의 420명 가운데 330명, 제402중대의 126명 가운데 100명이 조선인이었다. 또한 제404특설경비공병대의 930명 가운데 808명이 조선인이었다(『朝鮮軍官區編成人員表』).

26 을1종 판정을 받고 1945년 2월 입대한 문갑선이 특설경비공병대 소속이었는데 그의 증언에서도 이를 확인할 수 있다. 자세한 것은 조성윤·지영임·허호준, 2007, 「문갑선-굶주림이 반이었어」, 『빼앗긴 시대, 빼앗긴 시절』, 선인, 345~365쪽.

(自活)하여 해결해야 한다는 판단 때문이었다.²⁷ 예를 들어 이강석(李康昔)은 일본의 미에현에서 일본군의 식량을 마련하기 위해 일본 군인의 감시 아래 감자와 고구마 등을 경작하는 경작대원으로 복무하였다.²⁸

농경근무대는 편제상 1개 대(隊)에 10개 중대, 약 3,028명이 정원이었다.²⁹ 대본영은 부대를 편성하면서 4월 하순에 대원의 대부분을 조선인으로 교체할 계획이었다. 조선군관구사령부 예하의 5개 사관구사령부는 4월 초에 야전근무대원의 임시동원 때 자활요원 10,000여 명과 농경근무요원 1만 2,500명, 혼성 제107여단의 자활요원 220명도 동원을 완료하고 수송할 배가 오기를 기다렸다.³⁰

넷째, 야전근무대에 대해 살펴보자.

현재까지 조선인 야전근무대원의 동원지로는 한반도와 일본만 확인할 수 있다. 관동군도 야전근무대를 운영했지만 조선인이 거기에 배치되었는지는 확인하지 못하였다. 규슈와 조선에서의 작전 준비와 선박 수송 능력의 향상을 위해 3월 3일자 동원명령에 따라 9개의 야전근무대가 임시편성되었는데, 조선군관구사령부는 제16방면군(서부군관구)에 보낼 제33~38야전근무대원 1만 5,000여 명을 동원하는 한편, 한반도에 배치할 제36~39야전근무대를 편성하였다.³¹

---

27 防衛廳防衛研究所戰史室, 『大本營陸軍本部〈10〉』, 89쪽.

28 「李康昔陳述書」.

29 「軍令陸甲 第16號 農耕勤務隊臨時動員(1945.1.30)」, 「陸亞機密 第62號 農耕勤務隊臨時動員(1945.1.30)」, 『軍令綴』 14.

30 「朝參電 第2264號(1945.4.7)」, 『機密作戰日誌(乙綴)』.

31 「軍令陸甲 第37號 野戰勤務隊本部, 陸上, 水上勤務中隊臨時動員要領(1945.3.3)」, 『軍令綴』 6; 「軍令陸甲 第37號(1945.3.3)」, 『軍令綴』 6; 『西部軍管區編制人員表』.

동원요령에 따르면, 야전근무대는 본부 1개, 육상과 수상을 합쳐 7개 중대로 구성되었다. 각 중대는 본토의 본적자 20%, 조선 본적자 80%로 구성한다는 규정이 있었다.[32] 이는 「소화20년도 육군 임시동원 계획령 세칙(4.20)」 제8조에 따라 조선과 대만의 본적자를 동원할 때 야전부대 가운데 "전열부대(戰列部隊)", 곧 전투부대 20%, 병참부대 80%, 나머지 부대 50%를 기준으로 분산배치한다는 방침에 근거한 것이다.[33] 부대의 편성은 우선 간부와 본토에 본적을 둔 병사를 동원하여 '기간요원'으로 양성교육을 실시한 다음 조선 본적자, 곧 조선인을 충원하는 과정을 밟았다. 노무부대에서조차 핵심에서 조선인을 배제한 경우로 황국신민화의 허울을 확인할 수 있는 대목이다.

그런데 야전근무대에 따라 민족 구성에 차이가 있었다. 4개의 야전근무대에는 8·15해방 당시 24개 육상근무중대에 12,264명의 대원이 있었다.[34] 제36, 37야전근무대는 각 중대원 510명 가운데 10%를 약간 상회하는 60명이 기간요원이었으며, 제38야전근무대의 육상근무중대는 20%를 약간 상회하는 최하 110명에서 최고 121명, 제39야전근무대의 경우 확인 가능한 두 개의 육상근무중대의 경우 30%를 넘는 170명의 기간요원이 있었다.[35] 전체적으로 보면 한반도에 주둔한 야전근무대에 동원된 조선인은 1만 명이 조금 넘었을 것이다. 여기에 제38야전근무대

---

32 「軍令陸甲 第37號 野戰勤務隊本部, 陸上, 水上勤務中隊臨時動員要領(1945.3.3)」, 『軍令綴』 6.

33 『軍令』. 방위연구소 자료실의 카드번호는 '中央 行政 軍令 26'이다.

34 「朝鮮に於ける戰爭準備(1946.2)」의 '附表4: 朝鮮軍部隊一覽表(除濟州道)'.

35 중대원, 기간요원, 조선인 대원 숫자는 留守業務部第3課, 『資料通報(B) 第108號 南鮮部隊概況表(1952.3.31)』에 나와 있는 내용을 참조하였다.

소속의 육상근무중대의 사례를 고려할 때 수상근무 제77, 78, 79중대원 1,533명의 대다수가 조선인이었을 것이므로 조선인 야전근무대원은 훨씬 더 많았을 수 있다.[36]

야전근무대의 편성과정을 보면, 제38, 39야전근무대의 경우 경성사관구의 보병 제2보충대와 나남사관구의 보병 제74연대보충대에서 각각 5월 16일과 4월 4일에 기간요원인 일본인 보충병을 선발하고 경기도, 평안도, 함경도에서 조선인 병사를 보충하였다.[37] 제36, 37야전근무대도 3월 20일 경성사관구의 야포 제26연대보충대와 평양사관구의 보병 제1보충대에서 각각 기간요원을 보충하고 편성을 완료하였다. 제38, 39야전근무대는 조선군관구 소속이었고, 제36, 37야전근무대는 제17방면군 소속이었다.

한반도 주둔 야전근무대 가운데 가장 먼저 편성된 제36, 37야전근무대를 보면, 목포를 중심으로 한 서남해안 일대와 부산을 중심으로 마산에서 포항 사이의 동남해안 일대에서 물자수송, 양탑(揚塔)작업, 주정(舟艇)대피소 구축작업 등 진지를 구축하는 노동에 동원되었다.[38] 제36, 37근무대의 편성은 제주도와 한반도의 서남해안과 남해안 일대에서 본토결전을 서둘러 준비해야 했기 때문이다. 두 야전근무대의 중심지가 목

---

36 「朝鮮に於ける戰爭準備(1946. 2)」의 '附表4: 朝鮮軍部隊一覽表(除濟州道)'에는 이들 수상근무중대가 있지만 留守業務部第3課, 『資料通報(B) 第108號 南鮮部隊槪況表 (1952.3.31)』에는 나오지 않는다.

37 『陸軍北方部隊略歷』, 913~914쪽; 「朝參電 第6983號(1945.6.15)」, 『機密作戰日誌 (乙綴)』. 제39야전근무대는 4월 5일 동원 완결되었다「朝43電 第116號(1945.4.8)」, 『機密作戰日誌(乙綴)』].

38 厚生省援護局, 1968, 『南方 朝鮮(南鮮)方面陸上部隊略歷(第5回追錄)』, 253쪽; 留守業務部第3課, 『資料通報(B) 第108號 南鮮部隊槪況表(1952.3.31)』.

포와 부산이었던 배경도 목포항이 제주도에서 본토결전에 필요한 물자와 사람을 수송하는 관문이었고, 부산항도 본토와 한반도 그리고 만주를 잇는 핵심 관문이었다는 사실과 무관하지 않다.

야전근무대는 노무부대였기 때문에 병기가 없었다. 본부에는 95식 군도 3자루와 30년식 총검 2개만 지급되고, 근무중대에는 95식 군도 1자루, 30년식 총검 51개, 99식 소총 11자루, 7모7총 탄약(七粍七銃 彈藥) 보통실포(普通實砲) 1,320발, 90식 나팔 2개가 지급되는 것이 규정이었지만, 이것조차 지켜지지 않았을 것이다.[39] 이들 무기는 전투용이라기보다 조선인 대원을 감시하고 노동을 독려하기 위한 도구에 불과하였다. 근무대원도 막판에는 전투에 참가하는 것으로 상정되어 있었겠지만, 그럴 경우 제대로 된 군사훈련도 받지 않은데다 무장도 매우 불충분했을 것이 분명하므로 실제 상황이 전개된다면 그냥 사지로 내몰리는 꼴이었을 것이다. 조선인 야전근무대원은 노예나 노비 같은 노동수단이자 총알받이에 불과한 존재였던 것이다.

야전근무대의 임시편성은 이후에도 계속되었다. 대본영의 5월 23일자 편성명령에 따라 육상근무 제210중대부터 제219중대까지 임시편성이 이루어졌다. 이들 중대 가운데 경성, 대구, 광주의 사관구에서 편성한 육상근무 제215~219중대는 중부군관구(제15방면군)로 동원되었다.[40] 그리고 제210~214중대는 나남, 평양, 경성의 사관구에서 6월 20일경 편성되었는데, 8·15해방 당시 경성, 나진, 부산, 평양에 주둔하였다. 제

---

39 「陸亞機密 第131號 野戰勤務隊本部, 陸上, 水上勤務中隊臨時動員要領細則規定ノ件 達(1945.3.3)」, 『軍令綴』 6.

40 「朝參電 第6984號(1945.6.15)」, 『機密作戰日誌(乙綴)』.

17방면군의 지휘를 받았던 제210, 213, 214중대의 부대원은 제36, 37야전근무대 소속의 중대처럼 각각 510명이었고, 그중 조선인 대원이 450명 정도였다.[41] 따라서 이 시기 근무중대로 임시동원된 중대별 조선인 숫자도 이와 비슷했을 것이다.

다섯째 제1특설근무대에 대해 살펴보자.

일본군 전체로 보면 편제상 제1, 2특설근무대가 있게 되어 있었으나, 편성이 완료된 부대는 제1특설근무대뿐이었다.[42] 이 부대는 '명(命) 제1276호'에 따라 제17방면군의 전투서열에 포함되어 제주도 방어를 위해 편성된 제58군에 소속되었다. 앞서 언급한 야전근무대가 1개 중대를 제외하고 모두 한반도에서 작업했다면, 제1특설근무대는 제주도에서만 작업한 부대였다.

제1특설근무대의 본부와 662명 정원의 특설근무 제4~13중대는 4월 30일부터 5월 10일 사이에 경성사관구의 보병 제1, 2보충대, 포병보충대, 공병보충대, 치중병보충대에서 임시동원되어 제주도로 이동하였으며, 경비와 수송, 양육(揚陸), 축성작업을 담당하였다.[43] 8·15해방 당시 편제표상의 정원인 662명을 넘는 중대는 없었으며, 본부와 중대원 6,559명 가운데 조선인이 91.2%인 5,985명이었다.[44]

한반도에 주둔한 일본군에 노무동원된 조선인 보충병의 숫자와 정황

---

41 「朝鮮に於ける戰爭準備(1946.2)」의 '附表4: 朝鮮軍部隊一覽表(除濟州道)'; 留守業務部第3課, 『資料通報(B) 第108號 南鮮部隊槪況表(1952.3.31)』.

42 「軍令陸甲 第42號 獨立混成第107, 108旅團等臨時動員要領(1945.3.16)」, 『軍令綴』 6. 중대 편성표의 정원은 662명이었다.

43 『南鮮方面部隊略歷』, 91~101쪽; 『第58軍編制人員表』.

44 留守業務部第3課, 『資料通報(B) 第108號 南鮮部隊槪況表(1952.3.31)』.

을 이 이상 확인하지 못하였다. 앞서 확인한 숫자만 놓고 거칠게 요약해 보면, ① 특별육상근무중대 823명에 인원수를 미확인한 2개의 특별수상근무중대, ② 특별경비부대원 13,531명, ③ 제36~39야전근무대 소속의 육상근무중대 조선인 10,000여 명 이외에 인원수를 미확인한 3개의 수상근무중대와 6월 10개 편성된 육상근무중대 가운데 한반도에 주둔한 5개 육상근무중대, ④ 제1특설근무대 5,985명 등을 합치면 아무리 적게 잡아도 3만 5,000여 명이 된다. 또한 조선에서 임시동원되어 일본으로 간 보충병 가운데 필자가 확인한 경우는, ⑤ 4월에 자활요원, 농경근무대, 야전근무대원으로 임시동원된 37,720여 명에 6월 편성 당시 일본에 보내진 인원수 미확인의 5개 육상근무중대 소속 조선인만을 합쳐도 40,000여 명에 이른다. 요컨대 1944년 12월부터 일본이 자행한 조선인 제1보충병에 대한 노무동원 숫자는 확인된 인원만 해도 최소 7만 명 이상이 된다.

실제 당시 현실은 이 숫자를 훨씬 능가했다는 사실을 다음 몇 가지 사례를 보면 확인할 수 있다.

한반도에 주둔한 부대로서 조선인의 정확한 숫자를 제시할 수 없어 언급하지 않았지만 노무동원부대라고 볼 수 있는 경우로는, 「제17방면군작전준비사」의 '부표(附表) 4'에 있는 제58군 소속의 건축근무대(507명), '부표 5'에 있는 5개의 야전비행장설정대(設定隊), '부표 6'의 철도부대 소속 8개 철도대대와 육상근무 제89, 120중대, 선박부대 소속의 수상근무 제74, 75중대와 특설수상근무 제135중대가 있다.[45]

해외로 노무동원된 부대 가운데 실상이 확인된 경우로는, 기타하라

---

45 「第17方面軍作戰準備史」의 '附表6'.

미치코(北原道子)가 밝힌 홋카이도와 사할린섬의 일본육군특설작업대와 임시근무대 등이 있다.[46] 츠카사키 마사유키(塚崎昌之)도 1945년 4, 5월에 지하시설대가 편성되었다고 밝혔다.[47] 또한 중국으로 징병된 사람들 가운데서도 전투를 하지 않고 노무에만 동원된 경우도 있었다. 예를 들어 김종실(金鍾實)의 경우 1945년 1월에 징병된 이후 하남성 카이펑(開封)에 있는 부대에 배치되어 군사훈련 대신 철도교량 복구훈련을 받고 미군의 폭격으로 파괴된 철로나 교량을 복구하였다.[48] 그가 속한 부대는 철도보수를 전담하는 노무부대였던 것이다. 같은 시기 김원목도 '북지파견군(北支派遣軍) 진(鎭) 제1174부대 26야전군 제6중대'에 배속되어 주로 교량을 복구하는 작업에 투입되었다.[49]

그렇다면 1945년의 병사노무동원은 강제동원사에서 어떤 의미를 갖는 것일까.

현재까지 1945년에 일본 본토로 징용된 조선인은 5만여 명에 불과한 것으로 알려지고 있다. 그런데 같은 시기에 징병 형태의 군인동원 또는 병사노무동원 그리고 군이 직접 나서서 문관을 동원하여 군대처럼 운영한 군속동원은 군인보다 훨씬 많았다. 따라서 강제동원사에서

---

46 北原道子, 1996·1998·2000,「北海道の朝鮮人兵士動員」,「樺太における朝鮮人兵士動員」,「朝鮮人兵士を主に編成された日本陸軍特設作業隊·臨時勤務隊について-北海道と樺太の場合」(『在日朝鮮人史研究』26·28·32) 참조. 이와 관련한 언급은 北原道子, 2014,『北方部隊の朝鮮人兵士: 日本陸軍に動員された植民地の若者たち』, 現代企畫室에서도 확인된다.

47 塚崎昌之, 2003,「濟州道のおける日本軍の'本土決戰'準備-濟州道と巨大軍事地下施設」,『靑丘學術論集』22, 참조.

48 「金鍾實陳述書」.

49 「金源穆陳述書」. 이 밖에 「金昌鉉陳述書」, 「高熙大陳述書」, 「柳基益陳述書」, 「李貴南陳述書」, 「李龍鉉陳述書」에서도 확인된다.

1945년도는 군대가 전면에 나선 시기로 모집 → 관알선 → 징용에 이어 또 다른 한 단계를 설정해도 타당한 구분이라고 볼 수 있다. 병사노무동원이란 단계를 새로 설정해야 하는 것이다.

징병에 의한 병사노무동원은 전시 상황에서 '황국신민의 의무'로서 실시되었기 때문에 징용보다 조선인들의 반발을 적게 받을 수 있었을 뿐만 아니라 가장 체력이 왕성한 세대를 동원한 것이기 때문에 근력노동에 효율적이었다. 일본군의 입장에서 병사노무동원은 징병에 의한 인원 공급이었기 때문에 계획적이고 안정적으로 실시할 수 있었으며, 군대의 규율을 적용했으므로 징용자보다 통제가 수월하였다. 물론 비용절감의 효과도 컸다. 달리 말하면 역설적이게도 병사노무동원은 징용 이상의 강압적인 조치를 취하지 않으면 조선인을 대규모로 동원할 수 없었던 1945년도 지배질서의 허약성을 드러낸 통치방식이자 정책이었다. 또 총력전의 기초가 조선인의 내면에서조차 점차 허물어지고 있는 가운데 취해진 동원정책으로 '강요된 자발성의 형해화'를 압축적으로 보여 준 정책이었다.

제3장
일본군의 패전과 한반도에서의 전후처리

1. 제17방면군의 항복과 미군의 송환정책

1945년 8월 15일 쇼와천황이 항복을 공식 선언하였다. 그보다 하루 앞서 미국은 영국과 소련에 북위 38도선을 경계로 남에서는 미군이, 북에서는 소련군이 각각 일본군의 항복을 접수하자고 한반도에서의 전후 처리 방안을 제시하였다. 스탈린은 8월 16일 여기에 동의하였다.

한반도 주둔 일본군의 항복 과정은 남과 북에서 현격히 달랐다. 주지하듯이 38도선 이남의 제17방면군은 서울에서 9월 9일 미 육군 제24군단장과 정전협정을 체결했지만, 38도선 이북의 일본군은 세 지역으로 나뉘어 소련군과 각각 정전협정을 체결하였다.[1] 즉, 8·15해방 이후에도 계속 싸웠던 나남사관구 사령관은 전투가 중지된 바로 다음 날인 8월 19일 나남에서 소련군 사단장과 정전협정을 체결하였다. 또 제34군 사령관은 8월 21일 중국의 옌지(延吉)로 가서 소련 제25군 참모장과, 평양사관구 사령관은 8월 26일 평양에서 소련군 라콘 중좌와 각각 이를 체결하였다.

이제부터 38도선 이남 지역에 미군의 진주와 점령지 확대과정에서 실시된 일본군에 대한 항복 접수와 귀환 그리고 해방 조국에 돌아오는 일본군 소속 조선인의 귀환에 대해 살펴보겠다.

먼저 이해의 편의를 위해 미국과 소련의 송환정책을 개관해 보자. 해외 각지에 흩어져 있던 패전국 일본의 군대에 대한 연합국의 기본방침은 「포츠담선언」에서 확인할 수 있다. 선언은 제9항에서 "무장이 완전히

---

1 第34軍137師團,「朝鮮北部地方の狀況」.

〈그림 4-3-1〉 인천항으로 들어오는 미군(1945.9.8)

출처: 신주백·김천수 편, 2020, 『사진과 지도, 도면으로 본 용산기지의 역사 2(1945~1949)』, 선인, 26쪽 (미국 NARA에서 입수).

해제된 후 집에 돌아가 평화적이고 생산적인 생활을 누릴 기회를 얻게 될 것이다"라고 명시하고 있다.[2] 연합국이 보기에 치안유지의 기본 대전제는 일본군의 무장을 신속하고 정확하게 해체하는 일이었다.

연합군총사령부는 군인 이외에도 동아시아와 태평양 일대에 흩어져 있는 '600만 명'이 넘는 일본인과 일본 본국에 있는 '117만 명'가량의 외국인을 송환하는 계획을 수립하였다.[3] 「서태평양에서의 대규모 송환

---

2 「Potsdam Declaration(1945.7.26)」.

3 趙庸旭, 2008, 「자료소개: 제2차 세계대전 직후 연합국 총사령부의 아시아·태평양 지역 귀환정책-서태평양에서의 대규모 송환에 관한 보고서(Report on Mass Repatriation in the Western Pacific)」, 『한국근현대사연구』 45, 259쪽. 이하 인용할 때

에 관한 보고서」에 따르면 미군이 주도한 연합군의 송환계획은 1946년 12월경 몇몇 지역을 제외하고는 대부분 끝이 났다.[4]

미군이 주도한 송환정책은 군인과 군속, 문관을 불문하고 가장 많은 인원을 차지하는 일본인 중심이었다. 여기에는 또 다른 정치적 목적도 있었다. 「서태평양에서의 대규모 송환에 관한 보고서」에 따르면, 미군은 "민주주의 이상하에서 연합국이 개인의 존엄성과 권리를 진지하게 수호한다는 사실을 일본 국민들에게 가장 잘 납득"시킬 기회로 간주하였다.[5] 일본 점령정책의 핵심 목표를 민주화에 두고 있던 미군으로서는 당연한 정치적 계산이었다. 더구나 일본인의 조기 귀환은 "해방된 지역들이 경제적 부담을 줄이기 위해서 뿐만 아니라 순전히 인도주의적 이유에서도 바람직한" 접근이었다.[6]

그러므로 연합국이 아시아태평양 지역에서 시행한 송환정책에서 조선인의 귀환은 일본인 송환정책의 하나에 불과하였다. 일본군 소속 조선인 군인에 대한 귀환은 더더욱 그러하였다.

이와 정반대의 상황이 전개된 곳이 소련군 점령 지역이다. 1945년 8월 23일 스탈린은 국가방위위원회 의장의 자격으로 극동소련군 사령관 등에게 '국가방위위원회 결의 9898호'라는 비밀 지령문을 하달하고,

---

는 「서태평양에서의 대규모 송환에 관한 보고서」로 기록하겠다.
미국 국립문서기록청에서 발굴한 보고서에 관한 해제는 조용욱의 글로 대신하겠다.

[4] 1946년 12월까지 완료되지 않은 지역에는 "소련에 남겨진 일본인들, 전쟁범죄와 관련돼 억류된 자들, 네덜란드령 동인도제도와 동남아시아에 노동을 목적으로 억류된 소수 그리고 낙오자들이었다". 「서태평양에서의 대규모 송환에 관한 보고서」, 『한국근현대사연구』 45, 259쪽.

[5] 「서태평양에서의 대규모 송환에 관한 보고서」, 『한국근현대사연구』 45, 258쪽.

[6] 「서태평양에서의 대규모 송환에 관한 보고서」, 『한국근현대사연구』 45, 259쪽.

일본군 포로 50만여 명을 소련 내 포로수용소로 보내도록 지시하였다. 이에 따라 북위 38도선 이북 지역과 만주 지역에서 항복한 일본군이 대거 소련으로 이송되었다.[7] 또한 뒤에서 다시 확인하겠지만, 일본군 속의 조선인 군인 가운데서도 시베리아로 간 사람이 있었다. 태평양 일대에서 미군의 포로가 된 조선인과 매우 다른 현상이 다양하게 나타났던 것이다. 이제부터 조선인 군인으로 한정하여 귀환 양상을 살펴보겠다.

2. 국내외에서 귀환하는 일본군 소속 조선인

1) 해외에서 귀환한 조선인 군인

우선 「포츠담선언」에서 말하는 '완전한 무장 해제'의 대상자 가운데 조선인은 몇 명이나 되었을까 확인해 보자.

징병자 모두 해당되겠지만, 앞서도 확인했듯이 조선인에 대한 징병은 쇼와천황이 항복을 선언한 그날에도 실시되었기 때문에 그 숫자를 정확히 측정하기는 어렵다. 실제 통계 간의 편차도 너무 커 징병 숫자를 확인할 수 있는 자료 가운데 어느 것이 당시 현실에 합당하다고 말하기 어려운 측면도 있다. 앞서도 보았듯이 제17방면군의 요시다 참모는 40만 명 정도로 회고했고, 1955년 조사인 〈표 4-2-1〉에 따르면 364,186명이 징병되었다. 반면에 일본정부의 공식 통계라고 볼 수 있는 원호국은

---

7 김효순, 2009, 『나는 일본군 인민군 국군이었다』, 서해문집, 99쪽.

⟨표 4-3-1⟩ 1944년 조선인 현역병 배치 구분표

지역	일본				조선	타이완	만주	중국 본토	동남아시아				
부대	동부군	중부군	서부군	북방군	조선군	대만군	관동군	지나 방면군	남방군	제2 방면군	제8 방면군	제1 항공군	선박 사령부
인원	2,440	1,985	2,075	1,745	1,585	3	9,925	10,445	7,647	1,540	2,710	2,300	600

출처: 宮田節子 編·解說, 1989, 『十五年戰爭極祕資料集 15-朝鮮軍槪要史』, 不二出版, 88쪽.

24만 4,000여 명의 조선인 군인·군속이 동원되었다는 자료를 제출하였다.[8] 이들 가운데 제17방면군 사령관의 지휘하에 4만여 명의 조선인 군인·군속이 있었다.

이들 가운데 생존자는 주로 어느 지역에서, 어떤 과정을 거쳐 귀환했을까? 군속은 차치하더라도 1944년도 징병자들의 배치 지역을 놓고 추론해 보자. ⟨표 4-3-1⟩은 1944년 9월부터 실시된 제1기 징병자 4만 5,000여 명의 배치 현황이다.

크게 보면 1944년의 징병 제1기 조선인은 일본 본토, 중국, 동남아시아 지역에 많이 배치되었다. 더 나아가 전황에 따라 조선인 병사가 배치된 부대가 이동한 사실에도 주목해야 한다. 가령 조선군과 관동군은 1944년과 1945년에 태평양전선에서의 불리한 전황에 대처하고자 산하의 부대를 일본 본토와 태평양전선으로 대거 이동시켰다. 더구나 1945년도 징병자에 대한 배치 역시 필리핀의 함락과 오키나와전투에서의 패전으로 전선이 바뀌면서 남방으로 부대를 배치하기가 어려운 상황이었다. 결국 조선과 만주 그리고 일본, 중국 본토에 새로운 병력이 많이 배치될 수밖

---

8   厚生省社會援護局援護50年史編纂委員會 編, 1997, 『援護50年史』, ぎょうせい, 23쪽.

에 없었을 것이다. 특히 소련군과의 전쟁을 고려하여 8월 15일 직전까지 '몽땅징병' 또는 '뿌리뽑기징병'이 있었다.

그런데도 만주와 한반도 북부 그리고 일본 본토에서는 많은 사망자가 발생한 전투가 없었다. 반면에 태평양전선과 동남아전선은 달랐다. 남상구의 연구에 따르면, 1,000명 이상의 조선인 병사가 사망한 지역은 필리핀, 인도네시아, 사이판, 뉴기니였으며, 500명 이상이 사망한 지역은 팔라우, 길버트다라와, 히레바스도, 쿠릴열도[일본명 기타치시마(北千島)]였다.[9] 쿠릴열도를 제외한 지역 모두 동남아시아전선과 태평양전선이었다.[10] 결국 귀환자는 주로 만주와 중국 본토 그리고 일본 지역에 배치된 군인이었을 것이다. 이는 '대일항쟁기 강제동원 피해조사 및 국외 강제동원 희생자 등 지원위원회'에서 피해자 판정을 내린 일본군 출신자의 8·15 당시 근무지를 정리한 〈표 4-3-2〉에서 비슷한 경향성을 확인할 수 있다.

〈표 4-3-2〉 피해자 판정을 받은 군인의 지역별 근무지(2010.6.30 현재)

총	일본	중국	타이완	러시아				남양군도	인도네시아	필리핀	기타
				사할린	쿠릴열도	기타(포로)	총				
22,210	11,311	7,018	247	70	22	30	122	1,400	40	416	1,653

비고: - '기타': 뉴기니, 미얀마, 인도차이나 등지를 가리킨다.
     - 만주에서 포로가 된 사람은 2,907명이었다.

---

9 남상구, 2005, 「전후 일본정부의 '전몰자' 유골정책-'한국인 전몰자' 유골을 중심으로」, 『한일민족문제연구』 9, 199쪽.
10 세 달 이상 격렬하게 전투가 벌어진 오키나와전투도 여기에 해당될 것이다.

관동군 소속으로 만주에서 근무한 조선인 군인은 대부분 시베리아로 압송되었다. 38도선 이북의 조선인 군인도 비슷하였다. 자세한 내용은 '2) 한반도에서 복무한 조선인의 귀환'에서 언급하겠다. 반면에 만주를 제외하고 해외에서 귀환하는 군인은 문관들과 마찬가지로 거의 대부분 부산항으로 들어왔다. 전염병 예방 등 위생 문제와 무기 회수 등 치안 문제 때문이었다.[11]

물론 모두 부산항으로 들어왔다는 뜻은 아니다. 인천항으로 들어온 사람도 있었다. 병사들은 애초부터 인천항을 기항지로 하는 배에 승선했다기보다는 전염병 등으로 부산항으로 입항하기 어려운 경우에 대부분 인천항으로 입국하였다. 물론 하와이 포로수용소에 있던 한인들처럼 예외적으로 애초부터 인천항을 도착 지점으로 상정하고 돌아온 경우도 있었다.[12] 아주 드물게 진해항으로 돌아온 경우도 있기는 했다.[13]

2) 한반도에서 복무한 조선인의 귀환

이들과 비교되는 경우가 국내에서 일본군으로 복무한 조선인의 귀환이다.

---

11 이유는 알 수 없지만, 귀환자가 미국에서부터 가지고 온 물품은 남김없이 모두 압수하였다. 겨우 남은 물품이 군복과 군화였다. 일제강점하강제동원피해진상규명위원회 편, 2008, 『남방기행』, 202쪽.

12 김도형, 2004, 「태평양전쟁기 하와이 포로수용소의 한인 전쟁포로 연구」, 『한국독립운동사연구』 22, 133쪽; 『美軍政情報報告書』 12, 372쪽. 인천항으로 돌아온 이유는 알 수 없지만, 하와이 포로수용소의 귀환자는 1946년 1월과 8월 제1, 2진으로 나누어 인천항에 도착한 후 기차로 서울로 이동한 후 해산하였다.

13 오사카육군조병창에 동원된 이장민의 경우를 들 수 있다. 일제강점하강제동원피해진상규명위원회 편, 2008, 『조선이라는 우리나라가 있었구나』, 127쪽.

우선 미군이 점령한 38도선 이남을 보면, 남쪽에서는 쇼와천황이 항복을 선언한 당일 개인적으로 부대를 이탈하여 해방의 기쁨을 그날 만끽한 사람도 있었고, 일본의 패전을 8월 15일에 알았든 몰랐든 날짜를 달리하여 그 이튿날부터 같은 부대에 소속된 조선인 대원이 모두 한꺼번에 부대를 나온 경우도 있었다.[14] 예를 들어 같은 서울에 근무한 사람이라도 서태원은 마포국민학교에 있던 포병부대에서 8월 15일 당일 부대장으로부터 "일본군은 오늘부터 전쟁을 일시 중지하였다고 천황이 말하였다"고 부대원들에게 말하는 것을 듣고, 그날밤으로 부대를 나와 종로로 향하였다.[15] 서태원은 이후 부대에 귀대하지 않았고, 일본군 역시 그를 탈영병으로 간주하여 체포하러 다니지 않았다. 실제 이미 전쟁이 끝난 마당에, 그것도 일본이 패배한 상태에서 일본군으로서는 조선인 병사들을 귀가 조치하는 이외에 특정한 목적을 위해 동원하거나 통제하기는 어려웠다.[16]

김영원은 서태원과 달리 체계적인 귀가조치 속에서 집으로 돌아갔다. 그는 원래 여의도비행장의 경비병으로 근무하고 있었는데 당시를 다음과 같이 증언하였다.

질문자: 해방은 어떻게 아셨어요?
답변: 중대장님이 임시 휴교하니께 중단한다고 하던 게, 해방이라고

---

14 제주도에서 확인할 수 있는 사례다. 조성윤·지영임·허호준, 『빼앗긴 시대, 빼앗긴 시절』 참조.
15 서태원, 1984, 『回想』, 일조각, 44~45쪽.
16 제주도에서 동원된 고석돈의 사례에서 확인할 수 있다. 일제강점하강제동원피해진상규명위원회 편, 2006, 『갑자·을축생은 군인에 가야 한다』, 180쪽.

는 안 하대요. 임시휴교령을 내렸다나, 임시중단 한다고. 각자 내려가서 다시 소집영장이 나오면, 호출하면 다시 그때 나와라 그렇게 하대. … 그다음 날인가 각자 내려왔어. 각자 소지품을 가지고 옷은 입고 가든지 말든지 그건 너들이 알아서, 우리 해방이 안 되었으니 다시 부르면 오라는 거야, 다시 만나자고. …[17]

요컨대 38도선 이남에 미군이 진주하기 훨씬 이전인 8월 15일 당일부터 며칠 이내에 조선인 군인들은 일본군의 통제에서 벗어났다.[18] 개인의 자유의사에 의한 선택이든, 같은 부대 소속의 조선인이 함께 부대를 벗어났든, 조선인 군인은 별다른 위협을 받지 않고 일본군의 지휘계통에서 벗어났다. 한반도의 일본군조차도 미군이 진주할 때까지 조선인 군인을 통제할 의향도 없었고 그럴 수도 없었다.

이어 38도선 이남과 판이하게 달랐던 소련군 점령의 이북 지역의 부대에 근무하던 조선인 군인의 귀환 문제를 살펴보겠다.

미국이 제안한 '일반명령 제1호'를 받아들인 소련은 미군이 한반도에 진주하기 이전인 8월 말경까지 38도선 이북 지역을 모두 점령하였다. 앞서도 언급했듯이 북한 지역에 진주한 소련군은 평양을 비롯한 세 곳에서 일본군과 항복조인식을 갖고 그들을 모두 무장 해제하였다. 이에 따라 지역마다 소련군의 진주 시점이 조금씩 달랐다. 그래서 조선

---

17 일제강점하강제동원피해진상규명위원회 편, 『조선이라는 우리나라가 있었구나』, 29쪽.
18 아주 보기 드문 사례로 일본군의 필요 때문에 귀가가 늦은 병사도 있기는 하였다. 제주도의 '7450부대'에서 대장 연락병으로 있었던 임두병은 1945년 9월 말인가 10월 초에 歸家하였다. 부대의 군수물자 폐기를 도와주어야 했기 때문이다(조성윤·지영임·허호준, 「임두병 씨 구술」, 『빼앗긴 시대, 빼앗긴 시절』, 452~455쪽).

인 군인이 일본군의 지휘체계에서 벗어나는 과정도 다양하였다. 가령 박병길이 소속되어 있던 평양의 제44부대, 곧 보병 제77연대는 8·15해방 이후 10여 일이 되도록 조선인 군인을 귀가시키지 않았다. 50여 명의 조선인 군인은 부대장과 담판하고서야 박병길 외 1인을 제외하고 모두 귀가할 수 있었다.[19]

이들과 달리 부대를 알아서 나온 사람도 있었다. 유맹노는 1943년 12월 15일 육군특별지원병으로 입대하여 평양의 조선 제47부대, 곧 야포병 제30연대 가스부대에 근무하다 해방을 맞았다. 그는 8월 15일 연병장에 집합한 상태에서 조선이 해방된 사실을 알았으며, 2~3일 있다 같은 부대의 조선인 대원과 함께 부대를 나왔다. 말을 끌고 나오는 동료도 있었다.[20] 38도선 이남의 부대에 배치된 조선인의 사례와 유사한 경우라 볼 수 있다. 박병길과 유맹노의 사례는 모두 소련군의 진주가 있기 이전이었으니 가능한 행동이었다.

그러나 함경도에서 소련군과 직접 전투한 부대들은 그렇지 못하였다. 기본적으로 수용소에 수용된 포로들은 조선인과 일본인이 분리되지 않은 채, 작업에 동원되고 소련으로 이동하였다. 부대장이 조선인 군인들만 분리시켜 귀가조치한 경우는 그다지 많지 않았을 것이기 때문이다. 다만, 소련군의 공격에 대응하여 산으로 들어간 부대는 상황이 달랐다. 가령 민태윤은 1945년 1월 용산병영에서 입대하여 북지파견군에

---

19 박병길, 「平壤獄中解放記」, 일이공동지회, 1990, 『1·20學兵史記 第3卷 光復과 興國』, 1.20同志會 中央本部, 170~176쪽. 박병길은 자기 연대의 2/3가 조선인이었다고 기억하였다.

20 일제강점하강제동원피해진상규명위원회 편, 『갑자·을축생은 군인에 가야 한다』, 26쪽.

배치되었다가, 부대가 대소전에 대비하기 위해 함경남도 흥남으로 이동했는데 산속에서 해방된 사실을 알았다. 이즈음의 정황에 대해 그는 다음과 같이 회고하고 있다.

> … 그래 인제, 흥남, 흥남비료공장에서 한 뭐 보름, 한 열흘 뭐 있었어. 그러다가 8월 9일날 인제 소련군이 침공을 시작했잖어. 8월 9일날. 침공. 그러더니 바로 그냥 또 부대가 산으로 이동을 헙디다. … 그 인제 거기서 산에서 굴 파다가 해방된 거지. 다행히 소련군이 거기꺼지 침공을 허지 않았었어요. 그래 우린 거기서 인제 결국 이제 17일까지도 몰랐지. 전혀 몰랐는데, 이제 그 동네사람들을 만났더니, 동네사람이 자꾸 뭘 얘기 헐라고 그래요. 그래 인제 동네사람들은 전부 우릴 일본 군인으로 알고 있었으니까. 그래 내가 인제, 우리말로 "아유, 무슨 일이 있었요?" 내가 그랬지. 왜 그렇게 저기야, "뭐 동네가 좀 이상하네요?" 내가 그랬더니 "아이고 반도 출신이시냐"고, 그렇다고 그랬더니, "아휴, 일본 망했어요." 그러더라고, 거기서 인제 알았지. … 그러고선 인제 그 인제 17일날, 우리가 18일쯤 아마 모였어요 또 다. 학교로 모여라 그래가지고 이제 여기 저 연대장이 인제 그 전부 모이더니 인제 그 교단에 올라가서 … "반도 출신들은 자읍니다" 이러고. 자율이다. … 그래 인제 우리들은 그러면서 이제, "고레카라 가이산시마스" 해산입니다. 그러면서 "고쿠로사마데시타" … 그러고 경례를 딱 하더라고. 그래 우리도 같이 경례를 딱 하고 "고쿠로사마데시타" 그래 딱 한 거지. … 그렇게 해가지고 해산이야. 그냥. … [21]

---

21 민태윤, 「사람이 한 100메타쯤 떠, 폭격당한 사람은」, 일제강점하강제동원피해진상

더구나 아파서 가지 않은 사람, 소련군 장교와 미리 대화를 하여 조선인 대원이 있는 현실을 설명하여 소련으로 이동을 시작할 때 빠져 나온 사람들도 있었다. 전투 중에 사망한 사람도 있었다. 예를 들어 함경북도에서 소련군과 전투가 벌어졌는데, 조선 제25부대라고도 불린 수색 제20연대에 근무하던 조선인이 8월 13일 소련군이 나진항구를 폭격할 때 사망한 경우도 있었다.[22] 그럼에도 38도선 이북에서 소련군의 포로로 잡혀 시베리아수용소로 간 조선인 군인도 있었다.

그렇다면 몇 명이나 시베리아로 끌려갔을까. 소련 내무성 억류자 관리총국이 1956년 10월 작성한 보고서에 따르면, 일본군 포로 억류자 63만 9776명 가운데 중국인과 조선인은 3만 328명이었다. 그들은 대부분 징병제의 대상인 조선인이었을 것이다.[23]

3. 미·소의 전후처리와 일본군의 갈라진 운명

1) 소련군 포로가 된 일본군의 시베리아행

비록 시베리아로 끌려간 조선인 숫자를 정확히 알기는 어렵지만, 일본군의 이동과정을 짚어보며 그들의 행적을 찾아보자. 소련군은 일본군

규명위원회 편, 『갑자·을축생은 군인에 가야 한다』, 150~152쪽.
22 「일제강점하강제동원피해진상규명위원회 피해신고서」 중.
23 김효순, 『나는 일본군 인민군 국군이었다』, 100쪽. 이 책의 22~235쪽 사이에 소련의 정책과 억류 과정 및 실상 등이 상세하게 기록되어 있다.

의 무장을 해제한 이후 장성, 장교, 하사관, 병사를 분리하고, 일본군 조직을 해체시켰다. 그리고 1,000명을 단위로 1개 대대를 편성하여 장교로 하여금 지휘하도록 하였다. 38도선 이북의 소련군 포로수용소에 있던 일본군 포로는 대략 7만 6,000명가량이었다.[24] 38도선 이북에 있던 일본군 포로수용소의 위치를 지도에 표시하면 〈그림 4-3-2〉와 같다.

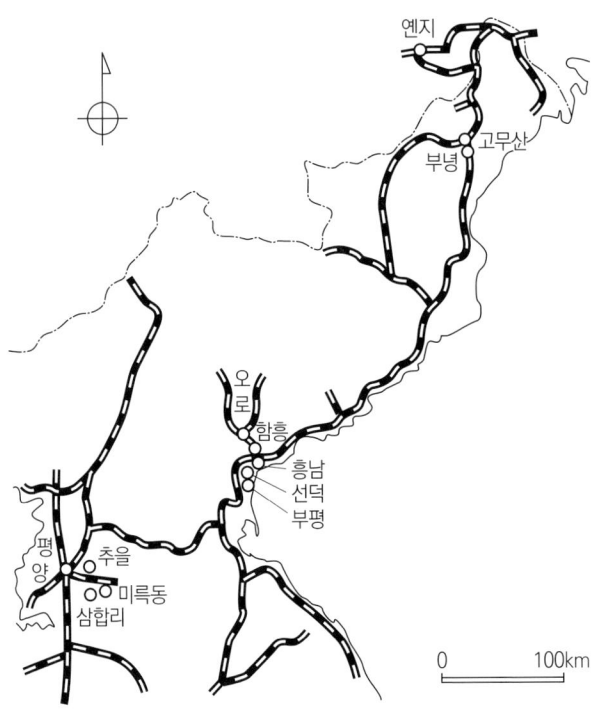

〈그림 4-3-2〉 38도선 이북 주둔 일본군의 주요 포로수용지

출처: 森田芳夫, 1964, 『朝鮮終戰の記錄』, 巖南堂書店, 198쪽.

---

24 森田芳夫, 1964, 『朝鮮終戰の記錄』, 巖南堂書店, 195~196쪽. 이들 모두가 일본군이 아니었을 가능성은 있다. 가령 古茂山수용소에서 소련군에 인도된 조선인은 견습사관생 2명을 포함하여 699명이었다.

일본군 포로들은 9월 하순부터 소련의 시베리아로 이송되기 시작했는데, 삼합리와 미륵동에서는 1946년 1월까지 25개 대대에 25,300여 명이 보내지고, 나머지는 평양과 진남포에서 하역노동이나 비행장 작업에 동원되었다. 이들은 1946년 8월까지 다른 곳의 작업에도 동원되었다. 고무산수용소의 경우 1946년 5월 말 현재 217명만 남아 있었다. 함흥과 부평 등지의 일본군 포로들은 다른 곳의 포로와 함께 흥남을 거쳐 1946년 여름경까지 배를 타고 소련의 블라디보스토크 등지로 보내졌다. 이 인원만 해도 53,000명가량 되었다. 이밖에 약 4,000명이 육로로 소련으로 이송되었으며, 흥남에서 중국의 옌지로 이송된 사람은 약 3,200명이었다.[25] 시베리아에서 강제노동에 시달리던 일본군 포로 가운데 마지막 귀향자는 1956년 12월 마이즈루항으로 돌아온 사람들이었다.

한편, 시베리아로 가는 포로 행렬에 일본군 출신 조선인도 있었다. 소련은 일본군에 있는 피지배민족 조선인을 일본군처럼 취급하였다. 소련군 장교 개개인에 따라 태도가 달라 부대에서 이탈해 귀환한 사람도 있고 그냥 탈주한 사람도 있었지만, 그것은 어디까지나 개인적 차원의 문제해결이었다. 소련 측은 정부가 없다는 이유로 조선인 포로를 석방하지 않았다. 자료에 따라서는 시베리아수용소로 간 조선인이 10,206명이라는 통계도 있다. 이들이 마지막으로 북한으로 귀환한 때가 1948년 12월이었다. 그들은 북한, 만주, 남한의 집으로 귀환하였다.[26]

---

25 森田芳夫, 『朝鮮終戰の記錄』, 199~200쪽.
26 일제강점하강제동원피해진상규명위원회 편, 『갑자·을축생은 군인에 가야 한다』, 136쪽; 일제강점하강제동원피해진상규명위원회 편, 2007, 『시베리아 억류 조선인 포로의 기억』, 56~57쪽. 이병주, 정용환의 기억이다.

2) 미군의 진주와 포로 같지 않은 남한의 일본군

미군의 포로가 된 38도선 이남의 일본군은 소련군 포로들과 매우 달랐다. 부대의 편제를 그대로 유지한 채 규율도 무너지지 않았으며, 미군 진주 직후까지도 무장해제를 당하거나 특별한 차별을 받지도 않았다. 부대의 영내에서 생활을 유지했지 수용소라는 별도의 공간에 수용되지도 않았다.

소련군의 진격에 놀란 조선총독부는 8월 15일 아침 여운형을 만나 일본인의 신변보호와 조선의 치안유지를 요청하였다. 조선건국준비위원회를 결성한 여운형은 조선총독부의 권력을 인수하여 이날부터 한국인의 새로운 정권을 수립하기 위한 준비를 시작하였다. 조선건국준비위원회는 8월 말까지 전국에 145개의 지부를 조직할 정도로 한국인 대중의 호응을 받았다. 건국치안대 역시 전국 162개소에 지부를 설치하고 치안유지에 노력하였다.

반면에 일본의 지배체제는 급속히 무너지며 한국인사회 구석구석까지 행정력이 미치지 못하였다. 제17방면군과 조선군관구에 소속된 한국인 병사가 15일부터 부대를 이탈하기 시작했지만 통제할 수 없었다. 심지어 조선에 가족을 둔 일본인 군인도 제대하고 귀가하였다.

일본의 패전과 항복으로 한국인에 대한 장악력이 약해지는 와중에도 조선군관구사령부는 반전을 모색하였다. 조선군관구사령부는 보도부장의 이름으로 20일에 미군 B-24 항공기에서 살포한 삐라를 인용하며 당분간 일본의 군대가 치안을 유지하므로 유언비어를 만들거나 현혹당하지 말라고 대중에게 요구하였다.[27] 일본군으로서는 조선의 치안유지와 일본인의 신변보호를 여운형 등에게 전적으로 의존할 필요가 없어진 것이다. 그래서였을까. 조선군관구사령부의 참모장은 바로 그다음 날, 협정이 성립할 때까지 무장해제는 없다며 유언비어에 현혹당하지 말고 침착하게 황국신민으로서의 진정한 자세를 유지하여 '조선 신질서에 공헌'하라고 대중에게 요구하는 담화문을 공식 발표하였다.[28] 군인 가운데 일부를 헌병으로 임명하고 군인의 경찰이 문관의 영역에서까지 설치고 다녔던 1910년대의 헌병경찰제를 사실상 부활시켰다.

한반도 주둔 일본군에게서는 패전한 군대, 전쟁범죄를 저지른 군대라는 인상을 찾을 수 없었다. 그들은 승전국의 군대인 미군에 협조하기 위해 현상을 유지하는 데 초점을 두었다. 해방공간에서 국가를 건설하고 새로운 사회질서를 만들어 가려는 한국인의 능동적 행동은 그들에게 경거망동한 행위일 수밖에 없었다. 그래서 미군에게도 한국의 민중이 '맹동(盲動)'하여 살상하고 약탈하였으나 조선군관구에서 단호히 단속하여 평정을 되찾았다고 거짓된 치안 정황을 보고하였다.

미군과 한국의 민중 사이를 이간질하며 뭔가의 안전판을 확보하려 움직이던 조선총독부와 일본군 지휘부가 더욱 안도의 한숨을 내쉴 만한 정세가 조성되어 갔다. 그들은 8월 22일 연합국이 한반도를 분할점령, 달리 말하면 소련군이 38도선 이남까지 내려오지 않는다는 사실을 처음 알았고, 조선총독부는 25일자 경성일보에 이 사실을 공식 보도하였다.[29] 또한 29일에는 도쿄의 연합군최고사령부(GHQ)에 조선의 상황을 보고하였다. 30일 오전 10시에 대본영으로부터 미군이 9월 7일 경

27　森田芳夫·長田かな子 編, 1979, 『朝鮮終戰の記錄 資料篇 第1卷』, 巖南堂書店, 117~118쪽.
28　森田芳夫·長田かな子 編, 『朝鮮終戰の記錄 資料篇 第1卷』, 119~120쪽.
29　『경성일보』, 1945.8.25.

성을 점령한다는 전보를 받았다. 31일 밤에는 제17방면군 사령관이 주한미군의 책임자로 내정된 하지 중장과 처음으로 직접 교신하였다.[30] 이때부터 미국 제24군단과 일본군 제17방면군 사이에 38도선 이남에서 전후처리와 관련한 직접 대화가 시작되었다. 반면에 새롭게 열린 정치 공간에서 주체적인 노력을 기울이기 시작한 한국인의 움직임은 소외되어 갔다. 결국 1945년 8월 하반기에 이르면, 최소한 38도선 이남에서는 어떤 권력의 주체도 한국인과 일본인을 망라한 집단을 완벽하게 장악하지 못하는 상황이 조성되며 한순간 어정쩡한 정세가 이어졌다. 이중권력 상태였다고도 말할 수 있겠다.

그러나 모호한 순간은 그리 오래가지 않았다. 미군이 진주하면서 38도선 이남 지역에서 권력의 교체가 급속히 진행되었기 때문이다. 미국은 한반도에서 일본군의 항복을 평화롭게 접수하고 점령정책을 자연스럽게 추진하고자 하였다. 이를 위한 급선무가 일본군의 무장해제와 귀환 조치였다. 미군 선발대는 9월 4일 김포공항에 도착하여 조선호텔에 짐을 풀고 일본 측의 도움을 받으며 조선의 정황을 파악하고 미군의 상륙을 준비하였다.

9월 7일, 미군은 제17방면군 비행기를 이용해 38도선 이남의 조선을 "점령"하여 "군사적으로 관리"하겠다는 내용을 밝힌 유명한 「조선 인민에게 고함(To the People of Korea)」이란 포고문을 전국에 살포하였다. 맥아더 포고령 제1호라고도 불리는 이 포고문을 통해 미군은 한국인의 행정과 치안을 담당하고 있던 조선건국준비위원회를 부인하였다. 6일 밤 급조된 조선인민공화국도 부정하였다. 이제 한반도에서의 권력은 떠나

---

30 森田芳夫·長田かな子 編, 『朝鮮終戰の記錄 資料篇 第1卷』, 240쪽, 279쪽.

는 일본제국주의에서 점령군이자 해방군으로 들어오는 미군에게로 넘어갔다. 그 본격적인 시작은 9월 8일 미군이 인천에 상륙하면서였다.

맥아더는 점령군의 입장에서 포고령을 내렸지만, 인천과 경성 시민은 크게 기뻐하는 데 주저하지 않고 열렬하게 미군을 환영함으로써 그들을 해방군으로 응대하였다. 비록 인천에 온 미군을 환영하다 일본경찰의 총에 두 사람이 사망하는 불상사도 있었지만,[31] 인천 시민은 7일에 뿌린 전단을 통해 "진심어린 환희와 북받치는 존경의 마음으로" 미군 병사를 환대하였다.[32]

8일 오후 1시 30분부터 시작된 미군의 인천 상륙은 다음 날까지 이어졌다. 미국 보병 제17연대가 인천 등지를 담당했다면, 제32, 184보병연대는 9일 아침 기차로 경성을 향하였다. 9월 9일 오후 4시경, 조선총독부 청사 제1회의실에서 미군 제24군단의 존 하지 중장을 비롯한 미군 측 관계자와 아베 노부유키 조선총독, 고즈키 요시오 제17방면군 사령관, 야마구치 기사부로 해군 중장이 참여한 가운데 항복조인식이 거행되었다. 항복 서명식은 10분 만에 끝났다. 그 직후인 4시 35분부터 조선총독부 청사 앞마당에서는 일장기가 내려가고 성조기가 올라가는 세레모니가 있었다.[33] 38도선 이남에서 일본의 35년 지배가 공식적으로 끝난 것이다. 덧붙이자면, 경성에서의 항복 조인식과 별도로 남한에 진주한 미군이 일본군과의 항복 접수에 따른 서명식을 거행한 또 다른 곳은 제주도였다. 9월 28일 25명으로 구성된 항복 접수단은 제주도에 가서 일

---

31 조선노조 인천중앙위원회 위원장 권평근, 보안대원 이석우가 사망하였다[한국일보사 編著, 1979, 『駐韓美軍30年(1945~1978年)』, 杏林出版社, 35쪽].
32 국사편찬위원회 역, 2014, 『주한미군사』 I, 216쪽.
33 항복조인식의 경과는 국사편찬위원회 역, 『주한미군사』 I, 187~189쪽 참조.

본군 제58군의 항복을 접수하였다.³⁴

항복조인식이 있던 그날 경성 시민은 극도로 열광적이지만 질서 있게 호응하며 거리를 행진했다고 주한미군은 상부에 보고하였다. 동시에 9일 오후 8시부터 통행금지를 실시하여 시내 치안을 확보하였다. 12일에도 가두행진에 대규모로 참가한 서울시민은 매우 질서정연하게 미군을 환영하고 해방의 기쁨을 누렸다. 10월 20일에도 미군을 공식적으로 환영하는 대규모 행사가 열렸다.³⁵

항복조인식을 끝낸 미군은 일본군의 무장해제와 본국으로의 귀환을 최우선으로 하는 점령정책을 추진해 갔다. 물론 한국인의 열렬한 환영 속에 미군이 가장 먼저 조치한 전후처리는 포로 석방과 송환이었다. 8·15해방 당시 식민지 조선에 있던 연합군 포로에 관한 일본 측 통계는 〈표 4-3-3〉과 같다.

조선호텔에 짐을 푼 선발대는 6일 밤에 영국군 포로를 면담하고 7일에 인천의 연합군포로수용소를 방문하였다. 8일부터 귀국 조치를 시작한 미군은 소련군 포로 9명을 제외하고 인천, 경성, 함흥의 수용소에 있

〈표 4-3-3〉 한반도에 수용된 연합군포로 현황에 관한 일본 측 통계(1945.8.27)

국가	미국	영국	호주	캐나다	포르투갈	소련	비군인(호주)	계
포로	140	467	70	1	1	9	1	689

비고: 689명에는 8월 15일 이후 불시착한 미군 비행기 조종사 2명이 포함되어 있다.
출처: 『米軍ニ對スル治安情況說明, 捕虜收容狀況說明資料』, 『機密作戰日誌(乙綴)』.

---

34 국사편찬위원회 역, 『주한미군사』 I, 184~187쪽.
35 미군을 환영하며 해방의 기쁨을 숨김없이 드러내면서도 질서정연하게 움직였던 모습은 신주백·김천수 편, 2020, 『사진과 지도, 도면으로 본 용산기지의 역사 2(1945~1949)』, 선인, 52~75쪽에 있는 사진들에서 직접 확인할 수 있다.

던 680명의 포로를 9월 22일까지 모두 석방하였다. 반면에 전쟁포로를 대우하지 않고 범죄를 저지른 일본군 15명을 선별하여 재판을 받게 하고자 1946년 5월 일본으로 송환하였다.[36]

미군은 항복조인식과 동시에 통치권을 장악하고, 일본군 지휘부인 제17방면군사령부에 용산병영을 떠나 남쪽으로 즉각 이동하도록 지시하였다. 제24군단을 이끄는 하지 장군은 미군이 인천에 상륙하기 이전에 경성과 인천 지역에서 일본군이 물러나도록 요구할 정도였다. 이에 제17방면군사령부는 경성에 경성연락부를 두고 9월 10일 대전으로 이전하였다. 대신에 미군은 반도호텔에 제24군단사령부를, 용산병영의 제17방면군사령부 청사에 제7사단사령부를 즉각 설치하였다. 그리고 일본군 용산병영에 캠프서빙고(Camp Seobinggo)라 이름 붙였다.

미군은 영관급 이상의 간부 숙소를 조선호텔에, 위관급 장교 숙소를 반도호텔에 두었다. 호텔은 공식 징발되어 9월 10일까지 비용과 급식을 일본군이 책임졌다. 선발대와 동행한 제308폭격비행단 장교들은 김포비행장에 비행기를 두고 경성제국대학에 숙소를 정하였다. 경성 시내에 진입한 제7사단의 제32, 184보병연대는 3개의 학교를 빌려 임시로 주둔하며 10일까지 시내의 치안을 순조롭게 장악하여 경성 점령을 완료하였다. 이후 두 보병연대는 일본군 제78, 79보병연대의 용산병영에 각각 연대본부를 설치하였다. 제184보병연대는 1946년 1월 19일 제31보병연대로 이름을 바꾸었다.[37]

---

36 연합군포로의 석방 및 귀환과 일본군 전쟁범죄자에 관해서는 국사편찬위원회 역, 『주한미군사』 I, 225~226쪽, 239~240쪽, 244쪽, 256쪽, 259쪽 참조.

37 경성에 주둔한 장교들의 숙소와 부대의 현황에 관해서는 국사편찬위원회 역, 『주한미군사』 I, 186~187쪽, 200쪽 참조.

경성 시내를 평화롭게 점령하는 데 별다른 난관을 만나지 않은 미군은 지휘부를 설치하자 곧바로 즉각적인 점령조치를 구체화하였다.

조선에서 점령정책을 추진할 군정기관을 설치하였다. 미군은 9월 11일 오후 2시 40분 조선총독부 제2회의실에서 재조선미육군사령부군정청(United States Army Military Government in Korea, USAMGIK), 약칭 미군정청을 발족하였다. 초대 군정장관에 아치볼드 V. 아널드 미육군 소장이 임명되었다.

경성에 군지휘부와 군정기관을 설치한 미국은 조선총독을 비롯해 일본인 관료와 군인의 협조를 받아 일시적이지만 행정 업무를 수행하고 질서 있게 통치권을 인수받으려 하였다. 이에 한국인은 당혹스러워했고 미군에 실망하였으며 불만을 표출하였다. 미군정으로서는 애초의 구상했던 정책 구현방식의 일부를 뒤집을 수밖에 없었다. 12일에 아베 조선총독과 경무책임자를 해임하고, 14일에 엔도 정무총감과 총독부의 일본인 국장들을 해임하였다. 16일에는 총독의 고문이란 딱지를 갖고 있던 조선인 5명도 해임하였다. 일본인을 통치체계에서 배제한 것이다.

미군은 제7사단을 동원하여 한반도의 중심 서울과 인천을 평화적으로 점령한 이래 점차 지방으로 점령지를 확장해 갔다.[38] 제7사단은 캠프 서빙고에 사령부를 설치하였고, 제7사단의 핵심 부대인 보병 제184, 32연대의 본부도 설치하였다. 여러 특수부대도 자리를 잡았다.[39] 제7사단이 서울과 경기도, 강원도, 충청도 일대로 점령 지역을 확대하고 있던

---

38 주한미군의 지방 배치에 관해서는 국사편찬위원회 역, 『주한미군사』I, 190~192쪽 참조.

39 자세한 현황은 전갑생, 2018, 「해방 이후 용산 주한미군기지 변천」, 『전쟁과 유물』9 참조. 1946년 1월 제184연대가 제31연대로 이름을 바꾸었다.

그때 한반도에 도착한 제40사단은 9월 22일부터 인천을 거쳐 기차로 부산에 도착하거나 부산항으로 입항하였다. 이후 경상남북도를 최대한 빨리 점령하고 일본군의 무장을 해제하고 지방정부를 수립하는 과제를 수행해 갔다. 제6사단도 10월까지 전라도 일대를 점령하고 군정을 실시하였다.[40]

미군이 남한 곳곳에 진주하는 과정을 지도에 표시하면 〈그림 4-3-3〉과 같다.

동시에 미군은 일본군을 무장해제하고 탈군사화하는 조치를 취해 갔다. 그 첫 조치가 항복조인식과 동시에 제17방면군사령부를 대전으로 이동하라고 지시한 사항이었다. 미군은 이날부터 일본군의 무장해제와 탈군사화를 추진하였다.

미군정은 연합국최고사령부 방침에 따라 일본군의 무기를 회수하여 파괴할 계획이었다. 이에 따라 일본군은 평소 무장의 10% 정도만 허락받았다. 나머지 무기를 대전, 대구, 광주, 군산의 지정된 장소에 모아두어야 했다. 대전에 모아두었던 무기도 그대로 놔두고 떠나야 했다. 군대가 사용하는 말은 대전, 대구, 광주, 군산, 천안, 이리, 정읍에 모아두어야 했다.

미군은 일본군이 조선에 잔류하는 것 자체가 평화와 안정을 유지하는 데 가장 큰 장애물이라고 보았다. 그래서 일본군을 최대한 빨리 문관보다 먼저 본국으로 보내려 하였다. 이들이 도착할 일본의 항구는 모지(門司)와 하카타(博多)였다. 다만, 헌병대와 포로수용소 감시병은 미군이 승인하지 않았으므로 같이 귀환할 수 없었다.

---

40 3개 사단의 지방점령 과정은 국사편찬위원회 역, 『주한미군사』 I, 265~332쪽에 상세하게 언급되어 있다.

〈그림 4-3-3〉 제17방면군이 파악한 미군의 38도선 이남 진주 상황

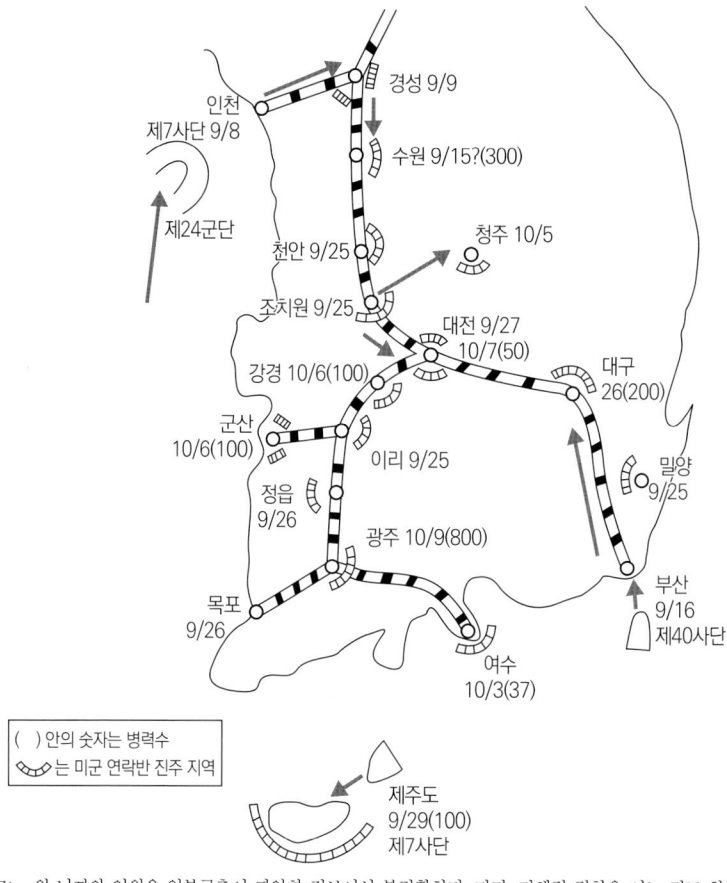

비고: - 위 날짜와 인원은 일본군측이 파악한 정보여서 부정확하다. 다만, 전체적 경향을 어느 정도 한눈에 파악할 수 있다고 본다.
- 미군측 기록에 따르면, 인천에서 기차로 9월 21일에 출발한 부대, 아니면 이후 부산항으로 직접 들어온 부대들이 있어 제40사단의 도착 날짜를 특정하기가 쉽지 않다. 또 제40사단 제185연대의 일부가 10월 1일 아침 기차로 대구에 처음 도착하였다.

출처: 交通兵站班, 『昭和20年10月 歸還輸送ニ關スル綴(含電譯文)』, 971쪽. 일본방위성 사료열람실 소장 '軍事行政 人事251' 자료다. 자료는 김윤미 학형이 제공해 주었다.

　　미군은 9월 25일 하루 송환 규모를 4,000여 명으로 결정하고, 우선 부산에 주둔한 부대를 27일부터 송환하였다. 진해의 일본 해군 병력

〈그림 4-3-4〉 비무장인 채 부산을 향해 평화롭게 철수하는 일본군

동물을 이용해 수레를 끌지 않고 직접 끌고 가고 있으며, 미군이 함께 경계를 서며 행군하고 있다. 포로수용소를 거쳐 시베리아로 간 38도선 이북의 일본군과 매우 다른 양상이다.

출처: 신주백·김천수 편, 2020, 『사진과 지도, 도면으로 본 용산기지의 역사 2(1945~1949)』, 선인, 124쪽 (미국 NARA에서 입수).

과 환자도 우선 송환 대상자였다. 심지어 조선에 거주하여 전역한 1만 9,000여 명에 달하는 일본군도 다시 소집하여 그들의 가족과 함께 귀국 조치하였다. 38도선 이남에 있던 일본 해군은 진해를 통해, 육군은 인천을 통해 2만여 명의 병력이 귀환한 경우를 제외하면 육군은 부산항을 통해 12월 말까지 귀국하였다. 이를 합치면 모두 17만 6,000여 명이었다.[41]

---

41 주한미군이 관할하는 일본군의 본국 송환은 국사편찬위원회 역, 『주한미군사』 I,

제3장 일본군의 패전과 한반도에서의 전후처리   479

귀국하는 병사는 부산에서 모든 무기를 반납해야 하였다. 장교의 군도도 인정하지 않았다. 병사는 1인당 200엔의 현금을 소지할 수 있었으며, 그 화폐가 조선은행권인 경우 일본은행권으로 교환할 수 있었다. 개인 의류나 소지품은 가지고 귀국할 수 있었으나, 작은 양의 개인 장신구를 제외한 금과 은, 보석류와 증권증서는 압류 대상이었다. 장교와 장성도 마찬가지 규제를 받았지만, 병사에 비해 장교는 한 개, 장성은 두 개의 짐꾸러미를 더 가지고 갈 수 있었다. 각 부대는 10일 치의 식량과 의약품 그리고 부대의 문서, 소형 운송수단을 가지고 갈 수 있었다.

이처럼 38도선 이남에서 일본군의 철수는 대부분의 병력이 시베리아로 이송되어 강제노동에 시달렸던 이북 지역의 일본군과 크게 달랐다. 일본군 자체가 포로수용소에 수감되어 포로 대접을 받는 일이 없었다. 제24군단으로서는 그 많은 일본군을 포로수용소에 수용하여 감당할 수 없었기 때문이다. 오히려 최대한 빨리 일본 본국으로 보내고 조선의 치안을 장악하는 쪽이 더 유리했기 때문이다. 그러다 보니 미군은 일본군 부대 편제를 해체하지 않은 채 귀환 절차를 진행하였다.

미군은 점령 지역을 확대해 가는 한편, 일본군의 탈군사화 조치를 취하는 과정은 동시에 부대의 안정적 주둔지 확보를 전제로 하였다. 미군은 '군정'을 하기 위해 투입된 부대였기 때문이다. 미군은 조선인사회로부터 독립된 일상생활이 가능한 기지 건설을 지향하였다. 대표적인 보기가 일본군 용산병영을 그대로 사용한 캠프서빙고였다.

미군은 이들 부대가 머무를 땅과 건물을 새롭게 조성하지 않았다. 용산 이외에도 일본군 주요 부대가 머물렀던 인천, 대구, 대전, 부산, 이리

387~400쪽 참조.

등지에서도 미찬가지였다. 애초 미군은 한반도에 진주할 때부터 장기 주둔 또는 반(半)영구주둔을 상정하지 않았기 때문이다. 미군은 대부분 일본군이 사용했던 공간과 그곳에 지어진 건축물을 재활용했다. 미군의 이러한 접근방식은 일본의 본토 및 식민지에 있던 군사시설이나 영국의 해외 식민지 군사 네트워크를 이용하는 방식에서도 확인된다. 전후 미국이 신속하게 국제적 군사연결망을 독자적으로 구축할 수 있었던 중요한 요인 중 하나가 여기에 있었다. 38도선 이남에서 미군의 일본군 시설에 대한 선택적 활용은 임시적이고 예외적인 방침에서 나온 점령방식이 아니었던 것이다.

맺음말
한반도 침탈사에서 군대의 역할과 식민지 운영

이상으로 1882년부터 1945년까지 한반도를 침략하고 지배했던 일본군의 역사를 크게 네 시기로 나누어 살펴보았다. 맺음말에서는 한반도에 주둔한 일본군이 어떻게 바뀌어 왔는지, 그들의 대내외 움직임이 본국 및 동아시아의 정세와 어떤 연관이 있었는지, 더 나아가 일본제국주의의 제국 운영이란 측면에서 본 식민지 통치방식을 살펴보겠다. 다만, 본문에서 큰 비중을 두고 정리했던 한반도 주둔 일본군의 편제 변화에 관해서는 여기에서 가급적 언급하지 않겠다.

1) 일본의 영토확장방식과 일본군 그리고 제노사이드

일본은 청일전쟁, 러일전쟁이란 군사도발로 조선을 자신이 독점하는 지역으로 만들었다. 전쟁을 통한 영토확장방식을 취한 것이다. 이후 일본에게 조선(대한제국)은 대외침략의 발판 또는 버팀목이었다. 두 전쟁 모두 조선에서 우월한 지위를 우선 획득하고, 이것을 발판으로 만주 등지에까지 영토를 확장해 갔다는 공통점이 있다. 군대는 전쟁이란 영토확장방식에서 매우 중요한 도구이자 수단이었다. 그 방식은 이후 1945년 8월까지 계속 활용되었다. 제1차 세계대전 와중에 중화민국에 '21개조 요구'를 하여 만몽권익과 산동권익을 확보한 경우, 세계대전이 끝난 후 태평양의 독일 통치 섬들을 차지하고 남양군도라 부른 경우, 1920년대 제1, 2차 산동침략의 경우 그리고 1931년 만주침략을 시작으로 중일전쟁, 아시아태평양전쟁으로 이어진 15년전쟁이란 역사적 사례가 있다.

일본군은 전투 목적을 달성하기 위해 저항자나 협조자들을 상대로 잔인한 진압방식을 동원하여 침략지(侵略地)를 장악하였다. 가령 전라도 서남해안 일대로 동학농민군을 몰아가며 자행한 학살행위, 청일전쟁 이후 타이완의 민중을 학살한 행위, 남한대토벌작전이란 이름으로 진행한 호남의병에 대한 진압작전, 독립군을 제거하기 위해 훈춘사건을 조작하며 시작한 1920년의 간도침략 그리고 1931년의 만주침략 이후 동만주 지역 곳곳에서 자행한 학살은, 일본군이 우발적이거나 실수로 일으킨 사건이 아니었다. 이들 학살은 전투행위와 무관하게 비전투원인 조선인(대만인)을 대상으로 일본군이 탄압·보복·증오 이외에 무감정 상태에서 저지른 살육행위이자 파괴행위로서 다른 민족을 '청소'하려 한 제노사이드였다. 중국인은 중일전쟁 때 모든 사람을 죽이고 태우거나 물건을 빼앗는 일본군의 행위를 '삼광(三光)작전'이라 불렀다.

그런데 먼저 군대를 동원하는 영토확장방식은 그에 대응하여 움직이는 저항세력을 완전히 제거해야만 완성되는 잔인한 폭력행위나 마찬가지였다. 일본정부는 제노사이드가 끝나면 점령지에 이민을 보내 그곳을 제국의 지배 영역으로 만들었다. 탄압작전 직후 곡창지대 호남지방 내륙 곳곳에까지 일본인 이민자가 늘어난 현상이 그 대표적인 보기다. 물론 간도침략 후 영사관경찰을 대폭 늘리거나, 만주침략 후 '국책이민'을 실시한 사례도 빼놓을 수 없다. 민간인 이주나 기업활동 또는 선교사업이 군대의 진주보다 앞섰던 영국의 식민지 팽창과정과는 매우 다른 양상인 것이다. 그래서 일본식 팽창은 초기부터 현지인들의 더 강력한 저항에 직면할 수밖에 없었다. 침략당한 민족의 내면 깊숙한 곳에 깊은 상처를 내고 강력한 반발심을 표출하게 만드는 방식이었기 때문이다. 이는 결과적으로 일본에 대한 조선인의 적대감정을 내면화하도록 했으므로 지배정책의 효율성을 떨어뜨리는 영토확장방식이었다.

그렇다고 일본이 국제관계를 등한시했다거나 무조건 총칼을 앞세우며 침략했다고 말하기는 어렵다. 1905년 러일전쟁에서 승기를 잡은 시점에 이토 히로부미를 중심으로 전개된 일본 외교가 이를 말해 준다. 일본은 1905년 7월 미일 간의 가쓰라-태프트비망록, 이어 8월에 영국과 군사동맹 수준으로 체결한 제2차 영일동맹 그리고 9월에 러일전쟁을 마무리한 포츠머스조약까지 2개월도 걸리지 않은 과정을 거쳐 러일전쟁을 마무리하였다. 이는 일본식 전쟁 마무리 방식으로서, 전쟁의 끝은 외교의 시작이라는 사실을 여실히 보여 준 일본 근대 외교의 패턴이었다. 전쟁 상대가 항복하기 이전이라도 유리한 전황을 이용해 외교로 전쟁을 마무리하는 방식은 천황제를 유지하기 위해 종전공작이란 이름의 외교를 1945년 8월까지 펼쳤던 때도 확인할 수 있다. 그러나 일본정부는 1943년 카이로회담에서 침략국이 무조건 항복할 때까지 싸운다는 연합국의 합의를 간과하였다. 그 귀결이 두 차례의 원자폭탄이었다.

일본 외교의 노력은 자신의 궁극적 목적인 대한제국의 장악을 위해 1905년 12월 을사조약과 1906년 2월 통감부 설치로 이어졌다. 전쟁을 외교적으로 마무리한 일본정부는 대한제국을 자신의 완전한 식민지로 만들기 위해 일정한 기준과 방향에 따라 대한제국 곳곳에 영구병영을 설치하고 대규모 군대를 동원하여 한국을 병합하였다. 이즈음 건설된 일본군 병영 상당수는 오늘날 주한미군이 기지로 이용하고 있다. 기지와 그 주변은 공간의 식민성이 변용된 채 이어져 오고 있는 장소다.

2) 헌병경찰제와 식민통치

일본군은 조선을 식민지로 만들기 위해 대한제국의 무력을 제거하고 대한제국에 대한 일본의 독점적 기득권을 국제사회로부터 인정받는 선봉장이었다. 조선을 식민지로 만든 이후 일본제국주의의 통치력이 조선인의 일상에까지 미칠 수 있도록 하는 힘의 원천이었다.

힘을 구체적인 정책 집행으로 이어지게 하는 장치는 헌병과 경찰을 구분하지 않은 헌병경찰제였다. 식민지 조선에서 통치정책의 기조를 입안할 때 일본정부와 육군 내에서는 조선주차헌병대의 역할에 관해 여러 의견이 제기되었지만, 내부편차는 1910년 8월 29일 이전에 헌경일치(憲警一致)를 제도화하면서 말끔히 정리되었다. 군인 신분인 헌병이 군사경찰 이외의 역할, 즉 치안유지의 기능뿐만 아니라 사법, 경제 및 행정 경찰의 기능까지 적극적으로 담당하여 조선총독부의 정책이 조선인 개개인에게 관철되도록 한 것이 헌병경찰제였다. 이 제도가 시행되자마자 일본정부가 추진한 가장 주목할 만한 정책이 1910년 8월의 한국병합이었다. 일본정부는 혹시 모를 한국인의 반발을 미리 제압하고자 전국에 걸쳐 헌병경찰을 촘촘하게 배치하는 한편, 용산병영에 보안 유지를 위해 외출도 금지한 한국주차군을 비상대기 시켜놓았다.

일본은 1911년에 들어 치안을 가장 불안하게 했던 의병의 조직적 저항을 진압하자 조선주차군을 집중배치하는 대신에, 11월경부터 헌병경찰을 증원하고 분산배치하여 '조장행정'을 강화한 헌병경찰제를 본격적으로 운영하였다. 조선총독부는 1914년 부·군·면의 지방행정제도를 정비하는 시점에 헌병경찰기구도 이에 맞추어 재편성하면서 '1부·군(府·郡) 1경찰서'를 설치하였다. 그 결과 경찰기관과 인원보다 훨씬 많은 헌병기관과 헌병대원들이 행정의 다양한 업무를 집행하면서 조선인의 일상생활을 억압적으로 지배하였다. 식민지 조선인은 태어난 순간부터 죽어 묘지에 안장될 때까지 헌병경찰과 그 보조원들의 감시망에서 벗어날 수 없었다. 헌병경찰제는 아직 미완성인 행정체계와 부족한 행정력을 완력으로 만회한 제도였던 것이다. 또한 헌병경찰제는 통치비용을 절약하고 통치효과를 극대화한 제도였다. 왜냐하면 러일전쟁으로 일본정부가 재정압박을 받고 있기는 했지만, 그래도 식민지 통치비용의 지불이라는 측면에서 볼 때 문관 신분의 경찰보다 징병된 병사들과 헌병보조원 제도로 경찰 기능을 대신하는 방식이 훨씬 적은 비용을 지출하기 때문이었다. 국방군으로서 조선주차군 또는 조선군이 일본정부의 대외정책에 개입하고, 조선군을 상주 사단화할 수 있었던 배경의 하나도 헌병경찰제를 운영하여 안정적으로 지배력을 관철시킨 데 있었다.

지방의 치안을 안정시키는 활동과 함께 행정 분야에서도 헌병경찰이 다양한 역할을 수행했다는 측면에서 볼 때 조선의 헌병경찰제도가 본국 정부의 경찰제도보다 타이완의 '경찰정치(警察政治)'에서 배웠다고 보아야 할 것이다. 하지만 타이완에서 경찰은 무장저항을 제압하고 일상으로 돌아간 1898년 이래 헌병대나 전투부대를 대신하여 치안유지 등의 기능을 수행했다는 점에서 식민지 조선의 경우와 달랐다.

헌병경찰제와 조선 주둔 일본군의 상주 사단화는 일본정부 및 일본기업의 이해관계가 식민지 조선의 구체적인 현실, 달리 말하면 민중의 일상에까지 침투할 수 있는 제도적 장치였다. 민초들은 일상생활 속에서 느껴보지 못했던 근대적 규율(질서)의 폭력적 측면을 치안확보와 '조장행정'이란 이름으로 자행한 일제의 지배정책 속에서 본격적으로 체득하기 시작하였다. 식민지 시기를 살아 온 부모님 세대가 우는 아이의 울음을 멈추게 하기 위해 '무서운 순사'를 소환했던 익숙한 기억은 이때부터 해방 이후까지 오랜 기간 한국사회에 여진(餘震)처럼 남아 있었다. 필자의 어린 시절도 이 자장 안에 있었다.

3·1운동은 거기에 대한 조선인사회의 무의식적이면서도 집단적인 반발이라고도 말할 수 있다. 이에 따라 일제의 식민지정책 기조는 1919년 이후 크게 바뀌었다. 일본정부는 식민지 조선에서 시행하고 있던 무관제도와 헌병경찰제도를 1919년 8월에 폐지하고, 국경경비에서도 경찰의

비중을 높이는 방향으로 재편하였다. 1920년대 들어 조선군은 이전과 달리 식민지 조선의 현실 내지는 정치(행정)와(과) 무관한 듯이 보였다. 하지만 조선군은 1929년 광주학생운동을 계기로 조선의 현실을 독자적으로 판단할 수 있는 능력을 갖추기 위해 내부적인 준비를 시작하는 등 다시 예전의 모습, 즉 식민지 조선의 지배정책에 적극 개입하는 정치군인으로 조금씩 돌아가기 시작하였다. 1931년 만주침략과 1937년 중국본토침략은 그러한 전환의 명분을 제공한 전쟁이었다.

3) 조슈파벌과 식민지 조선 그리고 상주 사단화

헌경일치에 따라 실시한 헌병경찰제와 더불어 1910년대 일본군의 움직임에서 가장 주목되는 모습은 2개 사단을 상설화한 조치였다. 일본정부는 2년마다 부대를 교체하는 주차군 운영방식을 중지하고 1916년부터 2개의 상주 사단을 편성하기 시작하였다. 일본정부로서는 조선을 식민지화하는 과정에서 다른 식민지에서와 달리 강하게 저항했던 조선인을 의식할 수밖에 없었기 때문이다. 또 조선에서 신속하고 확실하게 치안을 안정시켜 북진론에 따라 대륙 진출을 모색하는 한편, 제1적대국인 러시아의 보복전에 적극적으로 대비해야 했다. 물론 어떠한 경우에도 조선을 방어한다는 육군의 「제국국방방침」에 충실하고, 해군과의 경쟁 속에서 육주해종(陸主海從)의 국방정책을 유지하려는 육군 수뇌부의 정치적 계산도 깔려 있었다.

일본정부는 대만총독부, 관동도독부, 화태청이란 식민지 지배기관의 일부로 육군을 배속시켜 지휘하던 방식과 달리, 식민지 조선에 조선총독부와는 별개의 독자적인 지휘체계, 즉 군사령부를 두었다. 그리고 천황에 직접 예속하도록 하였다. 또 러일전쟁 이후 국가 재정의 압박에도 불구하고 자신들이 통치하고 있던 식민지 가운데 조선에 2개의 상주 사단을 가장 먼저 배치하였다. 주차군제도를 폐지하고 편성된 조선군과 그 산하의 제19, 20사단은 일본이 해외에 처음으로 상주 배치한 부대였다. 비록 예산 부족 등으로 지체되기도 했지만, 2개 사단을 신설하는 정책은 1921년에 마무리되었다.

조선군은 1919년까지 일본의 국외 식민지 가운데 최대 규모의 주둔부대였다. 이는 토착민을 징병하거나 용병을 고용하여 식민지를 통치했던 영국이나 프랑스와 달리, 지배민족만으로 식민지 주둔부대를 편성했던 유일한 제국인 일본의 식민지 운영전략의 한 특징이었다. 그만큼 자신이 없고 피지배민족을 믿을 수 없었다는 반증이기도 하다.

식민지 조선의 통치를 주도하고 군대를 운영한 사람은 당시 일본의 정계와 육군을 장악하고 있던 조슈파벌, 그 가운데서도 야마가타 아리토모 계열의 조슈육군파벌이었다. 1910년 한국병합 당시 내각의 수상 가쓰라 다로, 육군대신과 통감부의 통감을 겸직하고 있던 데라우치 마사타케는 이 파벌의 간판이었다. 러일전쟁을 계기로 급성장한 야마가타 아리토모 계열은 만한경영론(滿韓經營論)의 시야를 갖고 외무성에 뒤지지 않을 정도로 대륙정책을 입안하고 추진하였다. 그들은 식민지 조선과 조선군을 발판으로 자신들의 영향력을 대륙에까지 확장시키려고 하였다. 1910년 한국병합은 그 과정의 하나에 불과하였다.

조슈육군파벌은 데라우치 마사타케 통감을 정점으로 한국병합에 관한 1909년 7월 6일자 내각의 결정을 구체화시키기 위해 준비위원회를 구성하고 1910년 6월 대한제국의 경찰권을 완전히 장악한 데 이어 한국병합을 밀어붙였다. 뿐만 아니라 군과 관련된 조선총독의 구체적인 권한과 조선군의 활동반경을 확정하였고, 군인 신분의 헌병이 통치의 전면에 나서 다원적인 기능을 수행할 수 있는 법률적 근거를 마련하는 등 조선에서 한국병합 이후를 주도하며 무단통치, 달리 말하면 사실상의 군정을 실시하기 위한 제도적 기초를 1910년 8월 29일 이전에 마련하였다. 이 일련의 과정은 식민지 통치를 준비하고 시작하는 단계에서부터 정치군사적 이해를 우선적으로 내세웠던 육군을 중심으로 정책을 구상하고, 군사력을 앞세워 식민지를 점령하며 신속하게 치안을 확보하여 통치기반을 마련한다는 일본의 식민지 점령 및 통치정책의 특징을 그대로 드러낸 움직임이었다.

무단통치의 정점에는 현역 육해군 대장 출신만이 임명되었던 조선총독이 있었다. 제1, 2대 조선총독에 육군대장 출신을 임명한 인사는 「제국국방방침」 이후 북진론에 입각하여 대륙으로 나아가려는 대러작전 내지는 조슈육군파벌의 이해관계와도 깊은 연관이 있었을 것이다. 또 조선 내 문무 기관들의 통솔과도 연관이 있었다.

조선총독은 일본의 다른 식민지 책임자와 달리 내각의 감독을 받지 않고 천황에 '직예'할 수 있었다. 조선에서의 입법, 사법, 행정에 관한 권한만이 아니라 군 통솔권도 갖고 있었다. 헌병대사령관이 책임자로 있는 경찰을 직접 지휘, 감독하였다. 조선총독은 무단통치를 원활하게 수행하기 위한 조치의 일환으로 조선군과는 관방의 무관(武官)을 통해, 조선인 대중과는 헌병경찰을 매개로 접촉하였다.

'조선왕'이라고까지 불렸던 막강한 권한의 조선총독을 비롯해 정무총감, 군사령관, 헌병대사령관 겸 경무총감 등은 모두 조슈파벌, 특히 야마가타 아리토모 계열에서 독점하였다. 때문에 일본 군부, 좁게는 야마가타 아리토모 계열이나 조선총독은 일본정부의 대륙정책에서 상대적으로 독립해 있으면서 독자적인 행동을 할 여지가 있었다. 반대로 식민지 조선은 이들이 일본의 국내 정치에서 영향력을 유지하는 버팀목의 하나였다. 달리 보면 일본 정치의 모순된 분위기와 제도가 본국에 대한 식민지의 '역규정(逆規定)'의 가능성을 열어놓았다고 할 수 있다.

4) 1910, 1920년대 일본군의 대외침략과 조선군

조선군은 의병을 탄압하는 데 결정적으로 기여하여 일제가 식민지 조선에서 통치기반을 조성하는 데 커다란 역할을 하였다. 조선군은 러시아의 보복전에 대비하면서 중국 및 러시아와 인접한 국경을 수비하는 임무도 맡았다. 조선군이 북부지방, 특히 함경도지방에 집중적으로 배치된 이유도 이와 깊은 연관이 있었다.

조선군의 역할은 여기에 그치지 않았다. 일본 육군은 「제국국방방침」과 「제국군용병강령」에 따라 중국의 베이징부터 만주와 연해주 그리고 조선을 작전권역으로 설정하였다. 일본정부는 한국주차군에서 조선주차군으로 변경할 때부터 한반도의 일본군이 움직일 수 있는 행동반경과 더불어 대외침략 부대로서의 성격을 명확히 하였다. 달리 보면 중국 대륙에서 화중(華中) 화난(華南)에 한반도 주둔 일본군을 파견하지 않겠다는 방침이기도 하였다. 이후 실제 조선군 소속 병력은 그렇게 운영되었다.

1910년대 조선군은 일본정부의 대외팽창정책 내지는 육군의 북진론이 실현될 수 있도록 적극적이고 직접적으로 개입하지 않고 주로 측면(후방)에서 지원하는 역할을 하였다. 조선군은 만주에 있는 일본 육군이 중국 본토에 출동하면 만주 지역으로 출병하여 일본의 권익을 옹호하고 일본인을 보호하는 작전을 벌였다. 일본 육군이 시베리아에 출병할 때도 이들의 수송과 보급 및 통신보호를 담당하였다. 물론 1910년대 조선군은 일본정부의 대외정책 속에서 움직였으므로 먼저 스스로 나서서 공세적이지 않았다. 하지만 1920년의 간도침략 때 조선군이 일본정부의 대외정책에 적극적으로 개입할 수 있음을 보여 주었다면, 만주침략 때부터는 공세적이고 적극적인 자세로 대외정책에 관여하기 시작하였다.

5) 3·1운동 탄압과 조선군

일본군이 한반도를 발판으로 대외팽창정책을 밀어붙일 수 있었던 배경의 하나는 3·1운동을 진압하는 데 성공했기 때문이다. 일본에게 군대는 해외침략의 선봉대이자 식민지 지배의 최후 보루였는데, 3·1운동 당시 일본군의 탄압행동은 후자의 특징을 가장 잘 드러내 주었다.

3·1운동 당시 만세시위의 양상에 따라 조선군의 대응도 바뀌었다. 조선군은 3월 중순에 접어들면서 만세시위가 북부 조선에서보다 중부 조선과 남부 조선에서 활발하게 일어나면서 전국화하는 양상을 띠자 군 병력을 분산배치하였다. 조선군사령부는 만세시위가 일어나지 않았더라도 선제적이고 적극적으로 대비한다는 차원에서 주요 지역에 군대를 미리 분산배치하였다. 특히 남부 조선을 위수 지역으로 하는 대구의 보병 제80연대가 그렇게 하였다. 조선군사령부로서는 시베리아내전을 직접 상대해야 하는 함경북도의 주둔 병력이나, 평안북도에서 국경 부근에 주둔하고 있는 부대를 남쪽으로 이동할 수는 없었다. 더구나 조선군은 육군의 지시도 있어서 만세시위와 만주의 독립군이 연계할 가능성을 우려하여 신속하게 만세시위를 제압하고자 하였다. 마치 동학농민군이 북상하여 러시아 세력과 연합하는 움직임을 저지하고자 특별부대를 편성하여 동학농민군을 전라남도의 남서해안 쪽으로 몰아가며 학살한 이유와 일맥상통하는 탄압작전이었다.

일본정부는 조선총독에게 병력을 파견할지 여부를 먼저 결정하도록 요구하였다. 조선군 사령관은 신속하게 만세시위를 진압하기 위해 본국 정부의 제안에 동의하였다. 파견된 6개 대대와 400명의 헌병은 4월 13일까지 모두 조선에 들어왔다. 이때부터 만세시위가 줄어들기 시작하였다. 만세시위 참가자들은 반전의 기회를 잡을 수 없었다.

일본정부를 이끌고 있던 하라 다카시 총리는 만세시위를 진압하기 위한 군대를 파견하는 특단의 조치를 취하는 한편, 식민지 조선에서의 지배정책을 전환하기 위해 움직이기 시작하였다. 그는 내각의 책임 아래 제국을 경영한다는 통치방침을 식민지 조선에 적용하고자 3·1운동을 빌미로 점진적 내지연장주의를 적용하는 조치를 취하였다. 이는 조슈육군파벌의 이해관계에 견제구를 날리는 접근이기도 하였다. 이미 1918년 관동주에서 문관 본위제를 실시한 하라 총리가 3·1운동에 대한 진압을 빌미로 원로의 동의를 얻어내고 육군의 반발도 약화시키며 식민지 조선에서도 내각의 책임 아래 자신의 식민지 운영 방식을 관철한 것이다. 하라 총리에게 3·1운동은 마치 소리 내어 울고 싶은 사람의 뺨을 누군가 때려준 격이었다. 달리 말하면, 이는 일본정부가 '문화통치'를 실시한 이유로 3·1운동을 드는 경우가 일반적인데, 반드시 그렇다고만 볼 수 없음을 의미한다. 선후관계를 바꾸어 생각해야 하는 것이다.

하라 총리는 첫 번째 조치로 조슈육군파벌 출신이 아니며 해군 대장을 역임한 사이토 마코토를 제3대 조선총독으로 지명하였다. 하라 총리는 1919년 9월 그가 신임 총독으로 부임할 때 「조선통치사견」이란 비밀문서를 직접 주면서 식민지 조선에서 새로운 지배통치를 시행하도록 지시하였다. 우리가 흔히 아는 '문화통치'가 바로 그것이다.

6) 만주 문제와 조선군

　조선군도 1919년 6월부터 분산배치를 철회하고 점차 부대를 중대 단위로 집중하기 시작하였다. 조선군은 부대를 집결시키면서 위수 지역을 재조정함으로써 조선군의 제1임무인 대러작전에 더 몰두하였다. 또 국경수비에도 치중하고자 하였다. 그래서 시베리아내전을 비롯해 연해주 일대를 주시해야 하는 상황과 만주의 독립군을 의식하여 연대 단위에 별도의 전담 부대를 두어 국경경비를 강화하기 위한 조치를 취하였다. 3·1운동은 1921년 워싱턴회의 이후 열강 사이에 군축 문제가 제기되는 상황에서도 조선군이 연대 소속인 별도의 국경수비대를 독자적으로 편성함으로써 통상의 일본군 연대보다 더 많은 병력을 유지하는 고정원제를 운영한 명분이었다. 제19, 20사단은 다른 사단의 평시편제 인원보다 많은 병력, 곧 3·1운동 직후에는 합쳐서 4,000여 명 이상, 야마나시군축 이후에는 모두 2,000여 명 이상 많은 병력을 유지할 수 있었다.

　국경수비대의 강화는 만주 지역 조선인 문제에 대해 조선군조차도 그만큼 관심이 높았다는 의미다. 조선총독부와 조선군은 외무성 또는 만주에 있는 그 산하기관과 1920년대 내내 협조와 갈등 관계를 유지했지만, 그때까지만 해도 독자적인 자기 주장을 공공연하게 제기하거나 행동으로 표출하지 않았다. 조선군은 외무성의 대중국 외교방침을 따르며 대미 협조 외교 노선 속에서 권익을 챙기려고 하였다. 조선총독부와 조선군이 본국 정부에 부속된 재만조선인 대책을 실행에 옮겼던 배경도 여기에 있었다.

　그런 가운데서도 조선군 등 일본 육군은 독자적인 침략계획을 수립하고 훈춘사건을 조작하여 내각의 동의를 이끌어 내면서 독립군을 탄압하는 간도침략을 1920년 10월부터 이듬해 5월까지 강행하였다. 조선군

사령부는 동만주 지역을 침략하는 행동이었으므로 제20사단이 아닌 제19사단을 중심으로 침략부대를 편성하였다. 간도침략은 국경과 인접한 곳에서 일어난 불안요소로 인해 식민지 조선의 통치에 장애가 되지 않도록 하기 위한 침략행위였다. 또한 간도침략은 제국의 상층부에 노정되어 있던 만주 문제를 둘러싼 견해 차이를 현지의 식민지 통치기관에서 폭발시켜 해소한 사건이었다. 조선군 등은 외교기관을 배제하지는 않았지만 그 시점의 갈등요인을 제거하는 데 외교 쪽보다 주도적이었고, 외교정책의 일부를 끌고 갔다고 볼 수 있다. 물론 조선군은 3·1운동 이후부터 1931년 만주사변을 일으킬 때까지 재만조선인 문제의 근본적 해결방안을 개전(開戰)이란 군사적 수단을 생각하고 있었다. 하지만 조선군은 그것을 적극적이고 전면적인 행동으로 옮기지 않은 채 자기 나름대로 간도 문제를 해결함으로써 당분간 만주 문제를 둘러싼 중일간 외교마찰이나 지배기구 내부에서의 갈등을 일시적으로 해소한 것이다. 따라서 독립군의 항일무장투쟁과 일본군의 간도침략 사이의 길항관계는 항일운동이 일본의 제국 운영전략에 미치는 영향뿐 아니라 그 반대의 영향, 곧 규정과 역규정의 사례 가운데 하나였다.

　간도침략 이후 조선군은 전쟁으로 만주 문제를 해결해야 한다는 방안을 공공연하게 주장하지 않았다. 1920년대에는 조선군 자신이 그러한 입장을 지속적으로 주장하고 내세울 만한 위상이 아니었기 때문이다. 그리고 만몽 문제를 해결하는 핵심적인 군사력은 만주에 주둔하고 있던 관동군이었으며, 조선군은 이를 보조하는 부대였기 때문이다. 더구나 1921년 성립한 워싱턴체제는 상호 협력하여 동아시아 지역 국제질서를 유지하기로 열강 사이에 합의한 결과였다. 실제 1931년 관동군과 조선군이 만주를 침략할 때까지 동아시아 지역 국제관계는 상대적으로 안정적인 기조를 유지하였다. 이러한 현실에서 어느 일방이 군대를 동원하여 만주 문제를 해결하기는 쉽지 않았다.

그런데 1925년 '미쓰야협정'과 「치안유지법」이 봉천성과 동만주 지역 등지에서 시행되었지만 일본정부가 보기에 재만조선인의 치안 문제가 근본적으로 해결되지 않았다. 때문에 전쟁을 통해 이런 문제를 근본적으로 해결해야 한다는 조선군의 입장 자체가 바뀌지는 않았다. 조선군이 만주침략에 적극적이었던 내재적 배경의 일부가 여기에 있었다. 뿐만 아니라 1920년대 중반을 경과하며 일본사회가 경직되어 가고 국제정세 또한 군사적 충동을 자극하는 등 군사가 외교를 무시하거나 압도할 수 있는 정세가 조금씩 조성되어 갔다. 달리 말하면 조선군이 독단 월경을 선택할 수 있는 분위기가 조성되어 갔던 것이다. 이는 전쟁의 시작으로 가는 외교의 끝 지점에 조선군이 진입하는 중이었음을 의미한다.

7) 15년전쟁과 총동원체제 그리고 조선군사령부

조선군은 만주침략의 선봉장이었다. 제20사단을 중심으로 침략부대를 편성한 조선군은 관동군이 계속 북진하자 펑톈을 비롯해 남만주 지역과 화베이 지역에서 중국군과 싸웠다. 동시에 만주국을 수립한 직후에 제19사단 병력을 동만주 지역에 보내 조선인이 중심인 항일무장투쟁을 무력으로 탄압하였다. 만주침략 때 제19, 20사단의 파견지점과 활동반경이 어떻게 달랐는지를 확인하면 일본정부가 섬세하게 제국을 운영하려 했음을 또 다시 확인할 수 있다. 조선군사령부는 만주침략 후 식민지 조선에서 애국부가 주도하는 헌금운동 등으로 전쟁 분위기를 조성해 갔다.

중일전쟁과 아시아태평양전쟁은 식민지 조선사회를 일상적 전시동원체제가 구축된 군국주의 사회로 전환시켰다. 조선군도 이 속에서 본토와 대륙을 잇는 대동맥이자 병참기지로서 식민지 조선의 역할에 충실하고자 움직였다. 2개 또는 3개 사단의 골간을 확장하기보다 조선군사령부를 확장하며 맡은바 임무를 수행해 갔다. 조선군은 「군비충실계획대강(1936.12.3.)」에 입각하여 조선총독부와 관계를 맺어갔다. 이 계획은 1939년의 '노몬한전투' 등을 계기로 보완된 관동군의 전력 강화계획과 연동하여 다시 한 번 수정되며 조선군의 편제에도 영향을 주었다.

조선군은 일본제국주의의 패전이 임박할수록 남방전선에 더 많이 투입되었다. 반면에 조선군의 새로운 전력은 제대로 보강되지 않았다. 그렇다고 군수동원과 전쟁선전 및 방공에 관한 임무가 축소되지도 않았다. 일본정부에게 식민지 조선은 본토와 대륙을 잇는 대동맥이자 대륙병참기지였고 조선군은 그 기지를 운영하는 군대였기 때문이다. 그래서 조선군사령부가 자꾸 커지는 양상이었지, 전선으로 이동한 작전부대의 공백을 메우는 새로운 편성 조치가 뒤따르지 않았다. 조선군은 1944년까지 대륙의 일본군을 지원하는 작전부대이자 병참부대로서의 성격이 짙었다. 만주국에서 관동군 사령관의 지휘권과 같은 권한을 가진 조선군사령관의 지위가 패전 때까지 실현되지 못한 이유의 하나도 여기에 있었다.

조선군은 군수동원 문제와 전쟁선전 문제를 중심으로 식민지 조선사회의 전면에 다시 나타났다. 그리고 점차 조선총독부의 정책에 관여하는 폭을 넓히면서 군수동원과 총동원을 연계하는 정책과 인력동원 문제에까지 직접 개입하였다. 조선군은 주요 정책을 기획하고 결정하는 지위에서부터 정책을 집행하는 최말단 기구에까지 실질적인 영향력을 공공연하게 행사하였다. 조선군이 파견한 인력이 조선총독부와 총동원 기구에서 보직을 맡아 일하며 사람과 물자를 동원하기 위한 정책을 수립하였다. 조선군은 용산병영에서 물자동원에 관한 회의를 직접 주재하였고, 사람을 전쟁에 동원하기 위한 예비군사교육을 전면화하는 데 적극적이었다. 그 과정에서 강제된 건강은 신체의 군사화를 목표로 하였다.

8) 본토결전 준비와 병사노무동원

그런데 일본 본토가 전장화되자 한반도에 주둔한 일본군의 기본 임무는 본토결전이란 명분에 따라 소련보다 미국과의 전쟁에 대비하는 방향으로 바뀌었다. 대본영은 1945년 2월 조선군사령부를 제17방면군사령부와 조선군관구사령부로 분리하며 확대 개편하였다. 제17방면군은 대미작전을 전담하는 작전부대로서의 임무가 주어졌다. 이에 따라 1944년까지 조선군의 성격과 확연히 다른 작전부대로서의 모습을 급속히 갖추기 위한 확대 개편이 있었다. 중국전선과 본토에서 신규 부대가 대규모 배치되었다. 작전의 중심 지역도 함경도를 비롯한 북부지방에서 제주도 등 남부지방으로 바뀌었다. 이는 1904년 한국주차군사령부가 편성된 이후 처음 있는 임무 변경이었다.

북부 조선에서 조선군관구 소속 부대가 담당해야 할 대소작전에 관한 임무가 완전히 없어지지는 않았지만, 관동군이 이를 대신하여 한반도에서 대소작전의 책임을 맡았다. 물론 조선군관구사령부, 특히 그 예하의 나남사관구사령부가 관동군과 보조를 맞추면서 대미작전과 대소작전을 담당하는 부대가 어느 정도 구분되었다.

제17방면군은 대미작전을 준비하는 과정에서 총독부와 연락위원회를 설치하고 대본영의 병비 계획에 따라 전력증강과 대규모 병사노무동원을 실시하며 제주도와 남부지방에서 전쟁 준비에 박차를 가하였다. 조선총독부 역시 여기에 맞추어 행정기구를 개편하여 기민함을 보장할 수 있게 행정을 간소화하는 한편, 행정 인력을 남부 조선에 집중배치하는 등 본토결전을 준비하는 제17방면군에 적극 협조하였다. 1919년 이후 한반도에 주둔한 일본군이 조선인의 구체적인 일상에 전면적이고 공공연하게 개입한 경우는 이때가 처음이었다.

그런데 한반도라는 하나의 정치공간에 임무가 다른 두 개의 작전부대가 공존하는 가운데 대본영, 관동군, 제17방면군(조선총독부) 사이에 전쟁지도부를 구성하는 문제와 지휘관계를 둘러싸고 갈등과 합의가 반복되었다. 특히 본토결전의 준비를 중시하는 대본영 및 제17방면군과 대소직진의 준비에 몰두하려는 관동군 사이의 갈등은 1945년 8월 9일 소련군이 함경도와 만주로 진격해 들어왔을 때 극적으로 해소되었다. 그 직후 8월 15일에 일본군이 패전까지 했으므로 갈등의 파장이 끊겨 버렸지만, 본토결전을 서둘러 준비해야 하는 상황에서 전쟁의 최고 상층부에서 일어난 의견 차이가 전력약화를 초래했던 것만은 분명하다. 본국 정부의 의견이 식민지 기관에 꼭 그대로 관철되지 않았던 것이다.

대본영은 식민지 조선에서 전쟁지도부를 개편하는 방침과 더불어 본토결전을 위한 구체적인 조치를 매우 서둘렀다. 그것은 조선 민중에게 큰 전쟁 부담으로 돌아왔다. 물자동원에 한계가 명확해지던 상황에 민중의 부담은 인력동원에서 더 크게 나타났다. 대본영이 본토결전을 준비하는 과정에서 필요한 대규모 군병력과 노동력을 신속하게 보충해야 하는 문제에 직면했기 때문이다. 징용이란 강제적 수단으로도 해결할 수 없을 만큼 양질의 노동력 수급에 위기를 느낀 현실은, 1945년 4월 일본정부가 징용이란 강제동원 방식을 스스로 중단한 데서도 확인할 수 있다. 그 대체방식이 '황민신민'의 자발성으로 위장된 조선인 청년을 대규모 징병을 통해 동원하는 형식이었다.

조선군 또는 조선군관구는 1944년과 1945년에 40만여 명의 조선인 청년을 징병의 형식으로 동원하였다. 특별지원병과 징병자를 합쳐 최소 11만명의 조선인 젊은이가 일본군 현역으로 입대하였다. 전투병력은 전체 동원인력의 1/3도 되지 않았다. 일본군은 조선인 병사들이 하나의 집단을 형성하지 못하도록 소대 단위에까지 뿔뿔이 흩어지게 배치하였다. 인도인 부대처럼 식민지인으로만 편성된 부대를 운영한 영국과 매우 다른 활용방식이었다. 황국신민을 말하지만 내심에서는 조선인을 믿을 수 없고 불안했던 일본인의 심성을 그대로 들어낸 병력 운영이었던 것이다.

나머지 병사는 대부분 노동력으로 동원되었다. 병사노무동원은 이 시점에 강제동원정책의 중심이었다. 그래서 병사노무동원은 모집, 관알선, 징용과 같은 차원에서 새롭게 자리매김해야 한다. 이는 강제동원사를 다시 써야 한다는 의미를 내포하고 있다.

그런데 대규모 병사노무동원과 학생노무동원은 일본의 제국질서 내부를 근본적으로 균열하게 만들었다는 점에서 전쟁지도부 문제와 달랐다. 학생과 징병 예비 대상자를 상대로 하는 근로동원과 예비군사교육과도 달랐다. 왜냐하면 비록 전쟁지도부의 구성 문제와 지휘관계를 둘러싸고 일본제국주의 상층부 사이에서 일어난 갈등은 전력을 약화시키는 요인으로 되었을지라도 체제를 근본적으로 부정하는 방향으로까지 나아가지는 않았기 때문이다.

동원된 조선인 병사와 학생은 인간 이하의 혹독한 노동과정에서 일제에 대한 염증과 반감을 내면에서 증폭시켰다. 전쟁민심이 형성되는 데 결정적인 역할을 한 때는 1944년 7월 사이판이 미군에 함락된 사건이었다. 거기에다 막연하고 심정적인 민족의식까지 결합되면서 조선인 사이에 염전사상(厭戰思想)이 확산되고, 황국신민에 대해 내면적으로 회의를 품는 사람이 늘어나는 현상과 동반하여 이들 사이에서 일제의 패전에 따라 우리도 독립할 수 있다는 희망의 싹이 돋아나게 하였다. 결과적으로 징병과 근로동원은 제국의 권력과 식민지 조선인('황국신민') 사이의 이완된 간극을 감추고 메우는 매우 큰 수단이었지만, 강요된 자발성이 형해화하면서 식민지 지배의 사상누각(沙上樓閣)화를 촉진시키는 요인이기도 했다. 황국신민의 총동원이 가장 강조되던 시기인 1945년은 동원과 통제의 대중적 기초가 가장 취약했던 시기였다. 강요된 자발성조차 형해화하는 때였다. 결국 병사노무동원과 근로동원은 일본이 불가피하게 선택한 정책이었겠지만, 제국질서 내부의 상층(본국 또는 본국인)이 하층(식민지 또는 식민지인)을 일방적으로 규정만 하지 않고, 규정(작용)과 역규정(반작용)을 상호 촉진하며 제국의 수직적 지배질서와 통합성에 더욱 균열을 가하는 정책이었다. 그렇지만 일본이 항복을 선언하면서 제국의 질서가 근본적으로 붕괴하자 지금까지의 규정관계와 균열화도 한순간에 사라졌다.

9) 패전과 귀환, 변용된 식민성

패전한 일본군은 전쟁포로였다. 그럼에도 미군과 소련군에 의한 한반도 분할점령은 미군 포로와 소련군 포로에게 매우 다른 운명의 길을 걷게 하였다. 전자는 1945년 10월경까지 수용소에도 들어가지 않고 전쟁포로처럼 대우받지도 않은 채 대부분 귀환했지만, 후자는 말 그대로 포로학대를 받으며 1956년까지 시베리아에서 강제노동에 시달렸다. 조선인 병사들의 운명도 갈렸다. 38도선 이남의 일본군에 포함되어 있던 조선인들은 일본의 패전 직후부터 며칠 이내에 대부분 집으로 돌아갔다. 하지만 만주와 38도선 이북의 일본군 소속 조선인 병사 가운데 많은 사람은 일본군처럼 시베리아로 갔다가 1948년에 귀환하였다. 그들은 일본군에서 3년가량 더 생활한 것이나 마찬가지였다. 이는 한반도 구성원이 일본의 패망과 동시에 주권국가를 세우지 못하고 38도선을 경계로 분할 점령된 역사적 비극과 분리해서 설명할 수 없는 역사다.

한편, 38도선 이남에 진주한 미군은 서울과 제주에서, 이북에 진주한 소련군은 세 곳에서 따로따로 일본군의 항복을 받았다. 38도선 이남에서 일본군이 사용하던 군사기지, 특히 도시 지역 군사기지는 대부분 미군이 그대로 사용하였다. 미군은 38도선 이남에서만 제국 군대의 시설을 재활용하지 않았다. 미국은 일본군이 건설한 일본 본토와 식민지의 군사시설 그리고 영국의 해외 식민지 군사 네트워크를 그대로 인수받아 매우 신속하게 세계에서 유일한 군사 네트워크를 구축하는 나라로 거듭날 수 있었다. 식민성의 또 다른 연속적 변용을 확인할 수 있는 대목이다.

식민성의 연속적 변용은 한국사회에서도 나타났다. 1979년까지 대한민국 국군의 장군 가운데 일본군 출신은 226명, 만주국군 출신은 44명, 한국광복군 출신은 32명이었다. 일본군 출신 가운데 일본육군사관학교 출신은 26명, 학도병 출신은 95명, 특별지원병 출신은 105명으로 1979년까지 일본군 출신이 장군에 진급한 사람의 75%를 차지하였다. 1979년 제21대 육군참모총장과 제15대 합참의장까지만 놓고 보면 일본군 출신이 아닌 사람은 없다. 이들은 미군의 영향을 받으며 한국군의 군사문화를 주도하였다. 군대가 정치에 관여하는 사건이 빈번했던 이유의 하나도 여기에 있었다. 군대 안팎에서 물리적 폭력이 한때 묵인된 배경의 하나도 일본군의 군사문화와 떼어내 생각할 수 없다. 대학입시의 한 과목인 체력장에 수류탄 던지기 종목이 한때 포함된 경우도 결코 가볍게 넘길 수 없는 사례다.

참고문헌

1. 자료

『間島申報』/『大阪每日新聞(朝鮮版)』/『東亞日報』/『每日申報』/『福岡日日新聞』/『朝鮮新報』/『朝鮮中央日報』/『皇城新聞』.

『文敎の朝鮮』/『三千里』/『朝鮮』/『總動員』.

『舊韓國官報 1908年(上)』/『朝鮮總督府官報』.

『第2次韓國施政年報』(1908) /『第3次統監府統計年報』(1910) /『第4次統監府統計年報』(1911).

『朝鮮總督府統計年報』(1911).

『朝鮮總督府施政年報(大正元年)』/『朝鮮總督府施政年報(1910年度)』/『朝鮮總督府施政年報(大正11年)』/『朝鮮總督府施政年報(1913年度)』/『朝鮮總督府施政年報(大正14年)』/『朝鮮總督府施政年報(大正15年)』/『朝鮮總督府施政年報(大正16年)』/『朝鮮總督府施政年報(1918年度)』.

森松俊夫 外山操, 1993,『帝國陸軍編制總覽』1·2, 芙蓉書房.
太平洋戰爭研究會 編, 1995,『圖說 帝國陸軍』, 翔泳社.

『近衛日記』/『寺內日記』/『寺內正毅日記 1900~1918』/『原敬日記』/『日本陸軍とアジア政策-陸軍大將宇都宮太郎日記』.

「李康昔陳述書」/「金鍾實陳述書」/「金源穆陳述書」/「金昌鉉陳述書」/「高熙大陳述書」/「柳基益陳述書」/「李貴南陳述書」/「李龍鉉陳述書」/「김선희증언(2007.12.4)」.

「井原潤次郎의 證言-朝鮮軍について(1966.10.13.)」.

김경천 지음, 김병학 정리 및 현대어 역, 2012, 『경천아일록(擎天兒日錄)』, 학고방.
리영희, 2005, 『대화』, 한길사.
서태원, 1984, 『回想』, 일조각.
이상의 면담 및 해제, 2019, 『일제의 강제동원과 인천육군조병창 사람들』, 국사편찬위원회.
이영희, 1988, 『歷程: 나의 청년시대』, 창작과비평사.
일제강점하강제동원피해진상규명위원회 편, 2006, 『갑자·을축생은 군인에 가야 한다』.
_____, 2007, 『시베리아 억류 조선인 포로의 기억』.
_____, 2008, 『남방기행』.
_____, 2008, 『조선이라는 우리나라가 있었구나』.
일이공동지회, 1990, 『1·20學兵史記 第3卷 光復과 興國』, 1.20同志會 中央本部.
조성윤·지영임·허호준 공저, 2007, 『빼앗긴 시대, 빼앗긴 시절』, 선인.
F. A. 매켄지 지음, 신복룡 역주, 1999, 『大韓帝國의 悲劇』, 집문당.
_____, 1999, 『韓國의 獨立運動』, 집문당.

小磯國昭自敍傳刊行會 編, 1963, 『葛山鴻爪』, 小磯國昭自敍傳刊行會.
小森德治, 1928, 『明石元二郎』, 臺灣日日新報社(原書房, 1968 腹脚).
雨宮剛 編著, 2012, 『もう一つの强制連行 謎の農耕勤務隊-地元からの檢證』, 株式會社キンコー.
林銑十郎, 高橋正衛 解說, 1996, 『滿洲事件日誌』, みすず書房.
井口省吾文書硏究會, 1994, 『日露戰爭と井口省吾』, 原書房.
鶴見祐輔, 1941, 『後藤新平傳-臺灣統治篇』, 太平洋協會出版部.

國史編纂委員會 編, 1980~89, 『韓國獨立運動史資料』 9-18.
_____, 2000, 『統監府文書』 8·9.
국사편찬위원회 역, 2014, 『주한미군사』 I.
대한민국국회도서관, 1972, 『統監府法令資料集』 上.

姜德相 編, 1966·67·70·72, 『現代史資料』 25·26·27·28, みすず書房.

김윤미 편역, 2021, 『한반도주둔일본군 사료총서 ⑥-중일전쟁과 한반도 병참기지화』, 역사공간.

金正柱 編, 1970·1971, 『朝鮮統治史料』 2·8, 韓國史料研究院.

金正明 編, 1967, 『日韓外交史料集成 別冊-朝鮮駐箚軍歷史』, 巖南堂書店.

獨立運動史資料集編纂委員會 編, 1971·1976, 『獨立運動史資料集』 3·10, 高麗書林.

服部雅晴 編, 1997, 「軍令第4號 朝鮮軍司令部條例」, 『陸軍省大日記史料集』 7·8, 東洋書林.

서울특별시 시사편찬위원회 역, 2012, 『국역 경성부사』 1.

山本四郎 編, 1984, 『寺內正毅關係文書 首相以前』, 京都女子大學.

森田芳夫 長田かな子 編, 1979, 『朝鮮終戰の記錄 資料篇 第1卷』, 巖南堂書店.

水野直樹 編, 1998, 『戰時期 植民地統治資料』 4, 拍書房.

_____, 2001, 『朝鮮總督府諭告·訓示集成』 5, 綠蔭書房.

辛珠柏 編, 1993, 『日帝下支配政策史資料集』 2, 高麗書林.

신주백·김천수 편, 2019, 『사진과 지도, 도면으로 본 용산기지의 역사 1(1906~1945)』, 선인.

_____, 2020, 『사진과 지도, 도면으로 본 용산기지의 역사 2(1945~1949)』, 선인.

日本外務省 編, 1965, 『日本外交年表竝主要文書: 1840~1945』 上, 原書房.

조건 편역, 2020, 『한반도주둔일본군 사료총서 ①-일본의 군사적 침략과 한국주차군』, 역사공간.

韓國精神文化研究院, 1995, 『韓國獨立運動史資料集-洪範圖篇』.

軍務局軍事課, 『明治37, 38年戰役業務詳報』.

「37年 參謀本部 野津中佐韓國應聘願の件」, 『明治34年至同38年 密受書類補遺』.

「勅令 第18號 韓國ニ駐箚スル憲兵行政警察及司法警察ニ關スル件(1906.2.8)」.

「軍務局 滿韓駐箚部隊派遣要領制定の件(1907.2.5)」.

「軍務局滿韓駐箚部隊派遣要領同細則制定の件(1909.7.24)」.

「第14號 軍事課 臨時韓國派遣隊編成及派遣要領制定の件(1909.5.17)」.

「第15號 軍事課 臨時韓國派遣隊編成及派遣要領細則竝に步兵第12旅團司令部其の他歸還

に關する規定の件(1909.5.21)」.

韓國駐箚憲兵隊,「憲兵補助員設置ノ由來及其ノ成績概況書」.
韓國駐箚憲兵隊司令部, 1911,『全羅南道海岸笠島嶼ノ狀況』.
朝鮮憲兵隊司令部,『明治29年以降 朝鮮憲兵ノ活動概觀』.
朝鮮憲兵隊司令部 編,『朝鮮憲兵隊歷史』2-9(不二出版 腹脚, 2000).

朝鮮軍經理部, 1923,『朝鮮師團營舍建築史』.
朝鮮軍司令部,『大正8年乃至同10年 朝鮮騷擾事件關係書類 共7冊 其1(1919.3.3~1921.5.3)』.
朝鮮軍司令部, 1932・1936,『朝鮮軍歷史』4・5.
朝鮮軍司令部 編, 1944,『徵兵事務摘要』, 朝鮮行政學會.
朝鮮軍事普及協會 編纂, 朝鮮軍報道部 監修, 1942,『朝鮮徵兵準備讀本』, 朝鮮圖書出版株式會社.
韓國駐箚軍司令部 編,『明治40~43年 暴徒討伐槪況』.
朝鮮駐箚軍司令部, 1913,『朝鮮暴徒討伐誌』.
朝鮮駐箚軍經理部 編, 1914,『朝鮮駐箚軍永久兵營官衙及宿舍建築經過槪要』.

『朝鮮軍參謀部發朝鮮報(1922.1~3)(1)』.
「韓國駐箚軍陣中紀要」.
「明治42年6月 韓國駐箚軍隊報告」(1909.7.21)」, (Ⅵ)AT(B) NO.1182.
「韓國駐箚軍司令官へ訓令の件(1904.9)」.
「韓國駐箚軍隸屬部隊配置圖(1909.11.25)」, 千代田史料 1071.

『壹大日記 明治43年7月』.
『西密受大日記 大正7年12月』.
『密大日記 明治42年自4月至6月』/『密大日記(3冊の內上)明治43年』/『密大日記 4冊の內 4 大正8年』/『密大日記 其16冊の內 第1冊 大正10年』/『密大日記 其16冊の內 第1冊 大正12年』/『密大日記 其46冊の內 第4冊 大正15年』/『密大日記 6冊ノ內

第4冊 昭和年』/『密大日記 第4冊 昭和年』/『密大日記 第4ノ2冊 昭和4年』/『密大日記 第5冊 昭和5年』/『密大日記 第2冊 昭和10年』/『密大日記 第1冊 共8冊 昭和11年』/『密大日記 第2冊 昭和11年』/『密大日記 第2冊 昭和12年』/『密大日記 第4冊 共8冊 昭和11年』/『密大日記 第4冊 昭和14年』/『密大日記(3冊の内上)明治43年』/『密大日記 第2冊 昭和14年』/『密大日記 第6冊 昭和14年』/『密大日記 第6冊 昭和15年』/『密受大日記 第4號 7冊の内 昭和10年』.

『陸機密大日記 第1冊 1/2 昭和9年』/『陸機密大日記 第1冊 2/2 昭和12年』.

『陸滿機密大日記 第3冊 2/3 昭和13年』.

『陸滿密綴 7.1~7.13 昭和11年』.

『陸密綴 昭和18年』.

『陸支受大日記(密)第69號 2/2 昭和14年自11月1日至11月10日』.

『陸支機密大日記 第3冊 1/2 共7冊 第7號 昭和13年』/『陸支機密大日記 第3冊 2/2 共7冊 第7號の2 昭和13年』/『陸支機密大日記 第1冊 2/3 共7冊 第2號 昭和13年』.

『永存書類甲輯第1類 大正5年』/『永存書類甲輯 第2類 昭和5年』.

「陸軍兵事部令中改正ノ件(1943.3.27)」,『昭和18年 勅令第226號 陸軍兵事部令中改正ノ件』.

「昭和18年 勅令第551號 朝鮮ニ於ケル師管ノ廢止ニ伴フ陸軍軍醫部令外二勅令中改正ノ件(1943.6.30.)」.

『機密作戰日誌(乙綴)』/『軍令綴』2·3·4·14.

『朝鮮軍官區編成人員表』.

『第17方面軍編成人員表』.

『第58軍編成人員表』.

「第17方面軍 朝鮮軍の終戰狀況上奏文(1945.12.5)」.

「'本土作戰記錄' 第5券-第17方面軍(1946.1.10)」.

「第2次大戰に動員された朝鮮人の軍人,軍屬について(1955.6.17)」.

「朝鮮籍舊海軍軍人軍屬員數調(1962.1.16)」.

第34軍137師團,「朝鮮北部地方の狀況」.

交通兵站班,『昭和20年10月 歸還輸送ニ關スル綴(含電譯文)』.

吉田俊隈, 「朝鮮軍歷史 別冊 朝鮮人 志願兵 徵兵の梗槪」.
留守業務部, 「在朝鮮陸軍航空部隊行動槪況(1952.1.25)」.
留守業務部第3課, 『資料通報(B) 第108號 南鮮部隊槪況表(1952.3.31)』.
朝鮮軍殘務整理部, 「第17方面軍作戰準備史」.
『昭和18年 勅令第226號 陸軍兵事部令中改正ノ件』.
『平時における固有(通稱號)部隊號表 昭和28年8月10日』.
『通稱號に關する綴 昭和20年9月21日』.

步兵第74聯隊史刊行委員會, 1996, 『步兵第74聯隊史』.
東京75會事務局, 1994, 『步兵第75聯隊小史』.
步兵第76聯隊, 1930, 『76須知』.
步兵第78聯隊史編纂委員會, 1983, 『步兵第78聯隊史(朝22部隊)』.
步兵第79聯隊史編輯委員會事務局, 1984, 『步兵第79聯隊史』.
步80會, 1977, 『步兵第80聯隊史』.
砲兵沿革史刊行會 編著, 1974, 『砲兵沿革史』 1, 偕行社.

防衛廳防衛硏究所戰史室, 1969, 『關東軍〈2〉』, 朝雲新聞社.
_____, 1967, 『大本營陸軍部〈1〉』, 朝雲新聞社.
_____, 1975, 『大本營軍部〈9〉』, 朝雲新聞社.
_____, 1975, 『大本營陸軍本部〈10〉』, 朝雲新聞社.
_____, 1972, 『本土決戰準備(2)-九州の防衛』, 朝雲新聞社.
_____, 1979, 『陸軍軍戰備』, 朝雲新聞社.

『樞密院審査報告 昭和十四年』.

『公文類聚 第34編 明治43年 第3卷 官職門2 官制2(內務省 大藏省 陸軍省 海軍省)』.
『公文類聚 第63編 昭和14年 第41卷 官職37 官制37(朝鮮總督府9)』.
『公文類聚 第65編 昭和16年 第13卷 官職10 官制10(陸軍省)』.

『公文類聚 第65編 昭和16年 第48卷 官職45 官制45』.
『公文類聚 第67編 昭和18年 第95卷 軍事一 陸軍 海軍』.
『公文類聚 第68編 昭和19年 第23卷 官職23 官制23(朝鮮總督府2)』.
『公文類聚 第69編 昭和20年 第28卷 官職22 官制22(朝鮮總督府1)』.

「韓國駐箚隊司令部ヲ京城ニ設置ノ件」, 『日淸講和後韓國駐屯帝國軍隊關係雜件』(請求番號
   5-1-4-0-8.
『自大正14年1月至昭和7年1月 鮮, 滿國境における軍人, 警察官の越境事件雜件』.
『自大正9年至同11年 間島事件關係書類共2冊其2』.
『外務省警察史-間島ノ部』 2·4.
1926, 『領事會議關係雜件-在滿領事會議』 1·2.
外務省亞細亞局第2課, 「昭和6年4月調 間島問題調書」.
外務省, 1972, 『終戰史錄』.

京城日報社, 1944, 『朝鮮年鑑(昭和19年版)』.
國家報勳處, 1997, 『北間島지역 獨立軍團名簿』.
宮內省 編, 1975, 『明治天皇紀』 12, 吉川弘文館.
宮田節子 編, 1989, 『十五年戰爭極秘資料集 15-朝鮮軍槪要史』, 不二出版.
內務部治安局, 1972, 『韓國警察史』 1.
大江志乃夫 編, 1988, 『支那事變大東亞戰爭間 動員槪史』, 不二出版.
臺灣總督府警務局, 1932, 『臺灣の警察』.
　　　　　　　　, 1941, 『臺灣の警察』.
臺灣總督府陸軍幕僚 編著, 1905, 『臺灣總督府陸軍幕僚歷史草案(上)』.
滿洲國軍政部顧問部, 1937, 『滿洲共産匪の硏究』 1.
木浦日本人商業會議所, 1910.1, 『全南に於ける交通幷に産業の現狀』.
富岳館編輯部 編, 1894, 『征淸壯絶日本軍人義勇傳』, 富岳館.
三浦洋 編, 朝鮮軍報道部 監修, 1943, 『朝鮮徵兵讀本』, 朝鮮圖書出版株式會社.
松井茂, 1936, 「目醒め行く朝鮮民族へ」, 貴田忠衛 著, 『朝鮮統治の回顧と批判』, 新朝鮮新
   聞社.

守永新三, 1914, 『全羅北道案內』(경인문화사, 1995, 영인).

李一龍 譯, 『秘錄 韓末全南義兵鬪爭史』, 全南日報社, 1977.

李鍾學 編著, 2000, 「朝鮮總督府報告 韓國倂合始末 附 韓國倂合ト關スル軍事上ノ關係(1910.11.9)」, 『1910年 韓國强占資料集』, 史芸硏究所.

日本參謀本部 所藏, 1979, 『敗戰の記錄』, 原書房.

朝鮮所在重砲兵聯隊史編纂委員會, 1998, 『馬山 永興灣 羅津 麗水 重砲兵聯隊史』, セイコー産業株式會社.

朝鮮總督府情報課, 1944, 『鍊成する朝鮮』.

朝鮮總督府警務局, 1925, 『朝鮮警察之槪要』.

朝鮮總督府, 1940, 『施政30年史』.

朝鮮總督府情報課, 1944, 『鍊成する朝鮮』.

八木信雄, 1939, 「學制改革と義務敎育の問題」, 『今日の朝鮮問題講座』 3.

片岡議, 1913, 『寶庫の全南(完)』, 片岡商廛.

한국일보사 編著, 1979, 『駐韓美軍30年(1945~1978年)』, 杏林出版社.

厚生省社會援護局援護50年史編纂委員會 編, 1997, 『援護50年史』, ぎょうせし.

1999, 「朝鮮統治私見」, 『齊藤實文書』 13, 高麗書林.

『大野綠一郎關係文書』.

趙庸旭, 2008, 「자료소개: 제2차 세계대전 직후 연합국 총사령부의 아시아·태평양 지역 귀환정책-서태평양에서의 대규모 송환에 관한 보고서(Report on Mass Repatriation in the Western Pacific)」, 『한국근현대사연구』 45.

「Potsdam Declaration(1945.7.26)」.

2. 단행본

강덕상 지음, 정다운 옮김, 2016, 『일제 강점기 말 조선 학도병의 자화상』, 선인.

김효순, 2009, 『나는 일본군 인민군 국군이었다』, 서해문집.

나카츠카 아키라 지음, 박맹수 옮김, 2002, 『1894년, 경복궁을 점령하라』, 푸른역사.

나카츠카 아키라, 이노우에 가쓰오, 박맹수 지음, 한혜인 옮김, 2014, 『또 하나의 청일전쟁 동학농민전쟁과 일본』, 모시는사람들.

藤原彰 著, 嚴秀鉉 譯, 1994, 『日本軍事史』, 時事日本語社.

박경식, 1986, 『일본국주의의 조선지배』, 청아출판.

박찬승, 2021, 『1919』, 다산초당.

벨라 보리소브나 박 지음, 최덕규·김종헌 옮김, 2020, 『러시아 외교관 베베르와 조선』, 동북아역사재단.

서인한, 2000, 『대한제국의 군사제도』, 혜안.

신주백, 1999, 『만주지역 한인의 민족운동사(1920~1945)』, 아세아문화사.

윤상길, 2019, 『19세기 동아시아 통신 네트워크와 국제 정치』, 동북아역사재단.

이종범 편, 2002, 『나는 호남인이로소이다』, 사회문화원.

林鍾國, 1988·1989, 『日本軍의 朝鮮侵略史』 I·II, 일월서각.

친일반민족행위진상규명위원회, 2014, 『친일반민족행위진상규명 보고서 III-3』.

한국독립운동사연구소 편, 2021, 『한국광복군의 일상과 기억』, 선인.

_____, 2021, 『1920년 독립전쟁과 사회』, 선인.

洪淳權, 1994, 『韓末 湖南地域 義兵運動史 硏究』, 서울大學校出版部.

楊昭全, 2007, 『中國朝鮮族革命鬪爭史』, 吉林人民出版社.

黃秀政·張勝彦·吳文星, 2006, 『臺灣史』, 五南.

高崎宗司, 2002, 『植民地朝鮮の日本人』, 岩波書店.

金富子 金榮, 2018, 『植民地遊廓, 日本の軍隊と朝鮮半島』, 吉川弘文館.

藤野豊, 2000, 『强制された健康』, 吉川弘文館.

李升熙, 2008, 『韓國倂合と日本軍憲兵隊』, 新泉社.

北岡伸一, 1978, 『日本陸軍と大陸政策(1906~1918年)』, 東京大學出版會.

北原道子, 2014, 『北方部隊の朝鮮人兵士：日本陸軍に動員された植民地の若者たち』, 現代企畵室.

山崎丹照, 1943, 『外地統治機構の硏究』, 高山書院.

山田郎 編, 1997, 『外交資料-近代日本の膨張と侵略』, 新日本出版社.

山田朗, 1997, 『軍備擴張の近代史』, 吉川弘文館.

森田芳夫, 1964, 『朝鮮終戰の記錄』, 巖南堂書店.

西尾達雄, 2003, 『日本植民地下朝鮮における學校體育政策』, 明石書店.

小林道彦, 2015, 『大正政變-國家經營構想の分裂』, 千倉書房.

松田利彦, 2009, 『日本の朝鮮植民地支配と警察-1905~1945年-』, 校倉書房.

松下芳男, 1967, 『日本軍閥の興亡』 2, 人物往來社.

栗原健, 1966, 『對滿蒙政策史の一面』, 原書房.

李盛煥, 1991, 『近代東アジアの政治力學: 間島をめぐる日中朝關係の史的展開』, 錦正社.

田村吉雄 編, 1953, 『秘錄 大東亞戰史 朝鮮篇』, 富士書員苑.

3. 논문

강효숙, 2007, 「제2차 동학농민전쟁 시기 일본군의 농민군 진압」, 『한국민족운동사연구』 52.

_____, 2014, 「동학농민전쟁과 일본군」, 『역사학연구』 27.

구선희, 2001, 「민씨 척족의 사리사욕이 불러들인 12년 재앙」, 이재범 외 지음, 『한반도의 외국군 주둔사』, 중심.

기광서, 1998, 「1940년대 전반 소련군 88독립보병여단 내 김일성 그룹의 동향」, 『역사와 현실』, 28.

김경록, 1995, 「청일전쟁 초기 조일맹약의 강제 체결과 일본군의 군사침략」, 『한일관계사연구』 51.

김도형, 2004, 「태평양전쟁기 하와이 포로수용소의 한인 전쟁포로 연구」, 『한국독립운동사연구』 22.

김상규, 2013, 「전시체제기(1937~1945) 조선 주둔 일본군의 陸軍兵事部 설치와 역할」, 『한국근현대사연구』 67.

김연옥, 2021, 「'간도출병사'를 통해 본 1920년 강안수비대의 활동」, 한국독립운동사연구소 편, 『1920년 독립전쟁과 사회』, 선인.

김윤미, 2012, 「일제시기 일본군의 방어체계와 부산의 요새」, 『군사』 85.

_____, 2015, 「일제시기 일본군의 대륙침략 전쟁과 부산의 군사기지화」, 부경대학교 대학원 박사학위논문.

_____, 2016, 「일본군의 군사수송과 한반도 해안요새」, 『역사와실학』 59.

_____, 2018, 「'조선군 임시병참사령부'의 부산 숙영 시행과 지역 변화」, 『역사와 경계』 109.

_____, 2019, 「1930년대 나진 개항과 항만도시 건설의 군사적 전개」, 『인문사회과학연구』 20-4.

_____, 2019, 「일본의 한반도 군용 해저통신망 구축과 '제국'네트워크」, 『숭실사학』 43.

_____, 2021, 「1945년 해방공간에서 교차하는 미군과 일본군의 이동」, 『지역과 역사』 48.

_____, 2021, 「해방 직후 일본군의 귀환 수송과 부산항」, 『역사와실학』 74.

_____, 2021, 「제국 일본의 교통망과 부산항의 군사적 역할」, 『항도부산』 42.

김의환, 1988, 「독립군의 편성과 국내작전」, 국사편찬위원회 편, 『한민족독립운동사』 4.

김종원, 2012, 「크로머 경(Lord Cromer)의 이집트 근대화 정책」, 『西洋史論』 113.

김천수, 2014, 「일제시기 용산기지 형성 과정에 관한 기초 연구」, 『향토서울』 87.

김춘선, 2000, 「庚申慘變 연구-한인사회와 관련지어」, 『韓國史研究』 111.

김혜수, 1994, 「1930년대 조선에서의 '(극비) 잠정 총동원계획기간 계획' 실시」, 『연구논총』.

남상구, 2005, 「전후 일본정부의 '전몰자' 유골정책-'한국인 전몰자' 유골을 중심으로」, 『한일민족문제연구』 9.

다나카 류이치, 2021, 「훈춘 일본인사회와 훈춘사건」, 한국독립운동사연구소 편, 『1920년 독립전쟁과 사회』, 선인.

박완, 2020, 「우가키(宇垣) 군축으로의 길」, 『한일군사문화연구』 29.

박찬승, 2004, 「동학농민전쟁 일본군·조선군의 동학도(東學徒) 학살」, 『역사와현실』 54.

朴昌昱, 1990, 「國民會를 論함」, 『國史館論叢』 15.

박창욱, 2000, 「훈춘사건과 '장강호'마적단」, 『역사비평』 51.

서민교, 2002, 「만주사변기 조선주둔 일본군의 역할과 활동」, 『한국민족운동사연구』 32.

손환, 2003, 「일제하 朝鮮體育協會의 활동에 관한 연구」, 『한국체육학회지』 42-6.

松田利彦, 「日本陸軍의 中國大陸侵略政策과 朝鮮-1910~1915年」, 『韓國文化』 31.

신주백, 1995, 「1920년대 중후반 재만한인 청년운동」, 한국역사연구회 근현대청년운동사 연구반 지음, 『한국근현대청년운동사』, 풀빛.

_____, 2001, 「일제의 새로운 식민지 지배 방식과 재조 일본인 및 '자치'세력의 대응(1919~22)」, 『역사와현실』 39.

_____, 2001, 「日帝의 敎育政策과 學生의 勤勞動員(1943~1945)」, 『歷史敎育』 78.

_____, 2002, 「만주국군(滿洲國軍) 속의 조선인(朝鮮人) 장교(將校)와 한국군(韓國軍)」, 『역사문제연구소』 9.

_____, 2003, 「1945년 한반도에서 일본군의 '본토결전' 준비-편제와 병사노무동원을 중심으로」, 『역사와현실』 49.

_____, 2004, 「일본의 '동화'정책과 지배 전략-통치기구 및 학교교육과의 관계를 중심으로」, 강만길 편, 『일본과 서구의 식민통치비교』, 선인.

_____, 2005, 「1920년대 중후반의 독립전쟁론과 '자치'문제」, 『1920~30년대 중국지역 민족운동사』, 선인.

_____, 2006, 「정미의병 당시 일본군의 원주의병에 대한 탄압작전」, 『毅庵學研究』 3.

_____, 2007, 「한국근현대사와 오키나와-상흔과 기억의 연속과 단절」, 『한국민족운동사연구』 50.

_____, 2007, 「용산과 일본군 용산기지의 변화(1884~1945)」, 『서울학연구』 29.

_____, 2009, 「1945년 한반도 남서해안에서의 '본토결전' 준비와 부산 여수의 일본군 시설지 현황」, 『군사』 70.

_____, 2012, 「한반도에서의 일본군 역사(1904~1945)」, 송연옥·김영 편저, 박해순 옮김, 『군대와 성폭력-한반도의 20세기』, 선인.

_____, 2021, 「1920년의 임시정부 독립전쟁론과 북간도지역 독립군」, 『한국민족운동사연구』 106.

_____, 2021, 「총론 : 봉오동·청산리전투 연구동향과 새로운 연구방향」, 한국독립운동사연구소 편, 『1920년 독립전쟁과 사회』, 선인.

신효승, 2016, 「청산리 전역의 전개 배경과 독립군의 작전」, 『한국민족운동사연구』 86.

_____, 2021, 「청산리 전역시 일본군의 군사체계와 독립군의 대응」, 한국독립운동사연구소 편, 『1920년 독립전쟁과 사회』, 선인.

심호섭, 2011, 「근대 일본 육군의 '獨斷專行'과 만주사변」, 『만주연구』 12.

유한철, 1992, 「日帝'駐韓日本軍'의 韓國 侵略過程과 組織」, 『한국독립운동사연구』 6.

윤병석, 1966, 「舊韓末駐韓日 本軍에 대하여」, 『향토서울』 27.

윤소영, 2016, 「청일전쟁기 일본인의 戰爭觀과 조선인식-라프카디오 헌의 에세이와 대중매체를 통하여」, 『日本思想』 31.

이극돈 외, 은몽하·우호 엮음, 김한규 옮김, 2012, 『使朝鮮錄 譯註 5-淸使의 朝鮮 使行

錄』, 소명출판.

이민성, 2017, 「1910년대 중반 조선 주둔 일본군 군영 배치계획과 군영 유치운동의 양상」, 『한국근현대사연구』 83.

이상의, 2016, 「아시아태평양전쟁기 일제의 인천조병창 운영과 조선인 학생동원」, 『인천학연구』 25.

이상훈, 2021, 「'봉오동전투상보'를 통해 본 봉오동전투」, 한국독립운동사연구소 편, 『1920년 독립전쟁과 사회』, 선인.

이성환, 2000, 「간도협약과 한일병합」, 『대한정치학회보』 8-1.

_____, 2017, 「일본의 간도정책: 일본외교문서를 중심으로(1906~1909)」, 『대한정치학회보』 25-1.

이양희, 2013, 「일본군의 3·1운동 탄압과 조선통치방안」, 『한국근현대사연구』 65.

이형식, 2019, 「조슈파 데라우치 마사타케(寺内正毅)와 조선통치」, 『역사와담론』 91.

전갑생, 2018, 「해방 이후 용산 주한미군기지 변천」, 『전쟁과 유물』 9.

전성현, 2015, 「전시체제기 학교 隊조직의 변화와 집단 노동력 동원-조선총독부의 학생동원정책을 중심으로」, 『石堂論叢』 62.

조　건, 2011, 「전시체제기 조선 주둔 일본군의 防空 조직과 활동」, 『숭실사학』 27.

_____, 2011, 「第2次 世界大戰 末期 日本의 朝鮮人 捕虜監視員 強制動員」, 『한일민족문제연구』 21.

_____, 2013, 「일제 강점 말기 조선 주둔 일본군의 조선인 포로감시원 동원과 연합군 포로수용소 운영」, 『한국근현대사연구』 67.

_____, 2015, 「전시 총동원체제기 조선 주둔 일본군의 조선인 통제와 동원」, 동국대학교 박사학위논문.

_____, 2015, 「일제강점 말기 '조선 주둔 일본군' 상주사단의 韓人 병력동원 양상과 특징」, 『한국독립운동사연구』 51.

_____, 2016, 「일제 말기 한인 학병들의 중국지역 일본군 부대 탈출과 항일 투쟁」, 『한국독립운동사연구』 56.

_____, 2016, 「일제 말기 조선 주둔 일본군의 '전쟁미담' 생산과 조선인 군인 동원」, 『한일민족문제연구』 31.

_____, 2016, 「일제 말기 한인 학병들의 중국지역 일본군 부대 탈출과 항일 투쟁」, 『한

국독립운동사연구』 56.

_____, 2017, 「러일전쟁 이후 일본군 '經理部'의 한반도 내 활동과 그 의미」, 『서울과 역사』 97.

_____, 2017, 「해방 직후 일본군의 한반도 점령 실태와 귀환」, 『한국학논총』 47.

_____, 2019, 「일제 말기 조선 주둔 일본군의 大田 주둔과 군사령부 이전 계획」, 『역사와 담론』 92.

_____, 2021, 「일제 말기 인천육군조병창의 지하화와 강제동원 피해」, 『한국근현대사연구』 98.

조명철, 2010, 「上原 육군대신의 사퇴와 사단증설문제」, 『史叢』 71.

조재곤, 1995, 「청일전쟁에 대한 농민군의 인식과 대응」, 한국역사연구회 지음, 『1894년 농민전쟁연구』 4, 역사비평사.

_____, 2016, 「1894년 일본군의 조선왕궁(경복궁) 점령에 대한 재검토」, 한국역사연구회 지음, 『역사와현실』 94.

채영국, 1992, 「3·1운동 전후 日帝 '朝鮮軍'(駐韓日本軍)의 動向」, 『한국독립운동사연구』 6.

하종문, 2003, 「군국주의 일본의 전시동원」, 『역사비평』 62.

한철호, 2001, 「임진왜란 이후 284년 만의 일본군 재등장」, 이재범 외 지음, 『한반도의 외국군 주둔사』, 중심.

허영란, 2020, 「3·1운동의 네트워크와 조직, 다원적 연대」, 한국역사연구회 3·1운동 100주년기획위원회 엮음, 『3·1운동 3-권력과 정치』, 휴머니스트.

姜德相, 1967, 「憲兵政治下の朝鮮」, 『歷史學硏究』 321.

稻葉正夫, 1972, 「朝鮮軍の獨斷越境問題經緯」, 『軍事史學』 7-4.

朴廷鎬, 2013, 「滿洲事變における朝鮮軍の獨斷越境過程の再檢討」, 北岡伸一 編, 『國際環境の變容と政軍關係』, 中央公論社.

北原道子, 1996, 「北海道の朝鮮人兵士動員」, 『在日朝鮮人史硏究』 26.

_____, 1998, 「樺太における朝鮮人兵士動員」, 『在日朝鮮人史硏究』 28.

_____, 2000, 「朝鮮人兵士を主に編成された日本陸軍特設作業隊·臨時勤務隊について-北海道と樺太の場合」, 『在日朝鮮人史硏究』 32.

小川原宏幸, 2006, 「日露戰爭期の對韓政策と朝鮮社會-統監の軍隊指揮權問題における文

武官の對立を手がかりに」,『朝鮮史研究會論文集』44.

松田利彦, 1991,「日本統治下の朝鮮における警察機構の改編」,『史林』74-5.

_____, 1993,「朝鮮植民地化の過程における警察機構(1904~1910年)」,『朝鮮史研究會論文集』31.

_____, 1995,「日本統治下の朝鮮における憲兵警察機構(1910~1919)」,『史林』78-6.

_____, 2003,「日本陸軍의 中國大陸侵略政策과 朝鮮-1910~1915年」,『韓國文化』31.

_____, 2015,「1910年代における朝鮮總督府の國境警備政策」,『人文學報』106.

水野直樹, 1997,「戰時期の"植民地支配"と'內外地行政一元化'」,『人文學報』79.

申奎燮, 2002,「帝國日本の民族政策と在滿朝鮮人」, 東京道立大學博士學位論文.

愼蒼宇, 2001,「憲兵補助員制度の治安維持政策的意味とその實態-1908~1910年を中心に」,『朝鮮史研究會論文集』39.

塚崎昌之, 2003,「濟州道のおける日本軍の'本土決戰'準備-濟州道と巨大軍事地下施設」,『靑丘學術論集』22.

부록

⟨부표 1⟩ 한국주차군, 조선주차군 편제

기간	사령부	예하 부대		비고
1904, 1905	한국주차군 사령부	한국주차병참부(인천), 임시군용철도감부(인천), 한국주차전신대(경성), 후비보병 제24연대(경성)		1904.3.10 편성
1905~ 1910	한국주차군 사령부	한국주차헌병대, 제1한국주차병원, 제2한국주차병원, 야전병기창, 군용목재창 진해만요새사령부, 진해만요새포병대, 영흥만요새사령부, 영흥만요새포병대		
		임시한국 파견대사령부	임시한국파견대 보병 제1연대	
			임시한국파견대 보병 제2연대	
1910~ 1918	조선주차군 사령부	조선주차헌병대사령부, 조선주차병원 진해만요새사령부, 진해만요새포병대, 영흥만요새사령부, 영흥만요새포병대		나머지는 불분명
		임시조선 파견대사령부	임시조선파견대 보병 제1연대	1916.4.1 보병 제40여단으로 개편
			임시조선파견대 보병 제2연대	

비고: 조선주차군사령부 예하의 영흥만요새포병대, 조선주차병원은 '출처'에 나오지 않지만, 필자가 포함하였다.

출처: 森松俊夫 外山操, 1993, 『帝國陸軍編制總覽』 1, 芙蓉書房, 209쪽, 239~240쪽, 264쪽.

〈부표 2〉 조선군과 육군성 부대 현황

기간						
1918~1926	조선군 사령부 1918.6.1 개칭	제19 사단	보병 제37 여단(함흥)	보병 제73연대(나남)	1916.4.18 군기수여	1915.12.24 창설
				보병 제74연대(함흥)	1916.4.18 군기수여	
			보병 제38 여단(나남)	보병 제75연대(회령)	1920.10.15 군기수여	
				보병 제76연대(나남)	1920.10.15 군기수여	
			기병 제27연대(나남, 1916.4.18 군기수여), 야포병 제25연대(나남), 공병 제19대(회령)			
		제20 사단	보병 제39 여단(평양)	보병 제77연대(평양)	1916.4.18 군기수여	1915.12.24 창설
				보병 제78연대(용산)	1916.4.18 군기수여	
			보병 제40 여단(용산)	보병 제79연대(용산)	1916.4.18 군기수여	
				보병 제80연대(대구)	1916.4.18 군기수여	
			기병 제28연대(용산, 1921.7.9 군기수여), 야포병 제26연대(용산), 공병 제20대(용산), 마산중포병대대			
		조선헌병대사령부, 진해만요새사령부, 영흥만요새사령부				
1926~1937	조선군 사령부	제19 사단	보병 제37 여단(함흥)	보병 제73연대(나남)		
				보병 제74연대(함흥)		
			보병 제38 여단(나남)	보병 제75연대(회령)		
				보병 제76연대(나남)		
			기병 제27연대(나남), 산포병 제25연대(나남), 공병 제19대(회령), 고사포 제5연대(나진)			
		제20 사단	보병 제39 여단(평양)	보병 제77연대(평양)		
				보병 제78연대(용산)		
			보병 제40 여단(용산)	보병 제79연대(용산)		
				보병 제80연대(대구)		
			기병 제28연대(용산), 야포병 제26연대(용산), 공병 제20대(용산), 비행 제6연대(평양), 고사포 제6연대(평양)			
		조선헌병대사령부, 진해만요새사령부, 마산중포병대대, 영흥만요새사령부, 나진요새사령부, 조선육군창고, 비행 제6연대(평양, 1925.5.1 창설)				
	항공병단 사령부 (도쿄)	제2비행단사령부(회령, 1936.8.1 창설), 비행 제6연대(평양, 소속 변경), 비행 제9연대(회령, 1935.12 창설)				1936.8.1 창설
1937~1940	조선군 사령부	제19 사단	보병 제37 여단(함흥)	보병 제73연대(나남)		
				보병 제74연대(함흥)		
			보병 제38 여단(나남)	보병 제75연대(회령)		
				보병 제76연대(나남)		

1937~1940	조선군사령부	제19사단	기병 제27연대(나남), 산포병 제25연대(나남), 공병 제19연대(회령), 사단통신대, 치중병 제19연대(나남), 고사포 제5연대(나진)	1937.7.27 동원, 1940.1.23 복원
		제20사단	보병 제39여단(평양)	보병 제77연대(평양)	
				보병 제78연대(용산)	
			보병 제40여단(용산)	보병 제79연대(용산)	
				보병 제80연대(대구)	
			기병 제28연대(용산), 야포병 제26연대(용산), 공병 제20대(용산), 고사포 제6연대(평양)	
		조선헌병대사령부, 나남병사부, 함흥병사부, 경성병사부, 평양병사부, 대구병사부, 광주병사부, 훈춘주둔보병대, 진해만요새사령부, 마산중포병연대, 영흥만요새사령부, 나진요새사령부, 나진중포병연대, 제2비행단사령부, 비행 제6연대, 비행 제9연대	
	육군성	육군항공본창 평양육군항공지창, 육군운수부 부산출장소, 육군 군마보충부 웅기지부, 육군군마보충부 조선보충마창, 육군조병창 오쿠라공창 평양제조소, 육군병기 본부 인천육군조병창, 평양육군병기보급창	육군조병창 → 육군병기본부. 1940.4.1
		제2비행집단사령부(목단강) 산하 제2비행단사령부(회령), 비행 제6연대(평양), 비행 제9연대(회령)	
		제20사단, 보병 제39여단, 보병 제77연대, 보병 제78연대, 보병 제40여단, 보병 제79연대, 보병 제80연대, 기병 제28연대, 야포병 제26연대, 공병 제20연대, 사단통신대, 사단위생대, 사단병근대(兵勤隊), 제1야전병원, 제2야전병원, 제3야전병원, 제4야전병원	1937.7.11 중일전쟁 응급동원
		임시항공병단사령부 편성, 비행 제9대대(평양)	1937.7.15

비고: - 각 요새사령부에 있던 중포병 부대는 위에 제시된 사실이 전부가 아닐 수 있다.
　　　- 아시아태평양전쟁을 일으키기 이전까지의 현황이라고 볼 수 있다.

출처: 森松俊夫 外山操, 1993, 『帝國陸軍編制總覽』 1, 芙蓉書房, 264~265쪽, 317~319쪽, 352~353쪽, 400~404쪽, 416~421쪽, 462쪽, 466~468쪽, 561~564쪽.

〈**부표 3**〉 1944년 시점의 조선군과 육군성 부대 현황

조선군사령부 (참모장, 고급부관, 병기부, 경리부, 군의부, 수의부, 법무부, 병무부)	유수 제19 사단	보병 제73, 75, 76연대 보충대, 산포병 제25연대 보충대, 수색 제19연대 보충대, 공병 제19연대 보충대, 전차 제19연대 보충대, 야전중포병 제15연대(갑), 나남육군병원, 회령육군병원	1944. 11.16 창설
	유수 제20 사단	보병 제78, 79, 80연대 보충대, 야포병 제26연대 보충대, 수색 제20연대 보충대, 공병 제20연대 보충대, 전차 제20연대 보충대, 제42경비사령부, 경성육군병원, 대구육군병원	1944. 5.27 창설
	유수 제30 사단	보병 제41, 74, 77연대 보충대, 야포병 제30연대 보충대, 수색 제30연대 보충대, 공병 제30연대 보충대, 전차 제30연대 보충대, 제41경비사령부, 평양 제1, 2육군병원, 함흥육군병원	1944. 4.12 창설
		나진요새사령부(나진중포병연대, 독립고사포병 제41대대, 나진육군병원), 부산요새사령부(부산요새중포병연대, 고사포 제151연대, 제41경비대대, 부산육군병원), 영흥만요새사령부(원산육군병원), 여수요새사령부(여수요새중포병연대, 여수요새고사포대, 여수육군병원)	
		혼성 제101연대, 마산중포병연대보충대, 고사포 제152연대, 독립 고사포 제41대대, 독립 고사포 제42대대, 조선군항공정보대, 독립공병 제23연대, 제45항공지구사령부, 제49항공지구사령부, 제145, 171, 181, 191, 192, 195비행장대대, 제153, 154야전비행장설정대, 제8대공무선대, 조선포로수용소, 조선군교육대(평양), 조선군창고, 선덕육군병원, 조선군임시군법회의	
		조선헌병대사령부(경성헌병대, 평양헌병대, 대구헌병대, 함흥헌병대, 나남헌병대, 광주헌병대)	
육군성		육군운수부 부산출장소, 군마보충부 웅기지부, 군마보충부 조선보충마창(회령), 인천육군조병창(제1제조소, 평양제조소), 평양육군병기보급창, 육군연료본부 경성연료부, 육군대신 예하 부산육군군수수송통제부, 육군항공심사부 평양육군항공창	

출처: 森松俊夫 外山操, 1993, 『帝國陸軍編制總覽』 2, 芙蓉書房, 599~617쪽, 1038~1041쪽.

〈부표 4〉 1945년 8월 15일 시점 제17방면군 및 조선군관구 부대

구분	부대[소재지(지휘 관계)]
야전군	제17방면군사령부 및 조선군관구사령부(경성), 제 120, 150, 160, 320사단(대구, 정읍, 이리, 경성), 독립혼성 제127여단, 독립혼성 제39연대(부산), 독립혼성 제39연대([정읍(光師)])
야전군 직속 부대	전차 제12연대(廣州), 독립야포병 제10연대(평양), 박격 제30, 31대대(경성, 광주), 고사포 제151, 152연대[부산(釜要), 경성], 독립고사포 제42, 46대대[평양, 청진(羅師)], 독립기관포 제20, 21중대(대동강(平師), 포항(邱師)], 제12공병대사령부(경성), 독립공병 제125, 128, 129대대(경성, 대구, 광주), 전신 제4연대(대전), 제86~90독립통신작업대(대전, 대전, 대구, 경성, 경성)
방면군 배속 부대	제11항공정보연대 제2중대, 제153, 154, 175, 176, 177야전비행장설정대(안주, 목포, 담양, 밀양, 금호), 육군중앙 제3통신대(대전), 관동군 군마방역창(경성), 제5통신대(대전), 조선헌병대사령부(경성), 조선항공감독부(경성), 관동군 군악대(경성), 제37항공정보대(경성)
제58군 부대 (제주도)	제58군사령부, 제96, 111, 121사단, 독립혼성 제108여단, 독립전차 제14중대, 독립속사포 제32대대, 분진포 제1대대, 박격포 제29대대, 독립백포 제23대대, 제12포병사령부, 독립야포병 제6연대, 독립산포병 제20연대, 야전중포병 제15연대, 독립중포병 제9중대, 독립고사포 제59, 60중대, 전신 제11연대, 독립공병 제126, 127대대, 제1, 2, 3독립작정(作井)소대, 독립자동차 제300중대, 독립치중병 제65대대, 제1특설근무대 본부, 특설근무대 제4, 5, 6, 7, 8, 9, 10, 11, 12, 13중대, 특설육상근무대 110중대, 제64병참병원
요새부대	부산, 나진, 영흥만, 여수 요새사령부(부산, 나진, 원산, 여수), 부산, 여수 중포병연대(부산, 여수), 나진포병연대(나진)
군관구, 사관구 부대	각지 사관구부대(나남, 평양, 경성, 대구, 광주), 마산중포병연대보충대(마산), 야전중포병제15연대보충대(회령), 조선군관구교육대(평양), 조선군관구방역부(부산), 인천조병창(대전), 평양병기보급창(평양), 조선육군화물창(대전), 부산병참부(부산), 부산수송통제부(부산), 나남수송통제부(나진), 제12야전보충마창(회령), 조선포로수용소(경성), 경성육군구금소(경성)
지구사령부 병사부	각지 지구사령부, 병사부(나남, 함흥, 신의주, 평양, 해주, 경성, 춘천, 제주, 대전, 전주, 광주, 대구, 부산)
병참수송 부대	제12야전수송사령부(대구), 제46, 62병참지구대본부[대전, 대구(邱師)], 독립자동차 제65, 70, 82대[추풍령(12輪師), 대구(12輪師), 이리(160師)], 독립자동차 제299, 301중대[부산(輪統 兵站)], 독립중포병 제63, 64, 72, 74중대(대전, 정읍, 대구)
군(군마) 위생기관	각지 육군병원(나진, 나남, 회령, 함흥, 원산, 평양 제1, 평양 제2, 경성, 군산, 전주, 광주, 여수, 대구, 부산)
경비대대	제41경비대대, 제141~160경비대대
근무대	제10야전근무대본부[대전(46兵站地司)], 건축근무 제59중대[대전(46兵站地司)], 제36야전근무대본부(목포), 육상근무 제166~172중대(목포), 제37야전근무대본부[부산(兵站)], 육상근무 173~179중대(부산), 제38야전근무대본부(원산) 육군근무대 제180, 181, 182, 183중대[군산(160사), 정읍(150사), 원산, 경성(화물창)],

근무대	제39야전근무대본부(종성), 육상근무대 제184~189중대(종성, 종성, 성진, 포항, 전주, 종성), 육상근무 제210~214중대(경성, 나진, 평양, 경성, 부산), 수상근무 제77~79중대(원산, 부산, 여수)
특설근무대	특설육상근무 제105~109중대(부산, 부산, 부산, 부산, 경성), 특설수상근무 제109, 110중대(부산)
특설경비부대	특설경비대대(갑) 12개, 특설경비대대(을) 1개, 특설경비중대 5개, 특설경비공병대 12개

비고: - 특설경비부대의 소재지는 '별표'로 되어 있어 확인할 수 없었다.
 - 제5공군사령부, 철도부대, 선박부대는 '표'에 반영하지 않았다.
 - 光師는 광주사관구사령부, 羅師는 나남사관구사령부, 邱師는 대구사관구사령부, 平師는 평양사관구사령부, 釜要는 부산요새사령부의 줄임말이다.

출처: 宮田節子 編, 1989, 『十五年戰爭極秘資料集 15-朝鮮軍槪要史』, 不二出版, 198~199쪽 사이에 있는 '附表 3, 4, 5'.

〈부표 5〉 특설경비부대 일람표(1945.8.15 조사)

예속	부대	소재지	임무 기준	부대	소재지	임무 기준
나남사관구	특경451대대(갑)	청진	요지 및 연안경비	특경405대대(을)	신북청	연안경비
	452대대(갑)	청진	연안경비	408중대	아오지	요지경비
	461대대(갑)	성진	요지 및 연안경비	특경공401	함흥	비행장복구
	402대대(을)	함흥	上同	409	회령	上同
	403대대(을)	홍남	上同	410	청진	도시복구
평양사관구	특경407대대(을)	신의주	요지경비	특경410중대	해주	연안경비
	453대대(갑)	평양	上同	특경공403	평양	비행장 및 도시복구
	454대대(갑)	사리원	연안경비	412	신의주	비행장복구
	409중대	겸이포	요지경비	413	해주	上同
경성사관구	특경455대대(갑)	경성	요지경비	특경410대대(을)	대전	요지경비
	456대대(갑)	경성	上同	413대대(을)	양양	연안경비
	457대대(갑)	경성	上同	특경공403	경성	비행장 및 도시복구
	458대대(갑)	인천	연안경비	411	경성	上同
대구사관구	특경409대대(을)	대구	요지경비	특경402중대	울릉도	도서경비
	463대대(갑)	포항	연안경비	특경공404	대구	비행장 및 도시복구
광주사관구	특경공405	군산	비행장복구			
제58군	특경405중대	제주	도서경비	특경공408	제주	비행장복구
나진요새	특경460대대(갑)	나진	항만경비			
영흥만요새	특경462대대(갑)	원산	항만경비			
부산요새	특경415대대(을)	부산	연안경비	특경공406	해운대	비행장복구
	459대대(갑)	부산	항만경비	407	사천	上同
여수요새	특경416대대	보성	항만 및 연안경비			
제17방면군	특경408대대(을) (160사단 지휘)	군산	연안경비	특경464대대(갑) (150사단 지휘)	목포	연안경비
	특경408대대(을) (경성사관구지휘)	홍성	上同	특경411중대 (150사단 지휘)	진도	도서경비

비고: - 특경이란 1943년 8월부터 편성된 특설경비대, 특경공이란 1944년 10월 편성된 특설경비공병대를 가리킨다.
- 특경 지휘부는 제41, 42경비사령부(함흥, 대전)였으며, 사령부는 1945년 3월 사관구 설치에 따라 폐쇄되었다.

출처: 宮田節子 編, 1989, 『十五年戰爭極秘資料集 15-朝鮮軍概要史』, 不二出版, 62~63쪽 사이 '附表 5'.

찾아보기

ㄱ

가쓰라 다로 56

가와기시 분자부로(川岸文三郎) 315

가와베 도라시로(河邊虎四郎) 410, 427

가츠라 다로우(桂太郎) 114, 130

가타 아리토모 56

가토 마소오(加藤增雄) 50

「각서(1936.6.15)」 283

간도5·30사건 264

「간도 급 훈춘 방면 경찰력 필요를 논함(間島及琿春方面警察力必要ヲ論ス)(1920.5)」 222

「간도에 관한 일청협약(1909.9.4)」 115

간도연락반 238

간도임시파견대 279, 280

「간도지방 불령선인 초토계획(間島地方不逞鮮人剿討計劃)(1920.8.15)」 230

간도침략 220, 231

간도특설대 331

간도협약 120

「갱개(更改)군비충실계획(1940)」 296

결(決)7호작전 414

「결전비상조치에 따른 학도근로동원에 의거한 교련 실시요령(1944.6.30)」 365, 385

「결전비상조치요강(1945.1.25)」 404

결전사단 413

결전체육 364

결전체제 364

「결호(決號)작전준비요강(1945.4.8)」 405

경리부 임시건축과 77

경복궁기습점령작전 36

경성재근무관부(해군) 314

경성회의(1920.8.15) 230

경신년대학살 220

경신참변 231, 280

경원국경수비대 282

「경찰사무(警察事務) 보행(執行)에 관(關)한 취극서(取極書)(1907.11.1)」 86

경찰정치 118, 119, 164

고노에 후미마로(近衛文麿) 402

고다마 겐타로(兒玉源太郎) 130

고이소 구니아키(小磯國昭) 372, 403

고정원제(高定員制) 183, 187, 191, 229, 240, 242, 246

고즈키 요시오(上月良夫) 421, 422, 473

고지마 소우지로(兒島惣次郎) 143
고토 신페이(後藤新平) 118
관동군 278, 324, 325, 408, 409, 411, 427, 428, 429
「관동군근무령(1932.6)」 305, 325
관동군사령부 187
관동도독부 육군부 186
관동도독부 육군부 조례 132
교련교육 356, 357, 384, 390
국가방위위원회 결의 9898호(1945.8.23) 458
국경경비 229, 240
국경경찰 255
국경수비대 280, 181, 183, 191, 240, 246, 247, 248, 250, 251, 254, 281, 282, 285, 286, 251
국내진공작전 253
국민의용대(國民義勇隊) 387, 395, 396
국민의용대조선총사령부 388
국민정신총동원조선연맹 315
「국민체력법(1940)」 363
국민총력조선연맹 315
국민학교학도대 388
국방사상보급부 315
국방체육 346, 367
『국어교본』 379
군마보충부 웅기지부 188
군무예비훈련소 391

「군무예비훈련소 규정(1944.4.22)」 391
「군무예비훈련소 규정 및 동 훈련소생 훈련요령(1944.4.21)」 391
군비축소 217
「군비충실계획대강(1936.12.3)」 293, 294, 307, 308
군수동원연락회의 308
군수동원조선협의회 309
군용전선 42
궈쑹링(郭松齡) 239
귀순정책 110
「금후 채택할 전쟁지도대강(今後採ルヘキ 戰爭指導大綱)」(1944.8.19) 403
기도 고이치(木戶幸一) 402
기삼연 98
김경천 194
김병흡 226
김석원 292
김영원 463
김원목 452
김윤미 20
김정안 144
김종실 452
김홍집 36

ㄴ

나남사관구 425, 426, 431
나진요새사령부 285, 425

나진중포병연대 295
『남부병참감부진중일지』 45
남북수비관구 제도 184
남한대토벌작전 45, 64, 84, 98, 108, 109, 115, 116, 120
내외지 행정 일원화 조치 130
노기 마레스케(乃木希典) 130
노몬한전투(할힌골전투) 296
노무동원 434
농경근무대 445

ㄷ

다나카 기이치(田中義一) 142
다치바나 고이치로(立花小一郎) 131, 142, 175
대만군사령부 187
대만총독부 육군부 186
대미작전 415, 425, 426
대소작전 424
「대조선·대일본 양국 맹약(1894.8.26)」 39
대한북로독군부(大韓北路督軍府) 226
대한우선론(對韓于先論) 71
「대한제국 사법 및 감옥 사무 위탁에 관한 각서(1907.7.12)」 122
대한통의부(大韓統義府) 252
데라우치 마사타케(寺內正毅) 86, 120, 122, 129, 174

데라우치 히사이치(寺內壽一) 410
도고 시게노리(東鄉茂德) 405
도조 히데키(東條英機) 402
독립군 국내진공작전 223
독립수비대 214
독립전쟁 83
독립전쟁론(임시정부) 225
동만청년연맹 263
동만청년총동맹 263
동학농민군 42, 43, 45
『동행삼록(東行三綠)』(1897) 29
두도구사건 249
딩루창(丁汝昌) 28

ㄹ

러시아 동아시아 '신정책' 55
러시아혁명 159
러일전쟁 54
런던해군군축회의 273
레이테섬해전 404
려원홍(黎元洪) 158
로젠-니시협정 49
루거우차오사건 291
리영희 386
리훙장(李鴻章) 32

ㅁ

마산중포병대대 65, 184

마쓰다 도시히코 21
마쓰이 시게루(松井茂) 117, 119
마젠중 29
만몽 문제 274
「만선방면 대소작전계획요령(1945.5.30)」 423, 428
만주침략 273, 274
만한불가분론(滿韓不可分論) 71
만한운영론 123
「만한주차부대파견요령(滿韓駐箚部隊派遣要領)(1907.2)」 62, 63
무관제 69, 132
문태수 99
미나미 고지로(南小次郎) 43, 46
미쓰야협정 255, 257, 258
미야자키 슈이치(宮崎周一) 410
민생단 281
민태윤 465

ㅂ

박경도 99
박병길 465
박석윤 281
박영효 30
방공구역(조선) 412
방공훈련 320
백운평전투 235
베베르-고무라 각서(1896.5.14) 48

병사구 441
병사노무동원 440, 441
병영 유치 운동 179
보병단사령부 294, 297
보통경찰제 216, 243
본토결전 405, 406, 413
봉오동전투 224, 227
봉천회의(1920.5~7) 230
부산요새사령부 300
북경정부 157
분산배치 58, 86, 89, 116, 149, 163, 199, 202, 211, 213, 217
비행 제6대대 184
비행 제6연대 184, 286
비행 제9연대 285
비행집단사령부 295
뿌리뽑기동원 434

ㅅ

사가와 고사쿠(佐川耕作) 51
사관구제도 299
사업장장정합동훈련소 395
사이온지 긴모치(西園寺公望) 156
사이토 마코토(齋藤實) 211
사쿠마 사마타(佐久間左馬太) 130
산동(山東)침략(1927.5) 265
산포대(山砲隊) 180
3단경비제 118

3단위제 294, 297, 322
삼시협정(三矢協定) 253
서태원 463
소네 아라스케(曾根荒助) 130
소련군 423, 425, 427, 430, 456, 458, 464, 466, 467, 471, 474
소련군 포로수용소 468
송환정책 456, 457, 478
수비관구제(守備管區制) 85, 298
수색 제19, 20연대 295
스가이 도시마루(菅井斌麿) 410
스기타 이치지(杉田一次) 418
스즈키 간타로(鈴木貫太郎) 405
시라이 지로(白井二郎) 158, 176
시로우즈 아우시(白水淡) 176
시베리아출병 159
식민지 군사 네트워크 481
신해혁명 155, 156
심남일 99, 111

ㅇ

아베 노부유키(阿部信行) 409, 473
아카시 모토지로(明石元二郎) 86, 120, 127, 142
안규홍 99, 111
안도 사다요시(安東貞美) 129
안무 226
안성군 3·1운동 207

안직전쟁(安直戰爭) 238
야마가타 노리(山形閑) 141
야마가타 아리토모(山縣有朋) 165, 172
야마가타 이사부로(山縣伊三郎) 130, 151, 211
야마나시 한조(山梨半造) 242, 248
야마모토 곤노효에(山本權兵衛) 154
야전근무대 446
얄타회담 423
F. A. 매켄지 77
여운형 470
연안배비사단 413
연합군최고사령부(GHQ) 471
연합군포로수용소 474
염전사상(厭戰思想) 396
영일동맹 155, 156
영흥만요새사령부 64, 184
영흥만요새포병대 65
영흥만요새포병대대 65
오가키 시치로(岡喜七郎) 119
오노 로쿠이치로(大野緑一郎) 348
오사카육군조병창 462
오시마 요시마사(大島義昌) 33, 35, 37, 42
오오쿠보 하루노(大久保春野) 129
오토리 게이스케(大鳥圭介) 35
와카바야시사건 260
와카바야시 소메(若林宗明) 259

와타나베 스이와(渡邊水哉) 105
요나이 미쓰마사(米內光政) 403
요시다 도시쿠마(吉田俊隈) 435
용산병영 건설 공사 63
용산병영 확장 공사 78, 80, 183, 206, 207
우가키 가즈시게(宇垣一成) 242, 274
우메즈 요시지로(梅津美治郎) 410
우쓰노미야 다로(宇都宮太郎) 204
우에다 아리사와(上田有澤) 129
우에하라 유사쿠(上原勇作) 172
우창칭(吳長慶) 31
우페이푸(吳佩孚) 239
워싱턴회의 241
원자폭탄의 역설 396
월경장군 277
위안스카이(袁世凱) 28, 155, 157, 158
유린대학살 47
유맹노 465
유수 제19, 20, 30사단 415
「육군군수공업동원계획(1930)」 289, 290
육군특별지원병 333, 344
「육군특별지원병령시행규칙(1938.3.30)」 332
「육군특별지원병임시채용규칙(1943.10.20)」 332
육군특별지원병제 290, 330, 331, 344

육군특별지원병훈련소 391
윤덕영 334
2개 사단 문제 172
이구치 쇼고(井口省吾) 157
이노우에 가오루(井上馨) 56, 58
이동휘 225
이석용 99
이시모토 신로쿠(石本新六) 171
이장민 462
이지용 76
이토 히로부미(伊藤博文) 32, 71, 85, 130
이하라 준지로(井原潤次郎) 312
인천제조소 300
인천조병창 300, 418
「일반국민체육지도요강(1942.3)」 354, 357
「일반체육대회통제요강(1942.7)」 354, 360
일본육군특설작업대 452
임두병 464
임시건축과 188
임시근무대 452
임시정차장사령관 291
임시조선파견대사령부 145
임시조선파견 보병 181
임시파견기병대 84
임시한국파견대 108

임시한국파견대사령부 63, 64, 102, 103, 105, 106, 112, 115
임창모 111

ㅈ

자원반 312, 313
「자위단규칙(自衛團規則)」 87
자활요원 442, 445
『장고봉사건』 319
장고봉사건(하산호전투) 319
장쉐량(張學良) 273
장흥전투 46
재만주 조선관계 영사관 타합회의 252
「재북간도 각 기관협의회 서약서(在北墾島各機關協議會誓約書)(1920.5.3)」 226
재조선미육군사령부군정청(United States Army Military Government in Korea, USAMGIK) 476
전봉준 43
전성호 281
「전시교육령(1945.7.1)」 387
전해산 99, 111
점진적 내지연장주의 211
정미7조약 82
정훈 318
제1, 2차 봉직전쟁(奉直戰爭) 239
제1차 간도공산당사건 263
제1차 병영 건설 공사 73, 189

제1차 세계대전 156
제1차 영일동맹 55
제1특설근무대 450
제1회 경성신사봉찬체육대회 362
제2비행단사령부 285
제2비행집단사령부 297
제2차 병영 확장 공사 181, 187, 189
제2차 사이온지 내각 172
제2차 오쿠마 시게노부(大隈重信) 내각 (1914.4~1916.5) 172
제2항공지구사령부 297
제3차 병비 417
제3총군 428
제5항공군 416
제6사단(미군) 477
제7사단사령부(미군) 475, 476
제14헌병대 82, 85
제17방면군 407, 408, 410, 411, 416, 418, 419, 420, 422, 424, 425, 426, 428, 429, 472
제17방면군사령부 408, 477
제17방면군사령부 경성연락부 475
제17방면군사령부 병사부 434
제19사단 178, 180, 191, 192, 277, 279, 280, 302, 303
제19사단사령부 용산병영 개청식 175
제20사단 176, 183, 191, 192, 212, 259, 275, 278, 282, 293, 302

제24군단(미군) 472
제30사단 296, 300, 302, 322
제34군 425
제40사단 477
제40여단 178, 200
제49사단 303
제71사단 285
「제국국방방침(1907)」 78, 93, 126, 170
「제국군용병강령(1907)」 126, 164
제국 운영 22, 209, 210, 248, 328, 349, 484, 491, 492, 502
「제국육해군작전계획대강(1945.1.20)」 404
제노사이드 24, 46, 47, 84, 86, 220, 235, 281
제암리학살사건 208, 235
조경환 99
조선공산당 만주총국 263
조선교육령개정안요강(1943.2.17)(제4차 조선교육령) 383
「조선교육령시행규칙(1945.7.1)」 387
「조선국경수비대영구배치요령(1926.2.20)」 217, 254
조선군 207, 227, 232, 234, 244, 277, 279, 280, 286, 297, 298, 301, 303, 262
조선군 경리부 188

조선군관구사령부 407, 408, 419, 426
조선군관구사령부 보도부 470
「조선군·관동군·관동방위군 방위에 관한 협정(1944.9 개정)」 424
조선군 군악대 184
조선군 보도부(報道部) 315
조선군 사령관 200
조선군사령부 184, 186, 214, 287, 290, 299, 300, 325, 347, 352
조선군사령부 병무부 305, 321, 325
조선군사령부 병사부 305, 306, 322, 323, 324, 325, 338, 340, 435
조선군사령부 보도반 305
조선군사령부 보도부 305, 306, 319, 320, 321
조선군사령부 신문반 305, 315
조선군사령부 애국부 288
「조선군사령부조례(1918)」 131, 133, 325
조선군임시병참사령부 291
조선군 작전권역 134
「조선기류령(1942.10.15)」 337
조선보병대 184
조선신궁봉찬체육대회 362, 363
「조선에서 결전하 일반국민체육실시요강(1943.5)」 363
조선왕궁에 대한 위협적 운동계획 35
조선위수감옥 186

조선위수병원 186

조선육군창고 184

「조선 인민에게 고함(To the People of Korea)(1945.9.7)」 472

「조선인지원병제도실시요령(1937.11)」 331

「조선인지원병제도에 관한 의견[1937.6 조제(調製)]」 330

조선자원조사위원회 289, 307

「조선 주둔부대 수비근무규정(1919.4.1 개정)」 227, 240, 250

조선주차군 126, 127, 157, 159, 176

조선주차군사령부 155, 163, 184

「조선주차군사령부조례(1910)」 131

조선주차헌병대 138, 141, 149, 163, 184

조선주차헌병대 사령관 143

조선주차헌병대사령부 146, 153

「조선주차헌병대조례(1910)」 136, 139, 140

조선청년체력검사 349

조선청년특별연성소 372, 377, 380, 381, 391, 395

「조선체력령(1945.3.24)」 365

「조선체력령시행규칙(1945.4.28)」 365

조선체육진흥회 353

조선체육협회 353

조선총독 136, 164

조선총독부 관방 무관제 216

「조선총독부관제」 131, 133, 134

조선총독부 기획부 310, 311

조선총독부 어용괘(御用掛) 312

「조선총독부 제령 제15호 육군 현역 장교의 배속을 받는 학교의 교련 교수요목의 개정(朝鮮總督府 訓令 第15號 陸軍現役將校ニ配屬ヲ受ケタル學校ノ敎鍊敎授要目ノ改正(1942.5.23)」 356

조선총독부 학무국 356, 359, 375

조선총독부 후생국 352

「조선통치사견(朝鮮統治私見)(1919)」 211

조선특별통치주의 211

조선학교체육진흥회 354

조선학생체육총연맹 353

조선 해군 시설 416

조선헌병대 207

조슈파벌 71, 123, 129, 130, 156, 164, 165, 172

조장행정(助長行政) 141, 149, 163

존 하지 473

주차(駐箚) 61

주차조선총리교섭통상사의(駐箚朝鮮總理交涉通商事宜) 33

중견청년수련소 394

중점주의 체육정책 364

중학교학도대 388

지하시설대 452

진해경비부 186
진해만요새사령부 64, 184
진해만중포병대대 64
진해방비대(鎭海防備隊) 65, 186
진해요항부(鎭海要港部) 65, 186, 290, 313, 438
진해해병단 436
집중배치 116, 148, 217
징병 341
징병제 325, 328, 335, 351
징병제도시행준비위원회 337
「징병준비훈련계획요강(徵兵準備訓練計劃要綱)(1945)」 373
징용 329
징집구역 182

ㅊ

참의부 252
참정총동원기간계획 307
채응언 144
천진조약 32
첩1호작전(捷1號作戰) 403
「청년학교규정(3.31)」 376
청년훈련소 374
「청년훈련소규정(1938.3.31)」 378
청년훈련소 별과 381, 393
청년훈련소 별과 합동훈련소 389
청산리전투 235

청일전쟁 34, 40, 41
체육교육 357, 364
체코군단 159
총동원체제 306
최고전쟁지도회의 404
최진동 226
치도(治道)정책 98
「치안유지법(治安維持法)(1925)」 253, 264
치중대(輜重隊) 180

ㅋ

캠프서빙고(Camp Seobinggo) 475
크로머 경(Lord Cromer) 150

ㅌ

「통감부 경찰의 관서관제(1910.6.29)」 122
「통감부 및 이사청관제(理事廳官制)(1905.12.24)」 70
통감부 통신관리국 81
통감부회의(1908.5.2) 91
통년동원원칙(通年動員原則) 385, 386
통신선 35, 59, 60, 81, 96, 162, 163
특별경비대 444
특별지원병제 334, 335
특설경비공병대 444
특설경비부대 415

특설근무대 443
『특집 청년교본』(1944) 382

ㅍ

파리강화회의 196
펑궈장(馮國璋) 239
편합 297
평양병기제조소 279, 280
평양보급창 302
「포츠담선언(1945.7.26)」 456
폭격 416

ㅎ

하라구치 겐사이(原口兼濟) 58
하라 다카시(原敬) 195, 199, 210, 232, 238, 248
하산호전투 319
하세가와 요시미치(長谷川好道) 66, 68, 84, 160
하야시 겐조(林權助) 68
하야시 센주로(林銑十郞) 274, 277
하타 슌로쿠(畑俊六) 410
「학교교련사열급(及)검정에 관한 임시특례(1944.5.28)」 385
「학교체육진흥요강(1942.4)」 354, 359
「학도근로령시행세칙(1944.10.30)」 386
학도대 366, 388
「학도동원비상조치요강(1944.3.18)」 385

「학도동원비상조치요강에 따른 학도동원비상실시요강(1944.3.18)」 385
「학도전시동원체제확립요강(1943.7)」 384
「학도체육대회 통제요강(1942.6)」 354, 360
한국병합 120, 121
「한국병합에 관한 건(1909.3.30)」 114
한국병합준비위원회 120
한국주차군 91, 93, 94, 95, 100, 103
한국주차군사령부 57, 58, 64, 66, 67, 76, 90, 98, 101
「한국주차군사령부조례(1906.7.31)」 72
한국주차대사령부(韓國駐箚隊司令部) 50, 51, 52, 59, 61
한국주차병참감부 67
한국주차헌병대사령부 73, 75, 81, 82, 85, 95, 100, 117, 120
한정만 144
항공병단 294
항공 제6대대 184, 188
해란강대학살사건 281
행정 간소화 412
헌병경찰제 21, 141
헌병보조원 92, 97
호남의병 98, 101, 103
혼성 제38여단 278
혼성 제39여단 276

혼성 제40여단 292
홍범도 225
홍주전투 46
후루미 이즈시오 175
후비보병 제19대대 43, 45, 46

후생국 347, 353
훈춘사건 232
훈춘주둔대 285
훈춘주둔보병대 283, 285, 286
훈춘파견대 282

동북아역사재단 일제침탈사 연구총서 07

일본군의 한반도 침략과 일본의 제국 운영

초판 1쇄 인쇄 2021년 12월 20일
초판 1쇄 발행 2021년 12월 31일

지은이 신주백
펴낸이 이영호
펴낸곳 동북아역사재단

등 록 제312-2004-050호(2004년 10월 18일)
주 소 서울시 서대문구 통일로 81 NH농협생명빌딩
전 화 02-2012-6065
팩 스 02-2012-6189
홈페이지 www.nahf.or.kr
제작·인쇄 (주)동국문화

ISBN   978-89-6187-692-6 94910
       978-89-6187-669-8 (세트)

- 이 책은 저작권법에 의해 보호를 받는 저작물이므로 어떤 형태나 어떤 방법으로도 무단전재와 무단복제를 금합니다.
- 책값은 뒤표지에 있습니다. 잘못된 책은 바꾸어 드립니다.